NEUKIRCHENER

Carsten Claußen / Jörg Frey (Hg.)

Jesus und die Archäologie Galiläas

Mit Beiträgen von
Mordechai Aviam, James H. Charlesworth, Carsten Claußen, Roland Deines, Sean Freyne, Morten Hørning Jensen, Heinz-Wolfgang Kuhn, Karl-Heinrich Ostmeyer, Jens Schröter, Michael Tilly und Jürgen Zangenberg

Neukirchener

Biblisch-Theologische Studien 87

Herausgegeben von
Jörg Frey, Friedhelm Hartenstein, Bernd Janowski,
Matthias Konradt und Werner H. Schmidt

Neukirchener Verlag
Verlagsgesellschaft des Erziehungsvereins mbH, Neukirchen-Vluyn

Umschlaggestaltung: Hartmut Namislow
Satz und Druckvorlage: Carsten Claußen
Gesamtherstellung: Hubert & Co., Göttingen
Printed in Germany
ISBN 978–3–7887–2205–0
ISSN 0930–4800

Bibliographische Information der Deutschen Nationalbibliothek

Die Deutsche Nationalbibliothek verzeichnet diese Publikation in der Deutschen Nationalbibliographie; detaillierte bibliographische Daten sind im Internet über http://dnb.d-nb.de abrufbar.

Vorwort

Die in diesem Band veröffentlichten Beiträge gehen auf zwei Tagungen zum Thema „Jesus von Nazareth und die Archäologie Galiläas“ zurück, die im Rahmen der Reihe ‚Münchener Bibelwissenschaftliche Symposien‘ am 28. Mai und am 5. November 2005 an der Evangelisch-theologischen Fakultät der Ludwig-Maximilians-Universität München durchgeführt wurden. Das rege Interesse an beiden Tagungen hat deutlich werden lassen, welche Relevanz die Erträge der intensiven, aber hoch spezialisierten Galiläaforschung für die Wahrnehmung des gesellschaftlichen und religiösen Umfeldes und des theologischen Profils Jesu von Nazareth besitzen.
Die Vorträge der beiden Fachtagungen, ergänzt durch einen zusätzlichen Beitrag von Sean Freyne und den umfangreichen forschungsgeschichtlichen Beitrag von Roland Deines, werden hier – soweit erforderlich – in deutscher Übersetzung und in überarbeiteter Form vorgelegt.
Wir danken der Alexander von Humboldt-Stiftung für die Bezuschussung eines Aufenthaltes von Prof. Dr. James H. Charlesworth (Princeton) in München und dem Neukirchener Verlag, insbesondere Dr. Volker Hampel, für sein Interesse an dem Band. Die Übersetzung der englischen Beiträge von Sean Freyne wurde von Alison Deborah Sauer vorgenommen, die Beiträge von James Charlesworth und Mordechai Aviam sowie von Morten Hørning Jensen hat Carsten Claußen übersetzt; Teile des Beitrags von Heinz-Wolfgang Kuhn haben Alison Sauer und Carsten Claußen übersetzt. Letzterer hat auch die Druckvorlage gestaltet. Für die Hilfe bei den Korrekturen danken wir Alma Brodersen, Tina Goede, Kathrin Hager und Nadine Kessler. Für die Erstellung der Register sind wir Ann-Sophie Wich herzlich dankbar.

München, im April 2008 Carsten Claußen und Jörg Frey

Inhaltsverzeichnis

Carsten Claußen und Jörg Frey

Einführung

Wann immer Jesus von Nazareth in pointierter Weise als Galiläer bezeichnet wird, schwingen ethnische, kulturelle und sozialgeschichtliche Konnotationen mit. Ist Jesus etwa in einer vom judäischen Umfeld unterschiedenen Weise durch seine Herkunft aus einem Landstrich geprägt worden, den Jes 8,23 als „Galiläa der Heiden" bezeichnet? War der Einfluss der hellenistischen Städte in Galiläa so stark, dass Jesus als besonders weltoffener Jude gelten konnte, so dass sich die universalistische Tendenz seiner Botschaft, im Unterschied zu Johannes dem Täufer oder auch zum später dominierenden rabbinischen Judentum von hier aus erklären könnte? Nicht zuletzt sollte man bedenken, dass in den 30er und 40er Jahren des 20. Jahrhunderts von Bibelwissenschaftlern sogar der Versuch unternommen wurde, Jesus unter Verweis auf seine galiläische Herkunft nicht nur religiös, sondern auch ethnisch vom Judentum abzurücken. Die ideologische Verblendung dieser Ansätze liegt aus heutiger Sicht auf der Hand. Aber auch wenn neuere, subtiler argumentierende Ansätze sowohl Jesus als auch seine frühesten Anhänger einer in Galiläa beheimateten devianten Gestalt des Judentums zuordnen, wird man zumindest hellhörig werden müssen, welche Interessen sich möglicherweise hinter einer solchen Konstruktion verbergen. Es wird – gerade in Bezug auf eine Gestalt wie Jesus von Nazareth – deutlich, dass historische Forschung nie völlig ‚neutral' und ‚objektiv' erfolgt, sondern stets mehr oder weniger starken Interessen zugeordnet ist.

Dies gilt auch im Blick auf die beliebten sozialgeschichtlichen Erklärungen und die damit gestellten Fragen, inwiefern sich Jesu Auftreten, Botschaft und Wirkung aus der Situation der vermeintlich verarmten Landbevölkerung Galiläas, aus einem virulenten Stadt-Land-Konflikt oder aus einem Gegensatz zwischen den Galiläern und dem Jerusalemer Tempel erklären lassen. Die jeweilige Rekonstruktion der sozialen und politischen Gegebenheiten hat hier erhebliche Konsequenzen. Wenn man z. B. vermuten kann, dass die Situation in Galiläa

– anders als in Judäa – sehr viel weniger von politischen und sozialen Konflikten geprägt, sondern eher ruhig und befriedet war, dann stellt sich die Situation anders dar, und die Versuche, Jesus von den Krisen seiner Zeit her zu erklären, werden fragwürdig. Umgekehrt könnte in einer solchen Rekonstruktion das Augenmerk wieder vermehrt auf die ‚religiösen' Motive gerichtet werden, auf die Schriften Israels und die in ihnen begründeten Hoffnungen und Perspektiven oder auch die stärker aus Judäa (z. B. aus den Texten vom Toten Meer) belegten bzw. allgemein jüdischen Auslegungstraditionen, so dass auch Jesus wieder stärker in den allgemein jüdischen religiösen Kontext eingebunden erscheint.

In der einen oder anderen Richtung wird so die Frage nach der galiläischen Herkunft Jesu kontrovers diskutiert, und die jeweiligen historischen Urteile und Perspektiven sind von interpretatorischer Relevanz für das jeweilige Verständnis der Botschaft Jesu.

Dies spiegelt sich auch in den in diesem Band vorliegenden Beiträgen, die sich in drei Hauptabschnitte einteilen lassen: Auf Beiträge zur Geschichte, Kultur und Archäologie Galiläas im engeren Sinne folgen Beiträge zum Bild des historischen Jesus vor dem Hintergrund der unterschiedlichen Facetten der galiläischen Welt. Ein ausführlicher Aufsatz zu Tendenzen der neueren Forschung und ihren hermeneutischen Hintergründen ordnet die Diskussion um Galiläa und das galiläische Profil Jesu abschließend in einen weiteren Kontext ein. Zu den Beiträgen kurz im Einzelnen:

Jürgen Zangenberg, Neutestamentler mit archäologischer Spezialisierung an der Universität Leiden (Niederlande), widmet sich in einem umfassenden Überblick der Frage nach dem Beitrag der Archäologie zur Erforschung der Kultur und Geschichte Galiläas in hellenistisch-römischer Zeit. Dabei berücksichtigt er kritisch, dass nicht nur Texte sondern auch archäologische Funde der Interpretation bedürfen und betont, dass sowohl „Steine" als auch „Texte" sachgemäß zu befragen seien. Er kommt dabei zu dem Schluss, dass die zunehmende Wahrnehmung der Vielfalt Galiläas deutlich macht „wie wenig repräsentativ Jesus von Nazareth für Galiläa gewesen sein könnte" (37).

Mit der Figur des Herodes Antipas, des ‚Landesherrn' Jesu, befasst sich *Morten Hørning Jensen* aus Århus (Dänemark) im Anschluss an seine Dissertation. Konkret geht es ihm um die Frage nach der Bedeutung des Herodes für die sozioökonomischen Gegebenheiten in Galiläa. Er setzt sich dabei kritisch mit einer aktuellen Forschungslage auseinander, die den Tetrarchen jeweils gegensätzlich für stabile politische Bedingungen oder aber für massiven ökonomischen Druck verantwortlich machen will. Die Auswertung literarischer und archäologischer Zeugnisse führt ihn zu dem Ergebnis, dass der Einfluss des Herodes Antipas auf Galiläa im ersten Jahrhundert sehr wahrscheinlich als gemäßigter anzusehen ist, als dies häufig in der neueren Forschung zum historischen Jesus angenommen wird.

In einem ersten Beitrag beschäftigt sich der Nestor der neueren Galiläaforschung, der irische Neutestamentler *Sean Freyne* (Dublin), mit dem historischen Wert der Werke des jüdischen Religionshistorikers Flavius Josephus. Konkret diskutiert er dieses Thema am Beispiel der Darstellung Galiläas in dessen Autobiographie. Im Auseinandersetzung mit Tendenzen der Josephusforschung, die den Werken des jüdischen Historikers mit großer Skepsis begegnen und diese primär von literarischen Interessen her interpretieren, argumentiert Freyne dafür, dass die Werke des Josephus im kritischen Zusammenspiel mit anderen literarischen und archäologischen Quellen sehr wohl historisch auszuwerten und für die Wahrnehmung der neutestamentlichen Zeitgeschichte von großer Bedeutung sind.

Einen weiten Bogen spannen der in Princeton, N.J. (USA) lehrende Bibelwissenschaftler und Judaist *James H. Charlesworth* und der in Rochester, N.Y. (USA) lehrende israelische Archäologe und Galiläaexperte *Mordechai Aviam* in ihrem gemeinsamen Beitrag. Als Gemeinschaftsprojekt eines Historikers und Textforschers und eines Galiläa-Archäologen bieten sie in allgemeinverständlicher Form und mit konkreten Beispielen eine Bestandsaufnahme aktueller Fragestellungen und methodologischer Entwicklungen der Erforschung des antiken Galiläa.

Den Zeitraum nach 70. n. Chr. betritt der Mainzer Judaist und Neutestamentler *Michael Tilly*. Er setzt sich dabei zunächst grundsätzlich mit der Problematik der Einbeziehung rabbinischer Texte in der Exegese des Neuen Testaments auseinander. In einem zweiten Schritt fragt er sodann nach den Möglichkeiten und Grenzen bei der Auswertung rabbinischer Zeugnisse für die Erforschung Galiläas als Lebenswelt Jesu. Vor dem Hintergrund dieser Überlegungen wertet er exemplarisch Tosefta Moed ḳaṭan aus. Sein Ergebnis in Bezug auf das

Leitthema dieses Bandes ist ein zweifaches: Zum einen erscheint es durchaus möglich, auch Zeugnisse der tannaitischen Literatur gemeinsam mit anderen literarischen Quellen zur Erhellung der Lebenswelt galiläischer Kleinbauern heranzuziehen. Zum anderen stellt er, bei Zurückweisung einer unreflektierten Suche nach Parallelen, dar, dass gerade der von ihm bearbeitete Traktat in beispielhafter Weise Einblick in Funktion, Auslegung und Anwendung der Tora geben kann. Dies erweise sich für die Exegese neutestamentlicher Texte als durchaus hilfreich.

In ersten der Beiträge zum Umfeld des Wirkens Jesu fasst der Münchener Neutestamentler *Heinz-Wolfgang Kuhn* die Ergebnisse seiner langjährigen Mitarbeit als Kodirektor des Bethsaida Excavations Project zusammen. Einer ausführlichen Einführung in die Ausgrabung auf dem Hügel et-Tell und der relevanten antik-jüdischen und neutestamentlichen Textzeugnisse zu Betsaida schließt sich eine Darstellung der archäologischen Funde an. Darauf aufbauend stellt Kuhn die Argumente dafür zusammen, dass der Ort Betsaida als einer der Hauptorte der Wirksamkeit des irdischen Jesus in der Gaulanitis auf dem Hügel et-Tell gelegen haben müsse.

Karl-Heinrich Ostmeyer, Privatdozent für Neues Testament in Marburg und derzeit Dozent an der Universität Beersheva (Israel), beschäftigt sich mit den synoptischen Gleichnissen und geht dabei zugespitzt der Frage nach, inwieweit diese als Quelle für Jesu galiläische Umwelt nutzbar zu machen sind. Dabei vertritt er die Position, dass weniger die Gleichnisse etwas zur Erforschung Galiläas beitragen können als dass umgekehrt die genauere Erforschung Galiläas die Interpretation der Gleichnisse anzuregen vermag.

In seinem zweiten Beitrag widmet sich *Sean Freyne* der Frage nach der kulturellen und sozialen Welt Galiläas. Jenseits überkommener Verzweckungen von interessegeleiteten Galiläabildern beschreibt er die landschaftlichen Besonderheiten der verschiedenen Regionen Galiläas und beleuchtet damit wesentliche Aspekte der Ausprägung von Teilen der Jesustradition.

Der Münchener Neutestamentler *Carsten Claußen* stellt sich der Frage nach der Bedeutung des Terminus ἡ συναγωγή im galiläischen Kontext. Er führt dabei den Nachweis, dass für die Zeit Jesu in kleinen Ortschaften Galiläas kaum von speziellen Synagogengebäuden auszugehen sei. Vielmehr liege es näher, ἡ συναγωγή im galiläischen Kontext des 1. Jh.s vorwiegend, wenn auch nicht ausschließlich, im Sinne von ‚Versammlung' zu verstehen. In derartigen lokalen Versammlungen seien somit die vorösterliche Verkündigung Jesu und die nachösterliche Bewahrung der Jesustradition zu verorten.

Zum Abschluss dieses Teils stellt der Leipziger Neutestamentler *Jens Schröter* zunächst die Bedeutung Galiläas in der historischen Jesusforschung heraus, um dann das Profil eines jüdisch geprägten und weitgehend friedlichen Galiläa zur Zeit Jesus zu skizzieren und abschließend eine Einordnung Jesu in diesen Horizont vorzunehmen. Es ergibt sich ein Bild Jesu, der nicht mit einem sozialen Erneuerungsprogramm sondern primär mit der Aufrichtung der Herrschaft Gottes befasst war.

Der Band wird abgeschlossen durch einen ausführlichen forschungsgeschichtlichen Beitrag des in Nottingham (England) lehrenden Neutestamentlers *Roland Deines,* der den unterschiedlichen Konnotationen nachgeht, die bei dem Hinweis auf die galiläische Herkunft Jesu in der älteren und neueren Forschung wahrzunehmen sind. Für eine ganze Reihe aktueller Beiträge in der Jesusforschung kann er dabei zeigen, wie sehr die jeweiligen Bilder Galiläas als Hintergrund fungieren, auf dem dann die vermeintliche Botschaft Jesu entsprechend dem Darstellungsinteresse der Interpreten herausgearbeitet wird. Damit wird die Notwendigkeit der hermeneutischen Reflexion, nicht nur für die Interpretation der Texte, sondern auch für die Darstellung der historischen und archäologischen Gegebenheiten deutlich.

Einer solchen Vernetzung von archäologischen Erkenntnissen einerseits und textlichen und theologischen Perspektiven andererseits soll die Zusammenstellung der Beiträge in diesem Band dienen. Dabei soll deutlich werden, dass historische und archäologische Detailerkenntnisse sehr wohl auch biblisch-theologisch relevant sind, wenn sie hermeneutisch umsichtig auf die textlichen Zeugnisse bezogen und ausgewertet werden.

Jürgen Zangenberg

Jesus – Galiläa – Archäologie

Neue Forschungen zu einer Region im Wandel

1. Methodische Vorbemerkungen

Wie packt man ein Thema an, das – nach illustren Vorläufern zu Ende des 19. und Beginn des 20. Jahrhunderts – seit gut dreißig Jahren wieder einen kontinuierlichen Strom an wissenschaftlichen und populären Publikationen generiert? Für einen Neutestamentler wie mich wäre die Versuchung natürlich sehr groß, mit dem ersten Teil der Überschrift zu beginnen und zu entfalten, was die Forschung in den letzten Jahren über das Leben und die Verkündigung Jesu an Erkenntnissen gewonnen hat, und Galiläa aus der Perspektive dessen zu sehen, was uns die Jesusüberlieferung über die Region mitteilt. Dies hätte den unbestreitbaren Vorteil, sogleich Themen und Fragen angehen zu können, die zum Verständnis der Texte nötig sind, um deren Auslegung ich mich als wissenschaftlich arbeitender Theologe bemühe. Zudem stellt das NT zumindest quantitativ, wenn nicht auch qualitativ, eine der wichtigsten Quellen zum antiken Galiläa dar. Allein aus den Werken des Josephus[1] und aus den weitaus umfangreicheren talmudischen Texten erfahren wir mehr über die Region, die sonst eher von geringem Interesse für antike Leser war.[2] Auch sachlich gesehen wäre es nicht abwegig mit Jesus zu beginnen, denn neben Judäa[3] (und hier besonders Jerusalem) kommt Galiläa in der

---

[1] Dazu vgl. *J. Zangenberg*, Das Galiläa des Josephus und das Galiläa der Archäologie. Tendenzen und Probleme der neueren Forschung, in: *C. Böttrich/J. Herzer* (Hgg.) unter Mitarbeit von Torsten Reiprich, Josephus und das Neue Testament. Wechselseitige Wahrnehmungen. II. Internationales Symposium zum Corpus Judaeo-Hellenisticum. 25.-28. Mai 2006, Greifswald (WUNT 209), Tübingen 2007, 265-294.

[2] Die Quellen werden diskutiert bei *S. Cappelletti*, Non-Jewish Authors in Galilee, in: *J. Zangenberg/H. W. Attridge/D. B. Martin* (Hgg.), Religion, Ethnicity and Identity in Ancient Galilee. A Region in Transition (WUNT 210), Tübingen 2007, 69-81.

[3] Samarien wird in den Evangelien nur einmal bei Mt (10,5-6), im Lukas-Sondergut (Lk 9,51-56; 10,25-37; 17,11-19) und bei Johannes (Joh 3,22-30; 4,4-43; 8,48; 11,54) erwähnt, vgl. *J. Zangenberg*, Between Jerusalem and the Galilee. Samaria in the Time of Jesus, in: *J. H. Charlesworth* (Hg.), Jesus and Archaeology, Grand Rapids, Mich. 2006,

Jesusüberlieferung überaus prominent vor.[4] Von hier stammt nicht nur die zentrale Figur der Bewegung, Jesus von Nazareth, sondern hier verortet die Tradition auch Ereignisse, die für die innere und äußere Entwicklung des noch jungen Christentums von fundamentaler Bedeutung waren (man denke etwa an die Bergpredigt, die Gleichnis- und die Reich-Gottes-Verkündigung). Aus keiner anderen Region überliefert das NT mehr Ortsnamen. Zudem ist das Bild Galiläas, das uns die Evangelien in den unterschiedlichsten Zusammenhängen vermitteln, oft sehr konkret und anschaulich. Wir erfahren von Bauern, die die Saat ausbringen, von Fischern, die ihre Netze auswerfen, und von Bettlern, Kranken und Aussätzigen, die am Rande der Gesellschaft leben. Wir hören von Häusern und Höfen in Dörfern und kleinen Städten wie Betsaida, Kapernaum und Chorazin, die Jesus und seine Jünger besuchten. Die Menschen arbeiten hart, bezahlen *nolens volens* ihre Steuern, disputieren leidenschaftlich über Fragen rechter religiöser Praxis, beten in den Synagogen, treffen sich mit Ihresgleichen zum Festmahl und stehen Jesus und seiner Schar vagabundierender Endzeitboten ganz überwiegend mit Skepsis und Ablehnung gegenüber. Viele Forscher haben sich daher für diesen Weg entschieden und unter maßgeblicher Verwendung des NT das Leben Galiläas rekonstruiert.

Umgekehrt haben sich zahlreiche Vertreter der Jesusforschung immer wieder durch die neusten Ergebnisse der Galiläa-Archäologie anregen lassen. Kein Buch über das Leben und die Verkündigung Jesu bzw. die frühe Jesusbewegung kommt heutzutage völlig zu Recht ohne ein Kapitel zur „galiläischen Umwelt" Jesu aus.[5] Insofern erweist das neue Interesse am

---

393-432; *J. P. Meier*, The Historical Jesus and the Historical Samaritans. What Can Be Said?, Bib 81 (2000), 202-232.

[4] Zum Folgenden vgl. *J. Zangenberg/G. Faßbeck*, „Jesus am See von Galiläa" (Mt 4,18). Eine Skizze zur archäologischen Forschung am See Gennesaret und zur regionalen Verankerung der frühen Jesusbewegung, in: *C. G. den Hertog/U. Hübner/S. Münger* (Hgg.), Saxa Loquentur. Studien zur Archäologie Palästinas/Israels. FS V. Fritz zum 65. Geburtstag (AOAT 302), Münster 2003, 291-293.

[5] Einen verdient großen Einfluss auf diesen Dialog übt bis heute aus *S. Freyne*, Galilee from Alexander the Great to Hadrian 323 BCE to 135 CE. A Study of Second Temple Judaism, Edinburgh 1998 (zuerst 1980); *ders.*, Galilee and Gospel. Collected Essays (WUNT 125), Tübingen 2000. An neuen deutschsprachigen Beispielen sind besonders zu nennen *M. Ebner*, Jesus von Nazaret in seiner Zeit. Sozialgeschichtliche Zugänge (SBS 196), Stuttgart ^{2}2004; *S. Freyne*, Jesus a Jewish Galilean. A

kontingent-historischen Jesus der Theologie insgesamt einen Dienst, indem sie darauf besteht, dass die Rede von Gott stets in Ort und Zeit geschieht und nicht ohne Kontext und Milieu denkbar ist (für Paulus gilt dies nicht minder). „Voraussetzungslose" Rede von Gott – gleichsam im luftleeren Raum – gibt es eben nicht. Insofern kommt die historisch und archäologisch arbeitende Jesusforschung dem auch in der Theologie neu erstarkten Interesse an „Kontextualität" und Biografie entgegen.[6]

Dennoch will ich hier bewusst einen anderen Weg gehen und zunächst darstellen, was die Archäologie als eigenständige Wissenschaft zur Geschichte und Kultur Galiläas in hellenistisch-römischer Zeit beitragen kann. Die Gründe für diesen „Alleingang" liegen zum einen im begrenzten und daher notwendig verzerrten Bild des NT (und aller anderen schriftlichen Quellen) und zum anderen in dem in den letzten Jahren gewaltig erweiterten Potential der modernen Archäologie. Hier wurden Methoden entwickelt und werden stets verfeinert, die durch Ausgrabung und Fundinterpretation nicht mehr nur Geschichte und lokale Kultur einzelner Ortslagen erfassen, sondern -und darin liegt der Clou- durch naturwissenschaftliche Forschungsmethoden und systematische Begehungen ganzer Regionen die Siedlungsstruktur, Verkehrswege, natürlichen Ressourcen, Lebensweise und kulturelle Gegebenheiten eines Raumes in einem integrativen Modell begreifbar machen. Dies stellt einen gewichtigen Fortschritt dar und nimmt zugleich Ansätze auf, die in der Territorialgeschichte etwa

---

New Reading of the Jesus-Story, London/New York 2004; *L. Schenke* u.a., Jesus von Nazareth. Spuren und Konturen, Stuttgart u.a. 2004; *J. Schröter*, Jesus von Nazaret. Jude aus Galiläa – Retter der Welt (Biblische Gestalten 15), Leipzig 2006.

[6] Dass damit etwas ganz anderes gemeint ist als eine Neuauflage der idealisierenden „Leben-Jesu-Forschung" des 19. Jh., sei hier nur zur Sicherheit betont. Zur Methode vgl. *E.-M. Becker*, Die Person des Paulus, in: *O. Wischmeyer* (Hg.), Paulus, 107-119; *E.-M. Becker/P. Pilhofer* (Hgg.), Biographie und Persönlichkeit des Paulus (WUNT 187), Tübingen 2005. Zur theologischen Bedeutung der Archäologie bei der Interpretation des NT vgl. *J. Zangenberg*, Von Texten und Töpfen. Überlegungen zum Verhältnis von literarischen und materiellen Relikten antiker Kulturen bei der Interpretation des Neuen Testaments, in: *M. Küchler/K. M. Schmidt* (Hgg.), Texte – Fakten – Artefakte. Beiträge zur Bedeutung der Archäologie für die neutestamentliche Forschung (NTOA 59), Fribourg/Göttingen 2006, 1-24 (dort weitere Literatur).

von Albrecht Alt bereits eine Rolle gespielt haben, in der ntl. Forschung aber oft nicht ausreichend aufgenommen wurden.[7] Selbstverständlich kann man nicht so tun, als ob Archäologie aufgrund dieser integrativen Ansätze „objektiv" wäre und Texte notwendig immer „subjektiv". Im Gegenteil: *beide* müssen interpretiert werden. Wenn man einmal von dem recht unglücklichen Gegensatz von „subjektiv" versus „objektiv" absieht, der mehr verschleiert als erhellt, dann sieht man, das beide Quellenarten durchaus ihre je eigenen Probleme besitzen. Texte sind (in der Regel) Produkte einzelner Autoren, die mit einer bestimmten Absicht an eine bestimmte Gruppe gerichtet sind. Sie sind zwar in Raum und Zeit verankert (woran wir ja gerade interessiert sind), geben diese aber nie auch nur annähernd vollständig wieder, sondern wählen stets aus, lassen weg oder verstärken, trennen Zusammenhängendes oder verknüpfen Unterschiedenes. Dies tun die Evangelisten nicht anders. Zwar spielt Galiläa dort eine wichtige Rolle, kommen Orte und Institutionen des Lebens vor, doch nur dann, wenn sie für das eigentliche Ziel, nämlich die Propagierung Jesu von Nazareth als wirkmächtigen Gesandten Gottes, erforderlich sind. Wer Geschichte und Kultur einer Region rekonstruieren will, ist aber gerade an einem möglichst vollständigen und von Individualitäten unabhängigen Bild interessiert. Dies bieten die Evangelien nicht in wünschenswertem Maße. So kann es leicht zu Verzerrungen kommen. Spiegelt etwa die geringe Rolle, die galiläische Städte in der Jesusbewegung spielen, einen generellen Antagonismus zwischen Landbevöl-

[7] Zur modernen Archäologie vgl. z. B. *M. K. H. Eggert*, Archäologie. Grundzüge einer Historischen Kulturwissenschaft (UTB 2728), Tübingen/Basel 2006; *R. Bernbeck*, Zur Theorie der Archäologie. Einführung in den Stand der Fachdiskussion, in: *S. Alkier/J. Zangenberg* (Hgg.), Zeichen aus Text und Stein. Studien auf dem Weg zu einer Archäologie des Neuen Testaments (TANZ 42), Tübingen/Basel 2003, 2-20. Hilfreiche neue Darstellungen der biblischen Archäologie liegen z. B. vor in *W. Zwickel*, Einführung in die biblische Landes- und Altertumskunde, Darmstadt 2002, 38-51; *D. Vieweger*, Archäologie der biblischen Welt, Göttingen 2003, 45-58; vgl. auch die folgenden Überblicke: *E. M. Meyers*, The Bible and Archaeology, in: *H. W. Attridge* u.a. (Hgg.), The HarperCollins Study Bible. Fully Revised and Updated, San Francisco, Calif. 2006, lvii-lxi, und von *J. Zangenberg*, Archaeology and the New Testament, ebd. lxii-lxvi; speziell zum NT vgl. *J. Zangenberg*, Archäologie und Neues Testament. Denkanstöße zum Verhältnis zweier Wissenschaften, ZNT 13 (2004), 2-10.

kerung und Stadtbewohnern wider?[8] Bedeuten die häufigen Erzählungen, dass Jesus sich Kranken und Aussätzigen zugewendet hat, dass in den 30er Jahren des 1. Jh. n. Chr. Armut und soziale Spannungen zugenommen haben und die Region geradezu ein Hort für Aufrührer war?[9] Oft genug enden Untersuchungen Galiläas aus der Perspektive der Evangelien mit dem Ergebnis, wie sehr Jesus „Galiläer" war und wie stark er mit seiner Verkündigung auf das Leben der Galiläer, ihre Sorgen und Nöte eingegangen ist. Jesus war nicht nur ein Prophet *aus* Galiläa, so hat man den Anschein, sondern der *rechte* Prophet *für* Galiläa. Doch trifft diese Sicht zu? Wie repräsentativ ist Jesus für „Galiläa"? Martin Leutzsch hat jüngst in einem populären, aber höchst bedenkenswerten Artikel davor gewarnt, „Galiläa" als bloßen „Erklärungsersatz", als Alibi zu verwenden: „Alles, was man in die Sozialisation Jesu hineinlegen will, kann man mit Hilfe von ‚Galiläa' hineinlesen und wieder herauslesen."[10] Galiläa ist oft der Joker, mit dem man Individuelles an Jesu Wirken verallgemeinern oder Sperriges als örtliche Besonderheit erklären zu können meint. Leutzsch fragt zu Recht danach, was das spezifisch galiläische an Jesu Eigenheiten ist und weist darauf hin, dass sich die sozialen und wirtschaftlichen Gegebenheiten Galiläas kaum von denen in anderen Bereichen des östlichen Mittelmeerbereichs unterschieden haben. Galiläa ist oft der Joker, mit dem man Individuelles an Jesu Wirken verallgemeinern oder Sperriges als örtliche Besonderheit erklären zu können glaubt. Galiläa hält für zu viele, eigentlich unvereinbare Deutungsmodelle das nötige Rohmaterial bereit. So hat man Jesu spannungsvolle

---

[8] Vgl. die oft diskutierte Frage, warum ausgerechnet die beiden bedeutendsten Städte in Galiläa, Tiberias und Sepphoris, in der Jesusüberlieferung nicht (bzw. im Falle von Tiberias nur als Bezeichnung für den See) vorkommen, dazu s. aus der Sicht eines Neutestamentlers *E. P. Sanders*, Jesus' Relation to Sepphoris, in: *R. M. Nagy/C. L. Meyers/E. M. Meyers/Z. Weiss* (Hgg.), Sepphoris in Galilee. Crosscurrents of Culture Winona Lake, Inc. 1996, 75-79 und aus der Sicht eines Judaisten und Archäologen *E. M. Meyers*, Jesus and His Galilean Context, in: *D. E. Edwards/C. T. McCollough* (Hgg.), Archaeology and the Galilee. Text and Context in the Greco-Roman and Byzantine Periods, Atlanta, Ga. 1996, 57-67; *ders.*, Jesus and His World. Sepphoris and the Quest for the Historical Jesus, in: *Den Hertog/Hübner/Münger*, Saxa Loquentur, 185-197.

[9] Zur Kritik daran vgl. etwa *K.-H. Ostmeyer*, Armenhaus und Räuberhöhle? Galiläa zur Zeit Jesu, ZNW 96 (2005), 147-170.

[10] *M. Leutzsch*, Jesus der Galiläer, WUB 24 (7/2) (2002), 7-13 (11).

Stellung zur Tora als Resultat einer besonderen galiläischen Halacha erklären wollen, die ihre Wurzeln in Resten israelitisch-volksnaher und jerusalemkritischer Religiosität habe,[11] - man hat seine Wundertätigkeit mit galiläischen Charismatikern wie Chanina ben-Dosa in Verbindung gebracht,[12] - will Jesu Reichtumskritik auf soziale Spannungen zwischen der zunehmend verarmenden galiläischen Landbevölkerung und einer durch Abgaben und Landbesitz immer reicher werdenden Oberschicht zurückführen[13] - oder verweist schließlich auf die Romanisierung Galiläas oder die Nähe zur Dekapolis, um Jesu Botschaft als Spielart eines unapokalyptischen, kynischen Wanderpredigertums zu sehen.[14]
Stützt man die Beantwortung dieser Fragen auf Texte und lässt sich von ihnen den thematischen Rahmen vorgeben, dann kann man den individuellen Tendenzen und Intentionen der Autoren nur schwer entgehen. Andere Texte können zwar aushelfen die Lücken zu schließen, doch haben auch sie ihren individuellen Platz in Raum und Zeit und ihren je eigenen Blick auf die Dinge. Ein Ausgleich ist nur über ein sorgfältiges Vergleichen möglich, die Ergebnisse bleiben jedoch gerade an den Nahtstellen von Text A zu Text B hypothetisch. Solche und andere Fragen zeigen, dass ein unabhängiger Zugang vonnöten ist, um Galiläa als geographischer und sozialer Kontext der frühen Jesusbewegung wirklich zu verstehen. Der Einwurf von Leutzsch erinnert zudem daran, dass man keine

---

[11] *R. A. Horsley*, Archaeology, History and Society in Galilee. The Social Context of Jesus and the Rabbis, Valley Forge, Pa., 1996; *ders.*, Jesus and Galilee. The Contingencies of a Renewal Movement, in: *E. M. Meyers* (Hg.), Galilee through the Centuries. Confluence of Cultures, Winona Lake, Ind. 1999, 57–74. Zur Frage einer „galiläischen Halacha" vgl. die ausgewogenen Überlegungen von *L. H. Schiffman*, Was There a Galilean Halakhah?, in: The Galilee in Late Antiquity, *L. I. Levine* (Hg.), New York, N.Y./Jerusalem 1992, 143-156. Auch wenn keine Spuren spezifisch galiläischer Halacha nachweisbar sind, bedeutet dies noch nicht, dass galiläische Juden in allen religionsgesetzlichen Fragen mit judäischen Juden konform gegangen sind. Es kommt darauf an zu sehen, dass auch in Galiläa das Judentum kein monolithischer Block war, sondern verschiedene Wege offen hielt.

[12] *G. Vermes*, Jesus the Jew. A Historian's Reading of the Gospels, London 1983, bes. 58-82.

[13] *J. D. Crossan*, Der historische Jesus, München 1994.

[14] *B. L. Mack*, The Lost Gospel. The Book of Q and Christian Origins, Shaftesbury 1993, z.B. 51-68. Zur Kritik daran vgl. *Chancey*, Myth.

Region, auch nicht Galiläa, unabhängig von ihrer weiteren geographischen Umgebung verstehen kann.
Natürlich sind auch archäologische Daten alles andere als vollständig, doch ist die „Auswahl“ hier durch Zufall und beschreibbare postdepositionale Prozesse, nicht aber durch Absicht einzelner Personen bestimmt.[15] Gerade durch die in den letzten Jahren sprunghaft erweiterten naturwissenschaftlichen Auswertungsmethoden ergeben sich Einsichten, die unabhängig von Einzelpersonen und Texten erhoben werden können. Fragen des Klimas, der Bodennutzung, der Vegetation und des Nahrungsmittelangebots schieben sich in den Vordergrund und können weitaus genauer in den Blick genommen werden. Kulturelle Einflüsse werden durch Herkunftsanalyse von Keramik und Rekonstruktion der Transportwege fassbar. Resultate solcher Forschungen können, sofern sie methodisch transparent durchgeführt sind, jederzeit überprüft und verfeinert werden. Selbstverständlich wird durch derart anonyme Untersuchungsgegenstände der Bezug zu textlichen Informationen schwächer. Die Rekonstruktion von Bewuchszonen im Umfeld einer in Ausgrabung befindlichen oder bei Geländebegehung gefundenen Siedlung hat augenscheinlich nur wenig mit dem NT, seinen Themen und Personen zu tun. Dennoch ist ein solcher Zugang geboten, wenn man Texte wirklich in einen echten Dialog mit archäologischen Befunden bringen will. Während man noch vor 30 Jahren in der Archäologie die vornehmliche Untersuchung langfristiger Entwicklungen und natürlicher Gegebenheiten als bewusste Korrektur eines allzu sehr auf kurzfristige (Ereignis-)Geschichte und einzelne, damit verbundene Ortslagen konzentrierten Ansatzes betrieben hat (sog. „New Archaeology“), verfolgt man heute einen weniger konfrontativen, eher integrativen Zugang.[16] Ziel ist die Rekonstruktion und das Verständnis vergangener Kulturen. Es

---

[15] Natürlich haben Menschen stets versucht, durch bestimmten Umgang mit materiellen Zeugnissen die Erinnerung der Nachwelt zu beeinflussen (man denke hier nur an das bewusste Verbergen, Verändern oder Vernichten bestimmter Objekte oder Informationen - etwa bei der *erasio* von Inschriften), doch lässt sich dies dann oft auch archäologisch fassen. Solche Relikte stellen kulturhistorisch Zeugnisse erster Güte dar. Vgl. etwa *E. R. Varner*, Mutilation and Transformation. Damnatio Memoriae and Roman Imperial Portraiture (Monumenta Graeca et Romana 10), Leiden 2004.

[16] Sehr hilfreich ist etwa Eggert, Archäologie; vgl. auch die case studies in: *E. W. Sauer* (Hg.), Archaeology and Ancient History, London 2004.

geht nicht darum, ob man „den Steinen" oder „den Texten" mehr zutraut. Entsprechende Vorwürfe werden zwar gern hin und her gerichtet, führen aber nicht weiter. Entscheidend ist, beide Quellengattungen *sachgemäß* zu befragen und zu erkennen, was sie zur Klärung der gestellten Fragen beitragen können und was nicht.[17] Entscheidend ist, mit welcher Frage man an die Quellen herangeht. Wo Jesus war und was er dort zu wem gesagt hat, kann uns die Archäologie nicht mitteilen. Hier sind wir allein auf Texte angewiesen. Doch wenn es um die Rekonstruktion des kulturellen und sozialen Gefüges einer Ortslage oder einer ganzen Region geht, liefert die Archäologie aus den oben genannten Gründen unter Umständen ein zuverlässigeres und umfangreicheres Bild als Texte das je tun können. Im Falle von Galiläa trifft das – so möchte ich behaupten – zu.[18]

2. Galiläa - eine Region im Wandel

Durch seine geographische Lage zwischen Syrien im Osten und der dicht besiedelten Küstenregion im Westen war Galiläa in der hellenistisch-römischen Periode alles andere als abgelegenes Hinterland. Die Fruchtbarkeit besonders der Ebenen und sanften Hügel Untergaliläas sowie die Region um den fischreichen See Gennesaret waren für Siedler höchst attraktiv. Die politischen und kulturellen Veränderungen, die den östlichen Mittelmeerbereich damals erfassten, gingen daher auch an Galiläa nicht spurlos vorüber, wenn auch die Spuren dieser Veränderungen nicht immer derart monumental sind wie in anderen Regionen.

---

[17] Vgl. *Zangenberg*, Von Texten und Töpfen.

[18] Dies gilt übrigens genauso für Qumran. Da die Ortslage ein archäologisches Phänomen ist, haben die archäologischen Befunde – sorgfältig bearbeitet nach den Regeln der Kunst – den primären Interpretationsrahmen für die Rekonstruktion der Geschichte, der Kultur und der Aktivitäten ihrer Bewohner zu bilden. Texte, zumal solche deren Verbindung zur Siedlung unsicher oder qua Annahme des gemeinsamen Ursprungs nur postuliert ist, können demgegenüber nur mit Vorsicht für diese Aufgabe herangezogen werden. Zum Thema vgl. *J. Zangenberg*, Region oder Religion? Überlegungen zum interpretatorischen Kontext von Khirbet Qumran, in: *Küchler/Schmidt*, Texte - Fakten – Artefakte, 25-67.

2.1. Das vorhasmonäische Galiläa

a) In den letzten Jahren hat das vorhasmonäische Galiläa zwischen 300 und 100 v. Chr. vor allem durch archäologische Forschungen deutlichere Konturen gewonnen.[19] Die Relevanz dieser Problematik für die Jesusforschung wird allein dadurch evident, dass immer wieder behauptet wurde, vermeintliche Besonderheiten galiläisch-jüdischer Kultur und angebliche Spannungen zwischen traditioneller Landbevölkerung mit den jerusalemisch geprägten Hasmonäern gingen auf Nachwirkungen theologischer und sozialer Traditionen der eisenzeitlichen Bevölkerung des Nordreichs zurück.[20] Diese Vermutung ist mit guten Gründen zurückgewiesen worden.[21] Doch ist damit die Frage nach dem Charakter der Bevölkerung in frühhellenistischer Zeit und den Umständen und Folgen der hasmonäischen Eroberung noch nicht erledigt. Der folgende Überblick skizziert den momentanen Stand unseres Wissens.
Der Beginn der hellenistischen Periode ist im Vergleich zur persischen Zeit durch einen stetigen, aber undramatischen Anstieg der Siedlungsaktivität gekennzeichnet. Neben dem Hügelland ist besonders in unmittelbarer Nähe zum See Gennesaret ein klarer neuer Siedlungsakzent feststellbar. Diesem wollen wir uns zunächst zuwenden.[22]

---

[19] *H.-P. Kuhnen*, Israel unmittelbar vor und nach Alexander dem Großen. Geschichtlicher Wandel und archäologischer Befund, in: *S. Alkier/M. Witte* (Hgg.), Die Griechen und das antike Israel. Interdisziplinäre Studien zur Religions- und Kulturgeschichte des Heiligen Landes (OBO 201), Fribourg/Göttingen 2004, 1-27.

[20] *R. A. Horsley*, Galilee. History, Politics, People, Valley Forge, Pa. 1995; *ders.*, Archaeology, History and Society in Galilee. The Social Context of Jesus and the Rabbis, Valley Forge, Pa. 1996; *ders.*, Jesus and Galilee. The Contingencies of a Renewal Movement, in: *E. M. Meyers* (Hg.), Galilee through the Centuries. Confluence of Cultures, Winona Lake, Ind. 1999, 57–74.

[21] Siehe z.B. *E. M. Meyers*, An Archaeological Response to a New Testament Scholar, BASOR 297 (1995), 17-26; *J. L. Reed*, Galileans, „Israelite Village Communities" and the Sayings Gospel Q, in: *E. M. Meyers* (Hg.), Galilee through the Centuries. Confluence of Cultures, Winona Lake, Ind. 1999, 87–108; *ders.*, Archaeology and the Galilaean Jesus, Harrisburg, Pa. 2000.

[22] Zum Region am See Gennesaret vgl. *G. Faßbeck/S. Fortner/A. Rottloff/J. Zangenberg* (Hgg.), Leben am See Gennesaret. Kulturgeschichtliche Entdeckungen in einer biblischen Region, Mainz 2003; darin *P. Busch/G. Faßbeck/J. Zangenberg*, „Er predigte in ihren Dörfern und Synagogen". Die archäologische Forschung am See Gennesaret und die

a) Während der persischen Periode war die Region um den See Gennesaret nur sehr spärlich besiedelt.[23] Die erste Initiative, im großen Maßstab neue Siedlungen zu gründen, ergriffen offensichtlich Makedonier, die um 300 v. Chr. eine Militärkolonie für Veteranen auf dem fruchtbaren Plateau östlich des Sees Gennesaret gründeten und diese *Gadara* nannten.[24] Der Name Gadara ist sicherlich nicht griechischer, sondern semitischer Herkunft (גדר bedeutet Befestigung) und legt daher eine einheimische Vorgängersiedlung oder eine überwiegend einheimische Bevölkerung nahe. In den folgenden Jahren bis um 200 v. Chr. litt und profitierte die Region gleichermaßen davon, dass Gadara und die Gegend um den See Gennesaret an der Grenze zwischen den ptolemäischen und dem seleukidischen Reich lagen. Nach der Übernahme Palästinas durch die Seleukiden durch den Sieg Antiochus III. bei Paneion im Jahre 198 v. Chr. entwickelte sich Gadara schnell in ein blühendes kulturelles Zentrum. Die prominentesten hellenistischen Reste in Gadara sind ein großer Temenos und massive Befestigungen.

Zur selben Zeit, als Gadara die erste Blüte erlebte, wurde nur wenig weiter nördlich auf einem markanten Bergplateau die Stadt *Hippos* gegründet.[25] Jedenfalls datiert der monumentale

---

frühe Jesusbewegung, 153-163; *J. Zangenberg/G. Faßbeck*, „Jesus am See von Galiläa“ (Mt 4,18). Eine Skizze zur archäologischen Forschung am See Gennesaret und zur regionalen Verankerung der frühen Jesusbewegung, in: *Den Hertog/Hübner/Münger*, Saxa Loquentur, 291-310.

[23] Vgl. etwa den knappen Überblick in *M. Weigl*, Galiläa in der assyrischen und babylonisch-persischen Zeit, in: *Faßbeck/Fortner/Rottloff/Zangenberg*, Leben am See Gennesaret, 77-79.

[24] Georgios Synkellos, Ecloga Geographica 558f ed. Dindorf. Zu Gadara s. *J. Zangenberg/P. Busch*, Ein Hauch von Welt am See. Hippos und Gadara, in: *Faßbeck/Fortner/Rottloff/Zangenberg*, Leben am See Gennesaret, 117-129; *S. Kerner*, Gadara. Schwarzweiße Stadt zwischen Adjlun und Golan, in: *A. Hoffmann/S. Kerner* (Hgg.), Gadara, Gerasa und die Dekapolis, Mainz 2002, 125-136; *Th. M. Weber*, Gadara – Umm Qês. Vol. 1: Gadara Decapolitana. Untersuchungen zur Topographie, Geschichte, Architektur und Bildenden Kunst einer „Polis Hellenis“ im Ostjordanland (ADPV 30), Wiesbaden 2002.

[25] Zu Hippos vgl. *W. Thiel*, Historische und archäologische Untersuchungen zum hellenistischen Siedlungswesen in Palästina und Transjordanien unter den Ptolemäern und Seleukiden, Diss. Universität Köln 2002, 208-255; *A. Segal/J. Mlynarczyk/M. Burdajewicz/M. Schuler/M. Eisenberg*, Hippos-Sussita. Fourth Season of Excavations, June-July 2003, Haifa 2003 (dort Verweise auf vorangegangene Grabungsberichte); *dies.*, Hippos-Sussita. Fifth Season of Excavations (September-

„Hellenistic Compound" mit gepflastertem Platz und Tempel ins späte 2. Jh. v. Chr. und ist damit auf seleukidische Aktivität zurückzuführen.[26] Keramik des späten 4. und 3. Jh. v. Chr. aus tiefer liegenden Füllschichten belegt zwar frühere Siedlungstätigkeit, ihr Charakter ist aufgrund des Fehlens entsprechender Architektur aber nicht greifbar. Denkbar ist, dass die frühesten hellenistischen Phasen wie in Gadara um 300 v. Chr. zunächst militärische Funktion besaßen, die Stadt war spätestens bei Errichtung des „Hellenistic Compound" aber „zivilisiert". Möglicherweise ersetzte oder ergänzte die Neugründung eine weitaus ältere einheimische Siedlung am Ufer des Sees auf dem Gebiet des heutigen Kibbuz En-Gev.[27] Das Stadtgebiet von Hippos grenzte unmittelbar an das der Nachbarstädte Gadara im Süden und Skythopolis im Südosten. Im Norden begrenzte das Wadi es-Semakh das Territorium, wodurch eine ganze Reihe auch jüdisch besiedelter Orte am Ufersaum zu Hippos gehörten. Dadurch war seit dem frühen 2. Jh. v. Chr. praktisch das gesamte Ostufer des Sees mitsamt seiner jüdischen Bevölkerung kontinuierlich unter der Kontrolle pagan-hellenistischer Städte. Über Gadara und Hippos war die Region am See Gennesaret mit der auf dem Hochplateau des Ostjordanlands verlaufenden Straße mit der weiteren Region verbunden.

Aufgrund seiner Lage ca. 25 km südlich des Sees Gennesaret wird die Bedeutung von *Skythopolis* für die Kultur- und Siedlungsgeschichte Galiläas oft unterschätzt.[28] Durch die höchst vorteilhafte verkehrsgeographische Lage am östlichen Ende der sich südlich von Untergaliläa erstreckenden Jesreel-Ebene und am nördlichen Teil des Jordangrabens besaß die Ortslage seit Jahrhunderten eine Brückenfunktion zwischen den verschiedenen Regionen im Zentrum Palästinas. Auch bei Skythopolis handelt es sich um eine hellenistische „Gründung" (hier wohl aus ptolemäischer Zeit), die aber im Unter-

---

October 2004) and Summary of All Five Seasons (2000-2004), Haifa 2004.

[26] Dazu s. den Bericht in *Segal/Mlynarczyk/Burdajewicz/Schuler/ Eisenberg*, Hippos-Sussita. Fifth Season, bes. 26f.

[27] *Thiel*, Hellenistisches Siedlungswesen, 212.

[28] Zur komplizierten Geschichte und Archäologie von Skythopolis in hellenistischer Zeit vgl. *Thiel*, Hellenistisches Siedlungswesen, 163-207; vgl. auch *R. Barkay*, The Coinage of Nysa-Skythopolis (Beth-Shean), Jerusalem 2003, 19-34.

schied zu Hippos und Gadara an viel ältere urbane Vorgänger anknüpfte (Tel Beth She'an).
Die Bedeutung dieser Städte, die ab 63 v. Chr. den semiautonomen Verband der Dekapolis innerhalb der *provincia Syria* bildeten, für die Kulturgeschichte Galiläas und das Verständnis der frühen Jesusbewegung liegt nicht darin, dass sie Einfallstor paganer Lebensweise darstellten oder – wie etwa Gadara – Philosophen und Literaten hervorbrachten (z. B. Menippeus [3. Jh. v. Chr.], Meleagros [2. Jh. v. Chr.], Philodemos [2./1. Jh. v. Chr.]) oder Oinomaos [Mitte 2. Jh. n. Chr.], die auf die sich bildende Jesustradition Einfluss ausgeübt hätten.[29] Archäologisch ließe sich dies ohnehin nicht nachweisen. Gadara und Hippos waren vielmehr wichtig als Umschlagplätze für Waren aus dem gesamten Mittelmeerbereich und als Verkehrsknotenpunkte zwischen Syrien, dem Ostjordanland und der Küste. Gerade weil es diese Städte gab, war Galiläa von der hellenistischen Zeit bis in die Spätantike *Durchzugsgebiet*. Trotz ihrer nachhaltigen Bedeutung für die regionale Infrastruktur Galiläas kommen diese Städte in den Evangelien nur am Rande vor (Mk 5,1; 7,31parr) - ein gutes Beispiel dafür, wie wenig repräsentativ die geographischen Angaben der Evangelien für viele Gegebenheiten der Siedlungsarchäologie tatsächlich sind.
Auf eine frühptolemäische Gründung zu Beginn des 3. Jh. v. Chr. geht die heute zu Unrecht fast vergessene Ortslage *Philoteria* (Khirbet Kerak) am südlichen Ausfluss des Jordans aus dem See Gennesaret zurück. Dort wurden in den 1940er und 1950er sowie 1980er Jahren intensive Grabungen durchgeführt, die bis heute aber nur sehr spärlich publiziert wurden.[30]

---

[29] Zu Philodemos und Gadara vgl. *M. Luz*, The Cynics of the Decapolis and Eretz Israel in the Hellenistic Period, in: *M. Mor/A. Oppenheimer/J. Pastor/D. R. Schwartz* (Hgg.), Jews and Gentiles in the Holy Land in the Days of the Second Temple, the Mishna and the Talmud. A Collection of Articles, Jerusalem 2003, 97-107; *J. T. Fitzgerald,* Gadara. Philodemus' Native City, in: *ders./D. Obbink/G. S. Holland* (Hgg.), Philodemus and the New Testament World (NovTSup 111), Leiden/Boston, Mass. 2004, 343-397; zu Oinomaos s. *J. Hammerstädt*, Die Orakelkritik des Kynikers Oinomaus, Frankfurt/M. 1988. Zu den Bezügen zwischen Gadara und Galiläa vgl. nun auch die archäologisch basierte Studie *Th. M.* Weber, Gadara and Galilee, in: *Zangenberg/Attridge/Martin*, Ancient Galilee, 449-477.

[30] Zu Philoteria vgl. *Thiel*, Hellenistisches Siedlungswesen, 146-162; *Y. Tepper*, A Basilica at Bet Yerah? Bet Yerah Revisited, TA 26 (1999), 271-282.

Neben eindrucksvollen Resten einer ausgedehnten Stadt der Früh- und Mittelbronzezeit hat vor allem die hellenistische Bebauung von Khirbet Kerak von sich Reden gemacht. Vermutlich wurde Philoteria von Ptolemaios II. als Militärkolonie auf der dem See zugewandten Seite des massiven bronzezeitlichen Tell errichtet. Der Platz war ideal gewählt. Die verkehrsgeographische Lage am Kreuzungspunkt wichtiger Ost-West und Nord-Süd-Verbindungen entsprach derjenigen von Skythopolis und begünstigte Prosperität und urbanes Wachstum. Hinzu kamen die Reichtümer des Sees, landwirtschaftlich nutzbares Hinterland und die Nähe zu Gadara und Hippos (falls letzteres schon bestand). Auch hier deuten geringe spätpersische Baureste auf eine kleinere Vorgängersiedlung hin. Das Stadtgebiet von Philoteria maß ca. 20-25 ha. und war von einer ca. 1300 m langen Mauer mit Rund- und Ecktürmen umgeben. Architektur und Bauausstattung demonstrieren den hohen kulturellen Standart der Bewohner und ihre Verbindungen zur Mittelmeerwelt. Einige der Häuser waren bis zum Fenstersims erhalten, die Räume waren oft im Stil des späten 2. Jh. v. Chr. mit farbigem Putz und Imitaten von schwarzer, roter und grüner Marmortäfelung verziert. Zumindest ein Viertel im Süden der Stadt war nach dem hippodamischen Prinzip in *insulae* angelegt. Gegen Ende des 1. Jh. v. Chr. verschwindet Philoteria aus den Quellen. Möglich ist, dass der Ort 40 v. Chr. von den Parthern zerstört und für mehrere Jahrhunderte nicht mehr wiederbesiedelt wurde. Wo die Bevölkerung nach der Zerstörung der Stadt hinzog, ist ungewiss. Die Region war jedoch sicher zu reich, als dass man sie gänzlich verlassen hätte. Auch gab es Alternativen in der unmittelbaren Umgebung. So ist gut möglich, dass das bei Josephus und in rabbinischen Quellen erwähnte Sennabris die Funktion von Philoteria übernahm, wenn nicht der Ortsname Sennabris überhaupt wie im Falle von Magdala/Tarichäa oder Hippos/Susita auf das Vorhandensein einer älteren (?), semitisch geprägte „Schwestersiedlung" hindeutet.[31] Auch könnte ich mir gut vorstellen, dass sich einige Flüchtlinge in der Umgebung ihrer ehemaligen Heimatstadt niederließen, u. a. auch dort, wo Herodes Antipas später seine Residenzstadt Tiberias gründete. Die Grabungen im Frühjahr 2004 haben jedenfalls

[31] Zu diesem Problem s. *Thiel*, Hellenistisches Siedlungswesen, 150.

Hinweise ergeben, dass der Ort bereits vor der Gründung der Stadt Tiberias besiedelt gewesen sein musste.[32]
Nahezu als „Spiegelbild“ von Philoteria kann die hellenistische Siedlung auf *et-Tell* bezeichnet werden. Wie ihre südliche „Schwester“ liegt auch et-Tell, deren Identifikation mit dem im NT, bei Plinius und Josephus erwähnten Betsaida (vgl. Mk 6,45; 8,22parr. Joh 1,44; 12,21; Plinius, n.h. 5,71; Josephus, *Bell* 2,168; 3,57 und 515; *Ant* 18,28 und 108; *Vita* 398 und 406) von den Ausgräbern mit nicht unproblematischen Argumenten vorgeschlagen worden ist, auf einem älteren Siedlungshügel (diesmal überwiegend aus der Eisenzeit II), von dem sich der See und der umliegende Ufersaum (diesmal am Jordan*eintritt* in den See) gut überblicken lässt. Es scheint, dass auch das hellenistische et-Tell wegen seiner günstigen verkehrsgeographischen Lage an einer Straße, die mittels einer Furt den Jordan überquerte (Josephus!), angelegt wurde. Während die späthellenistische und römische Siedlung recht gut bekannt ist, ist die hellenistische Siedlung in den letzten Jahren erst in Konturen greifbar geworden.[33] Nach einer langen Besiedlungslücke wurde diese offensichtlich um die Mitte des 3. Jh. v. Chr. auf et-Tell errichtet. Möglicherweise handelt es sich dabei um einen Militärposten mit engen Kontakten zu den Städten am Ost- und Südufer des Sees. Architektur, die dieser Phase stratigraphisch eindeutig zugewiesen werden könnte, ist bisher nicht publiziert worden. Überhaupt ist die Feinstratigraphie der nacheisenzeitlichen Besiedlung alles andere als klar. Doch könnte eine an manchen Punkten über der eisenzeitlichen Mauer nachgewiesene Fortifikation könnte darauf hindeuten, dass die frühhellenistische Siedlung befestigt war. Vergleichsweise große Mengen an

---

[32] Zu den neuen Grabungen in Tiberias vgl. *Y. Hirschfeld/K. Galor*, New Excavations in Roman, Byzantine, and Early Islamic Tiberias, in: *Zangenberg/Attridge/Martin*, Ancient Galilee, 207-229; *J. Zangenberg*, Neue Grabungen in Tiberias, WUB 35 (10/1) (2005), 68f; *ders.*, Palast des Herodes Antipas in Tiberias gefunden?, WUB 37 (10/3) (2005), 70. Wie vereinzelte eisenzeitliche Scherben belegen, war auch damals das Stadtgebiet von Tiberias nicht völlig unbesiedelt.

[33] Dazu vgl. die knappen Bemerkungen bei *R. Arav*, Bethsaida, in: *J. H. Charlesworth* (Hg.), Jesus and Archaeology, Grand Rapids, Mich. 2006, 145-166 (bes. 160f); *C. Savage*, Supporting Evidence for a First-Century Bethsaida, in: *Zangenberg/Attridge/Martin*, Ancient Galilee, 193-206. Detaillierte Berichte über die Stratigraphie der einzelnen Gebäude auf dem Tell fehlen freilich noch.

hellenistischer Keramik lassen aber keinen Zweifel daran, dass seit frühhellenistischer Zeit eine recht prosperierende Siedlung mit guten Handelsbeziehungen bestand.[34] Das Ende dieser Siedlung ist nicht bekannt, doch entstand im frühen 1. Jh. v. Chr. eine neue Niederlassung, die zwar offensichtlich Elemente der älteren inkorporierte, aber sonst eine deutlich andere materielle Kultur aufweist.[35] Insofern ähnelt der chronologische Befund auf et-Tell demjenigen der weiter nördlich gelegenen Siedlung von Tel Anafa (s.u.).

Zudem wurde bei den heißen Quellen von *Hammat Tiberias* bereits in den 1950er Jahren ein großes öffentliches Gebäude aus seleukidischer Zeit gefunden. Hier scheint es keinen grundlegenden Wandel von der seleukidischen zur hasmonäischen Zeit gegeben zu haben. Immerhin kann Moshe Dotan die diesbezüglichen Befunde unter dem Siglum eines einzigen Stratums behandeln (Stratum IV).[36] Erst in der späteren Hasmonäerzeit verschwand das Gebäude.

Ein kleines Gehöft auf *Tel Kinrot*, in zwei Phasen von „der zweiten Hälfte des 3. Jh. bis in die zweite Hälfte des 2. Jh." besiedelt, vergegenwärtigt einen Bautyp, der vermutlich in großer Anzahl in den landwirtschaftlich nutzbaren Regionen vorhanden war.[37] Im NT wird er oft summarisch als *agros* (Mk 6,56) neben Dörfer und Städte gestellt. Leider sind aber mit Ausnahme des Exemplars auf Tel Kinrot keine weiteren zeitgenössischen Beispiele in Galiläa untersucht worden. Dies zeigt, wie verzerrt und unvollständig selbst unser archäologisches Bild von der Region ist. Noch bleibt der archäologische Datenbestand sehr stadtlastig, das offene Land und die dort sicher häufig vorhandenen Gehöfte und Dörfer bleiben weitgehend im Dunklen. Warum dem Gehöft nach der Aufgabe

---

[34] Zur Feinkeramik vgl. *S. Fortner*, Hellenistic and Roman Fineware from Betsaida, in: *R. Arav/R. A. Freund* (Hgg.), Bethsaida. A City by the North Sea Shore of the Sea of Galilee. Bd. 1, Kirksville, Mo. 1995, 99-126; *dies./A. Rottloff*, Fisch, Flachs und Öl. Wirtschaftliches Leben und Handel rund um den See Gennesaret in hellenistisch-römischer Zeit, in: *Faßbeck/Fortner/Rottloff/Zangenberg*, Leben am See Gennesaret, 130-137 (135).

[35] *Savage*, Supporting Evidence.

[36] *M. Dothan*, Hammath Tiberias. Early Synagogues and the Hellenistic and Roman Remains, Jerusalem 1983, bes. 14.

[37] Dazu *V. Fritz*, Kinneret. Ergebnisse der Ausgrabungen auf dem Tell el-Oreme am See Gennesaret 1982-1985, Wiesbaden 1990 (ADPV 15), 103-109 (Zitat ibid., 109).

keine jüngere Siedlung folgte, ist unerfindlich.[38] Der Hang des Tells scheint jedenfalls auch später noch landwirtschaftlich genutzt worden zu sein. Von Wohnbauten fehlt jedoch bis in die osmanische Zeit bisher jede Spur.

Andere Siedlungen aus vorhasmonäischer Zeit sind an der Seeregion derzeit nicht recht greifbar. Zwar wurde im Bereich von Kapernaum perserzeitliche und frühhellenistische Keramik gefunden, doch ist deren Zusammenhang mit der wohl um 100 v. Chr. gegründeten und bis in die Spätantike bewohnten Siedlung noch nicht hinreichend deutlich.[39] Magdala, erst in der späten 1. Hälfte des 1. Jh. v. Chr. literarisch erwähnt, scheint ebenfalls erst um 100 v. Chr. entstanden zu sein.[40]

b) Seit spätpersisch-frühhellenistischer Zeit war die phönizisch bestimmte Mittelmeerküste von entscheidender Bedeutung für das kulturelle Gepräge Galiläas. Für Städte wie Tyrus, Sidon und Ptolemais bot Galiläa großzügige landwirtschaftliche Anbauflächen für Getreide, Wein und Öl (vor allem im Fall von Tyrus und Sidon waren diese notorisch knapp), sowie Absatzmärkte und fungierte als Brücke nach Südsyrien und ins Ostjordanland. Während Tyros und Sidon besonders für Obergaliläa von Bedeutung waren, dominierte Ptolemais das untergaliläische Hinterland.[41] *Ptolemais* blieb

---

[38] Das in Mk 6,53; Mt 14,34 belegte Toponym *Gennesaret* bezeichnet keinen Ort (geschweige denn auf dem Tel selbst), sondern die in Josephus, Bellum 3,516-521 erwähnte Ebene südlich des Tel, vgl. *J. Zangenberg*, Observations on the Rural Environment of Tel Kinrot (Tell el-Oreime) during the Hellenistic and Roman Periods and on the Locatization of the New Testament Toponym Gennesaret (Mk 6:53, Mt 14:34), in Vorbereitung für: *S. Münger/J. Pakkala/W. Zwickel/J. Zangenberg* (Hgg.), Kinneret II. Results of Archaeological Excavations on Tell el-'Oreme/Tel Kinrot on the Lake of Galilee 1994-1999 (ADPV), Wiesbaden, vorauss. 2008.

[39] *J. Zangenberg*, Kapernaum. Zu Besuch in Jesu „eigener Stadt", in: Leben am See Gennesaret, *Faßbeck/Fortner/Rottloff/Zangenberg*, 99-103 (mit Literatur).

[40] *J. Zangenberg*, Magdala am See Genezaret. Überlegungen zur sog. „mini-sinagoga" und einige andere Beobachtungen zum kulturellen Profil des Ortes in „neutestamentlicher Zeit" (KAANT 2), Waltrop 2001.

[41] Zu den Phöniziern vgl. *J. D. Grainger*, Hellenistic Phoenicia, Oxford 1991; *A. M. Berlin*, From Monarchy to Markets. The Phoenicians in Hellenistic Palestine, BASOR 306 (1997), 75-88; S. Freyne, Galileans, Phoenicians, and Ituraeans. A Study of Regional Contrasts in the Hellenistic Age, in: *J. J. Collins/G. E. Sterling* (Hgg.), Hellenism in the Land of Israel, Notre Dame, Ind. 2001, 184-215. Zur Mischung von semiti-

während der gesamten hellenistischen Periode selbständig und erwies sich auch in römischer Zeit als besondere Stütze hellenistischer Herrschaft und Präsenz. Nachdem Berytus bereits im Jahre 15 v. Chr. zur römischen *colonia* ernannt worden war, folgte Ptolemais im Jahre 54 n. Chr. Dieser Schritt bedeutete in der Regel nicht nur die rechtliche Privilegierung der freien Einwohner der Stadt (die in der Regel enge Verbindungen zum römischen Militär hatten), sondern auch eine tiefgreifende Umorganisation der Besitzverhältnisse an Land und Grundstücken in der Region. Es ist daher unvermeidlich, dass zumindest die westlichen Teile Galiläas von den Entwicklungen in Ptolemais direkt betroffen waren.[42]

Verschiedentlich sind noch Spuren des Bestrebens erkennbar, das galiläische Hinterland zu sichern. So befand sich an der von Ptolemais nach Osten führenden Straße seit ptolemäischer, spätestens aber seleukidischer Zeit eine Festung auf der Akropolis von *Sepphoris*.[43] Eine ganze Reihe weiterer befestigter Siedlungen im Hinterland von Ptolemais hat Mordechai Aviam im Zuge von Surveys und kleineren Grabungen untersuchen können.[44] Interessanterweise liegen viele dieser Sied-

---

scher und griechischer Kultur in den Städten der Dekapolis siehe: *A. Lichtenberger*, Kulte und Kultur der Dekapolis. Untersuchungen zu numismatischen, archäologischen und epigraphischen Zeugnissen (ADPV 29), Wiesbaden 2003. Speziell zu Tyrus und Sidon vgl. *F. Millar*, The Roman Near East 31 BC to AD 337, Cambridge/London 1993, 264-295; *W. Ball*, Rome in the East. The Transformation of an Empire, London/New York, N.Y. 2000, 170-181; zu Ptolemais s. nun *Thiel*, Hellenistisches Siedlungswesen, 25-107.

42 Dazu vgl. *A. M. Berlin*, Romanization and Anti-Romanization in Pre-Revolt Galilee, in: *dies./J. A. Overman* (Hgg.), The First Jewish Revolt. Archaeology, History, and Ideology, London/New York, N.Y. 2002, 57-73; *R. MacMullen*, Romanization in the Time of Augustus, New Haven, Conn./London 2000, 1-29.

43 Die Funde und Befunde von Unit I des Areals 85.3 auf der Akropolis von Sepphoris sind noch nicht umfassend publiziert, vgl. einstweilen *E. M. Meyers*, Sepphoris on the Eve of the Great Revolt (67-68 C.E.). Archaeology and Josephus, in: *ders.* (Hgg.), Galilee Through the Centuries. Confluence of Cultures, Winona Lake, Ind. 1999, 109-122 (bes. 118-121). Vgl. auch *Z. Weiss*, Josephus and Archaeology in the Cities of Galilee, in: *Z. Rodgers* (Hg.), Making History. Josephus and Historical Method (JSJ.Sup. 110), Leiden/Boston, Mass. 2007, 385-414, bes. 392-407.

44 *M. Aviam*, Hellenistic Fortifications in the „Hinterland" of 'Ako-Ptolemais, in: *ders.* (Hg.), Jews, Pagans and Christians in the Galilee, Rochester, N.Y. 2004 (Land of Galilee 1), 22-30; *ders.*, The Hellenistic

lungen in der Nähe von Straßen und dienten dazu, den Handel zu kontrollieren.

Als Indikator für das Vorhandensein pagan-semitischer Bevölkerung in persischer und hellenistischer Zeit gilt vor allem sog. „Galilean Coarse Ware“ (GCW), die u. a. während ausgedehnter Surveys in Obergaliläa in großen Mengen gefunden wurde.[45] Die Tatsache, dass an der Küste andere Keramiktypen vorherrschen („Phoenician jar“),[46] deutet bereits die Existenz unterschiedlicher Einflusszonen an: westlich des Meron-Massivs dominierte Phönizien, östlich davon war dessen Einfluss zwar spürbar, andere, indigene Bevölkerungsgruppen hatten aber genügend Raum zu eigener Entfaltung, wobei aber natürlich phönizische Einflüsse stets mitprägend waren. Dass von der lokalen Bevölkerung auch ägyptische Elemente aufgenommen werden konnten, zeigt das Heiligtum von *Mitzpe Yamim* am südöstlichen Hang des Meron-Massivs,[47] das bereits in persischer Zeit als Tempel gegründet wurde und in frühhellenistischer Zeit als offenes Höhenheiligtum fortexistierte.

Neue Ausgrabungen in *Qedesh* bestätigen die Existenz eines großen, palastartigen Gebäudes während des 2. Jh. v. Chr., das von den Ausgräbern zu Recht als Residenz eines regionalen Würdenträgers im Dienst der Seleukiden angesprochen wird.[48] Der Fund von gut 2400 Tonbullen weist mit Sicherheit

---

and Hasmonean Fortress and Herodian Siege Complex at Qeren Naftali, in: ibid., 59-88.

[45] *R. Frankel/N. Getzov/M. Aviam/A. Degani* (Hgg.), Settlement Dynamics and Regional Diversity in Ancient Upper Galilee, Jerusalem 2001 (IAA Reports 14), bes. 61f, 107-110; vgl. auch *D. Avshalom-Gorni/N. Getzov*, Phoenicians and Jews. A Ceramic Case-Study, in: *A. M. Berlin/J. A. Overman* (Hgg.), The First Jewish Revolt. Archaeology, History and Ideology, London/New York, N.Y. 2002, 74-84.

[46] *Frankel/Getzov/Aviam/Degani*, Settlement Dynamics, bes. 63, 107-110; vgl. auch *Avshalom-Gorni/Getzov*, Phoenicians and Jews, 74-84.

[47] *R. Frankel*, Mizpe Yammim, Mount, NEAEHL 3 (1993), 1061-1063; *ders./R. Ventura*, The Mispey Yamim Bronzes, BASOR 311 (1998), 39-56; *J. Kamlah*, Zwei nordpalästinische ‘Heiligtümer’ der persischen Zeit und ihre epigraphischen Funde, ZDPV 115 (1999), 163-187; *M. Weippert*, Eine phönizische Inschrift aus Galiläa, ZDPV 115 (1999), 191-200.

[48] *S. C. Herbert/A. M. Berlin*, A New Administrative Center for Persian and Hellenistic Galilee. Preliminary Report of the University of Michigan/University of Minnesota Excavations at Kedesh, BASOR 329 (2003), 13-59; *F. Millar*, The Phoenician Cities. A Case Study of Helle-

auf ein Archiv hin und bezeugt die starken Verbindungen nach Phönizien. Die höchst komplexe Ikonographie der Siegel ist ferner ein gutes Beispiel dafür, wie bereitwillig die semitischen Phönizier griechische Formen in ihr ikonographisches Repertoire aufgenommen haben.[49] Attische Keramik in Qedesh oder et-Tell belegt, dass Handelsgut von der phönizischen Küste bereits in der Perserzeit ins Binnenland transportiert wurde.[50] Zu regelrechter Ansiedlung von Phöniziern im Hinterland scheint es aber erst später gekommen sein. Ein gutes Beispiel ist die erste Phase der Handelsniederlassung auf Tel Anafa.[51]

Insofern bot Galiläa in vorhasmonäischer Zeit ein buntes Bild aus Vertretern unterschiedliche Kulturen. Indigene Gruppen waren im Hügelland prägend, Einflüsse von der phönizisch besiedelten Küste waren jedoch gleichermaßen zu spüren wie aus dem seit ca. 310 v. Chr. mehr und mehr griechisch dominierten syrischen Hinterland. Militärische und wirtschaftliche Interessen der überregionalen Obrigkeiten sorgten jeweils dafür, dass Galiläa offen für Handel blieb und führte zur Intensivierung der Siedlungstätigkeit besonders am See Gennesaret.

---

nization, Proceedings of the Cambridge Philological Society 209 (1983), 55-71.

[49] *D. T. Ariel/J. Naveh*, Selected Inscribed Sealings from Kedesh in Upper Galilee, BASOR 329 (2003), 61-80.

[50] Zum Thema vgl. *R. Wenning*, Griechischer Einfluss auf Palästina in vorhellenistischer Zeit?, in: *Alkier/Witte*, Die Griechen und das antike Israel, 29-60; *ders.*, Nachweis der attischen Keramik aus Palästina. Aktualisierter Zwischenbericht, ibid., 61-72.

[51] *S. C. Herbert* u.a., Tel Anafa I,i/ii. Final Report on Ten Years of Excavation at a Hellenistic and Roman Settlement in Northern Israel (JRA.Sup 10/I), Ann Arbor, Mich. 1994, vgl. dazu meine Rezension in ZDPV 113 (1997), 140-144; *S. C. Herbert*, Tel Anafa II. The Hellenistic and Roman Pottery (JRA.Sup 10/II), Ann Arbor 1997. Zu Tel Anafa s. auch unten S. 29. Man beachte, dass sidonische Siedler auch anderenorts in Palästina belegt sind: Sichem oder Marissa.

2.2. Die Inkorporation Galiläas in das hasmonäische Herrschaftsgebiet um 100 v. Chr.

Hellenisierung wird im Falle jüdischer Kultur oft als Fremdbestimmung und gewaltsame Unterdrückung der eigenen Identität gesehen. Viele sehen die hasmonäische Eroberung und Kolonisierung Galiläas daher dezidiert als antihellenistisches Unternehmen. Weit gefehlt![52] Die Eroberung Galiläas brachte zwar in der Tat einen deutlichen Wandel in der materiellen Kultur vor allem in Obergaliläa nordwestlich des Sees mit sich, doch bedeutete sie keinesfalls das Ende der Hellenisierung – im Gegenteil! Judentum und Hellenismus sind keine Alternative, sondern können – je nach regionalen Umständen – durchaus vielfältige, wenn auch nicht immer konfliktfreie Symbiosen eingehen![53] Nicht nur die Diaspora (etwa in Ägypten), sondern auch die Entwicklung in Palästina selbst sind dafür eindrucksvolle Zeugen. Die Hasmonäer waren ja selbst Erben hellenistischer Kultur, wenn auch ihre Karriere zunächst als offensichtliche Gegner dieser Kultur begann. Nicht zuletzt entstehen die ersten Elemente einer dezidiert jüdischen materiellen Kultur unter hasmonäischer Herrschaft *und* dank des zunehmenden hellenistischen Einflusses. Hellenisierung bedeutet also nicht notwendigerweise Nivellierung des Eigenen, sondern schafft vielmehr die Möglichkeit, die eigene Identität in neuer, differenzierterer Weise auszudrücken. Die Hasmonäer importierten ihre eigene Mischung aus jüdisch-einheimischer und hellenistisch-westlicher Kultur nach Galiläa. Somit wandelte sich in Galiläa lediglich die *Richtung* der

[52] Vgl. *D. Georgi*, Jüdischer Synkretismus, in: *Alkier/Witte*, Die Griechen und das antike Israel. Interdisziplinäre Studien zur Religions- und Kulturgeschichte des Heiligen Landes (OBO 201), Fribourg/Göttingen 2004, 155-183; *J. J. Collins*, Cult and Culture. The Limits of Hellenization in Judea, in: *ders./G. E. Sterling* (Hgg.), Hellenism in the Land of Israel, Notre Dame, Ind. 2001, 38-61; *S. Fine*, Art and Judaism in the Greco-Roman World. Toward a New Jewish Archaeology, Cambridge 2005.

[53] Grundlegend noch immer das klassische Werk: *M. Hengel*, Judentum und Hellenismus. Studien zu ihrer Begegnung unter besonderer Berücksichtigung Palästinas bis zur Mitte des 2. Jh. v. Chr., Tübingen ³1988 (WUNT 10); knapp: *ders.*, The 'Hellenization' of Judaea in the First Century After Christ, London 1989; *L. I. Levine*, Judaism and Hellenism in Antiquity. Conflict or Confluence?, Peabody, Mass. 1998; *M. A. Chancey*, Greco-Roman Culture and the Galilee of Jesus (SNTSMS 134), Cambridge 2005.

Hellenisierung und damit deren Spielart: Galiläa wurde ab 100 v. Chr. nicht mehr von Norden und Westen durch die phönizische oder von Osten durch die griechisch-syrische Form des Hellenismus beeinflusst, sondern von Süden her durch die jüdisch-jerusalemische.[54] Dass wir kulturelle Vielfalt in Galiläa überhaupt wahrnehmen können, hängt also auch damit zusammen, dass die Hellenisierung im Laufe der Zeit praktisch alle Lebensbereiche erfasst hat und die unterschiedlichen Bevölkerungsgruppen sich ihre Vorzüge zunutze gemacht haben. Natürlich ist hellenistischer Einfluss in Galiläa nicht nur dort vorhanden, wo man öffentliche Bauten wie ein Forum, Bad, Nymphäum oder einen Tempel findet, mindestens ebenso aussagekräftiger sind die oft vernachlässigten Kleinfunde, da sie weiter verbreitet und dadurch repräsentativer für kulturelle Prägungen sind.

Im Zuge der hasmonäischen Eroberung wurde seit 100 v. Chr. der phönizische Einfluss im Gebiet nördlich des Sees zunehmend zurückgedrängt und das Binnenland Ober- und Untergaliläas mit einem dichten Netz neuer Siedlungen überzogen, deren materielle Kultur nun ein deutlich anderes Gepräge aufweist. Von besonderer Bedeutung sind zunächst vor allem neue Keramikformen, die übrigen gern genannten „jüdischen Leitfossilien“ wie Ossuare, Mikwaot und Steingefäße sind in der ersten Hälfte des 1. Jh. v. Chr. noch nicht flächendeckend vorhanden.[55] Was dieser Wandel der materiellen Kultur im Hinblick auf die Bevölkerung bedeutet, ist umstritten und nicht leicht zu beurteilen. Ein flächendeckender Austausch der indigenen Bewohner durch neue Kolonisten scheint nicht unbedingt impliziert zu sein, wenn es auch an zahlreichen Orten deutliche Hinweise auf eine gewaltsame Unterbrechung der Besiedlung mit folgender Wiederaufnahme nach anderem Muster gibt (z. B. Tel Anafa, Qedesh, et-Tell). Der Wandel in der materiellen Kultur könnte auch bedeuten, dass die ur-

---

[54] Vgl. zum Thema nun *S. Freyne*, Galilean Studies. Old Issues and New Questions, in: *Zangenberg/Attridge/Martin*, Ancient Galilee, 13-29.

[55] Dazu vgl. *J. L. Reed*, Stone Vessels and Gospel Texts. Purity and Socio-Economics in John 2, in: *S. Alkier/J. Zangenberg* (Hgg.), Zeichen aus Text und Stein, 381-401; *S. S. Miller*, Some Observations on Stone Vessel Finds and Ritual Purity in Light of Talmudic Sources, in: ibid., 402-419; *M. Aviam/D. Syon*, Jewish Ossuaries in Galilee, in: *L. V. Rutgers* (Hg.), What Athens Has to Do With Jerusalem. Essays on Classical, Jewish, and Early Christian Art and Archaeology in Honor of Gideon Foerster (ISACR 1), Leuven 2002, 151-185.

sprünglichen Bewohner der Region ihre Konsumgewohnheiten und Märkte änderten und sich nach Neusiedlern ausrichteten, die sicherlich in gewisser Anzahl eingewandert sind und nun kulturelle Dominanz ausgeübt haben. Eingedenk mancher Einseitigkeit bei der Debatte um die „Landnahme Israels“ ist man versucht, vor allzu schematischen Modellen zu warnen. Befunde von einzelnen Orten sollte man nicht auf die gesamte Region „hochrechnen“ und stattdessen genug Raum für lokale Variation lassen. Am plausibelsten ist anzunehmen, dass die hasmonäische Eroberung zwar keinen völligen Bevölkerungsaustausch mit sich, was vor allem wichtig ist für die Beurteilung des realgeschichtlichen Hintergrunds von Mk 7,24-30parr,[56] die kulturelle Dominanz der jüdisch-jerusalemischen Neusiedler wurde aber so groß, dass im Laufe des 1. Jh. v. Chr. immer mehr Elemente judäisch-jerusalemischer Kultur eingeführt wurden und das vorhasmonäische Gepräge der Region zunehmend verschwand.

Vor allem das bisher nur wenig besiedelte Hügel- und Bergland wurde mehr und mehr aufgesiedelt. Offensichtlich nutzte man bewusst Landstriche, die noch Platz boten für Neuankömmlinge. Eine ganze Reihe von neuen Siedlungen entstehen zu Beginn des 1. Jh. v. Chr., darunter Nazareth, Gamla, Tabgha,[57] Kapernaum und Magdala. Bestimmte, phönizisch inspirierte Keramiktypen sowie hellenistische Dekorationsformen blieben an manchen Orten (so Yodefat) noch bis ins 1. Jh. n. Chr. in Gebrauch, was zwar nicht unbedingt die Präsenz von Resten vorhasmonäischer Population beweist, sehr wohl aber die fortgesetzte Offenheit der Region und ihrer Menschen nahe legt, sich trotz ihrer jüdischen Identität nicht von anderen Einflüssen abzuschotten.[58] Insofern kann es also durchaus sein, dass jüdische Neuankömmlinge vereinzelt Traditionen der Alteingesessenen weiterführten. Abgesehen von diesen Details änderte sich im Hügelland nicht nur die Siedlungsstruktur, sondern auch die materielle Kultur trägt deutlich

---

[56] *F. Lang*, „Über Sidon mitten ins Gebiet der Dekapolis“. Geographie und Theologie in Markus 7,31, ZDPV 94 (1978), 145-160; *T. Schmeller*, Jesus im Umland Galiläas, BZ (NF) 38 (1994), 44-65.

[57] In Tabgha wurde freilich (bisher) keine relevante Architektur gefunden, vgl. *S. Loffreda*, Scavi di et-Tabgha. Relazione finale della campagna di scavi 25 marzo - 20 giugno 1969 (SBF.CMi 7), Jerusalem 1970.

[58] *Avshalom-Gorni/Getzov*, Phoenicians and Jews; *Berlin*, Romanization and Anti-Romanization.

anderes Gepräge. Seit der hasmonäischen Eroberung waren Untergaliläa und das südliche Obergaliläa klare Schwerpunkte jüdischer Präsenz.
Im unmittelbaren Hinterland der phönizischen Zentren entlang der flachen Küstenregion und auf der Ostseite des Sees Gennesaret im Umfeld der hellenistischen Städte Gadara und Hippos waren die Umbrüche jedoch begrenzt. Diese Landstriche konnten die Hasmonäer nicht dauerhaft unter ihre Kontrolle bringen. Die großen Städte im Westen und Osten behielten ihren Charakter als Magnete wirtschaftlicher Entwicklung und Schwerpunkte paganer Kultur bei. Eine für das Verständnis des NT wesentliche Entwicklung trat aber dennoch ein, verstärkt durch die kurzzeitige Übertragung der Dekapolis an Herodes d. Gr.: In Städten wie Skythopolis, Gadara und Hippos entstanden zum Teil recht große jüdische Gemeinden. Urbanes Judentum in pagan-hellenistischem Kontext und eher ländlich geprägtes Judentum in den Dörfern des galiläischen Hügellands existierten also dicht beieinander. Hinzu kamen seit dem späten 1. Jh. v. Chr. (Sepphoris) und dem beginnenden 1. Jh. n. Chr. (Tiberias) zwei ganz überwiegend jüdisch geprägte Städte, wo die unterschiedlichsten Schichten und Gruppen zusammentrafen und zusammenlebten.
Besonders gut lässt sich der Wandel von der vorhasmonäischen zur hasmonäischen Periode auf *Tel Anafa* im Huletal beobachten.[59] Dort befand sich seit ca. 150 v. Chr. ein reich ausgestattetes palastartiges Gebäude, offensichtlich ein Handelsposten im Hinterland von Tyros, der die lokale Bevölkerung mit Keramik und anderen Produkten versorgte. Im Austausch dazu schien Tyros, das aufgrund seiner Küstenlage notorisch knapp an landwirtschaftlicher Nutzfläche war, an Getreide interessiert gewesen zu sein. Um 80 v. Chr. wurde der Posten verlassen, offenbar aber nicht zerstört. Erst im frühen 1. Jh. n. Chr., also nach einer Lücke von gut 100 Jahren, entstand ein kleines Dorf mit typischen, quadratischen Häusern aus Bruchsteinen und einer im Vergleich zum Emporium deutlich anderen materiellen Kultur. Ähnliche Befunde sind

---

[59] Zur Bevölkerungsgeschichte des Huletals vgl. nun *I. Shaked/D. Avshalom-Gorni*, Jewish Settlement in the Southeastern Hula Valley in the First Century C.E., in: *D. R. Edwards* (Hg.), Religion and Society in Roman Palestine. Old Questions, New Approaches, London/New York, N.Y. 2004, 28-36; *W. Zwickel*, The Huleh Valley from the Iron Age to the Muslim Period. A Study in Settlement History, in: *Zangenberg/Attridge/Martin*, Ancient Galilee, 163-192.

an anderen Stellen wie etwa Qeren Naftali festgestellt worden.[60] Doch setzen sich trotz aller Neuerungen aus dem Süden eine ganze Reihe von Verbindungen mit der Mittelmeerwelt weiter fort (wie etwa der Import von Keramik, Glas und die Übernahme von Architekturformen), sodass man überlegen kann, ob die neuen Siedler diese Verbindungen von den alten Bewohnern übernommen haben (also durch diese ihrerseits einen „Hellenisierungsschub" erfahren haben) oder diese Kontakte bereits aus dem Süden mitgebracht und nach Norden ausgedehnt haben (und so ein neues Betätigungsfeld für ihren eigene Form von Hellenismus gefunden haben).
Ein weiteres gutes Beispiel für die unaufhaltsame, aber weitgehend unspektakuläre Ausbreitung hellenistischer Kultur ist das kleine Haufendorf, das seit ca. 100 v. Chr. auf *et-Tell* bestand.[61] Die Grabungen sind besonders deshalb so wichtig, weil sie unsere einzigen Befunde aus einem wirklich dörflichen Kontext darstellen. Die bisher publizierte, aber nur sehr schwer präzise datierbare Architektur besteht aus den typisch orientalischen Hofhäusern mit Innenhof und Keller und bleibt völlig im Rahmen des regional Üblichen. Monumentalarchitektur ist nicht vorhanden.[62] Auch die Struktur der Siedlung ist traditionell: ein Haufendorf aus gruppierten Einzelgehöften mit unregelmäßigen öffentlichen Plätzen. Eine große Anzahl von Fischhaken, Netzsinkern, Werkzeugen zur Baumkultur und Vorratsgefäßen für Wein und Öl legen nahe, dass die Bewohner von Fischfang und Landwirtschaft lebten, was nun wirklich nicht überraschend ist. Interessant ist vielmehr, dass

[60] Zu Qeren Naftali vgl. *M. Aviam*, The Hellenistic and Hasmonean Fortress and Herodian Siege Complex at Qeren Naftali, in: *ders*. (Hg.), Jews, Pagans and Christians in the Galilee (Land of Galilee 1), Rochester, N.Y. 2004, 59-88; zu et-Tell siehe *Savage*, Supporting Evidence.

[61] Zu et-Tell (Betsaida) vgl. *R. Arav/R. A. Freund* (Hgg.) Bethsaida, A City by the North Shore of the Sea of Galilee, 3 Bände, Kirksville, Mo., 1995 - 2004; *J. Zangenberg*, Reassessing the Bethsaida Identification, BAR 26/3 (2000), 10.12; *S. Fortner*, Betsaida/Iulias in hellenistisch-römischer Zeit. Von der kome zur polis des Philippus, in: *Faßbeck/Fortner/Rottloff/Zangenberg*, Leben am See Gennesaret, 104-109; *dies./A. Rottloff*, Signale aus der Vergangenheit. Die Rekonstruktion des täglichen Lebens am See in hellenistisch-römischer Zeit am Beispiel der archäologischen Funde aus Betsaida, in: ibid., 138-146; *R. Arav*, Bethsaida, in: *J. H. Charlesworth* (Hg.), Jesus and Archaeology, Grand Rapids, Mich. 2006, 145-166, bes. 160f.; *Savage*, Supporting Evidence.

[62] Die Existenz eines „Livia-Tempels" im Bereich des eisenzeitlichen Tors halte ich -im Gegensatz zu den Ausgräbern- für nicht erwiesen.

die Fischer von et-Tell offensichtlich Zugang zu den Märkten des Mittelmeers hatten. So fand man eine erstaunlich große Anzahl von importierter Feinkeramik und Amphoren (Einfuhr von Wein?), Glas und Schmuck (u. a. zwei nordgallische Fibeln) *neben* der sonst im der Region üblichen Gebrauchskeramik. Das Dorf auf et-Tell war somit in der traditionellen Welt am See verankert *und zugleich* offen für hellenistischen Einfluss. Die Befunde aus Kapernaum bestätigen dieses Bild.[63]

2.3. Die herodianische Periode (ca. 40 v. Chr. - 40 n. Chr.)

c) Mit der Übernahme des Hasmonäerthrons durch Herodes d. Gr. begann für Galiläa neue Epoche, die zwar mit der direkten Herrschaft des Herodessohns Antipas vorübergehend politisch neue Verhältnisse schuf, kulturell aber eher als verstärkende Kontinuität gesehen werden muss. Herodes selbst begann seine Karriere als *strategos* in Galiläa im Auftrag Roms, insofern war von vorn herein ein gewisses Interesse an der Region gegeben. Das gewaltige Bauprogramm, das Herodes in Judäa und Samarien begann, und damit der breite Hellenisierungsschub, betraf Galiläa jedoch zunächst nur in geringem Maße. Unter seinem Sohn Herodes Antipas änderte sich dies. Antipas erhielt Galiläa und Peräa durch das Testament seines Vaters übereignet und residierte in Sepphoris und später der um 20 n. Chr. gegründeten neuen Residenzstadt Tiberias bis zu seinem Tode um 39. Mit der Regierung des Antipas regierten zum ersten Mal in Galiläa Angehörige einer einheimischen Oberschicht. Es verwundert nicht, dass deren Repräsentationsbedürfnis das Gesicht der Region prägte. Insgesamt setzten die Herodianer nicht nur die Anbindung Galiläas an Jerusalem, sondern auch den Prozess der Hellenisierung fort. Neue Forschungen von Morten H. Jensen zum Wirken des Herodes Antipas in Galiläa[64] zeigen ein höchst interessantes Bild. Ent-

[63] Zu Kapernaum siehe z.B. *J. Zangenberg*, Kapernaum. Besuch in „Jesu eigener Stadt“, in: *Faßbeck/Fortner/Rottloff/Zangenberg*, Leben am See Gennesaret, 117-129. *J. L. Reed*, Archaeology and the Galilean Jesus. A Re-Examination of the Evidence, Harrisburg, Pa. 2000, z. B. 139-169; *M. H. Jensen*, Herod Antipas in Galilee. The Literary and Archaeological Sources on the Reign of Herod Antipas and its Impact on the Socio-Economic Impact on Galilee (WUNT II/215), Tübingen 2006, 169-175.

[64] *Jensen*, Herod Antipas in Galilee und Jensens Beitrag in diesem Band.

gegen der landläufigen Annahme wachsender sozialer Spannungen, blieb die Situation in Galiläa weitgehend stabil. Die Siedlungen im Hügelland westlich des Sees Gennesaret erreichte eine bisher unerreichte Dichte.[65]
Bereits im 1. Jh. v. Chr. führten die Hasmonäer Münzen, Architekturelemente, und Ritualbäder aus dem Süden ein, während des 1. Jh. n. Chr. folgten noch Ossuare und integrierten die Region so Stück für Stück in ihr Sozialsystem. Die Region am See war erstaunlich „kosmopolitisch" bereits im 1. Jh. v. Chr.: Glas, Keramik und Kleinfunde z. B. aus et-Tell umfassen viele Importe, die große Villa Urbana -falls aus dem 1. Jh.- und die Struktur des in Magdala ausgegrabenen Stadtteils verraten mediterrane Einflüsse. Andererseits finden wir in Galiläa und Umgebung einige der frühesten Zeugnisse typisch jüdischer materieller Kultur, so z. B. die Synagogen des 1. Jh. v. Chr. in Gamla und möglicherweise auch in Kapernaum[66] sowie einige nachträglich eingebaute Tauchbäder in frührömischem Kontext in Sepphoris.[67]
Von besonderer Bedeutung für die Welt am See ist selbstverständlich die Residenzstadt Tiberias,[68] selbst wenn Jesus sie nach dem Zeugnis der Evangelien nie besucht hat. Leider stehen die Grabungen derzeit noch am Anfang und die Befunde des 1. Jh. v./n. Chr. sind noch spärlich. Immerhin sind jüngst Reste eines großen und reich ausgestatteten Palastes mit *opus sectile*-Fußboden sowie Fragmente von farbigem Stuck in „herodianischer" Manier zutage gekommen, die den Luxus zumindest mancher Bauten der Oberschicht dokumentieren.
Konzepte von Ethnizität und Identität wurden in den letzten Jahren fließender. Galiläa wird mehr und mehr als „Kaleidoskop" unterschiedlicher Gruppen verstanden, weniger als Monolith. Das erweiterte wirtschaftliche Potential der Region schuf im 1. Jh. v./n. Chr. nicht nur neue Möglichkeiten der (Selbst-)Darstellung, die Bevölkerung wuchs auch dramatisch

---

[65] Vgl. den Surveybericht von *U. Leibner*, History of Settlement in the Eastern Galilee During the Hellenistic, Roman and Byzantine Periods in Light of an Archaeological Survey, Diss. Bar-Ilan University 2004.
[66] *D. D. Binder*, Into the Temple Courts. The Place of the Synagogues in the Second Temple Period (SBL.DS 169), Atlanta, Ga. 1999, 161f und 186-193; *C. Claußen*, Synagogen Palästinas in neutestamentlicher Zeit, in: *Alkier/Zangenberg*, Zeichen aus Text und Stein, 351-380.
[67] Dazu vgl. Jensen, *Herod Antipas*, 149-162.
[68] Zu Tiberias s. Anm. 32 sowie Jensen, *Herod Antipas*, 126-149; *Weiss*, Josephus and Archaeology, 387-392.

an (das 1. Jh. v. / n. Chr. sah die größte Dichte an Siedlungen in Galiläa) und differenzierte sich zusehends auch in sozialer Hinsicht. Dadurch dass Galiläa selbstverständlich auch im 1. Jh. Durchgangsgebiet war, waren auch die Grenzen nach außen fließend.[69] Auch im Inneren war, wie wir bereits gesehen haben, Galiläa kulturell und landschaftlich alles andere als homogen. Die Diskussion ist aber durchaus kontrovers. Während Mordechai Aviam Galiläa als Region mit erkennbaren Grenzen und einer religiös und ethnisch klar definierten Bewohnerschaft versteht, ist Milton Moreland deutlich vorsichtiger. Die Verteilung bestimmter Keramiktypen, Münzen, Inschriften oder Strukturen mit einer besonderen religiösen Funktion -wie etwa Steingefäße oder Tauchbäder- reicht nicht aus, um die Problematik mit wünschenswerter Klarheit zu erfassen. Weder schließt der überwiegend jüdische Charakter Galiläas die Anwesenheit anderer Gruppen aus noch Kontakte mit Gruppen außerhalb Galiläas. Insofern kann Galiläa „in hellenistisch-römischer Zeit als Konglomerat kleinerer geographischer Räume verstanden werden, die miteinander *verbunden* und nach ‚außen' hin wie auch von ‚außen' her grundsätzlich *durchlässig* waren."[70]

Obwohl sich die materielle Kultur Galiläas -abgesehen von der üblichen Regionalität der Gebrauchskeramik- nur vereinzelt und dann höchstens in chronologischer Hinsicht von derjenigen Judäas unterscheidet, muss man nicht annehmen, dass Galiläa eine bloße Kopie der religiösen und sozialen Verhältnisse Judäas darstellte. Überhaupt ist damit zu rechnen, dass durchaus auch in Galiläa unterschiedliche Interpretationen dessen nebeneinander und zum Teil auch gegeneinander existierten, was Judentum war und zu sein hatte. Dabei spielte die soziale Zugehörigkeit einer Familie ebenso eine Rolle wie der Grad an hellenistischer Beeinflussung oder traditionelle Bindungen an bestimmte Auslegungstraditionen. Jenseits des Grundbestandes an gemeinsamen Überzeugungen, denen auch die allermeisten Galiläer angehangen zu haben scheinen (Loy-

---

[69] *M. Aviam*, Distribution Maps of Archaeological Data from the Galilee. An Attempt to Establish Zones Indicative of Ethnicity and Religious Affiliation, in: *Zangenberg/Attridge/Martin*, Ancient Galilee, 115-132, und *M. C. Moreland*, The Inhabitants of Galilee in the Hellenistic and Early Roman Periods. Probes into the Archaeological and Literary Evidence, in: *Zangenberg/Attridge/Martin*, Ancient Galilee, 133-159. Vgl. auch die Überlegungen bei *J. Zangenberg*, Galiläa des Josephus.

[70] *Zangenberg/Faßbeck*, „Jesus am See von Galiläa", 294.

alität zum Tempel, zur Tora und zur Priesterschaft - was immer dies auch im Einzelfall dann hieß), gab es große Vielfalt in Praxis und Ideologie. Ob dabei den Pharisäern die prominente Rolle zukam, die Josephus und das NT nahe zu legen scheinen, muss dahingestellt bleiben. Die materielle Kultur Galiläas bis zum Aufstand liefert keinen zwingenden Anlass zu dieser Hypothese.[71]
Ein ganz wesentlicher Teil galiläischer Kultur beginnt überraschenderweise erst seit jüngster Zeit das notwendige Maß an Interesse in der Forschung zu finden: Dörfer. Auf der Basis von Grabungen in Khirbet Qana und intensiven Surveys in der Umgebung konnte Douglas R. Edwards nachweisen, wie vielfältig und komplex dörfliches Leben in Galiläa tatsächlich war. Dörfer lagen weitab von der idyllischen Monotonie und waren auch nicht per se Hochburgen konservativer Traditionalität.[72]

---

[71] Dies allein als Problemanzeige, vgl. *J. Zangenberg*, „Common Judaism" and the Multidimensional Nature of Material Culture, in: *F. Udoh* (Hg.), Redefining First-Century Jewish and Christian Identities (FS E. P. Sanders), Notre Dame, Ind., vorauss. 2008.

[72] Dazu siehe etwa *D. R. Edwards*, First Century Urban/Rural Relations in Lower Galilee. Exploring the Archaeological and Literary Evidence, in: *D. J. Lull* (Hg.), Society of Biblical Literature 1988 Seminar Papers, Atlanta, Ga. 1988 (SBL.Seminar Papers 27), 169-182; *J. A. Overman*, Jesus of Galilee and the Historical Peasant, in: *D. R. Edwards /C. T. McCollough* (Hgg.), Archaeology and the Galilee. Texts and Contexts in the Greco-Roman and Byzantine Periods, Atlanta, Ga. 1997, 67-73; *W. E. Arnal*, Jesus and the Village Scribes. Galilean Conflicts and the Setting of Q, Minneapolis, Minn. 2000; *Zangenberg/Faßbeck*, Jesus am See, 296-299; *M. C. Moreland*, The Jesus Movement in the Villages of Roman Galilee. Archaeology, Q and Modern Anthropological Theory (Semeia St. 60), in: *R. A. Horsley* (Hg.), Oral Performance, Popular Tradition and Hidden Transcripts in Q, Atlanta, Ga. 2006, 161-182; *D. R. Edwards*, Identity and Social Location in Roman Galilean Villages, in: *Zangenberg/Attridge/Martin*, Ancient Galilee, 357-374. Zu Khirbet Qana vgl. *D. R. Edwards*, Khirbet Qana. From Jewish Village to Christian Pilgrim Site, in: *J. H. Humphrey* (Hg.), The Roman and Byzantine Near East. Bd. 3 (JRA.Sup 49), Portsmouth, R.I. 2002, 101-132; *P. Richardson*, What Has Cana to Do with Capernaum?, NTS 48 (2002), 314-331; *ders.*, Khirbet Qana (and Other Villages) as a Context for Jesus, in: *ders.* (Hg.), Building Jewish in the Roman World, Waco, Tex. 2004, 55-71; *Jensen*, Herod Antipas, 167-169.

2.4. Ausblick: Das 2. Jh. n. Chr.

Die Romanisierung Palästinas im 2. Jh. n. Chr. ist zu einem großen Teil Resultat zweier vernichtender Kriege und hat insofern Untertöne von militärischem Druck und Gewalt. Dennoch führte sie die Hellenisierung in gewisser Weise unter veränderten politischen Umständen fort. Nach 70 wurde in Sepphoris ein Theater gebaut,[73] in Tiberias entstand ungefähr zur selben Zeit eine massive Mauer, die eventuell zu einem großen Temenos gehörte. Das öffentliche Zentrum in Kapernaum wurde umgestaltet (Piazza und Bäder). Tiberias und Sepphoris (nun unter dem Namen Diocaesarea) spielten dabei offensichtlich eine große Rolle bei der schrittweisen Assimilation der Region in die römische Mittelmeerwelt. Wie das Judentum zwei Jahrhunderte zuvor Elemente des Hellenismus integrierte, so arrangierte es sich auch mit dem wachsenden römischen Einfluss. Auch dieser bot ja neue Möglichkeiten der Entfaltung. Immerhin konnte sich das Judentum unter der Führung der anti-apokalyptischen Rabbinen unter teilweiser Förderung durch Rom neu konstituieren. Insofern profitierte es von den stabilen Verhältnissen während weiter Perioden des 2. und frühen 3. Jh. n. Chr. im Osten des Reiches. Seit dem 2. Jh. n. Chr. tauchen in Galiläa z. B. verstärkt Inschriften auf, deren Verwendung der griechischen Sprache auf eine wachsende Oberschicht und Urbanisierung deutet.[74] Andererseits verschwanden während des 2. Jh. n. Chr. Ossuare und Steingefäße, die zuvor für die jüdische materielle Kultur noch prägend waren, auch wenn dies im Norden etwas später erfolgte als im Süden.[75] Im Gegensatz dazu erfährt die Synagogenarchitektur einen ungeahnten Aufschwung. Frühe Beispiele sind etwa aus Khirbet Qana oder Hammat Tiberias bekannt. Trotz einst zum Teil heftigen Widerstands bahnten sich weitere Elemente hellenistischer Kultur in der römischen Epoche Bahn. So verschwand der ikonophobische Trend im späthellenistisch-frührömischen Judentum zugunsten einer kreativen

[73] Anders *R. A. Batey*, Did Antipas Build the Sepphoris Theater?, in: *J. H. Charlesworth* (Hg.), Jesus and Archaeology, Grand Rapids, Mich. 2006, 111-120; zur späteren Datierung vgl. *Weiss*, Josephus and Archaeology, 400-404.

[74] Dazu *M. A. Chancey*, The Epigraphic Habit of Hellenistic and Roman Galilee, in: *J. Zangenberg/H. W. Attridge/D. B. Martin*, Ethnicity and Identity in Ancient Galilee, 83-98.

[75] Dazu s. *Miller*, Observations.

Integration bildlicher Darstellungen. Die erste Phase der Synagoge von Hammat Tiberias ist ein gutes Beispiel für die beginnende Symbiose von römischer und jüdischer Kultur. Diese Symbiose ebnete nicht zuletzt auch christlicher Kunst den Weg.

3. „Jesus der Galiläer“

Es gibt keine direkte Brücke von der Archäologie zu Jesus von Nazaret, wohl aber war Jesus Teil der galiläischen Gesellschaft des frühen 1. Jh. v. Chr., die sich mit Hilfe der Archäologie erforschen lässt. Insofern müsste es im Gefüge meines Aufsatzes nun zu einem Neueinsatz bei den Quellen kommen, die uns über das Leben und Wirken Jesu Auskunft geben, ohne zugleich den Kontext dieses individuellen Lebens und Wirkens aus den Augen zu verlieren. Dabei ist sozialer Determinismus genauso zu vermeiden wie die Annahme, Jesus habe sich bei der Verkündigung seiner Botschaft vom nahen Reich Gottes überhaupt nicht durch seine Umwelt beeinflussen lassen. Auch wird zu beachten sein, dass die Jesustradition selbstverständlich nicht unverändert und direkt auf uns gekommen ist, sondern allein durch Literatur, die in späteren Generationen und unter veränderten Bedingungen entstanden ist. Was aber ist dann die jeweilige Funktion des galiläischen Lokalkolorits auf der „nachjesuanischen“ Ebene und wie wirkte diese Funktion auf die Überlieferung ein? Statt einer ausführlichen Analyse, die an anderer Stelle erfolgen soll, möchte ich abschließend einige Parameter zu bedenken geben, die mir bei Beschäftigung mit „Jesus dem Galiläer“ wichtig erscheinen.[76]

Deutlich ist, dass Galiläa immer weniger als willkürlicher „Erklärungsersatz“ herangezogen werden kann (um das oben erwähnte Diktum von Martin Leutzsch aufzugreifen), je mehr wir über diese Region wissen. Galiläa erhält, so hoffe ich gezeigt zu haben, trotz aller bestehenden Lücken immer deutlichere Konturen. Diese Konturen aber stellen sich als immer komplexer und vielfältiger dar. Wie also passen „Jesus der Galiläer“ und das „Galiläa Jesu“ dann zusammen? Methodisch bedeutet der Gewinn an Kontur zunächst, dass „(n)icht

---

[76] Hierbei beziehe ich mich ausdrücklich auf *Zangenberg/Faßbeck*, Jesus am See, 302-305.

Einzelzüge der Kultur Galiläas, sondern ihre Komplexität und kulturelle Vielfalt (...) der Ausgangspunkt jeder Frage nach dem Ort der Jesusbewegung in ihrem lokalen und geistigen Kontext sein" müssen.[77] Die kulturelle Komplexität und Offenheit Galiläas erlaubten durchaus, dass Jesus Kontakte mit paganen Bewohnern oder Begegnungen über die Grenzen Galiläas hinaus gehabt haben *kann*, auch wenn sein primärer Kontext zweifellos jüdisch und innergaliläisch war. Die Vielschichtigkeit der jüdischen Bevölkerung mit ihren unterschiedlichen Reaktionen auf den Einfluss des Hellenismus sollte zudem zu einem differenzierenden Gebrauch des Begriffs „Judentum" anregen. Nur so können die Motive sowohl für die Zustimmung als auch für die Ablehnung Jesu verständlich werden, die ja beides als *Reaktionen von Juden gegenüber einem anderen Juden* begriffen werden müssen. Was aber ist der „galiläische" Anteil an diesen Reaktionen?
Jesu Botschaft vom nahen Reich Gottes verdankt sich einer Aktivierung und Neuakzentuierung eines zwar bekannten, aber keineswegs allgegenwärtigen Theologumenons des palästinischen Judentums. Jesu Rede wurde von vielen Exegeten als soziale Anklage verstanden, die ihre besondere Brisanz durch wachsende Armut und zunehmende sozialen Spannungen im Galiläa des 1. Jh. n. Chr. gewann. Insofern ordnet sich Jesu Botschaft in eine Reihe von Protest- und Widerstandsbewegungen ein, die im Namen Gottes und auf der Basis traditioneller Werte das religiöse und politische Establishment angreifen.[78] Wenn aber die Situation in Galiläa unter Herodes Antipas tatsächlich so stabil war, wie Jensen dies postuliert,[79] dann stellt sich natürlich die Frage nach dem Grund für das Vorhandensein solcher Widerstandsbewegungen. Wie repräsentativ sind religiöse Nonkonformisten wie Johannes der Täufer und Jesus von Nazareth dann überhaupt für die Situation in Galiläa? Je mehr wir über die Vielfalt Galiläas erfahren, desto deutlicher wird, wie wenig repräsentativ Jesus von Nazareth für Galiläa gewesen sein könnte. Insofern ist das „Galiläa der Archäologie" durchaus größer und vielfältiger als das

---

[77] *Zangenberg/Faßbeck*, Jesus am See, 303.
[78] Vgl. dazu z.B. *R. A. Horsley/J. S. Hanson*, Bandits, Prophets, and Messiahs. Popular Movements at the Time of Jesus, San Francisco, Calif. 1988.
[79] *Jensen*, Herod Antipas und *ders.* in diesem Band. Anders noch *Zangenberg/Faßbeck*, Jesus am See, 304.

„Galiläa des NT“. So selektiv Jesu geographischer Radius nach dem NT ist (Gebiet am See mit unmittelbarer Umgebung nach Osten und Norden; Dörfer, Besuch von Dörfern und kleiner Städte in dieser Region, Aussparen von Sepphoris und Tiberias), so begrenzt ist sein Adressatenkreis. Was dies für den „galiläischen“ Charakter der Verkündigung des Nazareners bedeutet, muss einer anderen Studie vorbehalten bleiben.

Morten Hørning Jensen

Herodes Antipas in Galiläa – Freund oder Feind des historischen Jesus?*

1. Einleitung

Während der letzten drei Jahrzehnte hat sich das Interesse am „römischen Galiläa“ zunehmend verstärkt.[1] Die Suche nach dessen historischen, kulturellen, politischen und religiösen Geheimnissen übte beinahe eine magnetische Anziehungskraft aus und vereinte unterschiedliche Wissenschaftsstränge wie die Forschung zum historischen Jesus, zu Josephus und zum Rabbinischen Judentum sowie die Archäologie. Von jedem dieser Forschungsgebiete führen jetzt „breite Straßen“ wissenschaftlichen Interesses nach Galiläa.
Man kann nachvollziehen, wie diese Diskussion entstanden ist und wie die Forschung in den vergangenen dreißig Jahren tatsächlich zur Klärung einer Reihe von Fragen beitragen konnte. Dies wurde nicht zuletzt durch die beständig anwachsende Menge archäologischen Materials ermöglicht. Besonders frühere Beschreibungen Galiläas, die ihm eine für die römische Welt typische Urbanisierung zuschreiben, scheinen einer genaueren Prüfung nicht standgehalten zu haben.[2] Stattdessen hat sich das Hauptaugenmerk auf eine Diskussion der Stadt-Land-Beziehungen im Gefolge von Antipas’ Städtebauprogramm im Galiläa des frühen ersten Jahrhunderts verla-

---

* Übersetzung von Carsten Claußen.

[1] Dieser Aufsatz basiert auf meiner Dissertation: Herod Antipas in Galilee. The Literary and Archaeological Sources on the Reign of Herod Antipas and its Socio-Economic Impact on Galilee (WUNT 2/215), Tübingen 2006. Eine englische Version ist erschienen als: *ders.*, Herod Antipas in Galilee. Friend or Foe of the Historical Jesus?, Journal for the Study of the Historical Jesus 5 (2007), 7-32.

[2] Vgl. v. a. *M. A. Chancey*, Myth of Gentile Galilee. The Population of Galilee and New Testament Studies (SNTSMS 118), Cambridge 2002; *ders.*, Greco-Roman Culture and the Galilee of Jesus (SNTSMS 134), Cambridge 2005; *J. L. Reed*, Archaeology and the Galilean Jesus. A Re-Examination of the Evidence, Harrisburg, Pa. 2000; *K.-H. Ostmeyer*, Armenhaus und Räuberhöhle? Galiläa zur Zeit Jesu, ZNW 96 (2005), 147-170.

gert. Was bedeutete es für Galiläa, seit vielen Jahren zum ersten Mal wieder einen Herrscher vor Ort zu haben, und wie gestaltete sich sowohl in den städtischen als auch in den ländlichen Gegenden Galiläas die Beziehung zwischen der Regierung des Antipas und den sozioökonomischen Gegebenheiten? Die gegenwärtig wichtigste Diskussion beschäftigt sich mit den sozioökonomischen Bedingungen im Galiläa des frühen ersten Jahrhunderts, in deren Kontext Herodes Antipas eine Schlüsselfunktion zukommt.

Obwohl die zentrale Bedeutung des Antipas allgemein akzeptiert wird, gibt es bezüglich seiner Wirkung keinen Konsens. Sehr unterschiedliche Beschreibungen Galiläas sehen in ihm gleichsam den „Eckstein". An einem Ende des Spektrums wird Antipas als ein „Puffer für Galiläa gegenüber den Exzessen der römischen Herrschaft über die Provinz"[3] beschrieben, und es wird behauptet, dass „die Vorteile einer friedlichen Herrschaft gegenüber den Nachteilen, einen hellenistischen Monarchen unterstützen zu müssen, übergewogen."[4] Weiter findet sich die Behauptung, dass seine „39-jährige Herrschaft friedlich war und wahrscheinlich im Allgemeinen viel zur Erweiterung und Stärkung sowohl der Strukturen als auch der Gesellschaft beitrug."[5] So „entwickelte sich Galiläa unter Herodes Antipas zu einem kleinen, wohlhabenden jüdischen Königreich. Jene beinahe 40 Jahre waren eine Zeit florierenden Wachstums, wahrscheinlich fast ohne Aufruhr im Inneren."[6] In dieser Hinsicht wirkte sich die Herrschaft des Antipas für die Dörfer auf dem Lande positiv aus: „Unter Herodes Antipas operierten sie vollständig innerhalb einer dynamischen ökonomischen Umgebung, von der das Wachstum der Bevölkerung und der Landwirtschaft zeugen und die Ausdruck findet in einer Vielfalt von öffentlichen und mit Fresken versehenen privaten Gebäuden bis hin zu Olivenpressen und

---

[3] *S. Freyne*, Galilean Questions to Crossan's Mediterranean Jesus, in: *W. E. Arnal/M. Desjardins* (Hgg.), Whose Historical Jesus?, Waterloo, Ont. 1997, 68.

[4] *S. Freyne*, Galilee from Alexander the Great to Hadrian 323 B.C.E. to 135 C.E. A Study of Second Temple Judaism, Wilmington, Del./Notre Dame, Ind. 1980, 192.

[5] *M. Aviam*, Jews, Pagans and Christians in the Galilee, Rochester N.Y. 2004, 315.

[6] *M. Aviam*, First Century Jewish Galilee. An Archaeological Perspective, in: *D. R. Edwards* (Hg.), Religion and Society in Roman Palestine. Old Questions, New Approaches, New York, N.Y. 2004, 21.

Spezialitäten wie Keramik, Steingefäßen oder der Taubenzucht.[7] Entsprechend „war Antipas ein guter Tetrarch", der große Bauprojekte in Angriff nahm, die dazu beitrugen, die Arbeitslosigkeit zu reduzieren."[8]
Am anderen Ende des Spektrums wird Antipas als der „unmittelbare historische Kontext"[9] der Jesusbewegung beschrieben, unter dessen Herrschaft „das Abrutschen vom kleinbäuerlichem Eigentümer zum Tagelöhner oder gar zum Banditen schnell geschah, und alle Anhaltspunkte sprechen für die Feststellung, dass dies im Galiläa des erstem Jahrhunderts zunehmend der Fall war."[10] Kurz gefasst, „Antipas verstärkte den strukturellen politisch-ökonomischen Konflikt in Galiläa"[11] und deshalb „muss die Wirkung von Antipas' direkter Herrschaft in Galiläa, sowohl politisch-ökonomisch als auch kulturell, besonders während der Generation Jesu und seiner Anhänger enorm gewesen sein."[12] Es wird behauptet, dass „es kein Zufall sein kann (...), dass der Prophet Johannes der Täufer Antipas verurteilte (*Ant* 18,116-119) und dass Jesus und seine Bewegung unter Antipas in Galiläa auftauchten."[13] Antipas war der Auslöser für das Auftreten des Propheten Jesus: „Wenn irgendjemand das Reich Gottes suchte, dann wollte Antipas zeigen, dass die Ära seiner Erfüllung gekommen war."[14] Im Gegensatz zu Antipas „glaubte Jesus nicht, dass

---

[7] *D. R. Edwards*, Identity and Social Location in Roman Galilean Villages, in: *J. Zangenberg/H. W. Attridge/D. B. Martin* (Hgg.), Religion, Ethnicity and Identity in Ancient Galilee. A Region in Transition (WUNT 210), Tübingen 2007, 13.

[8] *E. P. Sanders*, The Historical Figure of Jesus, London 1993, 21, vgl. *ders.*, Jesus in Historical Context, ThTo 50 (1993), 440.

[9] *S. Freyne*, Herodian Economics in Galilee. Searching for a Suitable Model, in: Galilee and Gospel. Collected Essays, Tübingen 2000, 113. Freyne ändert seine Position zu diesem Thema zwischen seinen früheren und späteren Werken.

[10] *S. Freyne*, A Galilean Messiah?, ST 55,2 (2001), 204.

[11] *R. A. Horsley*, Archaeology, History, and Society in Galilee. The Social Context of Jesus and the Rabbis, Valley Forge, Pa. 1996, 36.

[12] *R. A. Horsley/J. A. Draper*, Whoever Hears You Hears Me. Prophets, Performance, and Tradition in Q, Harrisburg, Pa. 1999, 58, vgl. *R. A. Horsley*, Hearing the Whole Story. The Politics of Plot in Mark's Gospel, Louisville, Ky. 2001, 36.

[13] *Horsley*, Whoever Hears, 59.

[14] *R. A. Horsley/N. A. Silberman*, The Message and the Kingdom. How Jesus and Paul Ignited a Revolution and Transformed the Ancient World, Minneapolis, Minn. 1997, 35-36.

das Reich Gottes mit Feuer und Schwefel kommen würde. Und er war davon überzeugt, dass er keiner Aquädukte, Paläste, Münzen, Marmorsäulen oder Soldaten bedürfe, um Galiläa von Grund auf zu erneuern."[15] Jesus reagierte wie der neue Amos: „Wenn wir an den Bund statt an Kommerz denken, hätte dann Amos zu Antipas im Tiberias des ersten Jahrhunderts etwas anderes gesagt als das, was er lange zuvor zu Jerobeam II. im Samaria des achten Jahrhunderts gesagt hatte?"[16]

Wenn wir uns Forschungsbeiträgen über Antipas zuwenden, die nicht in das Feld der Galiläastudien gehören, dann zeichnet sich keineswegs ein einheitlicheres Bild ab. Das Augenmerk liegt häufig auf dem persönlichen Charakter des Antipas und es werden verschiedene psychologische Profile vorgestellt. So war Antipas nach M. Branns Darstellung „schlaff, träge und äußerst phlegmatisch,"[17] blind aus Liebe zu Herodias, und sein letztendliches Verderben sei das Ergebnis seiner Begierde und Gier gewesen. E. Schürer beschreibt Antipas positiver als eine Art Miniatur seines Vaters: Er sei intelligent, ehrgeizig und ein Liebhaber von Prunk, „nur weniger thatkräftig" als Herodes der Große gewesen.[18] Dasselbe bringt W. Otto in seinem Lexikonartikel zu Antipas in Pauly-Wissowas „Realencyclopädie der classischen Altertumswissenschaft" zum Ausdruck. Obwohl Antipas ein wahrer Hellenist gewesen sei, habe er auch die Stille geliebt (*Ant* 18,245) und ihm habe die Grausamkeit seines Vaters gefehlt. Nur seine Beziehung zu Herodias sei ein Zeichen der im herodianischen Herrscherhaus herrschenden Unmoral gewesen.[19] Das negativste Urteil zu Antipas lässt sich in einer Arbeit von V. E. Harlow finden, der Antipas aufgrund seiner gemischten Herkunft als einen schwachen Charakter beschreibt.[20] F. F. Bruce stellt Antipas hauptsächlich als einen guten Herrscher dar, der in der Lage gewesen sei, lange Zeit im Amt zu bleiben, und der ernste

[15] Ibid., 42.

[16] *J. D. Crossan/J. L. Reed*, Excavating Jesus. Beneath the Stones, Behind the Texts, New York, N.Y. 2001, 114-115.

[17] *M. Brann*, Die Söhne des Herodes. Eine biographische Skizze. 2. Antipas, MGWJ 22,7 (1873), 306.

[18] *E. Schürer*, Geschichte des jüdischen Volkes im Zeitalter Jesu Christi, Bd. 1, Leipzig ^{3}1901, 432.

[19] Vgl. *W. Otto*, Herodes Antipas, PW Suppl. 2, 189-190.

[20] Vgl. *V. E. Harlow*, The Destroyer of Jesus. The Story of Herod Antipas Tetrarch of Galilee, Oklahoma City, Okla. 1954, 142.

Umbrüche vermieden habe.[21] In der bisher gründlichsten Studie über Antipas kennzeichnet H. Hoehner Antipas ebenso als einen „guten Herrscher", der eine „vernünftige Verwaltung"[22] geleitet habe und „viel sanfter als Herodes der Große"[23] gewesen sei. Jedoch hebt Hoehner als ein ständiges Merkmal seiner ganzen Herrschaft die widerwillige und ambivalente Seite des Antipas hervor und nennt ihn „grundsätzlich einen Feigling."[24]

So bleiben zwei Fragen in Bezug auf Antipas unbeantwortet: Was kann in einer Außenperspektive über seinen Einfluss in Galiläa gesagt werden? Und was kann in einer Innenperspektive über seinen Charakter ausgesagt werden? Diese Situation wird noch dadurch verkompliziert, dass es eine Art Leerstelle in der Forschung gibt: Antipas wird meist nur unvollständig und zu dem Zweck behandelt, ihn als Folie für ein gewisses Bild Galiläas oder Jesu zu benutzen.

Diese komplexe Situation, die hier in aller gebotenen Kürze beschrieben ist, macht eine gründliche Prüfung aller Quellen, die sich mit Antipas Herrschaft beschäftigen, nötig, bevor man versuchen kann, die vorliegenden Hauptfragen zu beantworten. Als Voraussetzung soll dabei explizit gelten, dass es bei der Hinzuziehung antiker Quellen angemessen erscheint, diese zunächst innerhalb ihres eigenen Kontextes zu lesen, um diese dann erst in einem zweiten Schritt zur Beantwortung einer Reihe moderner Fragen heranzuziehen. Solch ein in Bezug auf die Quellen kontextueller Ansatz ist ein mühsames Unterfangen, obwohl es nur ziemlich wenige Quellen gibt. Entsprechend werden die daraus gezogenen Schlussfolgerungen manchmal ziemlich kurz und gebündelt ausfallen.[25] Dennoch ist es beim gegenwärtigen Stand der Forschung notwendig, die oft kurzen und ungenügenden Untersuchungen zu Herodes Antipas in Galiläa zu ergänzen und ihnen vielleicht zu widersprechen. Im Folgenden untersuche ich deshalb die Quellen zur Herrschaft von Antipas, unterteilt in vier Gruppen (Josephus, andere schriftliche Quellen, Archäologie und Münzen), bevor ich mich schließlich der Beurteilung des Einflus-

---

[21] Vgl. *F. F. Bruce*, Herod Antipas, Tetrarch of Galilee and Peraea, ALUOS 5 (1963), 8.

[22] *H. W. Hoehner*, Herod Antipas, London 1972, 57.

[23] Ibid., 264.

[24] Ibid., 201.

[25] Für eine ausführliche Untersuchung siehe *Jensen*, Herod Antipas.

ses zuwende, den dessen Herrschaft auf das Galiläa des ersten Jahrhunderts als Kulisse für den historischen Jesus hatte.

2. Herodes Antipas und Josephus

Die moderne Forschung über Josephus hat ihr Augenmerk in hohem Maße auf die Frage nach seiner Zuverlässigkeit als Geschichtsschreiber gerichtet. Obwohl diese Diskussion keineswegs abgeschlossen ist,[26] gibt es doch gute Gründe, Josephus als einen hochgradig kreativen Schriftsteller und nicht nur als bloßen Kompilator von Quellen anzusehen. Deshalb erscheint es vielversprechender, Josephus mit einer Methode der ‚Tendenzkritik' zu lesen, als mit einer Methode, die lediglich nach Widersprüchlichkeiten in den Daten seiner Komposition sucht. Obwohl er ausgesprochen viele Quellen verwendete, tat er dies doch auf eine intelligente Art. Entsprechend bedarf es literarischer Analysen seiner gesamten Darstellung, die Josephus' eigene Ideen und Absichten berücksichtigt, wie dies zum Beispiel in den Arbeiten von P. Bilde, S. Mason und K. Krieger geschieht.[27]

Drei wichtige Beobachtungen sind in diesem Zusammenhang zu erwähnen:[28]

(a) Allgemein gibt es die Tendenz der Bewegung von einer offeneren und geradlinigeren Beschreibung der Ereignisse in *De Bello* hin zu einer stärker festgelegten und kritischeren Darstellung in den *Antiquitates* mit unverblümten „Ich-

---

[26] Stellvertretend für die vielen Monographien und Aufsätze zum Thema Josephus und Geschichtsschreibung siehe in jüngster Zeit *Z. Rodgers* (Hg.), Making History: Josephus and Historical Method, Leiden 2006. Diese Aufsatzsammlung geht auf Beiträge des *International Josephus Colloquium* zurück. Weitere Beiträge finden sich unter: http://pace.cns.yorku.ca/York/york/josephus-ext.htm.

[27] *P. Bilde*, Flavius Josephus between Jerusalem and Rome. His Life, His Works, and Their Importance, Sheffield 1988; *S. Mason*, Contradiction or Counterpoint? Josephus and Historical Method, Review of Rabbinic Judaism 6, 2-3 (2003), 145-188; *K.-S. Krieger*, Geschichtsschreibung als Apologetik bei Flavius Josephus, Tübingen 1994.

[28] Für eine sehr viel gründlichere Untersuchung siehe *M. H. Jensen*, Josephus and Antipas. A Case Study of Josephus' Narratives on Herod Antipas, in: *Z. Rodgers* (Hg.), Making History. Josephus and Historical Method, Leiden 2006, 289-312.

Aussagen“ in den Passagen, die man als ‚redaktionelle Bemerkungen‘ bezeichnen kann.[29]
(b) Die wichtigsten Fragen, die Josephus beantworten möchte, sind, wie der Tempel ebenso wie das ganze Schicksal der jüdischen Nation zusammenbrechen konnte, und wie etwas von jener früheren Herrlichkeit zurückgewonnen werden könne. In diesem Zusammenhang ist es besonders interessant, das Ausmaß zu beachten, in dem Josephus den beiden entgegengesetzten politischen Parteien – den Herodianern auf der einen Seite und der rebellischen „Vierten Philosophie“ auf der anderen – aufgrund der jeweils selben Verfehlungen die Schuld am Fall des Tempels zuspricht. Im wichtigen Abschnitt *Ant* 15,267 (vgl. auch 15,281) beschuldigt Josephus Herodes den Großen, für die Zerstörung des Tempels verantwortlich zu sein, weil Herodes sich nach den vielen Hinrichtungen von Mitgliedern der hasmonäischen Familie seiner Schwiegereltern „mehr und mehr von den väterlichen Sitten entfernt“ habe. Zudem habe er „die alte Ordnung der Dinge, die unversehrt hätte bleiben sollen, allmählich zerstört. Da nun so alles, was das Volk früher zur Frömmigkeit anleitete, beseitigt wurde, drang im Laufe der Zeit eine Menge von Übeln bei uns ein.“ Dies sollte mit Josephus’ sehr kritischer Bewertung der „Vierten Philosophie“ in *Ant* 18,6-10 verglichen werden, die als einer der wichtigen hermeneutischen Schlüssel zu Josephus’ gesamter Schilderung dient. Judas und die Seinen bereiteten jede Art von Kummer und „es gab kein Übel, das diese Männer nicht hervorgebracht hätten, und es betraf das Volk in größerem Maße, als man ausdrücken kann“ (*Ant* 18,6). Diese Übeltaten werden in 18,7-8 durch vier Angaben im *dativus instrumentalis* genauer definiert und als Hintergrund für die letztendliche Katastrophe genannt, bei der „der Tempel Gottes durch die Feinde niedergebrannt wurde.“ Entsprechend werden sowohl das herodianische Herrscherhaus als auch die „Vierte Philosophie“ mit der Einführung von Praktiken und Gedankengut in Verbindung gebracht, die dem früheren Judentum unbekannt gewesen waren. Dies ist eines der Dinge, die Josephus in hohem Maße verachtet.[30] Letztend-

[29] Vgl. z. B. Ant 14,274; 15,266-267, 328; 16,150-159; 17,180-181, 191-192; 18,6-10, 127-129. Vgl. auch *S. Mason*, Flavius Josephus in Flavian Rome. Reading On and Between the Lines, in: *A. J. Boyle/W. J. Dominik* (Hg.), Flavian Rome. Culture, Image, Text, Leiden 2003, 588.
[30] Vgl. ibid., 577ff.

lich führten beide Haltungen zu einer Entfremdung von der guten und stabilen Beziehung zu Rom und standen damit in direktem Zusammenhang zu dem letztendlichen Desaster: der Zerstörung des Tempels.

(c) Im Gegensatz zu Herodes dem Großen – und anderen Mitgliedern des herodianischen Herrscherhauses, der „Vierten Philosophie" und in dieser Hinsicht auch Pilatus – hebt Josephus hervor, dass Agrippa I. kein Erneuerer oder Übertreter von jüdischen Praktiken und Überzeugungen war. In mehreren redaktionellen Bemerkungen stellt Josephus ihn als Zeichen der Hoffnung für die Juden dar. Wenn sie, wie auch jener, den alten Gesetzen und der Tradition entsprechend handelten, dann werde die Gottheit die Hybris der Sünder bestrafen und das Geschick der Frommen und Rechtschaffenen wenden (vgl. *Ant* 18,197 und 19,15-16, 293-296, 331).

Die Frage ist nun, wie Josephus Antipas innerhalb dieses größeren Bildes darstellt. Er wendet sich ihm im Großen und Ganzen in drei Geschichten und Abschnitten zu: Die erste handelt von der Gründung und Besiedelung der Stadt Tiberias (*Ant* 18,36-38 vgl. *Bell* 2,168; *Vita* 64-69) und von den Veränderungen in Sepphoris und Betharamphtha (*Ant* 18,27). Der zweite Abschnitt betrifft Antipas in Verbindung mit Vitellius, dem Partherreich, Aretas, Herodias, Johannes dem Täufer und den Juden in Jerusalem (vgl. die zentrale Stelle in *Ant* 18,101-125). Die dritte Geschichte erzählt den Sturz des Antipas (*Bell* 2,181-183; *Ant* 18,240-255).[31] Eine genaue Lektüre dieser drei Hauptabschnitte ergibt, dass Josephus die Taten des Antipas ausdrücklich für ungerecht und gesetzwidrig hält.

In seiner Darstellung der Gründung von Tiberias durch Antipas weist Josephus auf zwei Probleme hin. Das erste ist, dass Antipas diese neue Stadt mit einer höchst fragwürdigen Schar von Menschen besiedeln musste, mit einem „promisken Pöbel" („promiscuous rabble") wie L. H. Feldman den Begriff σύγκλυδες (*Ant* 18,37) in der Josephus-Ausgabe der *Loeb Classical Library* übersetzt. Obwohl einige von höherer sozialer Stellung oder Amtsträger (ἐν τέλει, 18,37) gewesen sein sollen, so legt doch die Beschreibung nahe, dass die meisten von ihnen ehemalige Sklaven gewesen seien, die gerade erst freigelassen worden waren (*Ant* 18,38) oder arme und bedürf-

[31] Zusätzlich kann hier der Prozess in Rom über das Testament des Herodes genannt werden, bei dem Antipas eine zentrale Rolle spielt (*Bell* 1,646, 2.20-95; Ant 17,188, 224-318).

tige Menschen (*Ant* 18,37), die von überall herbeigeschafft worden seien (*Ant* 18,37). Einige seien mit Gewalt herbeigeschleppt worden (*Ant* 18,37). Das zweite Problem ist, dass Antipas „wusste, dass die Gründung der Stadt gegen das Gesetz und im Gegensatz zu den überkommenen jüdischen Bräuchen stand, weil sich dort Gräber befanden“ (*Ant* 18,38), die in großer Menge vernichtet wurden, als Tiberias gegründet wurde. Josephus sagt in Anspielung auf Num 19,11.16, dass die „neu Angesiedelten für sieben Tage kultisch unrein seien, wie es das Gesetz vorschreibt“ (*Ant* 18,38).[32]

In einer Darstellung von sechs aufeinander folgenden Ereignissen, die Antipas betreffen (*Ant* 18,101-125), spiegelt sich bei zusammenhängender Betrachtung eindeutig ein Argumentationsaufbau wider:

(a) Antipas ist ein politischer Narr, der die gute Beziehung zu seinem engsten römischen Beschützer, Vitellius, verliert, als er Tiberius über das Friedensabkommen mit dem Partherreich (101-105) informiert.

(b) Im Gegensatz dazu ist sein Bruder Philippus ein gerechter, gemäßigter und gelassener Herrscher (106-108).

(c) Antipas aber gab sich seinen Gefühlen hin und ließ sich von der Tochter des Nachbarkönigs, Aretas, scheiden, was ihn in einen verhängnisvollen Krieg hineinzog, in dem er seine Armee (109-115) verlor.

(d) Dies wird als gerechte Rache Gottes dargestellt, weil Antipas einen guten (ἀγαθός) Mann getötet hatte, der mit Tugend (ἀρετή), Gerechtigkeit (δικαιοσύνη) und Frömmigkeit (εὐσέβεια, 116-119) ausgestattet war.

(e) Schließlich wurde Antipas ein Opfer der Ereignisse. Als Tiberius starb, weigerte sich Vitellius, gegen Aretas Krieg zu führen (120-125).

(f) Zu allem Übel wird gegen Ende der Schilderungen über Antipas dessen Widersacher Agrippa der Große in ausgesprochen positiver Weise eingeführt und Herodes dem Großen und dessen Herrschergeschlecht (125-129) direkt gegenüber gestellt.

---

[32] In einem interessanten Aufsatz hat *L. Levine* die späteren rabbinischen Traditionen zur kultischen Unreinheit von Tiberias in den rabbinischen Quellen zusammen getragen: Vgl. *L. I. Levine*, *R. Simeon* uns *B. Yohai* and the Purification of Tiberias. History and Tradition, HUCA 49 (1974), 134-185.

Das deutlichste Urteil über Antipas wird in Verbindung mit seinem Sturz und seiner Verbannung gefällt. Sowohl in *De Bello* als auch in den *Antiquitates* erzählt Josephus, wie Antipas von seiner neuen Ehefrau, Herodias, dazu überredet wurde, auf dem Seeweg nach Rom zu reisen, um Gaius um die Königswürde zu bitten, ebenso wie jener Agrippa I., Herodias' zu Dank verpflichteten Bruder, zum König über Philippus' ehemalige Tetrarchie befördert hatte. Allerdings brachte Agrippa durch eine Botschaft Beschuldigungen von Verrat und Verschwörung gegen Antipas vor, und Antipas wurde nach Lyon verbannt und sein Eigentum an Agrippa übergeben. Während sich Josephus in *De Bello* mit den politischen Ereignissen nicht weiter beschäftigt, präsentiert er in *Antiquitates* eine „göttliche Interpretation" und stellt fest, dass „Gott eine Strafe über Herodias verhängt habe wegen deren Neid auf ihren Bruder und über Herodes, weil dieser weiblichem Geschwätz Gehör geschenkt hatte" (*Ant* 18,255).

Jedoch ist es sehr interessant zu beobachten, wie Josephus besonders in den *Antiquitates* einerseits ein negatives Urteil über Antipas fällt, andererseits aber genügend Details offenbart, um das negative Gesamtbild von diesem zu entschärfen, indem er dessen Taten als vernünftig erläutert. Dies soll an den folgenden fünf Beispielen verdeutlicht werden:

(a) Josephus' Erzählung über die Gründung von Tiberias erscheint in ambivalentem Licht. Die Menschen, die verschleppt wurden, um sich dort niederzulassen, werden als ehemalige Sklaven oder von Antipas abhängige Pächter beschrieben. Jener habe ihnen Grundstücke und vollständig eingerichtete Häuser in Tiberias als Entschädigung und Wohltat gegeben (18,38). Ebenso hinderte das Problem mit den Gräbern Josephus nicht daran, die Stadt während des Kriegs zu betreten, wie mehrmals in *De Vita* beschrieben wird.

(b) Ferner ist der Text über Johannes den Täufer nicht ganz kohärent, wenn es um die Rolle des Antipas geht. Obwohl Antipas für seine Tat gegen Johannes getadelt wird, teilt Josephus seinen Lesern – absichtlich oder auch nicht – mit, dass die breite Masse zum Aufstand bereit gewesen sei und Johannes in jeder Hinsicht gefolgt hätte. Als ein Herrscher von Roms Gnaden habe Antipas entsprechend eingreifen müssen (18,118.).

(c) Josephus lässt uns auch wissen, dass mindestens in einem Falle Antipas an den Feiern im Jerusalemer Tempel (18,122) teilgenommen habe.

(d) Am bedeutendsten jedoch erscheint es, dass, wiewohl Antipas als ein weiterer schlechter Herrscher aus dem herodianischen Hause präsentiert wird, Josephus doch nicht in der Lage ist, absolut unzweideutige Beispiele für Tyrannei und Grausamkeit zu liefern wie bei Herodes dem Großen und Archelaos.
(e) Ebenso schreibt Josephus der Herrschaft des Antipas weder Aufstände als Folge schlechter Regierungstätigkeit noch Einführung von neuem Gedankengut zu wie im Fall des Pilatus (vgl. *Bell* 2,169-177; *Ant* 18,55-62; 85-89). In dieser Hinsicht ist Josephus in seiner Beschreibung des Antipas zurückhaltender als in Bezug auf andere Mitglieder des herodianischen Hauses und bringt seine persönliche Meinung häufig in redaktionellen Bemerkungen zum Ausdruck. Andererseits, wenn man die Absichten und redaktionellen Ziele des Josephus berücksichtigt, so wird offensichtlich, wie Antipas als ein weiteres schlechtes Beispiel für einen herodianischen Herrscher dargestellt wird, der nicht in der Lage ist, die althergebrachte und beständige jüdische Lebensweise zu bewahren. Antipas dient schließlich als Warnung, wie die Gottheit jene bestraft, die nicht dem Gesetz entsprechend leben, wie auch unmittelbar in Verbindung mit Antipas' Verbannung festgestellt wird. Dennoch ist Josephus außerstande, wirklich überzeugendes Material für sein Bild von Antipas – wie etwa offensichtlich grausame Taten oder religiöse Provokationen – beizubringen.

3. Herodes Antipas in anderen schriftlichen Quellen

Wiewohl Josephus die aufschlussreichste literarische Quelle zum Leben und der Herrschaft des Antipas ist, leisten auch andere Quellen einen Beitrag durch zusätzliche Informationen zu Ereignissen, die wir schon durch Josephus kennen, und durch die Beschreibung von ansonsten unbekannten Begebenheiten. Insbesondere deuten mehrere Quellen an, wie es Antipas gelang, eine positive Beziehung zu den führenden Juden von Jerusalem aufzubauen:
(a) In den erhaltenen Schriftfragmenten des Nikolaus[33] widmet sich Fragment 136 §§ 8-11 dem Prozess um das Testa-

[33] Nikolaus von Damaskus war ein Geschichtsschreiber, Philosoph und Rhetor, der für einige Zeit am Hof Herodes des Großen angestellt war.

ment des Herodes in Rom. Dort findet sich ein in der ansonsten viel längeren Version des Josephus fehlendes Detail (*Bell* 2,1-100; *Ant* 17,200-323). Beschrieben wird die Bereitschaft der jüdischen Delegation, Antipas als König zu akzeptieren, falls sie nicht direkt von Rom regiert werden könnten (§ 9). Ihre Feindschaft zielte damit in erster Linie auf Archelaos. Das deutet darauf hin, dass „die jüdische Gegnerschaft gegen das Haus des Herodes nicht so kompromisslos war, wie man nach Josephus annehmen würde.“[34]

(b) Auch Philos *Legatio ad Gaium* enthält eine wichtige Geschichte über Antipas. In §§ 299-305 wird erzählt, wie die Juden eine Gesandtschaft schickten, um Pilatus dazu zu überreden, die goldenen Schilde zu entfernen, die er in seinem Palast in Jerusalem hatte aufstellen lassen. Obwohl die Schilde keinerlei figürliche Darstellungen darboten, wurden sie doch aufgestellt, um die Bevölkerung zu reizen. Die Gesandtschaft war vor allem aus drei verschiedenen Untergruppen zusammengesetzt; allen voran „die vier Söhne des Königs, die in Rang und Würden Königen gleichstanden“, zweitens andere Nachkommen und drittens Würdenträger aus ihrer Mitte.

Der Chronologie entsprechend muss Antipas in der Gruppe der Prinzen gewesen sein,[35] ebenso wie es vernünftig erscheint, sich M. Smallwood anzuschließen, die vorschlägt, ‚ἐν τέλει‘ als Bezugnahme auf den Sanhedrin zu deuten.[36] Entsprechend deutet dieser Text auf eine positive Verbindung zwischen Antipas und dem Sanhedrin hin.[37]

(c) Zwei Quellen berichten, wie Antipas Jerusalem aus Anlass eines religiösen Fests aufsuchte. Nach Josephus nahm er an

---

Er diente Herodes sowohl als dessen vorrangiger Botschafter nach Rom als auch als Biograph. Nach dem Tod des Herodes wählte er Archelaos als Anwalt für den Prozess in Rom. Vgl. *B. Z. Wacholder*, Nicolaus of Damascus, Berkeley, Calif. 1962, 22-36 und *M. Stern*, From Herodotus to Plutarch, Greek and Latin Authors on Jews and Judaism, Bd. 1, Jerusalem 1974, 227-233.

[34] *Wacholder*, Nicolaus, 63.

[35] Vgl. *N. Kokkinos*, The Herodian Dynasty. Origins, Role in Society and Eclipse, Sheffield 1998, 195, Anm. 80.

[36] Vgl. *E. M. Smallwood*, Philonis Alexandrini, Legatio Ad Gaium: Edited With and Introduction, Translation and Commentary, Leiden 1961, 274.

[37] Für eine weitergehende Diskussion siehe z. B. *H. K. Bond*, Pontius Pilate in History and Interpretation, Cambridge 1998, 24-48 und *N. Willert*, Pilatusbilledet i den antikke jødedom og kristendom, Århus 1989, 21-60.

den Opfern im Tempel teil (*Ant* 18,122-123), und nach Lukas wirkte er beim Prozess gegen Jesus mit, wo er die Hohenpriester und die Schriftgelehrten (Lk 23,10) traf.
(d) Schließlich gibt es ein ‚falsches' Zeugnis in Justins *Dialog mit dem Juden*, wo behauptet wird, dass Antipas die ἐξουσία von Archelaos in Jerusalem übernahm, als jener in die Verbannung ging. Dies könnte so verstanden werden, als ob Justin andeutete, Antipas habe als der führende jüdische Herrscher über bestimmte Vollmachten oder Privilegien in Verbindung mit Jerusalem verfügt. Von Josephus wissen wir allerdings, dass er nicht das Recht erhielt, Hohepriester einzusetzen, ein Recht, über das die römischen Präfekten verfügten, bis es schließlich auf Agrippa I. überging (vgl. *Ant* 18,26, 34-36, 93-95, 123; 19,292-298). Zusammenfassend ist festzuhalten, dass eine Reihe von schriftlichen Quellen darauf hindeutet, dass Antipas sich gegenüber den Juden milde und anständig verhielt. Auf diese Weise gelang es ihm, im Gegensatz zu seinem Vater und zu seinem Bruder Archelaos, eine konstruktive Beziehung mit den führenden Juden in Jerusalem aufzubauen und Volksaufstände und gewalttätige Auseinandersetzungen zu vermeiden.
Im Neuen Testament wird Antipas in den Evangelien sowohl bei Mk, Mt und Lk als auch in der Apg erwähnt. Bei Mk und Mt wird seine Bedeutung nur sporadisch sichtbar, während er bei Lk ausführlicher erscheint.[38] Die neutestamentlichen Autoren zeigten an seiner Biographie oder seiner Geschichte eindeutig kein Interesse, sondern widmeten sich ausschließlich seiner Beziehung zu Johannes und Jesus. Folglich sind mehrere Interpretationen der Beziehung zwischen Antipas und Jesus vorgebracht worden. Manche behaupten, dass Antipas ein eingeschworener Feind Jesu war, und dass er einen entscheidenden Einfluss auf dessen Prozess ausübte. Besonders betont werden dabei sowohl der Rückzug Jesu in die Wüste als auch die unmittelbaren Warnungen Jesu und der Pharisäer gegen Antipas (Mk 8,15; Lk 13,31-33 vgl. auch

---

[38] Die Evangelien enthalten hauptsächlich zwei Ereignisse, bei denen Antipas eine Rolle spielt, und zwar (a) die Hinrichtung Johannes des Täufers durch Antipas (Mk 6,14-29; Mt 14,1-12; Lk 3,18-20; 9,7-9) und (b) Antipas' Befragung Jesu in Jerusalem (Lk 23,6-12.15, vgl. auch Apg 4,27), die das allgemeine Interesse des Antipas in Bezug auf Jesus und umgekehrt zeigt (Lk 9,7-9; 13,31-33; Mk 6,14-16; 8,15; Mt 14,1-2).

3,19).[39] Andere spielen die Bedeutung des Antipas für den Prozess herunter und heben hervor, wie Antipas Jesus in ein weißes Gewand kleidete und ihn zu Pilatus zurückschickte – eine Tat, die Pilatus selbst laut Lk 23,15 als Freispruch verstanden hat. Entsprechend sei Antipas kein aktiver Feind Jesu gewesen, sondern eher verwirrt von dem, was er hörte und sah.[40] Ein anderes Problem betrifft den historischen Wert der lukanischen Darstellung von Jesus vor Herodes (Lk 23,8-12). M. Dibelius behauptete, dass dieser Prozess eine lukanische Erfindung sei, die dazu bestimmt gewesen sei, die Interpretation der Vision einer Versammlung gegen den Gesalbten in Ps 2,1f., wie sie sich in Apg 4,25-28 findet, zu unterstreichen.[41] Neuere Diskussionsbeiträge, wie etwa jene von J. Nolland, J. Fitzmyer und R. E. Brown,[42] halten diese Position aus verschiedenen Gründen für problematisch und sprechen sich für einen von Lukas aufgenommenen historischen Kern aus. Ohne bei diesen und anderen wichtigen Fragen zu sehr ins Detail zu gehen, soll doch kurz festgestellt werden, dass viele den Antipas betreffende neutestamentliche Texte eine Tradition bewahren, nach der er verblüfft war, als er Jesus und Johannes begegnete. Mk und Mt berichten, dass Antipas Jesus für den auferstandenen Johannes gehalten habe. Mt beschreibt Antipas darüber hinaus als betrübt (λυπέω, 14,9) als er um das Haupt des Johannes gebeten wird, während Mk sagt, er sei sowohl traurig gewesen (περίλυπος, 6,26) als auch verwirrt (ἀπορέω, 6,20) über die Worte des Johannes. Lk stellt Antipas

---

[39] Vgl. z. B. *P. Parker*, Herod Antipas and the Death of Jesus, in: *E. P. Sanders* (Hg.), Jesus, the Gospels, and the Church. Essays in Honor of William R. Farmer, Macon, Ga. 1987, 197-208; *J. B. Tyson*, Jesus and Herod Antipas, JBL 79 (1960), 239-246; *Harlow*, Herod Antipas, 236-237.

[40] Vgl. z. B. *H. W. Hoehner*, Herod Antipas, 168, 239-249; *J. A. Darr*, Herod the Fox. Audience Criticism and Lukan Characterization, Sheffield 1998, 210-211; *J. Blinzler*, Herodes Antipas und Jesus Christus. Die Stellung des Heilandes zu seinem Landesherrn, Stuttgart 1947.

[41] *M. Dibelius*, Herodes und Pilatus, ZNW 16 (1915), 113-126. Vgl. auch *K. Müller*, Jesus vor Herodes. Eine redaktionsgeschichtliche Untersuchung, in: *G. Dautzenberg/H. Merklein/K. Müller* (Hg.), Zur Geschichte des Urchristentums, Freiburg 1979, 111-114.

[42] *J. Nolland*, Luke 18:35-24:53, WBC 35c, Dallas, Tex., 1993; *R. E. Brown*, The Death of the Messiah. From Gethsemane to the Grave, A Commentary on the Passion Narratives in the Four Gospels, Bd. 3, New York, N.Y. 1994; *J. A. Fitzmyer*, The Gospel According to Luke X-XXIV, Garden City, N.Y. 1985.

ebenso als irritiert dar, als er mit den Nachrichten über Jesus konfrontiert wird (διαπορέω, 9,7), obwohl es definitiv die Absicht des Antipas gewesen sei, ihn zu töten (ἀποκτείνω, 13,31). Seine Vorgehensweise in Jerusalem lässt sich beinahe als absurd charakterisieren: Zunächst ist er überaus froh (ἐχάρη λίαν, 23,8), ihn zu sehen. Dann begegnet er ihm mit Geringschätzung (ἐξουθενέω) und verspottet ihn (ἐμπαίζω, 23,11), bevor er ihn schließlich zu Pilatus zurückschickt.

4. Herodes Antipas und die Archäologie Galiläas

Außer auf Josephus beruhen unsere Informationen über Herodes Antipas hauptsächlich auf dem archäologischen Material, das sich streng genommen auf die Funde in Sepphoris und Tiberias, den zwei bekannten Bauprojekten des Antipas, beschränkt. Um eine breite kontextuelle Perspektive zu gewinnen, ist es dennoch notwendig, drei zusätzliche Untersuchungen zu berücksichtigen, die als ‚blinde Flecke' bezeichnet werden können, da sie nicht oft Berücksichtigung finden. Zunächst ist eine klare chronologische Differenzierung zwischen frühem Material des ersten Jahrhunderts und späterem Material vorzunehmen. Wie besonders von Mark Chancey hervorgehoben wird,[43] basiert z. B. das Bild von Sepphoris häufig auf Material aus späterer Zeit. Anschließend wird durch die Berücksichtigung von drei Dörfern oder Städten in Untergaliläa eine regionale Perspektive hergestellt: Yodefat, Kana und Kapernaum, daneben auch Gamla im Golan. Diese sind wichtige Anhaltspunkte für das, was in den ländlichen Teilen von Galiläa geschah, während sich das Städtebauprogramm des Antipas in den zwei Städten dieser Region entfaltete. Schließlich wird durch eine kurze Untersuchung der drei benachbarten Städte der Dekapolis eine überregionale Perspektive hergestellt: Hippos, Gadara und Skythopolis, denen auch die Stadt Caesarea Maritima hinzugefügt wird. Diese Untersuchung wird einen hilfreichen Hintergrund für die Beurteilung des Maßstabes und der Art der Städte des Antipas bieten.

Tiberias, das prachtvolle Bauprojekt des Antipas, wurde mit größter Wahrscheinlichkeit 19/20 n. Chr. gegründet und blieb nach seiner Gründung für ein Jahrtausend eine florierende

[43] Vgl. zuletzt *M. A. Chancey*, Greco-Roman Culture.

Stadt. Da das archäologische Material aus vielen Jahrhunderten stammt, ist ein streng chronologischer Ansatz notwendig. Tatsächlich findet sich aus dem 1. Jh. n. Chr. kaum archäologisches Material, weil die Stadt ihre Blütezeit erst nach Hadrian erreichte, als ältere Gebäude umfangreichen Bauprojekten zum Opfer fielen. Seit 1954 wurden eine ganze Reihe von Ausgrabungsprojekten durchgeführt,[44] und eine Liste der Fundstücke aus dem ersten Jahrhundert enthält die folgenden Gegenstände:

(a) In den Jahren 1973-74 wurde unter der Leitung von G. Foerster ein freistehendes monumentales Tor mit beeindruckenden runden Türmen von sieben Metern Durchmesser freigelegt. Mit Hilfe von Keramik datierte Foerster es auf das frühe erste Jahrhundert.[45] Bedauerlicherweise hat Foerster bisher keinen abschließenden Grabungsbericht veröffentlicht, und in jüngerer Zeit wurde seine Datierung angezweifelt. Monika Bernett bezieht sich dabei auf Josephus, der berichtet, Vespasian sei nicht in der Lage gewesen, die Stadt mit seiner schweren militärischen Ausstattung vom Süden her einzunehmen und habe deshalb Teile der Mauer abreißen müssen, die durch Josephus errichtet worden war (*Bell* 3,460). Bei einem Stadttor von vier bis fünf Metern Durchgangsbreite wäre dies nicht nötig gewesen.[46] Auch T. Weber, der Ausgräber des „Tiberias-Tores" in Gadara, bezweifelt die Datierung Foersters. Er schlägt vor, das Tor in die flavianische Zeit zu datieren als Entsprechung zu dem Tor in Gadara, das er ebenfalls ins späte erste Jahrhundert datiert.[47] Nach David Stacey, der kürzlich das früh-islamische Material aus Foersters Gra-

[44] Vgl. *Y. Hirschfeld*, Tiberias, NEAEHL 4 (1993), 1465-1466.

[45] Vgl. *G. Foerster*, Tiberias. Excavations in the South of the City, NEAEHL 4 (1993), 1471.

[46] Vgl. *M. Bernett*, Der Kaiserkult in Judäa unter den Herodiern und Römern. Untersuchungen zur politischen und religiösen Geschichte Judäas von 30 v. bis 66 n. Chr. (WUNT 203), Tübingen 2007 und *Chancey*, Greco-Roman Culture, 87.

[47] Vgl. *T. M. Weber*, Gadara and the Galilee, in: *J. Zangenberg/H. Attridge/D. B. Martin* (Hg.), Religion, Ethnicity and Identity in Ancient Galilee. A Region in Transition (WUNT 210), Tübingen 2007, 449-477; *ders.*, Gadara - Umm Qes I.. Gadara Decapolitana. Untersuchungen zur Topographie, Geschichte, Architektur und der Bildenden Kunst einer „Polis Hellenis" im Ostjordanland, Wiesbaden 2002, 107; *ders.*, Gadara in der Dekapolis. Ausgrabungen in Umm Qais/Nordwestjordanien in den Jahren 1986 bis 1989, Mitteilungen des Deutschen Archäologen-Verbandes e.V. 1 (1991), 21-22.

bung publiziert hat,[48] wurden unterhalb des Pflasters nur zwei Probegrabungen unternommen. Das keramische Material, das dabei zum Vorschein kam, sei von zu begrenzter Aussagekraft, um präziser als allgemein ins erste Jahrhundert datiert zu werden (nach mündlicher Mitteilung von D. Stacey).
(b) In Verbindung mit den Türmen wurden Teile eines in Nord-Süd-Richtung verlaufenden Cardo entdeckt, der zwölf Meter breit ist und von Säulengängen und Läden flankiert wird. Das Stratum des ersten Jahrhunderts des Cardo ist noch an keiner anderen Stelle gefunden worden.
(c) In der gegenwärtigen von Yizhar Hirschfeld geleiteten Ausgrabungskampagne wurde im Frühjahr 2005 ein spektakulärer Fund gemacht: ein prachtvoller Marmorboden, der im seinerzeit beliebtem *opus sectile*-Stil angefertigt worden war. Der Raum, in dem er gefunden wurde (Abb. 1), war wahrscheinlich Teil einer kunstvollen Struktur mit einem von vier Säulen getragenen Dach (Tetrastyl), einer äußeren Pflasterung mit großen Kalksteinplatten und einem malerisch offenen Ausblick hin zum See. Der Marmor selbst (Abb. 2) war importiert worden und wurde in dieser Zeit tatsächlich selten verwendet. Es ist ein plausibler Vorschlag, dass dieser Boden Teil einer herodianischen Struktur war, da Böden dieser Art zu dieser Zeit anderweitig nur in Palästen Herodes des Großen gefunden worden sind.[49] Dieser Eindruck bestätigte sich in den folgenden Grabungsperioden, als eine Mauer gefunden wurde, die mit demselben Gebäude aus dem ersten Jahrhundert in Verbindung gebracht werden kann. Sie besteht aus weißem Kalkstein in der gut bekannten eng eingepassten und gewölbten herodianischen Mauerwerkstechnik.
(d) Außerdem bestätigt der Fund eines Bleigewichts den Status von Tiberias als *polis* in dieser Zeit, da eine Inschrift die Existenz eines *agonoramos* während der Zeit von Antipas erwähnt.[50] Ebenso tragen sämtliche Münzen die Inschrift ‚Tiberias‘ (vgl. s. u.).

---

[48] Vgl. *D. Stacey*, Excavations at Tiberias, 1973-1974. The Early Islamic Periods, Jerusalem 2004.
[49] Vgl. *R. Hachlili*, Ancient Jewish Art and Archaeology in the Land of Israel, Leiden 1988, 67.
[50] Vgl. *S. Qedar*, Two Lead Weights of Herod Antipas and Agrippa II and the Early History of Tiberias, Israel Numismatic Journal 9 (1986-1987), 29-35.

Abb. 1: *Locus* 525 (Hintergrund) und 526 (Vordergrund).
Foto: Morten Hørning Jensen

Abb. 2: Marmorstücke, die von dem großartigen *opus sectile* Fußboden in *locus* 525 stammen. Foto: Morten Hørning Jensen

(e) Auch Teile des alten Hafens wurden entdeckt. Es ist schwierig, Unterwasserbauten zu datieren, aber man vermutet, dass Tiberias seit der Zeit des Antipas über einen Hafen verfügte.

(f) Schließlich hat Moshe Hartal in zwei Bergungsgrabungen in den Jahren 2002 bzw. 2005 einige Strukturen entdeckt, von denen er glaubt, sie seien Teil eines Stadiums aus dem ersten Jahrhundert. Eine präzisere Datierung ins frühe oder späte erste Jahrhundert konnte Hartal jedoch nicht vornehmen.[51] Zusammengenommen lassen diese Funde das Bild eines ziemlich bescheidenen Anfangs von Tiberias erkennen, besonders im Vergleich mit den Funden aus späterer Zeit, denen wir uns im Folgenden noch zuwenden werden.

[51] Mündliche Mitteilung von *M. Hartal*.

Seit einer Reihe von Jahren haben die Ausgrabungen in *Sepphoris* eine intensive Debatte über die kulturelle Eigenart des „Hinterhofs“ Jesu entfacht. Jonathan Reed bringt dies folgendermaßen zum Ausdruck: „Sepphoris ist zu einer Art Testfall für wissenschaftliche Darstellungen des historischen Jesus und der Evangelientraditionen geworden.“[52] Die Gebäude, die auf Antipas zurückgehen, sind jedoch nur wenige verglichen mit dem, was aus späteren Zeiten gefunden wurde:

(a) Z. Tsuk führte eine Untersuchung des Wasserleitungssystems durch. Er fand dabei heraus, dass Sepphoris im frühen ersten Jahrhundert mit Wasser aus nur einem Aquädukt versorgt wurde. Später jedoch wurde ein weiterer hinzugefügt, der die neunfache Menge herbeischaffen konnte.[53]

(b) Die meisten Überreste aus der Zeit des Antipas wurden auf dem westlichen Hügel gefunden, auf dem es eine Reihe von Häusern gab. Bisher konnte jedoch kein großes öffentliches Gebäude nachgewiesen werden, obwohl die Füllmaterialien späterer Gebäude nahe legen, dass es solche gegeben haben könnte.[54]

(c) Es ist höchst interessant, wie das im Osten gelegene niedrigere Plateau in der Zeit des Antipas aussah. Nach Meyers, Weiss und Netzer begannen die Bauarbeiten außerhalb des westlichen Hügels im größeren Stil erst in der Zeit nach dem ersten jüdischen Krieg (66–70 n. Chr.). Sowohl das Straßennetz als auch die Gebäude, die von Netzer und Weiss freigelegt wurden, stammen allesamt aus späterer Zeit. Das Grabungsteam der University of South Florida um James Strange behauptet jedoch, dass an zwei Orten Material aus dem ersten Jahrhundert gefunden worden sei. Probegrabungen haben eine frühere Straße aus festgedrückter Erde und Kalkstein unterhalb des gegenwärtig sichtbaren Cardo nachgewiesen, die aus dem ersten Jahrhundert stammen könnte.[55] Strange vertritt in

---

[52] *Reed*, Archaeology, 102.

[53] Vgl. *T. Tsuk*, The Aqueducts to Sepphoris, in: *E. M. Meyers* (Hg.), Galilee Through the Centuries. Confluence of Cultures, Winona Lake, Ind. 1999, 161-176.

[54] Vgl. *E. M. Meyers*, The Early Roman Period at Sepphoris. Chronological, Archaeological, Literary, and Social Considerations, in: *J. Magness/S. Gitin* (Hg.), Hesed Ve-Emet: Studies in Honor of Ernest S. Frerichs, Atlanta, Ga. 1998, 343-355.

[55] Vgl. *D. R. Edwards/C. T. McCollough*, Transformation of Space. The Roman Road at Sepphoris, in: Archaeology and the Galilee: Texts and

seinem neuesten publizierten Diskussionsbeitrag die Auffassung, dass ein in Feld V gefundenes basilikales Gebäude in seiner frühesten Phase auf die Zeit des Antipas zurückgeht.[56]
(d) Schließlich ist das Gründungsdatum des Theaters ein Rätsel der Forschung. Es wurde zuerst im Jahr 1931 durch das Team von L. Waterman ausgegraben und in die Zeit des Antipas datiert.[57] Dieses Datum wurde von William F. Albright abgelehnt, der eine Datierung ins zweite Jahrhundert bevorzugte.[58] Die vier Grabungsmannschaften des gemeinsam von der Hebrew University in Jerusalem und der Duke University in Durham, N.C., verantworteten *Joint Sepphoris Project* (JSP), der University of South Florida (USF), der Hebrew University (HU) und des von der Duke University verantworteten *Sepphoris Regional Project* (SRP), die in jüngerer Zeiten in Sepphoris Ausgrabungen unternommen haben, haben jeweils Teile des Theaters freigelegt, um zu einer präziseren Datierung zu gelangen. Bisher ist jedoch keine Einigung darüber erzielt worden.[59]
Zusammenfassend ist festzuhalten, dass Sepphoris definitiv sowohl vor der Zeit des Antipas als auch während seiner Regierungszeit eine Stadt von größter Bedeutung war. Es wurde als eine Festung auf einem Hügel errichtet, von der man die umliegenden fruchtbaren Täler und die landeinwärts gelegenen Handelsrouten überblicken und kontrollieren konnte. Was sich genau zur Zeit des Antipas dort abspielte, ist umstritten. Jedoch erhielt diese Gegend, auch wenn man die erste Phase des im Osten gelegenen unteren Plateaus ins erste Jahrhundert

---

Contexts in the Graeco-Roman and Byzantine Periods, Atlanta, Ga. 1997, 135-142.

[56] Vgl. *J. F. Strange*, The Eastern Basilical Building, in: *R. M. Nagy* (Hg.), Sepphoris in Galilee. Crosscurrents of Culture, Raleigh, N.C. 1996, 117.

[57] Vgl. *S. Yeivin*, Historical and Archaeological Notes, in: *L. Waterman* (Hg.), Preliminary Report of the University of Michigan Excavations at Sepphoris, Palestine, in 1931, Ann Arbor, Mich. 1937, 29; *N. E. Manasseh*, Architecture and Topography, in: *L. Waterman* (Hg.), Preliminary Report of the University of Michigan Excavations at Sepphoris, Palestine, In 1931 Ann Arbor, Mich. 1937, 6-12.

[58] Vgl. *W. F. Albright*, Review of Waterman's Preliminary Report on the 1931 Excavations, Classical Weekly 21 (1938), 148.

[59] Dies wurde zusätzlich erschwert, dass die Fundstätte zum Nationalpark erklärt und wichtige Materialschichten entfernt wurden, um den Zugang zu sichern. Vgl. *J. F. Strange/T. R. W. Longstaff*, Sepphoris (Sippori), 1986 (II)*, IEJ 37 (1987), 278-280.

datiert, erst in der Zeit nach dem Krieg ihre endgültige Gestalt. Zur Zeit des Antipas war Sepphoris ebenso wie Tiberias in Bezug auf die urbane Entwicklung sehr wahrscheinlich erst im Anfangsstadium, in dem ausschließlich lokal verfügbare Baumaterialien Verwendung fanden. Nach J. Reed sollte Sepphoris „in Bezug auf seine Pracht als zweitklassig eingeordnet" werden.[60]

Die Auswertung dieser Befunde muss in drei Perspektiven vorgenommen werden: Zunächst scheint es in *chronologischer Perspektive* durchgängig so zu sein, dass die größeren Veränderungen, die an materiellen Dingen beobachtet werden können, vor und nach Antipas auftraten. Vor seiner Zeit erfuhr Galiläa eine radikale Welle politischer Veränderung durch die hasmonäische Eroberung und Übernahme, ebenso wie in der Zeit nach dem ersten jüdischen Krieg (66-70 n. Chr.), der zu einer stärkeren römischen Militärpräsenz in Galiläa führte,[61] auf die dann wiederum eine verstärkte jüdische Präsenz in Galiläa nach dem zweiten jüdischen Krieg (132-135 n. Chr.) folgte. In der Blütezeit des Reiches unter der Severanischen Dynastie erlebte Galiläa, ebenso wie viele andere Gebiete im römischen Osten auch, eine starke römische Präsenz und Bautätigkeit. Die Wellen vor und nach Antipas lassen sich im Detail an den folgenden drei Fallbeispielen demonstrieren:

(a) In Sepphoris wurde unter Antipas der westliche Hügel umgestaltet. Aber selbst wenn man die Anfangsphase des östlichen Plateaus ebenfalls in seine Zeit datiert, gab es erst in der Zeit nach dem ersten jüdischen Krieg (66-70 n. Chr.) eine ausgedehnte Bautätigkeit in dieser Gegend, die das Viertel mit *cardo* und *decamus* ausstattete, ebenso wie mit einer großen Basilika, die wahrscheinlich als Marktplatz diente.[62] Außer-

---

[60] *Reed*, Archaeology, 118.

[61] Vgl. *Z. Safrai*, The Roman Army in the Galilee, in: *L. I. Levine* (Hg.), The Galilee in Late Antiquity, New York, N.Y. 1992, 103-114.

[62] Vgl. *Z. Weiss/E. Netzer*, Hellenistic and Roman Sepphoris. The Archaeological Evidence, in: *R. M. Nagy* (Hg.), Sepphoris in Galilee. Crosscurrents of Culture, Raleigh, N.C. 1996, 29-37; *Z. Weiss/E. Netzer*, Sepphoris During the Byzantine Period, in: *R. M. Nagy* (Hg.), Sepphoris in Galilee. Crosscurrents of Culture, Raleigh, N.C 1996, 81-89 und *E. Netzer/Z. Weiss*, Architectural Development of Sepphoris During the Roman and Byzantine Periods, in: *D. R. Edwards/C. T. McCollough* (Hg.), Archaeology and the Galilee. Texts and Contexts in the Graeco-Roman and Byzantine Periods, Atlanta, Ga. 1997, 117-129.

dem fällt in diese Zeit die Errichtung des schon erwähnten Aquädukts, der die Wasserzufuhr verneunfachte.
(b) In Tiberias datieren die meisten Funde großer Gebäude in spätere Zeiten. Dies gilt für ein 4000 Quadratmeter großes basilikales Gebäude, eine drei Meter breite Mauer, die Teil eines in späteren Quellen erwähnten Tempels gewesen sein könnte, ein Theater am Hang, ein Badehaus, einen großen Marktplatz gleich nördlich vom Badehaus und die Gebäude auf dem Berg Berenike.[63]
(c) Detaillierte Studien über die Zirkulation der Münzen in Galiläa ergeben ebenfalls, dass die größeren Veränderungen vor und nach Antipas stattfanden, was weiter unten noch ausführlicher erörtert wird.
Zweitens können durch eine *regionale Perspektive* sehr wichtige Informationen über den Einfluss von Antipas' Städtebauprogramm auf die ländlichen Regionen Galiläas gewonnen werden. Die Vertreter eines durch Konflikte geprägten Gesamtbildes argumentieren, dass die dortige bäuerliche Bevölkerung von der Belastung der Herrschaft des Antipas am stärksten betroffen war. Die Vertreter eines harmonischen Gesamtbildes behaupten dagegen, dass Antipas' Aktivitäten für die ländliche Gemeinschaft nützlich waren und neue Möglichkeiten für Handel und Interaktion mit sich brachten. Eine Untersuchung der Ausgrabungen von Yodefat, Kana, Kapernaum und Gamla zeigt ein Gesamtbild der ländlichen Gegenden ohne Anzeichen von Verfall im frühen ersten Jahrhundert. Ganz im Gegenteil kam es mit der Unterstützung des örtlichen Kleingewerbes zu einer Expansion, wie sich an den folgenden vier Punkten ablesen lässt:
(a) In Yodefat lassen sich Olivenöl-, Keramik- und Stoffherstellung nachweisen. Zu derselben Zeit wurde die Stadt am Südhang erweitert bis zum Krieg im Jahr 66 n. Chr. Am interessantesten ist die Entdeckung eines Oberschichtbereichs mit einem Elitehaus, das über im so genannten geometrischen Ersten Pompejanischen Stil dekorierte Wände und Opus-

---

[63] Vgl. z. B. *Hirschfeld*, Tiberias NEAEHL und *ders*., Tiberias, OEANE 5 (1997), 203-206. Die fehlende Berücksichtigung eines solch streng chronologischen Zugangs hat im Fall von Crossan und Reed dazu geführt, dass jene in einer farbigen Zeichnung von Tiberias im ersten Jahrhundert praktisch jedes für einen Zeitraum von mindestens einem halben Jahrtausend bekannte Gebäude darstellen und so die Chronologie vermischen: Vgl. *J. D. Crossan/J. L. Reed*, Excavating Jesus, eingefügte Fotos und Zeichnungen im Anschluss an S. 170.

Sectile-Böden verfügt. Obwohl kein intaktes öffentliches Gebäude gefunden wurde, deuten doch etliche große Bausteine an, dass ein solches existiert haben könnte.[64]
(b) Die Ausgrabungen in Kana haben ebenfalls Hinweise auf eine sich in stetigem Fortschritt erweiternde Dorfgemeinschaft hervorgebracht. Auf dem Kamm des Hügels wurde ein rechteckiges Gebäude mit einem großen Raum von etwa zwölf mal acht Metern gefunden, das mit verputzten Wänden und Fußböden ausgestattet ist. Die Ausgräber interpretieren es entweder als Elitehaus oder als öffentliches Gebäude. Hinweise auf ein zweites öffentliches Gebäude wurden in der Nähe gefunden. Dies wird mit einiger Zurückhaltung als Synagoge identifiziert. In diese Richtung deuten Dachziegel, verputzte Bänke, Säulen und ein ionisches Kapitell. Ferner gibt es Hinweise auf kleine Produktionsstätten für Öl- und Stoffherstellung, Glasbläserei und Taubenzucht.[65]
(c) Die Ausgrabungen in Kapernaum lassen für die frühe römische Zeit das Bild einer Stadt mit vorwiegend großen Wohneinheiten erkennen. Mit der möglichen Ausnahme der frühesten Phase der Synagoge wurden keine öffentlichen Gebäude nachgewiesen. Weiß verputze Wände, gepflasterte Straßen oder andere außergewöhnliche architektonische Elemente wurden ebenfalls nicht gefunden. Die Lage Kapernaums am nördlichen Ende des Sees verschaffte dem Ort im Vergleich mit anderen Dörfern der Gegend einen doppelten Wettbewerbsvorteil: Eine regionale Straße, die die Tetrarchien von Antipas und Philippus verband, verlief durch Kapernaum, und neben der Landwirtschaft konnten zusätzliche Einkünfte durch den Fischfang im See erwirtschaftet werden. Ein ganzes

---

64 Vgl. z. B. *D. Adan-Bayewitz/M. Aviam*, Iotapata, Josephus, and the Siege of 67. Preliminary Report of the 1992-94 Seasons, Journal of Roman Archaeology 10 (1997), 131-165; *M. Aviam*, Yodefat/Jotapata. The Archaeology of the First Battle, in: *A. M. Berlin/J. A. Overman* (Hg.), The First Jewish Revolt: Archaeology, History, and Ideology, London 2002, 121-133.

65 Vgl. z. B. *D. R. Edwards*, Khirbet Qana. From Jewish Village to Christian Pilgrim Site, in: *J. H. Humphrey* (Hg.), The Roman and Byzantine Near East, Bd. 3, (JRASup 49), Portsmouth, R.I., 2002, 101-132; *P. Richardson*, Building Jewish in the Roman East, Waco, Tex. 2004, 55-71; *D. R. Edwards*, Cana (Khirbet), Archaeological Encyclopaedia of the Holy Land 1,109-110.

Netzwerk von Häfen ist bezeugt, und im Jahre 1986 wurde ein für Massenfischfang geeignetes Boot gefunden.[66]
(d) Die Ausgrabungen in Gamla haben ebenso einige höchst interessante Ergebnisse hervorgebracht. Im westlichen Viertel wurde ein Oberschichtbereich entdeckt, in dem sich kunstvoll konstruierte Häuser mit verputzten Wänden finden. Östlich dieses Viertels wurde ein Handelsbereich mit einer Anlage zur Gewinnung von Olivenöl, einer Getreidemühle und einer Ladenstraße mit einem großen offenen Platz, der wahrscheinlich als Marktplatz diente, entdeckt. In jüngster Zeit brachten neue Ausgrabungen Hinweise auf einen weiteren Bereich mit einer großen Villa hervor. Zudem kam dabei ein basilikales Gebäude zum Vorschein, das die Ausgräber für ein öffentliches Verwaltungsgebäude halten. Ein anderes öffentliches Gebäude wurde nicht weit von der östlichen Stadtmauer entfernt gefunden und wird im Allgemeinen für eine Synagoge aus der Zeit des ersten Jahrhunderts gehalten. Obwohl Gamla außerhalb der Grenzen von Antipas' Herrschaftsbereich lag, wurden mehr von seinen Münzen als von jenen des Philippus gefunden, und es gibt gute Gründe anzunehmen, dass zwischen den beiden Gebieten Beziehungen bestanden.[67] Die „regionale Perspektive“ bietet auf diese Art eine einzigartige Sicht der Bedeutung der Städte Sepphoris und Tiberias und es scheint durchweg so gewesen zu sein, dass die ländliche Gegend in dieser Zeit in der Lage war, ihren Lebensunterhalt zu bestreiten und sich sogar fortzuentwickeln. Es gibt keine Anzeichen für einen allgemeinen wirtschaftlichen Rückgang.
Drittens und letztens bietet eine *überregionale Perspektive* wichtige Einblicke in Bezug auf die Bedeutung und die Art der Städte des Antipas durch einen Vergleich mit den nahe gelegenen Städten Hippos, Gadara und Skythopolis in der Dekapolis und in besonders typischer Weise Caesarea Maritima.

---

[66] Für Kapernaum im ersten Jh. n. Chr. siehe z. B. *S. Loffreda*, Capernaum, NEAEHL 1 (1993), 291-295; *ders.*, Capernaum, OEANE 1 (1997), 416-419; *V. C. Corbo*, Capernaum, ABD 1 (1992), 866-869; *Reed*, Archaeology, 139-169; *S. Wachsmann*, Galilee Boat, OEANE 2 (1997), 377-379.
[67] Für Gamla siehe z. B. *S. Gutman*, Gamla, NEAEHL 2 (1993), 459-463; *D. Syon*, Gamla. Portrait of a Rebellion, BAR 18, 1 (1992), 20-37; *ders./Z. Yavor*, Gamla 1997-2000, Hadashot Arkheologiyot - Excavations and Surveys in Israel 114 (2002), 2*-5*; dies., Gamla 1997-2000, 'Atiqot 50 (2005), 1-35.

(a) In der Dekapolis gab es vor der Gründung von Tiberias bereits Hippos, Gadara und Skythopolis, die bereits den Status von *poleis* hatten. Wie Tiberias und Sepphoris erreichten diese drei Städte ihre Blütezeit in der mittleren und späten römischen Zeit, in denen sie eine intensive Bautätigkeit erlebten. Im ersten Jahrhundert konnten sich alle drei Städte ihrer griechisch-römischen Tempel ebenso rühmen wie Skythopolis seines Theaters und Amphitheaters.[68]
(b) Caesarea Maritima bildet eine Kategorie für sich, weil es nahezu komplett von Herodes dem Großen aus dem Boden gestampft wurde und meisterhaft mit Hafen, Augustustempel, Theater, Amphitheater und aufwändiger Stadtplanung mit Verteidigungsanlagen und Aquädukt ausgestattet war.[69] Folglich, wenn man Sepphoris und Tiberias im Kontext der Städte in ihrer unmittelbaren Umgebung betrachtet, wird offensichtlich, dass sie über keinerlei urbane Charakteristika verfügten, die nicht schon in den Nachbargebieten bekannt waren. Mindestens im Vergleich mit Caesarea Maritima und möglicherweise auch mit Skythopolis waren sie lediglich Kleinstädte.

5. Die Münzen des Herodes Antipas

Die Münzen des Antipas sind in zweifacher Weise von Bedeutung: einerseits durch ihre ikonographische Gestaltung, andererseits durch ihre Verbreitung. Im Allgemeinen wurde die ikonographische Gestaltung auf alten Münzen als

---

[68] Für Hippos, Gadara und Scythopolis siehe z. B. *C. Epstein*, Hippos (Sussita), NEAEHL 2 (1993), 634-636; *A. Segal* u. a., Hippos: Third Season of Excavations June-July 2003, n.p. [April 2004]. Online: http://hippos.haifa.ac.il/report.htm; *T. M. Weber*, Umm Qais. Gadara of the Decapolis - A Brief Guide to the Antiquities, Amman 1990; *ders.*, Gadara, Wiesbaden 2002; *Y. Tsafrir*, The Fate of Pagan Cult Places in Palestine: The Archaeological Evidence with Emphasis on Bet Shean, in: *H. Lapin* (Hg.), Religious and Ethnic Communities in Later Roman Palestine, Bethesda, Md. 1998, 197-218.

[69] Vgl. z. B. *A. Raban/K. G. Holum* (Hgg.), Caesarea Maritima. A Retrospective after Two Millennia, Leiden 1996; *A. Negev*, *A. Frova/M. Avi-Yonah*, Caesarea. Excavations in the 1950s and 1960s, NEAEHL 1 (1993), 272-280; *E. Netzer/L. I. Levine*, Caesarea. Excavations in the 1970s, NEAEHL 1 (1993), 280-282; *K. G. Holum/A. Raban*, Caesarea: The Joint Expedition's Excavations, Excavations in the 1980s and 1990s, and Summary, NEAEHL 1 (1993), 282-286; *K. G. Holum*, Caesarea, OEANE 1(1997), 399-404.

Propagandamittel eingesetzt. Im jüdischen Kontext und besonders in der Spätzeit des Zweiten Tempels traf diese Praxis im Zusammenhang mit dem Bilderverbot des zweiten Gebotes auf Bedenken.[70] Sowohl die Hasmonäer als auch die Herodianer verwendeten ihre Münzen als Propagandamittel, und es wird die Auffassung vertreten, dass die Münzen von Antipas mit ihren messianischen Bildnissen seine politischen Ziele stützen sollten.[71] Ebenso ist es möglich, durch Informationen über die Menge der im Umlauf befindlichen Münzen einen Eindruck vom Grad der Monetisierung einer antiken Gesellschaft zu gewinnen. In diesem Zusammenhang ist behauptet worden, dass die Verbreitung von Münzen durch Antipas dazu gedacht war, die Erhebung von Steuern zu erleichtern.[72]
Um die *Ikonographie* auf den Münzen des Antipas zu verstehen, müssen wir einen Blick auf einige der Münzen werfen, die zu seiner Zeit im Umlauf waren.[73] Neben der weiterhin gültigen hasmonäischen Währung waren auch die Münzen Herodes des Großen weiterhin im Umlauf, von denen einige von zweifelhafter heidnischer Art waren; die Münzen des Archelaos verfügten über zahlreiche maritime Symbole, die

[70] Vgl. z. B. *R. Hachlili*, Jewish Art, 81-83; *L. I. Levine*, Archaeology and the Religious Ethos of Pre-70 Palestine, in: *J. H. Charlesworth/L. L. Johns* (Hg.), Hillel and Jesus. Comparative Studies of Two Major Religious Leaders, Minneapolis, Minn. 1997, 117-118; *L. I. Levine*, The Ancient Synagogue. The First Thousand Years, New Haven, Conn./London 2000, 206-213; *M. Vogel*, Vita, 64-69, Das Bilderverbot und die Galiläapolitik des Josephus, JSJ30, 1 (1999), 65-79.

[71] Vgl. *R. A. Horsley/N. A. Silberman*, Message, 22.

[72] Vgl. *W. E. Arnal*, Jesus and the Village Scribes. Galilean Conflicts and the Setting of Q, Minneapolis, Minn. 2000, 138.

[73] Für eine allgemeine Einführung in die Numismatik zur Zeit des Zweiten Tempels siehe: *Y. Meshorer*, A Treasury of Jewish Coins. From the Persian Perod to Bar Kokhba, Jerusalem 2001; *ders.*, Ancient Jewish Coinage, Bd. 1: Persian Period Through Hasmonaeans, New York, N.Y. 1982; *ders.*, Ancient Jewish Coinage, Bd. 2.: Herod the Great Through Bar Kochba, New York, N.Y. 1982; *D. Hendin*, Guide to Biblical Coins, New York, N.Y., ^{4}2001; *U. Rappaport*, Numismatics, in: *W. D. Davies/L. Finkelstein* (Hgg.), CHJ Bd. 1: The Persian Period, Cambridge 1984, 25-59. Ein Überblick findet sich auch bei *M. H. Jensen*, Message and Minting. The Coins of Herod Antipas in Their Second Temple Context as a Source for Understanding the Religio-Political and Socio-Economic Dynamics of Early First Century Galilee, in: *J. Zangenberg, H. Attridge/D. B. Martin* (Hgg.), Religion, Ethnicity and Identity in Ancient Galilee. A Region in Transition (WUNT 210), Tübingen 2007, 277-313.

seine überlegene Stellung zum Ausdruck bringen sollten; die Münzen des Philippus führten Inschriften und Symbole ein, die auf jüdischen Münzen bis dahin nicht erschienen waren, wie sein eigenes Gesichtsporträt neben dem der Herrscher Augustus und Tiberius und die Fassade des Tempels in Paneas; und auch die Münzen des Pilatus führten Symbole ein, die in jener Gegend bis dahin nicht erschienen waren, etwa das *simpulum*, eine Kelle, die von den römischen Priestern in den Tempeln benutzt wurde und der *lituus*, ein Augurstab, der als Kennzeichen der römischen Priester Verwendung fand. Zusätzlich erschien in demselben Jahr, in dem Antipas seine letzte Münzserie herausgab, die erste Serie des Agrippa, auf der er stolz auf der Vorderseite eine Abbildung seines Patrons in Rom, Gaius, und auf der Rückseite von Gaius' drei Schwestern präsentierte. Wie in Tafel 1 dargestellt, wurde in diesem Zeitraum das Bilderverbot mit gleich mehreren Münzausgaben offensichtlich verletzt.

Welche Rolle spielte nun Antipas bei diesem propagandistischen Wettbewerb? Zwei Dinge sind von unmittelbarer Bedeutung. Zum einen gab Antipas in den 43 Jahren seiner Herrschaft nicht mehr als fünf Münzserien heraus, die erste nicht vor seinem 24. Regierungsjahr (19/20 n. Chr.), und insgesamt gab er nur eine geringe Anzahl von Münzen heraus. Zum anderen geschah schließlich die Herausgabe seiner eigenen Münze sehr vorsichtig unter strenger Beachtung des Bilderverbotes. In diesem Anliegen des Antipas wird deutlich, dass seine Münzen durchaus eine Botschaft verbreiten wollten. Aber im Unterschied zu Philippus und Agrippa, die bei demselben Anliegen unverhohlen das Bilderverbot verletzten, tat Antipas dies nicht, wie an folgenden drei Punkten abgelesen werden kann:

(a) Seine erste Münzserie wurde zum Gedenken an die Gründung von Tiberias herausgegeben. Den Analysen von Y. Meshorer und G. Theißen[74] folgend, war es ein sehr geschickter Schachzug, auf der Vorderseite dieser Münzen Schilf abzubilden. Als Neuheit in der jüdischen Münzprägung konnte das Schilf deutlich die Botschaft von Wasser, Fruchtbarkeit und Widerstandsfähigkeit vermitteln, während gleichzeitig das Bilderverbot Beachtung fand (vgl. Abb. 3).

---

[74] Vgl. *G. Theißen*, Das „schwankende Rohr“ in Mt. 11,7 und die Gründungsmünzen von Tiberias, ZDPV 101 (1985), 43-55; *Meshorer*, Treasury, 82.

Abb. 3: Die erste Serie des Antipas aus seinem 24. Regierungsjahr. Die größte Währungseinheit auf der linken Seite und die kleinste auf der rechten. Vorderseite: Datum, LKΔ, 19/20 n. Chr.; eine florale Pflanze (Schilf); Legende, HPWΔOY TETPAPXO) von dem Tetrarchen Herodes, die kleinste Währung abgekürzt). Rückseite: Die Legende, TIBE/PIAC innerhalb eines Kranzes.
© David Hendin.

(b) Die nächsten drei Münzserien des Antipas sind vom Datum abgesehen identisch. Es ist interessant festzustellen, dass sie in derselben Zeit ausgegeben wurden, in der Pilatus und Philippus ebenfalls Münzserien prägen ließen. Es scheint wahrscheinlich, dass auch Antipas versuchte, seine Autorität im Kampf um Macht und Anerkennung auszubauen. Anders als Pilatus und Philippus ließ Antipas jedoch keine verbotenen Abbildungen darstellen, sondern beschränkte sich selbst darauf, das Schilf durch einen Palmzweig zu ersetzen, der in der damaligen Zeit ein bekanntes Symbol sowohl auf hasmonäischer als auch auf herodianischer Währung war. Nach Aussage von Meshorer kann der Wechsel vom Schilf zum Palmzweig als ein Versuch angesehen werden, die positive Entwicklung von Tiberias in ein Gebiet kultivierten Ackerlandes zu vermitteln.
(c) Die Sorge des Antipas, das Bilderverbot zu beachten, kann am besten durch seine letzte Münzserie, geprägt in seinem letzten Regierungsjahr, 39 n. Chr., veranschaulicht werden. Deren Ausgabe war wahrscheinlich eine der Vorbereitungen des Antipas zur Erlangung der Gunst des Gaius, bevor er ihn um die Königswürde bat (*Ant* 18,246). Deshalb veränderte Antipas die Inschriften. Sein eigener Name auf der Vorderseite erschien im Nominativ statt im Genitiv, während auf der

Rückseite zum ersten Mal der Name des Kaisers im Dativ erschien, was übersetzt „Herodes der Tetrarch für Gaius Cäsar Germanicus“ (vgl. Abb. 4) bedeutet. Jedoch verblasste diese Ehreninschrift im Vergleich mit jener Agrippas I. aus demselben Jahr, die eine Abbildung des Gaius bietet. Antipas’ Beachtung des Bilderverbots lässt sich besser einordnen, wenn man bedenkt, dass er dieses Verbot bei mindestens zwei anderen Anlässen durchbrach. Sein Palast in Tiberias wurde mit Darstellungen lebender Kreaturen (*Vita* 65) verziert, und auf Delos wurde er für seine dem Apollotempel erwiesenen Wohltaten geehrt.[75] So entsprach Antipas’ Beachtung des Bilderverbotes nicht seinen persönlichen Vorlieben, sondern der Fürsorge für seine jüdischen Untertanen. Daraus folgt, dass es unverhältnismäßig und stark übertrieben wäre, die Münzen des Antipas als messianische Propaganda zu interpretieren. Ganz im Gegenteil zeigt die Ikonographie die Beachtung jüdischer religiöser Gefühle.

Abb. 4: Die größte Währungseinheit der fünften Serie des Antipas aus seinem 43. Regierungsjahr. Vorderseite: Datum, ETOC MΓ, 38/29 n. Chr.; florale Pflanze (Palme mit sieben Ästen und Weintrauben); Legende HRΩΔHC TETRARXHC (Herodes Antipas). Rückseite: Die Legende ΓAIΩ KAICAPI ΩEPMA/NIKΩ innerhalb eines Kranzes.
© David Hendin

[75] Vgl. *D. Noy/A. Panayotov/H. Bloedhorn*, Inscriptiones Judaicae Orientis, Bd. I: Eastern Europe, Tübingen 2004, 234-235; W. Dittenberger (Hg.), Orientis Graeci Inscriptiones Selectae: Supplementum Syllogoges Inscriptionum Graecarum, Bd. 1, Leipzig 1903, Nr. 417; Kokkinos, Herodian Dynasty, 137.

	Hasmonäer	Herodes I.	Archelaos	Philippus	Agrippa I.	Pilatus	Antipas
Hebräische/ Aramäische Inschriften	x						
Griechische Inschriften	x	x	x	x	x	x	x
Der Name des Kaisers				x	x	x	x
Tierdarstellungen		x			x		
Menschliche Abbildungen				x	x		
Tempelfassaden				x	x		
Tempelszenen					x		
Kultische Embleme		(x)		x	x	x	

Tafel 1: Die Abbildungen und Inschriften der Münzen des Antipas

Bezüglich des *Münzumlaufs* ergeben detaillierte Studien über das numismatische Profil Galiläas, dass größere Änderungen vor und nach Antipas stattfanden. Eine neue Studie von Danny Syon hat Daten von 186 Fundorten in Galiläa und dem Golan zusammengetragen, um für die verschiedenen Zeiträume den Münzumlauf nachzuweisen.[76] Syons Studie zeigt, dass die Menge im Umlauf befindlicher hasmonäischer Münzen überwältigend ist. In Gamla, das 68 n. Chr. zerstört und verlassen wurde, sind 62,8 Prozent der gefundenen Münzen hasmonäisch.[77] Ebenso ersetzte hasmonäische Währung in Yodefat die frühere phönizische Währung.[78] An beiden Orten macht die herodianische Währung einen ziemlich niedrigen Prozentsatz der insgesamt gefunden Münzen aus, nämlich weniger als fünf Prozent. Insgesamt konnte Syon nur 128 Münzen des Antipas ausfindig machen, während im Vergleich

[76] *D. Syon*, Tyre and Gamla. A Study in the Monetary Influence of Southern Phoenicia on Galilee and the Golan in the Hellenistic and Roman Periods (unpublished PhD-dissertation), Jerusalem 2004.
[77] Vgl. ibid., 27, Abb. 1.
[78] Vgl. *Adan-Bayewitz/Aviam*, Iotapata, 157-161.

dazu 5632 hasmonäische Münzen gefunden wurden. Zugleich stellt Syon fest, dass in der Zeit nach dem Krieg von 66-70 n. Chr. die Gesamtzahl der im Umlauf befindlichen Münzen dramatisch anstieg, ebenso wie der Anteil der phönizischen Münzen. Antipas gab entsprechend nur eine sehr beschränkte Anzahl von Münzen aus, die den Münzumlauf kaum um ein beachtenswertes Maß steigerten.

6. Diskussion und Zusammenfassung

Welche Beziehung gab es zwischen der Herrschaft des Herodes Antipas und den sozioökonomischen Bedingungen Galiläas im frühen ersten Jahrhundert? Anlass für die gegenwärtige Untersuchung boten sowohl die sehr verschiedenen Antworten auf diese Frage als auch die herausragende Bedeutung, die dieser Frage in der jüngsten Galiläaforschung beigemessen wird. Sie gilt als der vielleicht entscheidendste Faktor für die verschiedenen Anschauungen über Galiläa. Neben dieser „äußeren Perspektive“ zur Wirkung der Herrschaft des Antipas tritt eine „innere Perspektive“, die sich in regelmäßigen Untersuchungen zu einem gewissen Grad seinem persönlichen Charakter widmet und zu einigen detaillierten psychologischen Beschreibungen führt.

In Bezug auf die letzte Frage lässt sich meines Erachtens in den Quellen eine offensichtliche Mehrdeutigkeit bezüglich der Persönlichkeit und der Qualifikationen des Antipas feststellen. Dies ist allerdings nicht überraschend, da die Quellen sowohl aus verschiedenen als auch aus äußerst selektiven Perspektiven geschrieben und an keiner Stelle daran interessiert sind, eine ausführliche Darstellung des Antipas zu bieten. Die folgende Tabelle erläutert dies im Sinne einer Spannung der einzelnen Berichte zwischen insgesamt vier Polen. Auf der einen Seite ist Antipas ein guter und fähiger Herrscher, während er in anderen Situationen als mittelmäßig, bedeutungslos oder unfähig gekennzeichnet wird. Auf der anderen Seite ist er entschlussfreudig, während er in anderen Situationen als unentschlossen und zögerlich erscheint. Entsprechend ist es ein schwieriges Unterfangen, Antipas' Persönlichkeit und innere Qualifikationen zu beschreiben. Meiner Ansicht nach ist die Quellenbasis zu schmal und zu voreingenommen, als dass eine solche Beschreibung plausibel gemacht werden könnte.

Gut/fähig	**Mittelmäßig/bedeutungslos/ unfähig**
43 Jahre im Amt. Keine größeren Umbrüche berichtet. Wohltäter und Erbauer. Kümmert sich um messianische Bedrohungen. Nahm an Feiern in Jerusalem teil. Keine provozierenden Bilddarstellung auf Münzen.	Keine Förderungen. Zweite Ehe mit Herodias ein politischer Fehler. Verlor Krieg gegen Aretas. Mittelmäßiger Erbauer. Verärgerte Vitellius.
Entschlussfreudig	**Zaghaft**
Kämpfte um das ganze Königreich Herodes des Großen. Nahm an der Delegation gegen Pilatus teil. Informierte Tiberius über die Verhandlungen mit dem Partherreich.	Nach Mt und Lk durch Johannes den Täufer irritiert. Laut Lukas verwirrt von Jesus. Zweifel, nach Rom zu gehen, um die Königswürde zu bitten.

Tafel 2: Die Spannungen in den Beschreibungen des Herodes Antipas

Stattdessen erhält man eine bessere Darstellung, wenn man ausschließlich nach den äußeren Parametern des Antipas fragt, ohne einzelne Ereignisse zu berücksichtigen. Das Hauptergebnis dieser Studie ist, dass die Quellen überraschenderweise ein ziemlich konsistentes Bild zeichnen, wenn es um die Wirkung der Herrschaft des Antipas in sozioökonomischer Perspektive geht. Aufgrund der folgenden Argumente lässt sich schlussfolgern, dass die Bedeutung des Herodes Antipas sich am besten mit Adjektiven wie untergeordnet, gemäßigt und angepasst beschreiben lässt. Er war nicht ein Umgestalter Galiläas, sondern eher ein bescheidener Entwickler. Die folgenden sieben Überlegungen untermauern dieses Urteil:

(a) Bei der Auswertung der Ausgrabungen von Sepphoris und Tiberias ist es wichtig, einem strengen chronologischen Ansatz zu folgen, da beide Orte sich in der Nachkriegszeit radikal verändert haben. Dies hebt die bescheidenen Anfänge dieser zwei städtischen Zentren zur Zeit des Antipas hervor, die erst in späteren römischen Zeiten Bedeutung erlangen sollten.

(b) Die Studien zum Münzumlauf zeigen, dass Galiläa im frühen ersten Jahrhundert noch sehr viel weniger mit Münzen versorgt war als dies später der Fall sein sollte. Im Einzelnen

begann Antipas erst sehr spät während seiner Herrschaft, Münzserien prägen zu lassen und dies auch nur sehr unregelmäßig und in kleiner Anzahl.
(c) Speziell die Ikonographie auf den Münzen des Antipas zeigt selbst in der schwierigen politischen Situation des Wettstreits mit Agrippa I. um die Erlangung der Gunst des Gaius die Beachtung jüdischen Traditionen und die Anpassung an diese.
(d) Wichtige Perspektiven für das Stadtbauprogramm des Antipas finden sich in den Unterstützungsmaßnahmen für die Dörfer der Region und die überregionalen Städte in der Nachbarschaft. Kleinere und größere galiläische Städte entwickelten sich und wuchsen bis zum Krieg von 66-70 n. Chr. Ein Verfall der galiläischen Dörfer und Städte kann nicht nachgewiesen werden. Ebenso stellt sich Antipas' Bautätigkeit im Vergleich mit anderen Städten als ziemlich gemäßigt heraus.
(e) Wenn man das archäologische Material anspricht, so ist es wichtig zu bemerken, dass ein Netzwerk von Festungsanlagen nicht gefunden werden konnte, was das Schweigen der Quellen in Bezug auf Aufstände in seiner Zeit unterstreicht.[79]
(f) Bei der Betrachtung der literarischen Quellen zeigt die Analyse der Erzählung des Josephus über Antipas im Kontext, wie Antipas von Josephus als ein weiteres Beispiel in einer Reihe von schlechten herodianischen Herrschern gebraucht wird. Josephus ist jedoch nicht im Stande, wirkliche Beweise von Grausamkeit aufzuzeigen, wie er sie für Herodes den Großen, Archelaos und die „Vierte Philosophie" in großer Menge bietet. Liest man Josephus also in Verbindung mit seinen eigenen offen gelegten Absichten, so ist das Bild, das er seinen Lesern von Antipas darbietet, sowohl in Bezug auf gute als auch auf schlechte Taten, auf Errungenschaften wie auf Versagen, das eines nicht weiter bemerkenswerten Herrschers.
(g) Schließlich kann festgestellt werden, dass Antipas in anderen schriftlichen Quellen kaum erwähnt wird, außer in den

[79] Vgl. *Aviam*, Jews, Pagans, 103ff.; *P. Richardson/D. R. Edwards*, Jesus and Palestinian Social Protest. Archaeological and Literary Perspectives, in: *A. J. Blasi/J. Duhaime/P.-A. Turcotte* (Hgg.), Handbook of Early Christianity: Social Science Approaches, Walnut Creek, Calif. 2002, 254; *M. Moreland*, The Galilean Response to Earliest Christianity. A Cross-Cultural Study of the Subsistence Ethic, in: *D. R. Edwards* (Hg.), Religion and Society in Roman Palestine. Old Questions, New Approaches, New York, N.Y. 2004, 42-43.

Evangelien, die auf ihre Weise das Bild eines mehrdeutigen und verblüfften Herrschers zeichnen.
Daraus ist zu schließen, dass das ‚Bild des Konflikts' nicht in bedeutendem Maße durch Verweis auf die Herrschaft des Antipas erhärtet werden kann. Es ist ungerechtfertigt, Antipas in der Mitte eines Verschlechterungsprozesses zu verorten, der unter ihm stattgefunden haben „muss".[80] Weder im archäologischen Befund noch in den literarischen Quellen findet sich ein Hinweis auf eine solche Entwicklung.
Kehren wir schließlich zur Frage von Antipas und dem historischen Jesus zurück: War er ein Freund oder ein Feind? Es lässt sich schlussfolgern, dass eine Darstellung Jesu, die durch die Herrschaft des Antipas hervorgerufen und dazu im Gegensatz zu sehen ist, durch eine Untersuchung des Kontextes nicht erhärtet werden kann. Das sagt nichts darüber aus, wie eine einzelne Person auf Antipas reagiert haben mag. Es steht sogar außer Frage, dass im Leben dieser Zeit Armut eine ständige Gegebenheit war. Ganz unabhängig von Antipas gab es für einen sozialen Propheten genug Anlass zum Widerspruch. Es entsteht jedoch der Eindruck, dass es zuviel ist, Antipas, nur weil er ein Zeitgenosse des historischen Jesus ist, für kühne und ungerechtfertigte Hypothesen in Anspruch zu nehmen und daraus Erklärungsmodelle zu konstruieren. Die wenigen Hinweise können nicht die Last solcher Schlussfolgerungen tragen.

---

[80] Vgl. z. B. *Horsley*, Whoever Hears, 58; *ders.*, Hearing, 36 und auch *S. Freyne*, Jesus, A Jewish Galilean. A New Reading of the Jesus-Story, London/New York, N.Y. 2004, 134-139.

Sean Freyne

Die soziale Welt Galiläas aus der Sicht des Josephus

1. Einleitung

In einem programmatischen Aufsatz zeichnet der kanadische Josephus-Experte Steve Mason für die zwei Gruppen von Wissenschaftlern, nämlich einerseits die, welche die Werke des Josephus für historische Zwecke nutzen (und zu denen ich mich zähle) und die, die besonders die literarischen und rhetorischen Absichten des Josephus in dessen Werken betrachten, das Bild der in der Nacht blind aneinander vorbeifahrenden Schiffe.[1]

Nach eingehender Auseinandersetzung mit Masons ausführlichem Kommentar der *Vita* des Josephus schien mir eine erneute Überprüfung meiner eigenen vom Werk des Josephus ausgehenden Prämissen und Schlussfolgerungen bezüglich der Sozialwelt Galiläas notwendig.[2] Nicht nur Mason fordert Historiker auf, ihren historisch-rekonstruktiven Ansatz in der Auseinandersetzung mit Josephus zu überdenken. Der Australier James McLaren, der diesbezüglich einen literarischen Ansatz verfolgt, hält uns an, aus dem vom jüdischen Historiker behandelten Zeitrahmen der Geschichte des Zweiten Tempels auszubrechen und neue und andere Hypothesen aufzustellen.[3] Mason besteht zwar auf seinem Interesse an historischen Aspekten im Werk des Josephus, doch bei genauer Betrachtung seiner gattungskritischen Analyse dieser Werke, der rhetorischen Strategien und deren Vorgänger in der grie-

---

* Übersetzung von Alison D. Sauer.

[1] *S. Mason*, Contradiction or Counterpoint? Josephus and Historical Method, The Review of Rabbinic Judaism 6 (2003), 145-188, hier 146.

[2] *Ders.*, Flavius Josephus. Life of Josephus, Translation and Commentary, Leiden 2001; die Zitate innerhalb dieses Aufsatzes folgen der Ausgabe: *Flavius Josephus*, Aus meinem Leben (*Vita*). Kritische Ausgabe, Übersetzung und Kommentar von F. Siegert, H. Schreckenberg und M. Vogel und dem Josephus-Arbeitskreis des Institutum Judaicum Delitzschianum, Münster, Tübingen 2001.

[3] *J. S. McLaren*, Turbulent Times? Josephus and Scholarship on Judea in the First Century CE (JSP Supplement Series 29), Sheffield 1998.

chisch-römischen Literatur scheint der Boden unter den Füßen allmählich zu schwinden.
Mason scheint gefangen in dem Dilemma, entweder die literarischen Eigenschaften der Werke und ihre Absichten anzuerkennen, oder „in die Sphäre der unbegrenzten Spekulation einzudringen."[4] An anderer Stelle bezeichnet er die Situation eines mit der literarischen Kunstfertigkeit des Josephus konfrontierten Historikers als nicht besser als die „eines Ermittlungsbeamten, der in einer Angelegenheit, die er im Grunde gar nicht verfolgt und für die es weder physisches Beweismaterial noch einen zweiten Zeugen gibt, einen auf Gerüchten basierenden Hinweis bekommt. Nichts bedarf der Erklärung außer die Aussage selbst."[5] Außerdem ergeht es uns seiner Meinung nach nicht besser, wenn wir – wie im Falle seines Aufenthaltes in Galiläa – zwei unterschiedliche Darstellungen von Josephus selbst geliefert bekommen: sowohl im Jüdischen Krieg (*Bell*) als auch in der *Vita (Vita)*. „Als freie Komposition", schreibt Mason, „liefert die Vita weder einfacheres noch reineres Material, um hinter die Darstellung der Wahrheit zu gelangen; vielmehr wird diese im Jüdischen Krieg durch Überlagerung seiner älteren literarischen Kreationen mit neu erfundenen Behauptungen noch weiter verschleiert."[6]
In der Tat ist unsere Lage bemitleidenswert, wenn wir Josephus als Zeugen bestimmter in seinem Werk dargestellter Ereignisse oder Situationen benutzen wollen! Mason zufolge scheint der einzige historische Nutzen des Josephus in der Freude an der „Reise" zu liegen, auf der wir für heuristische Zwecke Hypothesen konstruieren, ohne jedoch eine einzige von ihnen zu einer Wahrscheinlichkeit zu machen. Im besten Fall kann uns diese Übung auf „die Möglichkeiten, die in den kunstvollen Geschichten des Josephus stecken", aufmerksam machen.[7] Der Titel des vorliegenden Aufsatzes gibt mit „Die soziale Welt Galiläas aus der Perspektive des Josephus" meine Absicht wieder, Masons Behauptungen umfassend zu überprüfen. Auf den ersten Blick lässt sich wohl sagen, dass Mason für das historische Galiläa das getan hat, was Rudolf Bultmann für den historischen Jesus tat: weder können, noch sollten wir mehr wissen wollen, als uns der Text erzählt; wir

---

4 *Mason*, Life, xlix.
5 *Ders.*, Contradiction, 186.
6 Ebd., 169.
7 Ebd., 187.

müssen akzeptieren, dass alle diese Texte eigennützige literarische Kompositionen sind. Weder eine ausgedehnte Quellenkritik, noch eine Auswertung der offensichtlichen Gegensätze innerhalb dieser Werke – Methoden, die von diversen Historikern gewählt wurden – können uns aus dieser Sackgasse befreien. Wie für den von Mason erwähnten Ermittlungsbeamten, liegt unsere einzige Hoffnung darin, unabhängige Zeugen oder konkretes Beweismaterial – oder beides – zu finden. Unglücklicherweise ist Josephus – wie es scheint – für einen Großteil der Geschichte des Zweiten Tempels unsere einzige Quelle.

Masons Analyse der Absicht und der Verortung der *Vita* des Josephus verläuft folgendermaßen:

> „Die Vita stellt sich uns nicht als eine Verteidigung dar, sondern vor allem als eine Würdigung des Charakters des Josephus (*Ant* 20,266f.; *Vita* 430), der sich in seinem Stammbaum wie auch in seiner militärisch-politischen Karriere widerspiegelt; letztere scheint sich nur in der Zeit ereignet zu haben, die in der *Vita* dargestellt wird. Es ist ein heiterer und stolzer Appendix zu den *Antiquitates*, sozusagen ‚über den Autor'. Vieles von dem, was heutigen Wissenschaftlern als beschämendes Geständnis erscheint, erzwungen durch eine anders lautende Darstellung, wird mehr als Teil eines wohl durchdachten ironischen Programms präsentiert, für das er die Bewunderung des Publikums erwartet."[8]

Josephus selbst sieht es am Ende der *Vita* so: „Dies ist meine ganze Lebensgeschichte; aus ihr sollen andere meinen Charakter beurteilen, wie sie wollen." (430) In römisch-aristokratischen Kreisen war Charakter eine Frage des Erfolges im öffentlichen Leben und die Zeit, die Josephus in Galiläa verbracht hatte, war alles, was er in dieser Beziehung vorzuweisen hatte. Er musste also soviel wie möglich daraus machen. Durch das Anhängen dieser Charakter-Aussage an sein *magnum opus*, die *Antiquitates*, die eine Darstellung der jüdischen Priester-Aristokratie liefern sollten, stellt er sich als Inkarnation der Verfassung dar. Nachdem er sich als einer der wenigen die nationalen Traditionen erfüllenden dargestellt hat (*Ant* 20,265), beginnt er die *Vita* entsprechend mit einer klaren Aussage über seinen Stammbaum:

[8] Ebd., 167.

„Ich stamme übrigens aus einer keineswegs unbedeutenden Familie, sondern aus einer, die seit Urzeiten von Priestern herkommt. Wie aber bei den einzelnen (Völkern) die Voraussetzung für Adel jeweils eine andere ist, so ist bei uns die Zugehörigkeit zur Priesterschaft Kennzeichen für die Prominenz einer Familie.
Meine Familie stammt jedoch nicht nur von Priestern, sondern sogar von der ersten der vierundzwanzig Priesterklassen – auch darin liegt ein großer Unterschied – und von den Sippen in dieser auch wieder von der vornehmsten. Ich gehöre aber auch zum königlichen Geschlecht von der Mutter her, denn die Söhne des Ḥašamon, deren Nachkomme sie ist, waren über sehr lange Zeit Hohepriester und Könige unseres Volkes.“ (*Vita* 1f.).[9]

In diesem Verständnis der *Vita* verläuft meine Erörterung in zwei Phasen: zunächst untersuche ich vor dem Hintergrund der soeben diskutierten Gesamtperspektive des Josephus einige Aspekte der sozialen Welt Galiläas, wie sie in der *Vita* dargestellt wird. Dann möchte ich über Masons minimalistischen Ansatz hinaus weitere Möglichkeiten des Umgangs mit den Werken des Josephus für eine umfassendere historische Rekonstruktion aufzeigen.

2. Die soziale Welt Galiläas aus der Perspektive der *Vita*

In Anbetracht der Tatsache, dass Josephus uns unsere Fragen zu den sozialen Welten wahrscheinlich weder beantworten noch diese als einzeln zu untersuchende Einheiten isolieren wird, müssen wir, dem weisen Rat Per Bildes folgend, damit beginnen, den Text sehr vorsichtig zu lesen.[10] Wie alle Erzählungen setzt die *Vita* eine soziale Welt ihrer Akteure voraus; hier eine soziale Welt der Bewohner einer Region, deren Lebensart und Wohnorte, deren Art des Lebensunterhaltes, der religiösen und kulturellen Zugehörigkeiten und sozialen Situationen, deren Konfliktpunkte und unterschiedliche soziale Strukturen. Einige dieser Aspekte erscheinen vielleicht in einem Kommentar des Josephus oder in einer beiläufigen Äußerung, andere können aus Szenen, Ereignissen oder Darstellungen von Menschen abgeleitet werden. Keine dieser dem aufmerksamen Lesen entnommenen Informationen kann *a*

---

[9] Jos. *Vita*, 23.
[10] *P. Bilde*, Flavius Josephus between Jerusalem and Rome. His Life, His Works and Their Importance, Sheffield 1988, 110f.

priori als historisches Faktum angesehen werden. Wie auch immer sie erworben wird, ist diese Information einzig Teil der Beschaffenheit der Erzählung. Sie muss insofern als fiktional angesehen werden, als sie eine *poiesis* darstellt, also den Josephus eigenen literarischen Ausdruck der Welt, die er – warum auch immer – darstellen möchte.
Bei diesem ersten Lesen sollten wir nicht versuchen, zwischen dem, was auf den eigenen Erfahrungen des Josephus in Galiläa beruht, was vielleicht Produkt seiner großen Einbildung ist und dem, was seinem Wunsch nach einer realistischen Erzählung für seine ersten Hörer und Leser zugerechnet werden muss, zu unterscheiden. Durch diese Haltung des quasineutralen Lesens – tatsächlich ist es mehr ein *seconde naiveté*-Ansatz – können wir unsere diversen Vorverständnisse von Josephus und seinem Werk nicht vollständig aus unserem Bewusstsein löschen. Vielmehr sollte in diesem ersten Lesen im Vordergrund stehen, inwiefern die Aussage, Betrachtung oder Charakterisierung seiner selbst oder anderer dem oben dargestellten Gesamt-Zweck des Werkes dient, nämlich, wie Josephus so viel wie möglich aus seiner galiläischen Karriere machen kann, um für seine römischen Leser seinen wahren Charakter darzustellen.

3. Das Verhältnis des Josephus zu den Galiläern und den Städten

In einem ursprünglich aus dem Jahre 1988 stammenden Aufsatz untersuchte ich die Beziehungen zwischen Stadt und Land im Galiläa des 1. Jahrhunderts.[11] Dabei griff ich auf ein verallgemeinertes soziologisches Modell der kulturellen Rolle von Städten zurück. Dieses Modell basierte auf zwei gegensätzlichen Idealtypen sozialer Beziehungen, dem funktionalistischen und dem konfliktualen; beide boten sehr unterschiedliche Möglichkeiten, wie Städte traditioneller Weise mit ihrer größeren Umwelt in Beziehung standen. Ich glaube nach wie vor, dass Modelle, wenn sie bedachtsam eingesetzt werden, dem Althistoriker von Nutzen sein können – vorausgesetzt,

[11] *S. Freyne*, Urban-Rural Relations in the Light of the Literary Sources, in: *L. Levine* (Hg.), The Galilee in Late Antiquity, New York, N.Y./Jerusalem 1992, 75-94. Wiedererschienen in *S. Freyne*, Galilee and Gospel. Collected Essays (WUNT 125), Tübingen 2000, 45-58.

das Modell dominiert das Vorgehen nicht, sondern bietet vielmehr einen Rahmen für die entsprechenden Fragen und die Herausfilterung von Anhaltspunkten, die sonst eher selektiv ausgewählt oder ignoriert würden. Besondere Vorsicht gilt der Tatsache, dass Modelle in höchstem Maße anachronistisch sein können und vielleicht bestimmte Realitäten nicht in Betracht ziehen, in diesem Fall, die Realitäten vor-industrieller Städte. Nichts desto trotz scheint mir das von mir angewandte Modell flexibel genug, eine Reihe interessanter Fragen an jeden Leser der *Vita* des Josephus zu stellen: Was sollen wir aus dem Konfliktmuster machen, das offensichtlich zwischen der galiläischen Bevölkerung und den herodianischen Städten Untergaliläas, besonders zwischen Sepphoris und Tiberias bestand?
Die Textaussage diesbezüglich ist eindeutig und muss nicht weiter erläutert werden. Zwei Auszüge aus der *Vita* mögen genügen, um die Situation, wie sie von Josephus dargestellt wird, zu verdeutlichen:

> „Die galiläische (Land-)bevölkerung ergriff diese Gelegenheit und wollte den Zeitpunkt für ihre Rache nicht vorbeigehen lassen – auch diese Stadt (*sc.* Sepphoris) war ihnen verhasst; so stürmten sie an, um alle (Bewohner) auszurotten samt den Zugezogenen“ (*Vita* 375).

Und wenig später:

> „Doch auch Tiberias wäre von den Galiläern beinahe ausgelöscht worden. (...)
> Zahlreich strömten sie am nächsten Tag von überallher zusammen in die Stadt Šoḥin, wo ich nämlich mein Quartier aufgeschlagen hatte, und erhoben ein heftiges Wutgeschrei: ‚Verräterin‘ nannten sie Tiberias (...) und sie baten mich, ihnen zu erlauben, hinunterzugehen und sie gänzlich zu vertilgen. Sie hassten nämlich die Tiberienser genauso wie die Sepphoriten“ (*Vita* 381.384).

Dem Modell nach passten sowohl Sepphoris als auch Tiberias in die Kategorie der „heterogenetischen“ Städte mit einer „Fremd-“Herrschaft. Dies bedeutete die Einführung neuer aristokratischer Eliten in der Region, ihre Beziehungen zur umliegenden Gegend waren im besten Fall belastet, wenn auch unter dem Deckmantel eines gemeinsamen Mythos versteckt; die Ureinwohner wurden offen ausgebeutet, sozialer Unfriede wurde meist noch durch Zwangsmaßnahmen geschürt. Von jedem dieser vier Punkte des Modells ausgehend war es ein Leichtes, erhärtende Belege sowohl in Josephus Darstellung seiner Beziehungen zu diesen Städten zu finden als auch in der Tatsache, dass er als Repräsentant des Jerusalemer Rates trotz seiner Bemühungen, Mäßigung zu erreichen und den Hass der Galiläer zu entschärfen, unwillkommen und suspekt war.

In einem noch früheren Artikel (1980) unterstrich ich die Art und Weise, in der die Galiläer durch das gesamte Werk hindurch als loyale Unterstützer des Josephus dargestellt werden.[12] Zunächst ist es bemerkenswert, dass er mehrfach die Galiläer mit den Dörfern (κῶμαι) und der Umgegend (χώρα) gleichsetzt und nicht ein einziges Mal den Begriff für die Bewohner einer der Städte dieser Region verwendet. Nach einer eingehenden Untersuchung aller 46 Verwendungen von Γαλιλαῖος/Γαλιλαῖοι wird deutlich, dass die Galiläer für Josephus „Menschen aus dem ganzen Lande" (ἐκ τῆς χώρας πάσης *Vita* 102) waren, die als „Volk aus den Dörfern" (*Vita* 243) später genannt werden. Sie nehmen innerhalb der Erzählung beinahe eine dem Chorus der griechischen Tragödie entsprechende Funktion ein, *en masse* auftretend, um Josephus zu unterstützen; sie stellen ihn als ihren Gönner und Retter dar (*Vita* 244); sie wollen seine Feinde angreifen; sie kommen in ihren Verbünden von überall her (πανταχόθεν), oftmals bewaffnet (*Vita* 100.103.108.268) und mit ihren Frauen und Kindern. Es entsteht der Eindruck eines engen Netzwerkes zwischen den Dörfern, da offenbar recht schnell bekannt wird, dass Josephus Unterstützung gegen seine Feinde braucht – in Tiberias, Sepphoris, Gabara und Gischala. Die Delegation aus Jerusalem, die Josephus aus seinem Amt heben soll, findet wenig Unterstützung in den Dörfern und muss schließlich nach Sepphoris zurückweichen, womit der Erzähler sie eindeutig in die Reihe der Feinde des Josephus stellt (*Vita* 232). Nur sehr selten erscheint ein Riss in diesem Erzählmuster, wie z.B. als sich bei der Plünderung des Palastes des Herodes in Tiberias „einige Galiläer" den verarmten Klassen anschließen (*Vita* 66) oder als Josephus in Tarichaeae des Verrates verdächtigt wird (*Vita* 143).

---

[12] *S. Freyne*, The Galileans in the Light of Josephus' Life, NTS 26 (1980), 397-413. Dieser Artikel basierte auf einer sehr genauen Lesart der *Vita*, durchgeführt zusammen mit Per Bilde, als wir uns während eines Sabbatical in Cambridge trafen. Wiedererschienen in Freyne, Galilee and Gospel (s. Anm. 11), 27-44.

Zweifellos passen sowohl die Feindseligkeit der Galiläer gegenüber den herodianischen Städten wie auch ihre Loyalität gegenüber Josephus auf wundersame Weise in die von Mason beschriebene Gesamt-Zielsetzung der *Vita*. Die Loyalität der Galiläer gegenüber Josephus unterstreicht seine wahren Qualitäten als Anführer. Sein Stammbaum, der ihn als Spross der Jerusalemer Priesterklasse ausweist, wird durch die Bereitschaft, ihm und seinen Jerusalemer Gefährten den Zehnten zu zahlen, „wie es ihre Pflicht war", anerkannt. Die Loyalität der Galiläer gegenüber Josephus geht so weit, dass die von einigen der einflussreichsten Führern Jerusalems gesandte Delegation sie nicht von ihrer Unterstützung und Freundschaft zu ihm abbringen kann. Die Verwendung imperialer Epitheta – εὐεργέτης und σωτήρ – zur Beschreibung der Gefühle der Galiläer gegenüber Josephus kann nur bedeuten, dass sein Verhalten nicht nur der jüdischen Verfassung entspricht, sondern auch römische Werte widerspiegelt, denen zufolge Provinzgouverneure als Repräsentanten der besten kaiserlichen Herrschaft agieren sollten. Die Feindseligkeit der Galiläer gegenüber den herodianischen Städten erklärt sich aus der Tatsache, dass beide Zentren der jüdischen Verfassung nicht loyal gegenüber standen. Es überrascht nicht, dass sich einige Galiläer nach dem Verstoß gegen das Bilderverbot des Dekalogs der Plünderung des Palastes des Herodes in Tiberias anschließen (*Vita* 66). Sepphoris wird von Josephus für dessen Weigerung, dem bedrohten Tempel, „der uns allen gemein ist", zu Hilfe zu kommen, verurteilt, obwohl es mit seiner Lage in Niedergaliläa und umgeben von starken Dörfern durchaus dazu in der Lage gewesen wäre (*Vita* 346f.). Dies könnte ein Verweis auf die Weigerung, finanzielle oder andere Mittel zu gewähren, sein, oder auf die Tatsache, dass die Stadt mehr auf römische Hilfe vertraut hatte, als auf Gottes Fürsorge, die für Juden in aller Welt durch den Jerusalemer Tempel symbolisiert wurde. Wie bereits erwähnt, will Josephus die Galiläer wegen dieser Treulosigkeit zähmen und damit sowohl seine Entschiedenheit als Führer als auch seine Mäßigung im Umgang mit den Feinden (*Vita* 376) unterstreichen. Die Entschlossenheit der Galiläer, an seinem Feind und Erzrivalen Johannes von Gischala Rache zu nehmen, billigt er ebenfalls nicht; vielmehr versucht er, mit Johannes Frieden zu schließen, obwohl er von dessen Intrigen weiß (*Vita* 368).

Seiner Darstellung der jüdischen Verfassung in *Contra Apionem* (*Ap*) zufolge ist das Verhalten des Josephus ohne Fehl und Tadel. Über die zeremoniale Dimension der priesterlichen Verantwortung hinaus waren sie zur „Erhaltung der genauen Befolgung anderer täglicher Angelegenheiten" verpflichtet, zu denen auch Rechtsstreitigkeiten und die Bestrafung verurteilter Personen (*Ap* 2,187) gehörten. Vor dem Hintergrund der Zusammenfassung der jüdischen Verfassung im zweiten Buch von *Ap* (164-231) stellt die Darstellung seines Lebens gewissermaßen die Verkörperung derselben dar: er übt Gerechtigkeit, bestimmt aber gerecht (*Vita* 79); er zeigt Besorgnis für Fremde (*Vita* 112-114); er hält den Sabbat (*Vita* 159). Andere, wie Jesus, Sohn des Saphias, mögen in der Synagoge von Tiberias eine Kopie der Gesetze des Mose schwenken, um den Pöbel zu erregen; Josephus aber ist ein Vorbild jüdischer Führerschaft, welche das Gesetz von der Priesterschaft erwartet. Dies entspricht trefflicher Weise auch den römischen Vorstellungen, wie sich Provinzherrscher verhalten sollten! Die jüdische Verfassung sollte gemäß *Ap* συμφωνία und σύννοια schaffen – Harmonie und gegenseitiges Verständnis, während das Leitmotiv der Appelle des Josephus in der *Vita* die ὁμοφυλία ist, die „Volksgenossenschaft" (*Vita* 55.141.171. 376f.). Die Tatsache, dass er in den Städten nicht gut aufgenommen wurde, aber bei den Einwohnern der *chora* zuhause war, weist, wie im ersten Buch der *Ant* erwähnt, lediglich darauf hin, dass die Erbauung einer Stadt ein Beispiel an Korruption und Habgier war, die in der Sünde des Kain ihren Anfang nahm und seine Nachkommen „ununterbrochen in Kriege und Räuberunwesen stürzen ließ" (*Ant* 1,60-66). Beide Themen erscheinen in der *Vita* wieder, wo Josephus (entgegen seiner Darstellungen in *Bell*) die Kriegstreiber zurückzuhalten und die Banditen zu zügeln sucht.

4. Wirtschaftliche Realitäten im Leben des Josephus

Wie bereits erwähnt wird uns Josephus nicht direkt unsere modernen Fragen bezüglich der ökonomischen Situation in Galiläa beantworten. Trotzdem ist die Anzahl seiner Anspielungen auf diverse Aspekte der Wirtschaft der Region erstaunlich. Es ist nun unsere Aufgabe, diese Anspielungen genau zu beschreiben und herauszufinden, ob und welche Rolle sie in der allgemeinen Zielsetzung der Erzählung spielen.

(a) *Natürliche Gegebenheiten*: Im dritten Buch des *Bell* gibt Josephus zwei detaillierte Beschreibungen der galiläischen Landschaft, eine am Anfang und eine am Ende des Buches, das fast ausschließlich vom Aufenthalt und letztendlich der Kapitulation in Galiläa handelt. Daher bilden *Bell* 3,41-43 und 3,515-520 eine schöne literarische Inklusion. Die erste Passage handelt von den beiden Galiläas, Ober- und Untergaliläa, wobei letzteres sich auf das Seeland bezieht. Damit deckt Josephus geschickt die drei Gegenden Galiläas ab, wie sie anhand klimatischer und vegetativer Kriterien in der Mishna *Shevi'it* 9,2 für die Ermittlung der geeigneten Erntezeit in den unterschiedlichen Sub-Regionen – Ober-, Untergaliläa und dem Tal – unterschieden werden. Ohne Zweifel war die galiläische Wirtschaft, wie in allen präindustriellen Gesellschaften, zum größten Teil landwirtschaftlich, doch die Fisch-Industrie war ein ebenso wichtiger Faktor – dank der Wasserqualität und des Reichtums an Fisch, der gesalzen und exportiert werden konnte, ein Prozess den der griechische Name von Magdala – Tarichaeae – trefflich bezeugt.[13] Die beiden Darstellungen der galiläischen Landschaft in *Bell* dienen der Betonung des opulenten Charakters der Provinz, die Josephus als Gouverneur zugeteilt wurde. Die Qualitäten der Einwohner entsprachen denen der Landschaft: sie waren zahlreich, mutig und fleißig. Das Wasser im See und die Luft in der Region waren ebenso von guter Qualität. Die Natur und die ausreichende Nahrungsversorgung machten Galiläa zu einem gesegneten Ort, der der Aufmerksamkeit und Fürsorge eines berühmten Generals würdig war.

In der *Vita* finden wir keine solch ausführliche Behandlung der Landschaft, doch die wenigen zufälligen Erwähnung scheinen das Gesamtbild einer gut situierten Region, wie sie im *Bel* beschrieben wird, zu bestätigen. Insbesondere erhalten wir Einblick in die Getreide- und Olivenproduktion der Region. Was als „kaiserliches Getreide" (τὸν Καίσαρος σῖτον) bezeichnet wird, wird in Obergaliläa gelagert (*Vita* 71), und eine große Menge an Getreide, das der Königin Berenike (Ehefrau Agrippa II.) gehörte, wurde in Besara (Beth She'arim) an der Grenze zur Ptolemais, unweit der herodianischen Siedlung Gaba (*Vita* 118f.), aufbewahrt. Während diese Bemerkungen durchaus für eine Diskussion der Wirtschaft Galiläas

---

[13] *K. C. Hanson/D. E. Oakman*, Palestine in the Time of Jesus, Minneapolis, Minn. 1998, 106-110.

interessant sind, liegt das Interesse des Josephus hier in der Darstellung geeigneter Charakterzüge im Umgang mit den genannten Tatsachen. Zunächst will Johannes von Gischala das kaiserliche Getreide konfiszieren und verkaufen, um mit dem Gewinn die Befestigungen seines Heimatortes anzulegen. Doch Josephus weist den Vorschlag zurück und möchte den Gewinn entweder an die Römer übergeben (gemäß seinem Gerechtigkeitssinn, entsprechend entlarvt er Johannes als Gauner) oder in Galiläa einsetzen (aus voraussichtiger Sorge um seine Untertanen). In Folge wählt er diesen Weg, um das Getreide, das angeblich aus dem Privatbesitz des Herodes stammte und nicht Teil des Rom geschuldeten Tributs war, zu konfiszieren. Da es höchstwahrscheinlich für die Söldnertruppen gebraucht worden wäre, die er in einer Auseinandersetzung mit Aebutius, dem Dekurio des Agrippa, einsetzte, fühlt er sich durchaus im Recht, als der scharfsinnige und vorausschauende General zu handeln. Jede andere Handlungsweise wäre ihm als Schwäche ausgelegt worden.
Josephus benutzt den Vorfall, bei dem Johannes von Gischala das Öl der Region aufkauft und mit einem beträchtlichen Gewinn wieder verkauft (bei 8- oder 10-fachem Einkaufspreis, je nach Bericht *Bell* 2,591f.; *Vita* 74f.), um neben der Erwähnung der Olivenölproduktion Obergaliläas (mit dem hebräischen Namen Gush Halav) Johannes weiter zu diskreditieren. Mit seinem gaunerhaften Unternehmertum bietet Johannes Josephus einen geeigneten Hintergrund, vor dem dieser sofort seinen eigenen Charakter in frömmelnden Begriffen darstellen kann:

„Ich war nun ungefähr 30 Jahre alt, in einer Zeit im Leben, wo es, auch wenn man seine gesetzlosen Leidenschaften unterdrückt, schwer ist, besonders in einer verantwortungsvollen Position, den neidvollen Verleumdungen zu entkommen. Doch habe ich die Würde jeder Frau erhalten, ich schlug alle mir angebotenen Geschenke als mir nutzlos aus. Ich weigerte mich sogar, etwas von denen anzunehmen, die die Abgaben brachten, die mir als Priester eigentlich zustanden“ (*Vita* 80).

Der Gegensatz zur Habgier des Johannes könnte kaum offensichtlicher sein. Die Fischindustrie findet ebenfalls keine Erwähnung, obwohl Josephus Tarichaeae wegen seiner Nähe zu Tiberias (*Vita* 159) zu einem seiner Wohnsitze machte, wie auch Asochis, ein weiterer seiner Wohnsitze, nahe Sepphoris (*Vita* 207.233.384). Doch zwei beiläufige Erwähnungen von Seefahrern und Booten weisen auf maritime Aktivitäten auf dem See hin. Seefahrer werden zusammen mit der verarmten

Klasse in Tiberias zur Zeit der Zerstörung des Palastes des Herodes genannt (*Vita* 66). Zu einem anderen Zeitpunkt kann Josephus erfolgreich eine List gegen die revoltierenden Tiberianer umsetzen, indem er die Bewohner von Tarichaeae aufforderte, mit ihren Booten gen Tiberias zu segeln, und somit einen Angriff vom See her auf die Stadt vortäuscht. Die List ist erfolgreich und die Tiberianer ergeben sich kleinlaut ohne Opfer und Gewalt, wie man es von einem gerissenen General erwarten könnte (*Vita* 163-168).

(b) *Der Einsatz von Geldmitteln.* Neben dem kaiserlichen Getreide als Form der Zahlung in Naturalien, die Rom den Juden seit den Zeiten Julius Caesars erlaubt hatte (*Ant* 14,203), nimmt Josephus auch die Gegenwärtigkeit von Geld als Tauschmittel an. Darum auch macht Johannes von Gischala, wie bereits erwähnt, einen übermäßigen Profit mit seinem Ölverkauf. Tatsächlich scheint Geld unter dem Großteil der Bevölkerung in freiem Umlauf gewesen zu sein. Nicht nur die Gefährten des Josephus erhalten einen beträchtlichen Geldbetrag (χρήματα) von den eingesammelten Abgaben; Josephus kann die Menschen auch davon überzeugen, einen bestimmten Betrag an die Banditen zu zahlen, anstatt sich ihren Angriffen auszuliefern (*Vita* 63.77). In beiden Fällen verhält sich Josephus tadellos. Anders als seine Jerusalemer Gefährten, die sofort nach Jerusalem zurückgekehrt waren, nachdem sie in großem Maße von ihrem kurzen Aufenthalt profitiert hatten, weigert er sich, die Abgaben anzunehmen. In seinem scharfsinnigen Umgang mit den Banditen verhält sich Josephus, was seine loyalen Untertanen angeht, weise und bedächtig.
In der Selbstdarstellung des Josephus fällt jedoch im Umgang mit den Eliten besonders der Verweis auf Geld auf. Die Jerusalemer Delegation, die ihn absetzen soll, wird mit dem beträchtlichen Geldbetrag von 40.000 Stück Silber aus öffentlichen Mitteln ausgestattet – ein klarer Missbrauch öffentlicher Mittel durch die Feinde des Josephus. Doch gleich, ob das Geld für die Erpressung der Galiläer oder für die Finanzierung des eigenen Lebensunterhaltes während der Mission verwendet werden sollte, die vierköpfige Delegation scheitert kläglich in ihrem Versuch, Josephus den Zuspruch und die Unterstützung seiner loyalen Gefolgschaft zu entreißen. Justus von Tiberias ist ein weiteres Beispiel der Feinde des Josephus, für die offenbar finanzielle Überlegungen eine große Rolle spielen. Josephus klagt darüber, dass seine Stadt nach der Überga-

be von Nero an Agrippa die königliche Bank und die (Schulden-) Archive verloren hat. Sepphoris war nun das administrative Zentrum Galiläas und profitierte dementsprechend (*Vita* 38). Indem er Justus in diesem frühen Stadium der Erzählung diese Rede in den Mund legt, zeigt Josephus, wie eigennützig sein Gegner handelt – einerseits beklagend, dass seine Stadt dem König übergeben worden war, andererseits ihm gleichzeitig seine Gefolgschaft versichernd (vgl. *Vita* 340-356). Die Wiederinbesitznahme des ungeprägten Silbers wie auch anderer Luxusgegenstände durch die, die den Palast des Herodes zerstört hatten, gibt Josephus eine weitere Gelegenheit, seine Qualitäten als unbestechlicher Führer zu unterstreichen, der schnell und entschieden agiert, um die Gaben in Sicherheit zu bringen und ihrem rechtmäßigen Besitzer zurückzugeben. Der Vorfall der jungen Männer von Dabaritta, die die Ehefrau von Agrippas Verwalter, Ptolemaios, angreifen, als sie und ihre Gefolgschaft die Küste entlang der südlichen Grenze Galiläas ziehen, erlaubt es Josephus ebenso, seine Geschicktheit in der Überlistung derer, die diese Tat begangen haben, darzustellen und zugleich seine Frömmigkeit zu demonstrieren. Er verspricht den jungen Männern, das Geld in die Wiederherstellung der Mauern von Jerusalem zu investieren (*Vita* 126-128), während er später unter Zwang anbietet, die Erträge des Überfalles für den Wiederaufbau der Mauern von Tarichaeae einzusetzen (*Vita* 142). Tatsächlich will er das Geld an seinen Besitzer, Ptolemaios, zurückgeben, „denn er war ein Verwandter (ὁμόφυλος), und es ist uns nach unseren Gesetzen verboten, sogar einen Feind zu berauben“ (*Vita* 128).

5. Galiläische Geschichte gemäß der *Vita* des Josephus

Bisher habe ich mich darauf konzentriert, die *Vita* vor dem Hintergrund der wichtigsten Zielsetzung des Josephus zu lesen: als Selbstpräsentation, die darstellt, wie sehr sein öffentliches Leben die Werte der jüdischen Verfassung verkörpert, wie er sie in seinen historischen Betrachtungen in *Ant* beschreibt. Obwohl die Zielsetzung dieses Werkes eine apologetische Selbstdarstellung ist, schließt sie andere Perspektiven auch seitens des Schreibers nicht aus. Josephus will uns hier nicht einen detaillierten Bericht der Sozialwelt Galiläas liefern – seine Auswahl und Darstellung der Ereignisse und Menschen dienen seinen eigenen Interessen. Und doch ist es das reale, echte Galiläa, das er darstellt, nicht irgendein fiktionales; er interagiert mit echten Menschen, egal wie sehr er deren Charaktere und Motive für seine eigenen Ziele verfälscht haben mag. In diesem Sinne ist seine autobiographische Erzählung eine ihrer Intention nach historische. Gemessen an antiken Standards der verwendeten Genres schreibt er eine historische Autobiographie, nicht eine Phantasieerzählung. Masons Analyse der literarischen Eigenschaften des Werkes folgend erkennen wir, dass diese ästhetischen und rhetorischen Dimensionen, wie alle literarischen Produktionen, ihre kommunikativen Möglichkeiten nicht ausschöpfen. Während Masons Anzweiflung des historischen Wertes des Werkes vom unkritischen Gebrauch durch Historiker in der Vergangenheit angetrieben wird, sollte uns dies nicht davon abhalten, die Hierarchie der Perspektiven zu erkennen, die die Vielschichtigkeit im Entstehungsprozess der Texte ausmachen. Der Hermeneutiker Werner Jeanrond spricht von multiplen Funktionen aller Texte und verweist auf die Vagheit des Genres als Klassifikationswerkzeug.[14] Somit schließt antike autobiographische Literatur, trotz ihrer apologetischen Absicht, die fast immer notwendige Berufung auf historische Realitäten nicht aus.

Um die verschiedenen Schichten mit ihren Textbezügen zu verstehen, sieht Jeanrond die Notwendigkeit einer pluralistischen, dem Textentstehungsprozess entsprechenden Lesart.[15] Die Suche nach der Wahrheit, die Josephus in gewisser Weise zu verbergen sucht, während er seine Deckung an der einen oder anderen Stelle fallen lässt, bedeutet im Falle der *Vita* weder die Suche nach einer reinen Quelle hinter dem Text, noch die Beschränkung auf angebliche Gegensätzlichkeiten innerhalb des Textes. Obwohl sie nicht aus einer generellen Lese-Theorie auszuschließen sind, sind diese Ansätze im Falle der Werke des Josephus als zu subjektiv und wenig überzeugend entlarvt worden. Eine von Mason selbst vorgeschlagene Alternative ist die Suche nach unabhängigen Quellen, um die Genauigkeit der Aussagen in der *Vita* des Josephus zu überprüfen. Doch selbst wenn wir uns darüber einig wären, dass es solche Quellen tatsächlich gibt, müssten diese ebenfalls hinsichtlich ihrer rhetorischen Intentionen beurteilt werden. So-

---

14 *W. G. Jeanrond*, Texts and Interpretation as Categories of Theological Thinking, Dublin 1988, 97-100.

15 Ebd., 116-118.

gar die Archäologie, angeblich die objektivste aller Disziplinen in der Beweislieferung für die Vergangenheit, beinhaltet in jedem Stadium der Untersuchung einen interpretativen Prozess und bringt somit die gefürchtete Subjektivität des Interpreten ins Spiel. So sehr wir uns unanfechtbare Beweise frei von jeglicher subjektiver Interpretation wünschen, entkommen wir doch dem hermeneutischen Zirkel nicht ganz. Wir können lediglich sowohl ein kritisches Verständnis der Natur der Texte als auch ein selbst-kritisches Bewusstsein unserer eigenen Voraussetzungen im Umgang mit ihnen anstreben.

Tatsächlich gibt es diese anderen Quellen: die Evangelien und die bedeutende Archäologie Galiläas, die sich sowohl zeitlich als auch geographisch mit der *Vita* des Josephus überschneidet. Beide können in der Auswertung der Beschreibungen und Behauptungen von Josephus gewinnbringend eingesetzt werden. Ich schlage ein intertextuelles Lesen der *Vita* mit diesem anderen Quellenkorpus vor, mit einem besonderen Fokus auf den scheinbar zufälligen Anspielungen auf die soziale Welt, die wir bereits betrachtet haben.

Die Möglichkeit, das Werk des Josephus, *Bell*, als quasi-unabhängige Quelle für unser Verständnis von Galiläa zu benutzen, gibt Mason zu leichtfertig auf, wo wir uns doch der sehr unterschiedlichen Zielsetzungen der Werke durchaus bewusst sind. Die Überschneidung mit der *Vita* liegt in der Verortung in Galiläa und weniger in der Zeit des Geschehens; die eine Quelle behandelt hauptsächlich die Zeit der Revolte (*Bell*), die andere die Zeit von der Berufung des Josephus in die Provinz bis zur Ankunft des Vespasian (*Vita*); die eine liefert uns den taktisch bewusst handelnden militärischen General, die andere den weisen und verantwortlichen Gouverneur. In Anbetracht solch unterschiedlicher Perspektiven scheint es angebracht, nochmals an die Darstellung der Landschaft Galiläas und der natürlichen Ressourcen der Region in beiden Werken zu erinnern. Die Beschreibung der Landschaft wurde im *Bell* durch ihre Stellung als Inklusion der Erzählung der gesamten Galiläa-Kampagne betont; in der *Vita* sind sämtliche Erwähnungen zufällig. Die Ausbeutung der Olivenproduktion der Region durch Johannes (obwohl sie sich in einigen Details unterscheidet) findet sich in beiden Berichten, doch die ausführlichere und umfassendere Beschreibung der Fruchtbarkeit der Region ist die im *Bell*. Ebenso aufschlussreich ist Mordechai Aviams Untersuchung der Olivenpressen in Galiläa, die alle aus der früh-hellenistischen Zeit stammen, während die Ölproduktion in Judäa bis in die Eisenzeit zurück reicht; dies legt nahe, dass die intensive Kultivierung der Olive in Galiläa ihren Ursprung in der hasmonäischen Nord-Expansion Mitte des zweiten Jahrhunderts v. Chr. hat.[16] Über die Bedeutung der natürlichen Ressourcen des Sees informiert uns wiederum *Bell* mit einigen Details auch über die Fischindustrie. Die *Vita* hingegen geht überhaupt nicht darauf ein, sondern spielt nur im Vorbeigehen auf die Seemänner in Tiberias an und erwähnt nur beiläufig, dass Josephus die Bewohner von Tarichaeae aufrufen kann, ihre Boote für einen vorgetäuschten Angriff auf Tiberias einzusetzen. Diese Geschichte ist sicherlich ein Teil der oben dargestellten literarischen Kunstfertigkeit des Josephus; demnach könnten wir also die Details über die Entsendung der Boote als Fiktion vernachlässigen, wäre da nicht unser durch die Untersuchungen von Mendel Nun erheblich erweitertes Wissen um eine Fischindustrie, nicht nur in Tarichaeae (wahrscheinlich Zentrum des Geschehens), sondern in der gesamten Gegend.[17] Dies verdeutlicht die Anzahl der römisch-zeitlichen Dämme, Häfen und Fischbecken entlang dem Seeufer. Ein augenscheinlich gewöhnliches und möglicherweise frei erfundenes Ereignis verleiht unserem generellen Wissen über die soziale Welt dieser besonderen Region wertvolles Lokalkolorit.

Dies erinnert uns daran, dass die synoptischen Evangelien sich in einem intertextuellen Lesen der *Vita* ebenfalls als hilfreiche Dialogpartner erweisen können. Die rhetorische Dimension der *Vita* verblasst im Vergleich zur Vermengung historischer Fakten und mythologischer Interpretation, die diese vom Glauben inspirierten Erzählungen formen. Bultmann und Dibelius folgend tun viele den Hintergrund der Geschichten von Jesu Tätigkeit in Galiläa als generalisiert und frei erfunden ab. Wie ich es in einigen meiner Veröffentlichungen darzustellen versucht habe, legt ein kontextuelles Lesen der unterschiedlichen Erzählungen nahe, dass die Traditionen und die, die sie ursprünglich formten und erhielten, viel näher am eigentlichen Galiläa lagen, als es die formkritische Schule erlauben mag.[18]

---

[16] *M. Aviam*, Jews, Pagans and Christians in the Galilee (Institute for Galilean Archaeology), Rochester, N.Y. 2004, 51-59.

[17] *M. Nun*, Ancient Anchorages and Harbours around the Sea of Galilee, Kibbuz Ein Gev 1988.

[18] *S. Freyne*, Galilee, Jesus and the Gospels. Literary Approaches and Historical Investigations, Dublin 1988; *ders.*, Jesus, A Jewish Galilean. A New Reading of the Jesus Story, London/New York, N.Y. 2004.

Es wäre durchaus verlockend, eine vergleichende Darstellung der Bewegungen des Josephus und Jesu in Galiläa anzufertigen und deren Aussagekraft über die zentrifugalen Kräfte der Talregion zu untersuchen. Wie Jesus von Nazareth, einem Dorf 5 km von Sepphoris entfernt, stationierte sich Josephus im niedergaliläischen Dorf Asochis, ebenfalls nahe Sepphoris. Doch der See zieht beide an, Josephus nach Tarichaeae und Jesus nach Kapernaum. Jesus meidet bekanntlich die herodianischen Städte und Josephus ist in Sepphoris wie auch in Tiberias gleichermaßen unwillkommen. Sind hier gewisse Parallelen erkennbar? Beide scheinen Dorfbewohner anzuziehen und von ihnen angenommen zu werden. Die möglichen historischen Implikationen des Bildes, das Josephus von den Galiläern zeichnet, mit den in den Evangelien-Berichten chorusähnlich auftretenden Massen gleichzusetzen, würde uns zu weit abbringen. Dies bedürfte einer ausführlichen Diskussion der Ethnographie Galiläas im 1. Jahrhundert, insbesondere der kulturellen und religiösen Zugehörigkeiten der Galiläer. Meiner Meinung nach gab es zwei Stränge innerhalb der galiläischen Bevölkerung des 1. Jahrhunderts: einerseits die älteren hasmonäischen Siedler, die in Dörfern wohnten; andererseits die herodianische administrative Elite und deren Unterstützer. Vielleicht gibt uns dieses Szenario mehr Aufschluss über die Zugehörigkeiten der verschiedenen Gruppierungen, deren Lebensart und warum sie sowohl von Jesus als auch von Josephus – jeweils aus unterschiedlichen Gründen – angezogen wurden. Jesus war der charismatische Heiler und Lehrer, Josephus der Aristokrat aus Jerusalem, der ihre emotionale Verbindung zum gemeinsamen Symbol des Tempels und dessen Priesterschaft für seine eigenen Zwecke zu nutzen versuchte. Ironischerweise waren sowohl Jesus als auch Josephus Ziel von Delegationen der Jerusalemer Schriftgelehrten und Priester-Klassen, die sie diskreditieren sollten (Mk 3,31; 7,1; *Vita* 197f.). Ebenso erlebten beide Anschuldigungen wegen ihrer angeblichen Verfehlungen gegen das jüdische Gesetz von lokalen, wachsam eifernden Juden (Mk 3,1-6; *Vita* 134f.).

Die Bewegungen der beiden Hauptcharaktere verweisen nicht nur auf die soziale Welt Galiläas und die verschiedenen Gruppierungen. Es treten auch interessante Überschneidungen hinsichtlich der sozialen Typen und Situationen auf. So setzen sie beide eine bis hinunter zu den gewöhnlichen Leuten reichende Geldwirtschaft voraus. Frauen und Kinder treten in den von überall her zusammen kommenden Massen auf. Beide sind sich der reichen Elite in der Region und der Ablehnung der Bauern bewusst: der abwesende „Hausvater“ der Evangeliengleichnisse lässt sich mit Kompsos, dem Sohn des Kompsos in Tiberias, gleichsetzen, der „sich in seinen persönlichen Besitzungen jenseits des Jordan auf[hielt],“ doch für gewöhnlich in der Stadt gewohnt hätte (*Vita* 33); die herodianischen Frauen in Jesu Gefolgschaft, die ihm aus eigenen Mitteln dienen (Lk 8,1f.), sind mit Königin Berenike und der Ehefrau des Ptolemaios, dem Verwalter des Königs, zu vergleichen. Die Erwähnung in der *Vita* des angeblich zur Erleichterung des Exports in Gischala und Besara an der Grenze der Region aufbewahrten Getreides, das entweder Teil des kaiserlichen Tributs oder des Privatbesitzes der Herodier war, erinnert daran, dass die reiche Ernte, auf die sich die Aussagen Jesu beziehen, nicht gleichmäßig in der Region verteilt wurde.

Bei näherer Betrachtung der rhetorischen und theologischen Unterschiede zwischen besagten Werken erhellen sich diese Erläuterungen des Lebens in Galiläa gegenseitig und stellen die Frage nach der eigentlichen sozialen Welt im Hintergrund umso deutlicher. Genügt das, um unsere heuristischen Hypothesen in plausible Wahrscheinlichkeiten zu verwandeln? Ich denke schon, vorausgesetzt, wir sind uns der natürlichen Grenzen unserer Quellen bewusst und suchen nicht nach unerreichbarer Objektivität. Althistoriker sollten in ihren Untersuchungen die „längere Sicht“ wählen und auf die entsprechenden Muster sozialer Konditionen und sozialer Interaktion über die Zeiten hinweg sowie zwischen unterschiedlichen Texten achten. Dabei spielt die Archäologie eine wichtige Rolle, nicht notwendigerweise in dem Unterfangen, Jesus oder Josephus auszugraben, sondern vielmehr in der Enthüllung der Spuren der Vergangenheit, die unsere Textbelege ignorieren oder unterdrücken. Der intertextuelle Dialog muss fortgesetzt werden, ein Dialog, der die von der Archäologie geschaffene Welt, Renans fünftes Evangelium, mit einbezieht.

James H. Charlesworth und Mordechai Aviam

Überlegungen zur Erforschung Galiläas im ersten Jahrhundert*

1. Einleitung

Der vorliegende Aufsatz möchte Kriterien benennen, die methodologisch notwendig erscheinen, um das Galiläa des 1. Jh.s n. Chr. – besonders jenes der Zeit vor 70 n. Chr. – mit einem größeren Maß an wissenschaftlicher Präzision zu erforschen. Es geht dabei um das Galiläa, das Jesus und Josephus bekannt war.[1]

Dieser Aufsatz wurde von zwei Forschern gemeinsam verfasst.[2] Der eine ist hauptsächlich ein Experte für schriftliche Zeugnisse und Historiker; der andere ist Archäologe und Fachmann für die galiläische Topographie. In der heutigen Zeit erscheint es unmöglich, sein Leben dem Studium der Texte zu widmen und gleichzeitig mit der galiläischen Archäologie und Topographie vollständig vertraut zu sein. In der Vergangenheit gingen Forscher bei dem Versuch, das Galiläa der Zeit vor 70 n. Chr. zu rekonstruieren und zu verstehen, fast immer entweder hauptsächlich von den Evangelien und von Josephus aus und schauten dabei flüchtig auf die Arbeit der Archäologen oder sie gingen primär von den Entdeckungen und Erkenntnissen der archäologischen Grabungen aus und schielten nur gelegentlich in die Texte. Dieser Aufsatz stellt insofern einen Versuch dar, diese Kluft, die heute Fachleute und deren Rekonstruktionen voneinander trennt, zu überwinden.
Die Erkenntnisse von Charlesworth entwickeln sich aus dem Studium und der Edition jüdischer Texte (besonders der Apokryphen und Pseudepigraphen des Alten Testaments, der Schriftrollen vom Toten Meer, des Neuen Testaments sowie der Texte des Josephus und der Mischna), der Lektüre zahlreicher Publikationen, die sich den archäologischen Entdeckungen in Galiläa widmen, und seiner eigenen Grabungs-

---

* Übersetzung von Carsten Claußen.

[1] Dieser Aufsatz richtet sich an jene, die mit der Archäologie Galiläas nicht sehr vertraut sind und versucht, sich in begrenztem Umfang zehn Hauptproblemen zu widmen, die in neueren Veröffentlichungen zutage treten. Entsprechend handelt es sich nicht um einen Bericht über Veröffentlichungen zur Archäologie des Galiläas des 1. Jh. n. Chr.

[2] Charlesworth erstellte die erste Fassung und zehn Hauptfragen. Aviam steuerte archäologische und topographische Details und Beobachtungen bei. Die Aufgabe war eine Erfahrung gegenseitigen Lernens für beide Fachleute. Sie möchten unterstreichen, dass eine solche Zusammenarbeit ein wichtiger Weg ist, um das Gespräch unter Fachleuten zu verbessern.

tätigkeit an zahlreichen anderen Grabungsorten.[3] Seine Gedanken sind auch tief von seinen – mitunter auch längeren – Aufenthalten in Galiläa in den Jahren 1968 bis 2006 geprägt, wo er den See Genezareth und die einladenden Landschaft Unter- und Obergaliläas kennen lernte. Aviam dagegen lebt in Galiläa. Er ist der Ausgräber von Yodefat (Jotapata) sowie anderer frührömischer und jüdischer Hauptorte.[4] Natürlich ist er auch mit Josephus und der Mischna sehr vertraut.

Für ein besseres Verständnis Galiläas im 1. Jh. n. Chr. sind fünf methodologische Punkte von herausragender Bedeutung, die ihrerseits miteinander in Beziehung stehen. Zuerst muss eine wissenschaftliche Untersuchung Galiläas im 1. Jh n. Chr. einen induktiven Zugang statt eines deduktiven Zugangs wählen: Forscher müssen in die Topographie und in die Archäologie Galiläas eintauchen und damit anfangen, Folgerungen und Hypothesen zu ziehen und abzuleiten aus dem, was offensichtlich ist, auch wenn es noch nicht überprüft werden konnte, – nur mit Hilfe von Erfahrung, Wahrnehmung und bisherigen Ausgrabungsfunden.

Zweitens beruht Wissenschaft nicht nur auf Induktion, sondern muss alle Daten einbeziehen; am Anfang dürfen die Forscher den beobachteten Phänomenen nicht sofort eine Kategorisierung nach „relevanten Daten“ auferlegen, die auf

---

[3] Siehe insbesondere *J. H. Charlesworth*, Jesus Research and Near Eastern Archaeology. Reflections on Recent Developments, in: *D. E. Aune* u. a. (Hgg.), Neotestamentica et Philonica: Studies in Honor of Peder Borgen, Leiden/Boston, Mass. 2003, 37-70. *J. H. Charlesworth*, The Historical Jesus and Biblical Archaeology. Questions, in: *ders.*, Jesus and Archaeology, Grand Rapids, Mich./Cambridge, U.K. 2006, xxii-xxv. *J. H. Charlesworth*, Jesus Research and Archaeology. A New Perspective, in: ebd., 11-63. *J. H. Charlesworth*, The Historical Jesus and Biblical Archaeology. Reflections on New Methodologies and Perspectives, in: ebd., 692-695.

[4] Siehe v. a. *M. Aviam*, Yodefat. The Excavation of a Galilean Jewish Town from the Second Temple Period and the Second Revolt, קדמוניות [Qadmoniot] 118 (2000) 92-101 [in hebräischer Sprache]; *ders.*, The Galilee, Hellenistic to Byzantine Periods, in: The New Encyclopedia of Archaeological Excavations in the Holy Land, Bd. 2 (1993), 453-458; *ders.*, Josephus' Galilee in Archaeological Perspective, in: *S. Mason* (Hg.), Flavius Josephus: Translation and Commentary, Leiden/Boston, Mass. 2001, 177-209; *ders.*, First-Century Jewish Galilee. An Archaeological Perspective, in: *D. R. Edwards* (Hg.), Religion and Society in Roman Palestine, New York, N.Y./London 2004, 7-27; *ders.*, Jews, Pagans and Christians in the Galilee (Land of Galilee 1), Rochester, N.Y. 2004.

Deduktion zurückgeht oder von der Abstraktion abgeleitet wird.
Drittens müssen alle relevanten Methoden zum Einsatz kommen. Dazu zählen Topographie, Archäologie, Soziologie, Anthropologie, Volkswirtschaft, Numismatik, Demographie, Geologie, Jesusforschung und eine durchdringende und scharfsinnige Analyse aller Texte (besonders der Evangelien, des Josephus und der Mischna).
Viertens muss die Deutung aller Daten und der Versuch, die Vergangenheit zu rekonstruieren, von der Intuition geleitet werden, die in einem Eintauchen in die archäologische Forschung und in die Textanalyse gegründet ist.
Fünftens müssen anfängliche Einsichten und Versuche einer Synthese durch selbstkritische Reflexion und Diskussionen mit geachteten Kollegen verfeinert werden; entsprechend ergeben sich daraus schließlich Wahrscheinlichkeitsaussagen. Positivistische historische Rekonstruktionen lassen sich dagegen vermeiden. Diese fünf methodischen Ansätze sind keinesfalls etwas Besonderes. Sie werden von jenen ausgezeichneten Archäologen, die in der heutigen Zeit in Galiläa und Judäa arbeiten, berücksichtigt und häufig angewendet.
Dieser Aufsatz kann nun mit zehn Fragen fortfahren. Diese rühren, wie bereits angedeutet, vom Studium der Publikationen zu Galiläa und zum historischen Jesus her, aus den Erfahrungen in Galiläa, von Ausgrabungen an vielen Orten und dem Leben in dieser Gegend. Dies sind die zehn Fragen:

1) Wie sollten Gelehrte zu einer repräsentativeren Methode zur Deutung der archäologischen Daten gelangen?
2) In welchem Ausmaß ist die Topographie für die Rekonstruktion der Kultur Galiläas im 1. Jh. n. Chr. wichtig?
3) Lässt sich paradigmatisch zwischen Städten und Dörfern unterscheiden, so dass eine Dichotomie zwischen einer Kultur innerhalb der Städte und einer ohne Städte in Dörfern nachweisbar wäre?
4) Warum betrat Jesus nicht die großen Städte?
5) Was machte eine Synagoge im Galiläa des 1. Jh. n. Chr aus?
6) Was beweist, dass eine Villa oder ein Dorf „jüdisch" sind?
7) Lag Kapernaum an einer Haupthandelsstraße und könnte dort ein Befehlshaber gelebt haben oder stationiert gewesen sein?

8) Ist es angemessen und begründet, von „armen Kleinbauern (*peasants*)“ in Galiläa zu sprechen?
9) Gab es Spannungen zwischen Galiläern und Judäern?
10) Wie jüdisch war Galiläa im 1. Jh. und sollte man Jesus „einen randständigen Juden (*a marginal Jew*)“ nennen?

Bei dem Versuch, einen besseren Weg zu finden, um die Kultur Galiläas im 1. Jh. auferstehen zu lassen, ist eine Einschränkung nötig. Offensichtlich ist die Datierung eines Ortes oder eines Fundstückes – häufig enthüllt durch die Chronologie der Keramik, der Numismatik oder einer Schicht in einem Haupt- oder Teilbereich der Ausgrabung – ein grundlegender Schlüssel zur Interpretation ihrer Bedeutung.

Ein Beispiel: Hoch auf dem Berg Meron gelangt man nach Khirbet Shemma.[5] Um diesen Ort zu finden, mag es gegenwärtig notwendig sein – wie wir es im Sommer 2006 erlebt haben –, sich mit einem Geländewagen einen Weg über einen Grat zu bahnen und damit einige Bäume zu stutzen. Schließlich kann man eine große Ansammlung behauener Steine für ein Mausoleum erkennen. Der Tradition nach wird dieser Platz als der Bestattungsort des Schammai verehrt, eines der führenden Rabbinen aus der Zeit Jesu. Schammai hat nie galiläischen Boden betreten. Der Ort stammt aus der Zeit nach dem 1. Jh., und die Synagoge nahe dem Grab stammt nach Meinung der Ausgräber aus dem 3. oder 4. Jh. (nach J. Magness vielleicht aus dem 6. Jh.).[6] Mit ihren riesigen Stürzen und Säulen, die von ihren angestammten Orten herabgefallen sind, liegt sie jetzt verlassen da. Der antike Sarkophag wurde erst im 10. Jh. oder sogar noch später mit Schammai in Verbindung gebracht. Der Name wurde sehr wahrscheinlich von dem nahe gelegenen arabischen Dorf namens Kefr Samoi entlehnt.
Der Ort ist ruhig und einladend. Dieses eine Beispiel soll davor warnen, Traditionen als Schlüssel für Deutungen anzusehen. Die ober- und untergaliläischen Bestattungsorte von Schammai, Hillel, Honi dem Kreisezieher und anderen vergleichbaren Persönlichkeiten stammen aus der Zeit nach der

---

[5] Siehe v. a. *E. M. Meyers* u. a., The Excavations at Ancient Meiron, Upper Galilee, Israel 1972-1972, Cambridge, Mass. 1981.
[6] Siehe *J. Magness*, Some Observations on the Roman Temple at Qedesh, IEJ 40 (1990), 173-181.

arabischen Eroberung im 7. Jh. Sie nehmen uns nicht mit zurück in das Galiläa der Zeit vor 70 n. Chr. oder in die Zeit der Kodifizierung von Mischna oder Talmud.
Offenbar wurde Khirbet Shemma zur Zeit des Zweiten Tempels besiedelt. Es finden sich dort keine frührömischen Münzen oder Keramik aus jener Zeit. Im Sommer 2006 etwa fand Charlesworth auf dem Boden ein Stück jener für Galiläa typischen groben Keramik (*Galilean Coarse Ware = GCW*), die als charakteristisch für die pagane, hellenistische Besiedelung Galiäas in der Zeit vor 63 v. Chr. angesehen wird. Dieses kleine Stück Keramik beweist, dass der Fundort in hellenistischer Zeit oder vor 100 v. Chr. besiedelt war.
Die Entdeckung römischer Keramik und Gebäude ist in Galiläa jedoch häufig frustrierend. Es stellt sich die Frage, ob der Grabungsort oder die Schicht von vor 70 n. Chr. (also aus der Zeit von Hillel, Jesus und Josephus) datieren oder aus der Zeit nach 70, als viele Judäer Richtung Norden flohen und die führenden Priester und die jüdischen Autoritäten aus dem Süden Richtung Norden und nach Galiläa abwanderten. Diese schwierige Aufgabe der Datierung lässt sich sehr deutlich nachvollziehen, wenn man das noch immer nicht publizierte römische Bad in Kapernaum untersucht. Stammt das Bad aus der Zeit vor oder nach 70 n. Chr.? Wie sollen wir das entscheiden? Solchen Fragen wird sich dieser Aufsatz zuwenden und entsprechende Schlussfolgerungen ziehen.
An dieser Stelle müssen wir darauf hinweisen, dass es zunehmend wichtig ist, zwischen frührömischen und spätrömischen Funden und zwischen Strukturen und Befunden aus der Zeit vor oder nach 70 n. Chr. zu unterscheiden. Offensichtlich darf das, was aus der Zeit Jesu stammt (4 v. bis 30 n. Chr.), nicht mit den Veränderungen der galiläischen Kultur nach 70 n. Chr., die mit der umfangreichen Wanderungsbewegung hochrangiger Juden Richtung Norden zusammenhingen, verwechselt werden. Ein Beispiel kann verdeutlichen, wie entscheidend die exakte Datierung einer Ruine oder einer Grabungsschicht ist. Qedesh war eine hellenistische Stadt und Tyrus ein Verwaltungszentrum, aber es bewahrt auch römische Ruinen aus späterer Zeit. Spätrömisch, nicht hellenistisch, ist die Datierung des monumentalen Tempels. Er ist wahrscheinlich in das dritte Jahrhundert n. Chr. zu datieren.[7]

[7] *M. Aviam*, Some Notes on the Roman Temple at Qedesh, in: *ders.*, Jews, Pagans and Christians in the Galilee, 139-146.

Adler, Dreifuß und Lyra sowie die offene Dachkonstruktion deuten darauf hin, dass dieser Tempel sehr wahrscheinlich ein Denkmal zu Ehren Apollos war (wie Jodi Magness behauptet).[8] Zahlreiche massive Sarkophage wurden *in situ* gefunden. Sie sind die am kunstvollsten verzierten Kalkstein-Sarkophage, die man in Israel gefunden hat; einer von diesen kann es mit dem verzierten Sarkophag aufnehmen, der sich in den berühmten Grabstätten in Tyrus befindet. Diese Beobachtungen belegen die kulturelle Verbindung zwischen Obergaliläa und der phönizischen Region im Nordwesten.

2. Interpretation

Erstens stellt sich folgende Frage: Wie können Forscher zu einer repräsentativeren Methode für die Interpretation der archäologischen Daten gelangen? Jene, die nicht in der Archäologie ausgebildet sind und nicht über entsprechende Erfahrung verfügen, gehen oft davon aus, dass Archäologen über klare Anhaltspunkte verfügen, die ihnen helfen, ihre Daten wissenschaftlich und eindeutig zu interpretieren. Wenn eine Münze, die sich auf 98 v. Chr. datieren lässt, in einer Aschenschicht gefunden wird, dann scheint es zunächst, als bedürfe es keiner großartigen Interpretation. Aber wer verbrannte hier was und wie können wir wissen, ob es sich bei dem Brand nicht um einen Unfall gehandelt haben mag? Unser erster Punkt bezieht sich auf die Notwendigkeit, zu deuten, was gefunden worden ist. Wenn ein Gegenstand wie etwa eine Münze selbst über ihre Datierung Auskunft gibt und sich zudem in einer datierbaren Grabungsschicht findet und schließlich *in situ* gefunden wurde, dann haben wir Anhaltspunkte für eine Interpretation.

Sobald diese Interpretation geäußert wird, kann man jedoch sicher sein, dass andere Archäologen dem widersprechen werden. Warum? Interpretationen werden nicht durch Entdeckungen verhindert. Wir wenden uns jetzt zwei Beispielen zu,

---

[8] *J. Magness*, The Question of the Synagogue. The Problem of Typology, sowie *ders.*, A Response to Eric M. Meyers and James F. Strange, in: *A. J. Avery-Peck u. J. Neusner* (Hgg.), Judaism in Late Antiquity, Part Three, Where We Stand. Issues and Debates in Ancient Judaism. Volume Four: The Special Problem of the Synagogue, Leiden u. a. 2001, 1-48, 79-91.

die die Notwendigkeit einer Interpretation veranschaulichen sollen und dabei wird zugleich die fließende Beziehung zwischen archäologischen Entdeckungen und Texten sichtbar. Das erste ist Hazor aus der Zeit des Alten Testaments; das zweite ist Sepphoris in neutestamentlicher Zeit.

Hazor. In Obergaliläa erhebt sich Hazor eindrucksvoll über das hügelige Gelände. Einst war es der Hauptort der kanaanäischen Amphyktionie. Nach dem Bericht der Bibel wurde es von Josua niedergebrannt; möglicherweise etwa 1250 v. Chr. Archäologen entdeckten, dass die massiven Basaltblöcke innerhalb des kanaanäischen Palastes unter dem Einfluss sehr großer Hitze zerbrachen. Als Datum hierfür wird die Mitte des dreizehnten Jahrhunderts v. Chr. angegeben. Brannte der Palast infolge irgendeines Unfalls? Oder setzte jemand ihn mutwillig in Brand? Und falls letzteres zuträfe, wer verbrannte dann den Palast? Möglicherweise kann ein Götterbild in der Nähe des Palastes die Deutung erleichtern. Es scheint von menschlicher Hand zertrümmert worden zu sein. Bietet dieser Anhaltspunkt einen Schlüssel zur Lösung des Rätsels? Falls das so ist, dann sollten die Philister, die meistens weiter südlich siedelten, und die Kanaanäer beseitigt werden. Nur jemand, der das kanaanäische Götterbild verachtete, hätte es zertrümmert. Kommen dafür die Hebräer unter Josua infrage? Für diese Hypothese gibt es kein ausschlaggebendes Argument. Der Anhaltspunkt deutet dennoch in Richtung Josua und entsprechend gäbe es in den Patriarchenerzählungen einen geschichtlichen Hintergrund (wie unter anderem besonders Y. Yadin vorgeschlagen hat). Wie lebte man gegen Ende der Bronzezeit und welche Erfahrungen machten die Hebräer in dieser Gegend von Obergaliläa?

Das *Theater von Sepphoris* (oder auch *Zippori*). In welche Zeit lässt sich das Theater datieren? Es ist offenbar frührömisch; aber in welchen Abschnitt dieser Periode gehört es? Ist es vor 70 oder nach 70 n. Chr.? Eric Meyers ist überzeugt, dass das Theater aus dem frühen zweiten Jahrhundert n. Chr. stammt. James Strange urteilt dagegen, dass es aus der Zeit vor 70 n. Chr. stammt und von Herodes Antipas errichtet wurde. Beide sind erstklassige Archäologen und beide haben sich auf die archäologische Erschließung von Sepphoris konzentriert. Welche Deutung ist zutreffend und warum vertreten

zwei führende Archäologen solch unterschiedliche Interpretationen?
Zuerst einmal ist festzustellen, dass unsere Erörterung sich nicht auf eine tragfähige Argumentationsgrundlage stützen kann, weil ein abschließender Grabungsbericht bisher noch nicht veröffentlicht wurde. Meyers konzentriert sich vor allem auf den südlichen Bereich des Theaters. Dieser Teil scheint ins späte erste oder frühe zweite Jahrhundert n. Chr. zu datieren. Strange bezieht sich dagegen auf einen Bereich etwa 25-30 m weiter nördlich und behauptet, Anhaltspunkte für deutlich ältere Bautätigkeit aus der Zeit von vor 70 n. Chr. zu erkennen. Liegen beide Archäologen falsch oder hat einer Recht?
Beide Archäologen liegen möglicherweise richtig. Vielleicht wurde das Theater von Sepphoris ursprünglich von Antipas errichtet und dann später im späten ersten oder frühen zweiten Jahrhundert erweitert. Diese Sicht der Dinge ist denkbar, da Sepphoris in der Zeit nach 70 n. Chr. wuchs. Vor kurzem hat R. A. Batey sich dem Argument angeschlossen, dass Herodes Antipas das Theater von Sepphoris errichtet habe.[9] Ein ähnliches Phänomen gibt es offensichtlich bei dem römischen Theater von Beth Shean-Skythopolis. Ein zuvor unbekannter früherer Abschnitt des Theaters wurde innerhalb der jüngeren Phase des Bauwerks entdeckt. Dieser Abschnitt datiert in die zweite Hälfte des ersten Jahrhunderts n. Chr.[10] Falls Herodes der Große ein Theater in Caesarea Maritima erbaute, so gibt es für seinen Sohn keinen Grund, es ihm in seinen eigenen Hauptstädten Galiläas nicht gleich zu tun, chronologisch zuerst in Sepphoris und dann in Tiberias. Die Entdeckung eines kleinen Teils des römischen Theaters in Tiberias – obgleich es noch nicht endgültig datiert ist – stützt die These, dass Herodes Antipas ein ähnliches Theater in Sepphoris habe errichten lassen.[11]

---

[9] Siehe *R. A. Batey*, Did Antipas Build the Sepphoris Theater?, in: *Charlesworth*, Jesus, 111-119. Batey betonte dieses Datum in seinem populären Beitrag Jesus and the Forgotten City, Grand Rapids, Mich. 1991, 93-100.

[10] Siehe *G. Mazor/W. Atrash*, Nisa Scythopolis: The Theater, Final Report (Bet Shean III), im Druck.

[11] *M. H. Jensen* untersucht den soziologischen und ökonomischen Einfluss des Herodes Antipas auf Galiläa. Er kommt zu dem Schluss, dass dieser nicht so gewaltig gewesen sei, wie Jesusforscher annehmen. Siehe *M. H. Jensen*, Herod Antipas in Galilee. The Literary and Archaeologi-

Mit Hilfe dieser zwei Beispiele lassen sich zwei Punkte festhalten: Eine Interpretation entwickelt sich allmählich durch Forschung, Untersuchung, Analysen und fortlaufende Diskussion. Ebenso liefern Archäologen zunächst mögliche Deutungen, und erst im Laufe der Zeit erscheinen einige wahrscheinlicher zu sein und es entstehen weitgehend gesicherte Ergebnisse. Manchmal ist es am besten, die Spannung miteinander konkurrierender Deutungen auszuhalten, um zu immer besseren Rekonstruktionen der Vergangenheit zu gelangen.

3. Topographie muss erfahren und gefühlt werden

Topographie. Unsere zweite Frage ist die folgende: In welchem Ausmaß ist die Topographie für eine Rekonstruktion der Kultur Galiläas im ersten Jahrhundert von Bedeutung?
Unter „Topographie" verstehen wir die erste Bedeutung, die in den Lexika angeboten wird: die ausführliche Aufzeichnung und kartographische Erfassung der verschiedenen Gegebenheiten eines verhältnismäßig umgrenzten Bereichs oder Schauplatzes. So bezeichnet Topographie nicht bloß die Landschaft oder die Konturen des Landes; Topographie schließt geographische Eigenschaften wie Flüsse und Seen sowie Flora und Fauna mit ein.
Schon im Buch Judith und später bei Josephus (*Bell* 3,35-40) sowie in Mischna und Tosefta[12] bezogen Juden sich für gewöhnlich auf „Obergaliläa" und „Untergaliläa." Diese Unterscheidung ist zutreffend.
Wenn man von Rosh Pina nach Akko fährt, kommt man an Bersaba (wie Josephus es nennt) vorbei; es liegt auf einem hohen, einsamen Hügel am östlichen Rand des Tales von Beth Kerem. Beide Plätze, der Ort und das Tal markieren den Nordrand Untergaliläas. Fährt man weiter Richtung Westen, so befindet sich der Berg Kamon mit etwa 598 Höhenmetern zur Linken, während der Berg Meron auf der rechten Seite mit 1208 Metern mehr als doppelt so hoch ist.[13] Im Gegensatz zu diesen beiden ist der Berg Tabor, der häufig auf Grund seiner theologischen Bedeutung fälschlicherweise als die höchste

cal Sources on the Reign of Herod Antipas and its Socio-Economic Impact on Galilee (WUNT 2/215), Tübingen 2006.

[12] Tosefta Shebiit 4,11 und Mischna Arachin 9,6.

[13] Siehe die Landkarte Fig. 1.3 in *Aviam*, Jews, 13.

Erhebung in Untergaliläa angesehen wird,[14] nur etwa 500 Meter über dem Meeresspiegel.[15] Archäologen haben entdeckt, dass die *realia* in Obergaliläa, die aus der Eisenzeit bis zur Zeit des Zweiten Tempels stammen, die höher gelegene und die nördliche Ebene mit den Kulturen von Tyrus und Sidon, das heißt mit Phönizien, verbinden. Die *realia* in Untergaliläa dagegen zeigen eine enge Verbindung zur jüdischen Kultur in Judäa bis weit in den Süden. Entsprechend deuten die literarischen und die archäologischen Zeugnisse darauf hin, dass die galiläische Kultur sich gemäß der unterschiedlichen Höhe über dem Meeresspiegel und dem Breitengrad gabelt. So ist das Beth Kerem Tal nicht nur eine geographische Grenze, sondern auch eine kulturelle. Offenbar gab es diese kulturelle Trennung schon in chalkolithischer Zeit im fünften Jahrtausend v. Chr.[16]

Auch Felsen begrenzen Galiläa. Auf der östlichen Seite des Hulebeckens und des Sees Genezareth befinden sich die Golanhöhen. Auf der westlichen Seite des Hulebeckens liegen die abfallenden Felsen des Naftaligebirges und westlich des Sees Genezareth erstrecken sich die majestätischen Felsen des Arbel und des Berges Nitai. Entlang der nördlichen Seitenränder des Beth Kerem Tales befinden sich die langen Felsen von Mitlol Zurim. Im Westen erheben sich die Felsen von Rosh Hanikra. Diese Felsen steigen vom Mittelmeer 64 Meter herauf und markieren die westliche Küste Galiläas und heutzutage die Grenze zwischen Israel und dem Libanon. Jahrhundertlang wurde dieses Gebiet „tyrische Leiter" genannt (Josephus, *Bell* 2,188).

Bei Rosh Hanikra schlägt das Meer gegen die Klippen. Man spürt die Kraft des Meeres, wenn man die unterirdischen Höhlen und die Gänge betritt. Häufig glaubt man, die versteckten Gespenster aus vergangener Zeit zu spüren. Während die Wellen normalerweise ans Ufer schwappen, stürzen sie hier bei Rosh Hanikra auf die Klippen, auf denen der Jahrhunderte

---

[14] Christfried Böttrich ist davon überzeugt, dass die Geschichte Melchisedeks (HistMelch) ein Jüdisches Pseudepigraphon aus dem 1. Jh. n. Chr. ist. Dies hat er Charlesworth *viva voce* mitgeteilt. Er bereitet seine Forschung zum Thema gegenwärtig für die Veröffentlichung vor. In diesem Pseudepigraphon wird Melchisedek mit dem Berg Tabor verbunden.

[15] Siehe *M. Aviam*, Art.: Tabor, Mount, in: The Oxford Encyclopedia of Archaeology in the Near East 5 (1997), 152.

[16] Dies ist bisher nicht vollständig veröffentlicht worden.

lange Abrieb des Meeres pockennarbige Spuren hinterlassen hat. Die langen, meist natürlichen Tunnelgänge sind der Tribut gegenüber der Macht der Natur.
„Berge“ oder hohe Hügel (abhängig von den eigenen Erfahrungen der Betrachter) begrenzen Galiläa, wie bereits angedeutet. Josephus erwähnt Ptolemais, „eine Stadt im Küstengebiet Galiläas,“ „von Bergen umgeben“ (*Bell* 2,188). Bei Qeren Naftali, „dem Horn von Naftali“, blickt man in das Hulebecken herunter und kann Bewegungen der Karawanen oder der Truppen weit Richtung Norden oder Süden ausspionieren. Dieses ist ein idealer Ort für eine Festung. Aviam grub den Ort aus. Er konnte nachweisen, dass dieser in der Tat in hellenistischer Zeit eine Festung beherbergt hatte, die im Jahre 38 v. Chr. von Herodes dem Großen und seinen römischen Truppen von Damaskus aus erobert wurde. Die Legionäre des Herodes errichteten einen Befestigungswall. Herodes verfügte auch über Bogenschützen, die aus den Bergen des Libanon stammten, der sich im Norden unmittelbar anschließt. Im Sommer 2006 fanden wir auf der Erdoberfläche die Unterseite einer schönen *terra sigillata*-Schüssel, wiederum ein Anzeichen für die kulturelle Verbindung von Obergaliläa mit dem Nordwesten.

Sümpfe und trockenes Land. Hecataeus (bei Josephus *Apion* 1,195) beschreibt das Land der Juden; es verfüge über Erdreich, das im Allgemeinen nährstoffreich und fruchtbar sei. Im Vorbeigehen erwähnt Josephus, dass das antike Palästina „sehr fruchtbar“ (*Ant* 15,109) sei. Er meinte, dass das Grünland westlich des Sees Genezareth paradiesischer sei als jeder andere Platz auf der Erde; dieses erstaunlich grüne Land sei der „Wettstreit der Natur“ (*Bell* 3,516-21). Solch eine offensichtliche Übertreibung sollte im Lichte der Reisen des Josephus nach Ägypten und Italien gesehen werden (er war nach Rom gereist und als Judäer kannte er den fruchtbaren Ackerboden am Mittelmeer). Blickt man in westlicher Richtung vom Arbel auf den See Genezareth herab, so offenbart sich, wie exakt die Beschreibung des Josephus war.
Jedoch berichtet Josephus auch über nicht weit von dieser fruchtbaren Region entfernte Sümpfe. Die Gegend vom Berg Hermon bis nach Bethsaida, d. h. das Hulebecken (oder Semechonitis) werde durch Sümpfe bestimmt (*Bell* 3,515; 4,3). Entsprechend gebe es dort Schlangen und Moskitos. Der jüdische Autor der Bilderreden des Henoch, der sein Werk wahr-

scheinlich zur Zeit der Herodes-Dynastie verfasste, verrät vielleicht seine Herkunft, wenn er jene (d. h. wahrscheinlich Römer oder Herodianer) verflucht, die die fruchtbaren trockenen Landstriche eingenommen und nur die bedrohlichen Sümpfe den Juden überlassen hätten.[17]

Straßen. Josephus erwähnt eine Straße von Galiläa nach Jerusalem und dass man die Reise in drei Tagen zurücklegen könne (*Vita* 269); aber man muss bedenken, dass diese „Straße" nicht einfach von Menschenhand errichtet wurde; es handelt sich vielmehr um einen Trampelpfad, den Menschen nutzten, um vom einen Ort zum anderen zu gelangen. Straßen aus römischer Zeit lassen sich allerdings in Untergaliläa finden, vor allem in Kapernaum, Magdala (Migdal) oder in Sepphoris; aber nicht eine einzige befestigte Straße aus der Zeit von vor 70 n. Chr. wurde gefunden. Es gibt nur zwei Reichsstraßen, die Galiläa von West nach Ost durchschneiden, und beide stammen aus der Zeit von nach 70 n. Chr., auch wenn es kaum zu bezweifeln ist, dass jene auf älteren Wegen oder Straßen erbaut wurden. Eine führt von Akko nach Tiberias und die andere von Tyrus nach Banias. Die erstere befindet sich in Untergaliläa; die letztere in Obergaliläa wurde benötigt, um die Städte Akko, Sepphoris und Tiberias[18] mit der römischen Welt zu verbinden. Zwei weitere Straßen kreuzen Galiläa; sie erstrecken sich von Süd nach Nord. Die erste verläuft von Legio nach Sepphoris, die zweite von Skythopolis nach Tiberias (und sogar bis Banias).[19] Archäologische und topographische Forschungen zeigen, dass die Römer den Bedarf für Straßen in Untergaliläa erkannten, aber nicht in Obergaliläa. Offensichtlich nahmen Juden im 1. Jh. n. Chr. den Einfluss wahr, den diese Straßen auf die lokale Kultur sowie auf die Topographie und Geographie ausübten.

Der *See Genezareth* (Kinnereth, das galiläische Meer). In den meisten Ländern gibt es viele Seen. Im Norden des Staates New York, in Schottland, England und Italien findet man

---

[17] See *J. H. Charlesworth*, Can We Discern the Composition Date of the Parables of Enoch?, in: *G. Boccaccini* (Hg.), Enoch and the Messiah Son of Man. Revisiting the Book of Parables, Grand Rapids, Mich. 2007, 450-468.

[18] Siehe *M. Aviam*, Two Roman Roads in the Galilee, in: *ders.*, Jews, Pagans, and Christians in the Galilee, 133-138.

[19] Ebd.

zahlreiche Seen. In Israel jedoch gab es nur zwei Frischwasserseen: den See Genezareth und den Hulesee (Semechonitis). Heutige Besucher Israels übersehen die kulturelle Bedeutung dieser Seen nur allzu leicht, da es inzwischen viele Wasserreservoirs gibt, die angelegt wurden, um Wasser für Landwirtschaft und das Leben bereit zu stellen. Im Altertum gab es jedoch nur diese zwei Seen (und zusätzlich einige Quellen und den einen oder anderen Wasserfall), die Wasser für das Leben in Israel spendeten. Das Wirken Jesu fand nur im nördlichen Abschnitt des Sees Genezareth statt. Falls Dalmanita mit Beth Yerah identisch sein sollte und Jesus sich dort aufhielt, so wird man diese Beobachtung jedoch noch etwas modifizieren müssen,

Topographie, wie bereits erwähnt, wird durch Pflanzen und Tiere bestimmt. Der Landstrich westlich vom See Genezareth blüht heute wieder wie in alten Zeiten. Als wir im antiken Ginnosaur unter einem Maulbeerbaum standen, sahen wir, wie die Früchte an den Ästen wuchsen. Wir erinnerten uns daran, dass die Autoren der Mischna berichten, Maulbeerbäume wüchsen in Untergaliläa, aber nicht in Nordgaliläa. Westlich vom See Genezareth befinden sich fruchtbare Felder, auf denen viele Arten von Obst und Gemüse wachsen, die an die Worte des Josephus erinnern:

„Entlang dem See Gennesar erstreckt sich eine gleichnamige Landschaft von wunderbarer Natur und Schönheit. Wegen der Fettigkeit des Bodens gestattet sie jede Art von Pflanzenwuchs, und ihre Bewohner haben daher in der Tat alles angebaut; das ausgeglichene Klima paßt auch für die verschiedenartigsten Gewächse. Nußbäume, die im Vergleich zu allen anderen Pflanzen eine besonders kühle Witterung brauchen, gedeihen dort prächtig in großer Zahl. Daneben stehen Palmen, die Hitze brauchen, ferner Feigen- und Ölbäume unmittelbar dabei, für die ein gemäßigteres Klima angezeigt ist. Man könnte von einem Wettstreit der Natur sprechen, die sich mächtig anstrengt, alle ihre Gegensätze an einem Ort zusammenzuführen, oder von einem edlen Kampf der Jahreszeiten, von denen jede sich um diese Gegend wetteifernd bemüht.“ (*Bell* 3,516-518; Übers. Michel/Bauernfeind)

Im ausgehenden 19. Jahrhundert berichteten europäische Forscher von Wild und von Bären in Untergaliläa nahe dem Arbel, dem Berg Nitai und dem Wadi Ammud. Der letzte Leopard wurde 1956 gesichtet und leider getötet. Vögel bevölkern und prägen die galiläische Topographie; tatsächlich gibt es in Galiläa mehr Vögel als in fast jeder anderen ähnlichen Region der Welt. Im Zeitraum eines Jahres ist das Hulebecken das vorübergehende Zuhause von ungefähr 500.000 Vögeln, die 270 Arten angehören. Die meisten Vögel machen kurz Rast auf ihrem Weg von oder nach Moskau oder Amsterdam, nach Ägypten oder sogar Kapstadt. Solche topographischen Gegebenheiten lassen sich sicher nicht nur für die Gegenwart nachweisen. Wenn wir durch Galiläa ziehen oder unsere Sicht von Gamla oder von Yodefat mit den Beschreibungen vergleichen, die Josephus uns zur Verfügung stellt, so sind wir von der Genauigkeit der topographischen Beschreibungen des Josephus überrascht. Es hat sich in vielfacher Hinsicht klar herausgestellt, dass uns Josephus ein glaubwürdiges Zeugnis der galiläischen Topographie ebenso wie für andere Teile des Landes zur Verfügung stellt.

4. Große und kleine Städte und Dörfer

Städte und Dörfer. Unsere dritte Frage ist die folgende: Lässt sich ein paradigmatische Unterscheidung zwischen Städten und Dörfern treffen, so dass eine Dichotomie zwischen einer städtischen und einer außerstädtischen Kultur sichtbar zu machen ist? Kann man Städte und Dörfer kategorisch unterscheiden? Offensichtlich sollte man ein einfaches „Ja“ vermeiden. Es steht fest, dass es in Städten, egal ob jüdisch oder römisch, eine „Stadtkultur“ gab. Dies lässt sich vor allem an der Architektur öffentlicher Gebäude, besonders an Straßen, Tempeln, Theatern und gelegentlich an einem Marktplatz (wie in Magdala) ablesen. Dies alles gibt es nicht in Dörfern. In Yodefat lassen sich allerdings alle sozialen Schichten nachweisen; es gibt dort ärmliche Häuser mit einem Fußboden aus festgestampfter Erde und ein aufwendig mit Fresken verziertes Haus, das darauf wartet, vollständig freigelegt zu werden. In mancher Hinsicht ist es einfach, zwischen Städten und Dörfern zu unterscheiden; aber man sollte eine paradigmatische Unterscheidung zwischen Städte und Dörfern nicht allzu dogmatisch annehmen. Es gibt auch kleine Städte. Galiläa und die angrenzenden Gebiete wurden im ersten Jahrhundert n. Chr. durch kleine und große Dörfer (etwa Nazareth, Kana, Kapernaum und Chorazin), kleinere (etwa Yodefat und Gamla) und größere Städte geprägt (etwa Ptolemais, Magdala,

Hippo [Susita]) sowie durch die Hauptstädte verschiedener Größe (nämlich Sepphoris, Tiberias, Bethsaida und Banias).[20]

Vier bedeutende Städte prägten die Landschaft Galiläas:
1) Die heidnische Stadt *Ptolemais* (= Akko) bildete die Grenze zum Meer im Westen. Von hier aus stoßen Vespasian und Titus mit 60 000 gut ausgebildeten Soldaten im Jahre 67 n. Chr. nach Galiläa vor. Heute gibt es kaum Überreste des römischen Ptolemais.
2) Die jüdische Hauptstadt von *Sepphoris* (Zippori) war nach Josephus das „Juwel Galiläas". Es kontrollierte den Weg durch das Beth Netofa-Tal. Seine römisch beeinflusste Kultur tritt sowohl durch archäologische Ausgrabungen (hauptsächlich in den neueren Perioden) als auch in dem Sachverhalt zu Tage, dass sie vor den römischen Truppen sofort kapitulierte.
3) Die zweite jüdische Hauptstadt *Tiberias* wurde zwischen 18 und 20 n. Chr. errichtet. Sie kontrollierte den See Genezareth (das galiläische Meer). Wahrscheinlich erforderten die Aufwendungen für die Errichtung der Stadt am See eine Erhöhung der ohnehin drückenden Steuern. Dies muss mit bedacht werden, wenn man sich dem Wirken Jesu zuwendet, das etwa acht Jahre nach Gründung der Stadt begann.[21]
4) *Magdala* war eine große Stadt am westlichen Ufer des Sees Genezareth. Josephus berichtete, dass Magdala 40.000 Einwohner (*Bell* 3,539-40) hatte; aber diese Zahl ist sicher ein Beispiel seiner übertriebenen und typologischen Verwendung von Zahlen.[22] Wir nehmen an, dass Magdala vermutlich ungefähr 5000 oder möglicherweise 6000 Einwohner hatte. Im Sommer 2006 sahen wir dank der vollständigen Reinigung des Bereichs zahlreiche Elemente urbaner Architektur wie gepflasterte Straßen, Säulen, möglicherweise ein Nym-

---

[20] Siehe v. a. *M. Aviam/P. Richardson*, Josephus's Galilee in Archaeological Perspective, in: *S. N. Mason* (Hg.), Josephus, Translation and Commentary, Leiden u. a. 2000, 177-209.

[21] Einer der wertvollen Beiträge von *J. D. Crossan/J. L. Reed*, Excavating Jesus, ist die Entwicklung der Hypothese, dass die Besteuerung, die aus der Errichtung von Tiberia folgte, das Leben und Wirken Jesu beeinflusst habe. Siehe *J. D. Crossan/J. L. Reed*, Excavating Jesus, San Francisco, Calif. 2001.

[22] Siehe *M. Aviam*, Art.: Magdala, The Oxford Encyclopedia of Archaeology in the Near East 3 (1997), 399-400.

phaeum, einen Marktplatz und einen Turm (auf Hebräisch *migdal*), der spätrömisch sein könnte.[23]
Ist es von Bedeutung, dass von Jesus an keiner Stelle berichtet wird, er habe einen Fuß in eine dieser vier Städte gesetzt? Es kann bloßer Zufall sein, dass er nie die eine oder andere von ihnen betrat; aber davon wird nichts berichtet. Liegt das an der Selektivität unserer Quellen hinter und innerhalb der Evangelien? Oder liegt dies in Jesu Lehre und Theologie begründet?
Eine mögliche Antwort lautet, Jesus sei durch seine Lehre veranlasst worden, Städte generell zu meiden. Jesus war sehr jüdisch und er unterlegte seine Lehre nicht mit griechischer und römischer Symbolik oder Logik, sondern er versuchte, die Erkenntnisse der großen Propheten, etwa die eines Jesaja oder Jeremia, wieder zum Leben zu erwecken.
Ebenso ist eine andere Antwort möglich. Die zentrale Frage – warum berichten die Evangelisten nicht davon, dass Jesus auch nur eine dieser Städte jemals betreten habe? – sollte im Licht dessen, was wir über große und kleine Städte und über Dörfer in Untergaliläa wissen, beantwortet werden. Wie viele werden in den Evangelien erwähnt und von wie vielen wird berichtet, dass Jesus sie besucht habe? Die maximale Zahl in Bezug auf die letzte Frage würde nur Nazareth, Kana, Kapernaum, Nain, Caesarea Philippi, Bethsaida und Chorazin mit einschließen. Das sind nur sieben von insgesamt 204 Städten und Dörfern, die Josephus für Galiläa im 1. Jh. n. Chr. erwähnt; und er versieht nur ungefähr vierzig von ihnen mit Namen. Man sollte darum nicht davon ausgehen, dass Jesus Magdala und andere kleinere oder größere Städte und Dörfer nicht betreten habe. Ganz offensichtlich bearbeiteten die Evangelisten die von ihnen vorgefundene Jesusüberlieferung, die bereits ausgewählt und in hohem Maße bearbeitet worden war, unter kerygmatischen Gesichtspunkten. Möglicherweise ist es nur Zufall, dass von Jesus nie berichtet wird, er habe diese Städte betreten.

---

[23] Wir lassen Gamla unberücksichtigt, weil es nicht im eigentlichen Galiläa liegt. Natürlich ist Gamla eine Kleinstadt aus dem 1. Jh. n. Chr. Die Stadt liegt in den Golanhöhen und hat die Form eines Kamels (deshalb der Name). Die Einwohner dieser jüdischen Stadt sicherten die Grenze Galiläas nach Osten. Nur diese Stadt war der Heimatort der Zeloten; darum wurde nur diese eine von den vier Städten durch Vespasian und Titus im Jahre 67 zerstört. Man kann sich die Überreste des östlichen Turmes anschauen, der während der Belagerung zusammenbrach.

Diese Überlegungen werden durch einen Vergleich zwischen den vier Städten und Yodefat noch erweitert. Yodefat ist der Ort, an dem Josephus, der für Galiläa verantwortliche General, gegenüber Vespasian, dem zukünftigen Herrscher, kapitulierte. Es ist eine *conditio sine qua non*, dass frühe jüdische Geschichte auch häufig das Studium der Weltgeschichte mit einbeziehen muss. Was ist in Bezug auf Yodefat am eindrucksvollsten? Es war einmal eine majestätische Stadt von möglicherweise 2500 Einwohnern mit einigen sehr großen und eleganten Gebäuden. Heute sind davon nur die behauenen Felsen übrig, auf denen einmal ein Haus stand, sowie die Ruinen der Häuser und der Wände. Offensichtlich wollten die Römer ein Symbol in Galiläa errichten. Was wollten sie damit ausdrücken?

Galiläa war der Vulkan, aus dem viele Revolutionäre hervorbrachen. Vespasian und die Römer hatten eine erste und unvergessliche Botschaft: Wenn ihr mit den Römern euer Spiel treibt, dann wird eure Stadt oder euer Dorf ausgelöscht. Heute lebt niemand mehr in Yodefat. Das Gebiet ist völlig verwüstet. Ebenso wie öffentliche Kreuzigungen war die Auslöschung einer Stadt für Rom ein probates Mittel, um öffentlich die Folgen eines Aufstandes zu demonstrieren. Heute würde man sagen: Wenn du mit uns deine Spielchen treibst, dann wirst du verlieren.

So haben wir festgestellt, dass man nicht zu scharf zwischen der jüdischen Kultur in den Dörfern und jener der Städte unterscheiden darf. Alle gesellschaftlichen Schichten finden sich in ein und derselben Stadt. Zusätzlich bewegten sich Juden und Römer schnell und einfach ohne Hindernisse vom Dorf in die Stadt.

Jahrhunderte lang stellten bedeutende Autoren und Gelehrte Galiläa in der Zeit vor 70 n. Chr. als nur oberflächlich jüdisch dar. Heute behaupten einige Wissenschaftler, die keine Archäologen sind und nie in Galiläa gearbeitet haben, dass das Galiläa des 1. Jh. n. Chr. ebenso hellenisiert war wie die Städte der Dekapolis, vor allem Gadara, Skythopolis, Pella und Philadelphia. Professor Burton L. Mack etwa zog aus dieser Synthese die Schlussfolgerung, dass Jesus ein Kyniker gewesen sei.[24] Eine solche Behauptung versäumt es, das Zeugnis der kanonischen Evangelien (und deren Quellen), Josephus

---

24 *B. L. Mack*, A Myth of Innocence: Mark and Christian Origins, Philadelphia, Pa. 1988.

und das Beweismaterial von Archäologen, die in Untergaliläa Grabungen durchführen, mit einzubeziehen. Ganz eindeutig waren die meisten Bewohner Untergaliläas Juden; zusätzlich zeigten sie eine große Verbundenheit mit den religiösen Festen und den Sitten des judäischen Judentums.
Unsere vierte Hauptfrage kann nun beantwortet werden. Warum betritt Jesus die großen Städte nicht? Das scheint kein Zufall zu sein. Offensichtlich war er der Meinung, dass seine Botschaft besser für jene geeignet sei, die an den nordwestlichen Ufern des Sees Genezareth lebten. Jesus war ein überzeugter Jude und er warnte seine Nachfolger, sich nicht auf den Weg der Heiden einzulassen (Mt 10,5). Obwohl die Menschen in den kleinen Dörfern mit den Namen Kapernaum, Bethsaida und Chorazin an derselben Kultur partizipierten wie jene in Tiberias und Sepphoris, unterlagen sie doch nicht so stark den römischen und herodianischen Einflüssen. Leider war Jesus nach dem Zeugnis der Evangelien selbst in den Dörfern nicht sehr erfolgreich.

5. Galiläische Synagogen

Synagogen im 1. Jh. n. Chr.[25] Unsere fünfte Hauptfrage ist die folgende: Was macht eine Synagoge im Galiäa des 1. Jh. aus? War eine jüdische Synagoge vor 70 n. Chr. ein öffentlicher oder ein religiöser Ort?[26]
Es ist klar, dass „Synagogen“ im Galiläa des 1. Jh. oft nicht über eine prächtige Fassadenarchitektur verfügten, wie es im 4. oder 5. Jh. der Fall war. Man sollte jedoch erwarten, dass jedes Dorf und jede Stadt im Galiläa des 1. Jh. über eine „Synagoge“ oder einen Versammlungsort für die Juden verfügte. Aber diese hatten wahrscheinlich fast immer die Form

---

[25] Vor langer Zeit wussten wir bereits, dass es in Judäa und Galiläa mindestens drei Synagogen aus der Zeit von vor 70 n. Chr. (in den von Josephus definierten Grenzen) gab, nämlich auf Masada, dem Herodium und in Gamla. Siehe *J. H. Charlesworth*, The Jesus of History and the Archaeology of Palestine, in: *ders.*, Jesus Within Judaism. New Light from Exciting Archaeological Discoveries (The Anchor Bible Reference Library 1), New York, N.Y./London 1988, Map III und S. 103-130.

[26] Siehe z. B. *M. Aviam/W. S. Green*, The Ancient Synagogue. Public Space in Judaism, in: *J. Neusner/W. S. Green/A. J. Avery-Peck* (Hgg.), Judaism from Moses to Muhammad. An Interpretation, Leiden/Boston, Mass. 2005, 183-200.

von „Haussynagogen".[27] Auf der einen Seite, wenn man die Sache streng archäologisch betrachtet, sind alle Gebäude, die als Synagogen identifiziert werden, wie zum Beispiel in Gamla, baulich klar erkennbar. Auf der anderen Seite mag es sein, dass wir uns gelegentlich in einer baulich nicht näher zu identifizierenden Ruine aufgehalten haben, die im ersten Jahrhundert als „Synagoge" gedient hat.

Möglicherweise, vielleicht sogar wahrscheinlich, wurde in einigen dieser Synagogen am Sabbat Tora gelesen, wie etwa das Lukasevangelium oder dessen Quelle (Lk 4,16-22) und die Theodotus-Inschrift dies berichten.[28] Es ist mit Sicherheit anzunehmen, dass in Synagogen aus der Heiligen Schrift (Tora) gelesen wurde und dass man die Tora studierte. Es ist auch anzunehmen, dass in einigen galiläischen Synagogen Gebete und einige Formen von Andachten gefeiert wurden, lange bevor der einzige Ort für Opfer im Jahre 70 abgebrannt wurde.

Gab es im 1. Jahrhundert in Magdala (Migdal [oder Tarichäa]) oder in Kapernaum Synagogen? Die angebliche Synagoge in Magdala ist sehr klein, aber ein sorgfältig erbautes Gebäude; die ersten Ausgräber nannten es eine „Mini-Synagoge". Aber worum handelt es sich genau? Wenn man einen Ort meint, an dem Juden sich versammeln konnten, dann mag dieses kleine Gebäude eine „Synagoge" sein, aber nur im Sinne einer Gattungsbezeichnung. Es gibt jedoch viele Hinweise, dass man dieses Steingebäude in Magdala besser nicht als „Synagoge" bezeichnen sollte. Nur an der Nordseite befinden sich Sitzbänke. Ein Eingang ist nicht auszumachen und das Gebäude ist vor allem durch fließendes Wasser charakterisiert. Vielleicht könnte es so etwas wie ein Quellhaus oder ein Nymphaeum gewesen sein.[29] Jedenfalls sollte das Gebäude in

---

[27] Siehe besonders *C. Claußen*, Versammlung, Gemeinde, Synagoge (StUNT 27), Göttingen 2002. Siehe auch *B. Olsson/M. Zetterholm* (Hgg.), The Ancient Synagogue from its Origins until 200 C.E., Stockholm 2003 und *L. I. Levine*, The Ancient Synagogue, New Haven, Conn./London 2000.

[28] Siehe v. a. *J. S. Kloppenborg*, The Theodotos Synagogue Inscription and the Problem of First-Century Synagogue Buildings, in: *Charlesworth*, Jesus, 236-282.

[29] Die Autoren bedanken sich ausdrücklich bei Stefano De Luca OFM, der es ihnen im Sommer 2006 ermöglichte, Magdala zu untersuchen, nachdem es gesäubert und die Palmen geschnitten worden waren. Siehe

Magdala in einer Untersuchung von Synagogen aus dem ersten Jahrhundert keine Berücksichtigung finden.
Das große und berühmte weiße Gebäude in Kapernaum ist offensichtlich eine Synagoge, aber es wurde etwa im späten fünften oder frühen sechsten Jahrhundert errichtet.[30] Wie kommen wir auf dieses Datum? Unterhalb der Synagoge wurden 50.000 Bronzemünzen entdeckt; eine der dort gefundenen Münzen stammt aus dem Jahre 470. Darum muss die Synagoge aus der Zeit danach stammen.[31]
Die Frage ist jedoch, ob es unterhalb dieser Synagoge noch eine frühere gibt? Falls das so sein sollte, ist dann eine Datierung im ersten Jahrhundert möglich? Ist dies die Synagoge, in der Jesus angeblich gelehrt hat? Die untere Schicht besteht aus schwarzem Basalt, aber es ist nicht klar, ob sie aus einer früheren Zeit stammt. Vielleicht handelt es sich auch nur um das Fundament der weißen Synagoge. Bisher gibt es keinen archäologischen Hinweis für eine Synagoge im 1. Jahrhundert in Kapernaum.

6. Definitionen für ein jüdisches Landhaus [Villa] oder Dorf

Unsere sechste Hauptfrage ist die folgende: Wie lässt sich nachweisen, dass ein Landhaus oder ein Dorf „jüdisch" war? Sechs Faktoren sind dabei zu berücksichtigen. Ein Landhaus oder ein Dorf sind mit Sicherheit jüdisch, wenn sie über alle oder jedenfalls einige der folgenden Elemente verfügen:

1. Jüdische Münzen (hasmonäische, herodianische und überhaupt jüdische Münzen aus dem 1. Jh. n. Chr.);
2. eine Mikwe (ein jüdisches Ritualbad);
3. Bestattungspraktiken, die jüdische Sitten widerspiegeln;[32]
4. steinerne Krüge für jüdische Reinigungsriten (vgl. Joh 2,6; drei Werkstätten, in denen solche steinernen Krüge

auch *J. H. Charlesworth*, Migdala, in: *ders.*, The Millennium Guide for Pilgrims to the Holy Land, North Richland Hills, Tex. 2000, 166-169.

30 Siehe *J. H. Charlesworth*, Capernaum, in: Millennium, 70-74.

31 Diese und andere kürzlich entdeckte Münzen werden von Stefano De Luca publiziert werden; wir sind ihm dankbar dafür, dass er uns erlaubt hat, die Datierung der Münze zu erwähnen, die die Synagoge aus Marmor definitiv datiert.

32 Siehe *Aviam*, Jews, 277.

hergestellt wurden, hat man in Galiläa bereits gefunden);
5. zusätzliche Hinweise auf jüdische Speisevorschriften, vor allem das Fehlen von Schweineknochen;
6. jüdische Inschriften (besonders auf Hebräisch oder jüdischem Aramäisch).

Es wäre sicher zu positivistisch gedacht, jeweils alle diese Merkmale für jedes jüdische Landhaus und jedes Dorf zu erwarten. Yodefat und Gamla verfügen zusammen nur über fünf von diesen sechs Merkmalen. Die Grabstätten wurden bisher nicht ausgegraben; möglicherweise verfügen diese beiden Grabungsstätte aber gemeinsam über alle diese Elemente.
Solche Elemente können jedoch niemals den Charakter einer Sache oder eines Konzeptes vollständig erfassen. Es geht vielmehr darum, wie sie zusammenwirken, um einer Gattung zu entsprechen oder einen Ort zu charakterisieren. Zusätzlich benötigt man Vorstellungskraft, Erfahrung, kritisches Urteilsvermögen und Verständnis und man muss die kritischen Kontrollen durchlaufen, die am Anfang dieses Aufsatzes erwähnt wurden.
Alle diese Elemente sind von einer Gesamtargumentation abhängig, die Möglichkeiten oder gar Wahrscheinlichkeiten ausloten hilft. Kapernaum ist zum Beispiel ganz klar ein jüdisches Dorf, auch wenn dort keine Mikwaot entdeckt wurden. Diese benötigt man dort nicht, weil die beste Mikwe sich aus Quellwasser speist und solches Frischwasser (*mayim hayyim*) gibt es im See Genezareth. In Kapernaum haben Archäologen Steinkrüge und jüdische Münzen gefunden; aber Tierknochen wurden nicht genauer untersucht und fast keine Grabstätten wurden ausgegraben.
Wenn wir die Möglichkeit haben, in groß angelegten Grabungen Dörfer und Städte aus dem 1. Jh. n. Chr. auszugraben, die nicht in späteren Zeiten verändert wurden, und mit ausreichender finanzieller Ausstattung und wissenschaftlichem Interesse Tierknochen analysieren, dann sollten wir in der Lage sein, von diesen sechs Elementen die meisten nachzuweisen. Diese könnten in jedem jüdischen Dorf nachweisbar sein.
Das Vorhandensein der Schweineknochen kann dagegen nicht hinreichend beweisen, dass ein Ort nicht jüdisch gewesen sei. Der Grabungsort ist möglicherweise nicht korrekt erschlossen worden. Die Knochen können von einer neueren nichtjüdischen Schicht oder von einem Abfallhaufen stammen.

Archäologische Grabungen können nachweisen, dass Juden die Speisegesetze beachteten. Nach alten jüdischen Gesetzen war es nicht verboten, Schweine zu züchten oder ihre Häute oder Knochen zu benutzen oder sogar sie oder ihr Fleisch an Heiden zu verkaufen. Es war Juden nur verboten, Schweinefleisch essen.
Münzen sind ein Hauptanhaltspunkt. Tausende Münzen aus hasmonäischer Zeit wurden nicht nur in Judäa, sondern auch in Galiläa gefunden. Archäologen haben tausende hasmonäischer Münzen (besonders von Jannaios) in Gamla und Yodefat entdeckt. Wie lässt sich dies erklären? Waren sie für mehr als einhundert Jahre in dieser jüdischen Gegend im Umlauf, oder ist es denkbar, dass jemand die Prägung solcher Münzen im ersten Jahrhundert n. Chr. fortsetzte? Falls das so sein sollte, dann könnte dies auf eine Vorliebe für die Hasmonäer und eine Abneigung gegenüber den Herodianern (mit Ausnahme des Antipas) hindeuten, und eine solche politische Treue wäre im Lichte dessen, was wir aus literarischen Zeugnissen wissen, nicht verwunderlich. Zu viele Wissenschaftler, die über Galiläa schreiben, gehen davon aus, dass die Galiläaer im 1. Jahrhundert die Verwendung von Münzen scheuten und stattdessen Tauschhandel trieben. Aber diese Behauptung lässt sich nicht durch archäologische Grabungen belegen.[33]
Was kennzeichnet eine jüdische Beerdigung? Jüdische Bestattungsriten in Judäa variieren; so ist zum Beispiel bisher nicht sicher, dass nur die Bewohner der Siedlung Qumran ihre Toten in flachen Gräbern in Richtung Norden ohne irgendwelche Grabbeigaben bestatteten.

7. Kapernaum und die Handelsstraßen

Karavanen und der Centurio in Kapernaum. Wir kommen jetzt zu unserer siebten Hauptfrage; dabei geht es um Folgendes: Lag Kapernaum an einer Haupthandelsroute und könnte ein Centurio dort gelebt haben oder stationiert gewesen sein? Wie allgemein bekannt ist, haben viele Gelehrte auf dogmatische Weise die Historizität der Evangelien bestritten und behauptet, dass ein Centurio in Kapernaum vor 70 n. Chr. ein Ding der Unmöglichkeit sei.

---

[33] Siehe besonders die Anmerkungen von *P. Richardson* in: *Charlesworth*, Jesus, 128.

Um unsere siebente Frage richtig zu beantworten, muss man die Topographie und die Kultur von Untergaliläa berücksichtigen, die Handelsrouten (besonders die sogenannte *via maris*) überprüfen und genau unterscheiden, was für die Zeit vor oder nach 70 n. Chr. in Kapernaum (Kefar Nahum [Hebr.] und Talhum [Arab.]) ausgegraben wurde. Erst dann und nicht vorher sollte man die Überlieferungen der kanonischen Evangelien historisch auswerten. Es gibt keine Hinweise, dass Gelehrte, die die Möglichkeit einer Handelsroute in der Nähe von Kapernaum und eines Centurio in Kapernaum bestreiten, diese Details für ihre Einschätzung berücksichtigt haben.

Zu Beginn unserer Überlegungen ist festzustellen, dass diese Frage nicht leichtfertig behandelt werden sollte. Man sollte weder versuchen, einfach den historischen Wert der Evangelien zu deuten noch sich scheuen, einen möglichen Einblick in geschichtliche Hintergründe der Evangelien im 1. Jh. zu gewinnen. Ein Centurio kann an einem Platz sein, ohne dass er gleich 100 Soldaten bei sich haben muss. Centuriones hatten auf dem Schlachtfeld nicht immer 100 Männer mit sich; manchmal unterstanden nur zehn Soldaten ihrem Befehl. Man sollte bei einer Rekonstruktion der Verhältnisse in Kapernaum vor 70 n. Chr. mit der Möglichkeit rechnen, dass ein Centurio sich dort zur Ruhe gesetzt haben könnte. Um seine soziale Stellung zu stärken, könnte er die örtliche Synagoge finanziell unterstützt haben. Nimmt man den Bericht des Matthäus wörtlich und deutet ihn nicht als Hinweis auf die Autorität des Centurio (wie das in der Tendenz des Matthäus offensichtlich ist), dann mag der Centurio einige Soldaten unter seinem Kommando haben: „Denn auch ich bin ein Mensch, der Obrigkeit untertan, und habe Soldaten unter mir." (Mt 8,9).

Im Osten Galiläas der Zeit vor 70 n. Chr. war Kapernaum das am stärksten jüdisch besiedelte Dorf.[34] Jenseits des Jordan fing nach nur wenigen Kilometern in Richtung Osten das Gebiet des Philippus mit Bethsaida (Julias) an. Kapernaum liegt am See Genezareth und im Norden befinden sich Berge. So verläuft die einfachste Wegführung unten am See. Die sogenannte *via maris* führt Richtung Norden und streift Magdala; sehr wahrscheinlich führte sie auch Richtung Nordosten und führte an Kapernaum vorbei. Wenn das so war, dann sollte

---

[34] Siehe *M. Aviam*, Kapernaum: A Jewish or Christian Village?, in: *M. Gofen/Y. Gal* (Hgg.) ספר הכנרת [Kinneret Book], Tel Aviv 1992, 278-286 [in hebräischer Sprache].

man einen Centurio mit einigen ihm unterstellten Soldaten am Grenzübergang erwarten. Es muss sich dabei nicht um römische Soldaten handeln; sie können auch Herodianer sein. Sie müssen auch nicht in Kapernaum Ansässige sein, sondern können in einem kleinen Lager in der Nähe leben.
Das römische Badehaus bei Kapernaum bedarf sorgsamer Untersuchungen. Leider ist es immer noch nicht veröffentlicht worden. Sollte es nachweislich vor 70 n. Chr. bestanden haben, dann müsste man überlegen, ob es nur von Römern aufgesucht wurde. Ein römisches Badehaus ist an sich kein Hinweis auf eine nicht-jüdische Bevölkerung im Umfeld. Die Mischna berichtet über Rabbinen, die Badehäuser betraten.
Stammt das Badehaus aus der Zeit Trajans und Hadrians oder aus der Zeit von vor 70 n. Chr.? Das noch nicht publizierte Badehaus ist bisher erst im östlichen, griechisch-orthodoxen Bereich ausgegraben worden. Es erstreckt sich auch in die westlichen Teile Kapernaums, die von den Franziskanern kontrolliert werden. Vielleicht könnte eine vorsichtige und wissenschaftlich betreute Ausgrabung dieses Badehauses uns helfen, einige der Fragen zu beantworten, die sich durch die mögliche Anwesenheit eines Centurios in Kapernaum vor 70 n. Chr. und während der Zeit Jesu stellen.
Lassen sie uns jetzt der Frage einer Straße in der Nähe von Kapernaum zuwenden. Im Juni 2006 besuchten wir Omrit und trafen dort das Archäologenteam bei der Arbeit: J. Andrew Overman, Gabi Mazor und Dan Schowalter. Omrit heißt jener Ort, an dem jetzt eine ganze Reihe von Tempeln zu sehen sind. Es gibt dort mindestens drei Tempel, einer innerhalb des anderen. Der früheste stammt aus dem ersten Jahrhundert v. Chr. und ist hellenistisch. Er liegt begraben unter einem späteren; jener ist herodianisch, gewaltig und sehr elegant konstruiert. Caesar Augustus war im Jahre 20 v. Chr. in Galiläa. Der dritte Tempel mag aus späterer römischer Zeit stammen, vielleicht aus der Zeit Trajans oder Hadrians.
Handelt es sich bei der zweiten Grabungsschicht um den Tempel des Augustus? So lautet die Interpretation der Ausgräber und wir stimmen ihnen zu. Der neue Ort, an dem Herodes der Große das *Augusteum* erbauen ließ, scheint sich nach neuen Erkenntnissen nicht bei den Höhlen und Quellen in Caesarea Philippi (Banias) zu befinden, sondern in Omrit.[35]

[35] Siehe *A. Overman/M. Nelson*, Discovering Herod's Shrine to Augustus, BAR 29 (2003), 41-49.

Die Ausgräber haben auch ein Teil der römischen Straße nach Damaskus identifiziert. Diese Straße scheint aus dem zweiten oder dritten Jahrhundert n. Chr. zu stammen; aber sicherlich muss es im ersten Jahrhundert v. und n. Chr. eine Straße in der Nähe von Omrit gegeben haben, als die Tempel erbaut wurden. Das *Augusteum* lag sehr wahrscheinlich an einer Wegbiegung, wo die Straße Richtung Osten nach Damaskus führt.
Diese Entdeckungen beleuchten einen berühmten Abschnitt der Evangelien. Wo bekannte Petrus, dass Jesus „der Christus" sei? Dies geschah in Banias. Sehr wahrscheinlich jedoch wanderten Jesus und seine Jünger auf dieser Straße in Richtung Norden und sahen dabei das monumentale, aus Marmor erbaute *Augusteum*.
Was ist bei dieser archäologischen Erschließung in Omrit so wichtig? Es ist bedeutsam für die historische Jesusforschung. Hier in Omrit und an der römischen Straße erwacht eine bekannte Geschichte zum ersten Mal zu neuem Leben. Augustus wurde allgemein als der „Sohn Gottes" verehrt. Diese Überlieferung hilft uns, den Kontext der Überlieferung von Mk 8 zu erschließen. Nun erscheint die Frage Jesu („Wer sagen die Leute, dass ich sei?") und die Antwort des Petrus viel sinnvoller als vor dem Schrein des Gottes Pan in Banias. Markus und seine Quellen versuchten herauszustellen, dass Jesus und nicht Caesar der Sohn Gottes ist.
Hat man das Haus des Petrus und des Andreas in Kapernaum gefunden?[36] Erstens kommt nur ein Gebäude in Kapernaum als Haus des Petrus in Frage.[37] Zweitens wurde eine Oktogonalkirche aus dem fünften Jahrhundert über einem älteren Haus errichtet; dies deutet darauf hin, dass der Ort als heilig galt und in frühbyzantinischer Zeit als Haus des Petrus verehrt wurde. Drittens wurde das Haus im späten ersten und im zweiten Jahrhundert am Boden und an den Wänden verputzt. Dies und möglicherweise der Name „Petros" auf dem Putz weisen auf den besonderen Status des Hauses hin. Viertens erhöht der Mangel an Haushaltsgeräten in diesem Haus die Wahrscheinlichkeit, dass es sich um eine „Hauskirche" gehandelt haben mag. Fünftens wurde das Haus im ersten Jahrhundert v. Chr. und im ersten Jahrhundert n. Chr. genutzt und Angelhaken wurden an Ort und Stelle gefunden. Man kann

---

36 Siehe *J. H. Charlesworth*, Capernaum, in: *ders.*, Millennium, 70-74.
37 Ein Foto des „Petrushauses" findet sich in: *Charlesworth*, Millennium Guide, 75.

mit einiger Wahrscheinlichkeit darauf schließen, dass dieses Gebäude nicht nur als Haus des Petrus verehrt wurde, sondern dass es sich tatsächlich um das Haus des Petrus handelt, in dem Jesus lehrte. Die Evangelisten berichten, dass Jesus viele Heilungen in Kapernaum vollbrachte (Mt 8,5; Mk 1,21-28; 2,1-12; Lk 7,1-10; Joh 4,46-54).

8. Kleinbauern („peasants") in Galiläa

Kultur, Bevölkerung und Jesus als „Kleinbauer". Ein „Kleinbauer", wie man ihn aus den europäischen Kulturen kennt, ist eine Person von niederer sozialer Stellung und normalerweise mit Ackerbau beschäftigt. Er gilt als ungebildet und verfügt nur über geringe oder überhaupt keine finanziellen Mittel. Vielleicht besitzt er etwas Land und ist damit ein „bäuerlicher Landbesitzer". Aber es ist nur wenig Land und er ist durch die Kultivierung des Landes versklavt.[38] Mit Hilfe dieser lexikalischen Definition kommen wir nun zu unserer achten Hauptfrage: Ist es überhaupt angemessen und begründet, von „Kleinbauern" in Galiläa zu sprechen?
Dieser kleine Exkurs zur Frage, was überhaupt einen „Kleinbauern" ausmacht, deckt einige Probleme der Jesusdarstellung von John Dominic Crossan auf. Zu Recht betont er die Wichtigkeit anthropologischer Studien und behauptet, „dass jede Studie über den historischen Jesus mit der Behandlung der literarischen Schichten des Texts selbst steht und fällt."[39] Man muss Crossans Klarheit und Blickrichtung begrüßen, aber wie hält er es mit der Archäologie? Lässt sich diese einfach ignorieren? Und sollten die Beiträge von Gerhard Lenski[40] die Arbeit von Archäologen und die Erforschung der galiläischen Kultur ersetzen?
Muss man Crossan nicht vorwerfen, dass er vom Konstrukt eines „mediterranen Kleinbauern" (*mediterranean peasant*) ausgeht? Wir haben diese Begriffe noch nie im Munde von

---

[38] Mit dem englischen Begriff „peasant" wird auch eine arme Person bezeichnet, die von einem mächtigen Großgrundbesitzer abhängig ist (z. B. innerhalb einer Feudalherrschaft).

[39] *Crossan*, Excavating Jesus, 30.

[40] *G. E. Lenski,* Power and Privilege. A Theory of Social Stratification (MacGraw-Hill series in sociology), New York, N.Y. 1966 (dt.: Macht und Privileg. Eine Theorie der sozialen Schichtung, Frankfurt am Main 1973).

Archäologen gehört, die in Galiläa arbeiten. Liegt Crossans Problem nicht darin, dass er die Studie einer ganzen Region auf Galiläa beziehen will? Verschiebt sich bei ihm nicht das Interesse weg von dem induktiven Zugang, bei dem man archäologische Daten aus dem ersten Jahrhundert zusammenträgt, hin zu einem deduktiven Zugang, bei dem die Bewegung von anthropologischen Studien über eine exegetische Untersuchung der neutestamentlichen Texte hin zu einer Synthese führt, die ihm die Abbildung Jesu als „mediterraner Kleinbauer“ ermöglicht? Wie soll man sich das Konstrukt eines „mediterranen Kleinbauern“ vorstellen, wo es doch bei all der Vielfalt von Spanien bis Karthago, von Karthago bis Alexandria, von Rom, Korinth, Patmos, Pergamon, Tyrus und der Vielfalt Untergaliläas einmal ganz zu schweigen, keine einheitliche mediterrane Kultur gibt.

Gerade bei der Berücksichtigung Untergaliläas im Rahmen der mediterranen Kultur müssen wir das fast vollständige Fehlen von Bauernhöfen für das erste Jahrhundert feststellen. Es finden sich keine Bauernhöfe, sondern Dörfer. Natürlich lebten dort „Kleinbauern“, die das Land der bergigen Gegenden und der Täler in Untergaliläa bewirtschafteten. Das einzige etwas größere Dorf, das aus dem Galiläa des 1. Jahrhunderts ausgegraben wurde, ist Yodefat. Dabei wurde klar, dass „Kleinbauern“ das Land bewirtschafteten und Weizen, Gerste, Linsen, Kichererbsen, Oliven, Feigen und andere Früchte und Gemüsearten anbauten. Sie weideten Schafe, Ziegen und Rinder. Auf den Feldern gruben sie Zisternen, um ihre Herden mit Wasser zu versorgen. Sie entfernen Steine von ihren Feldern und errichteten Terrassen (wie sich heute noch in Nazareth beobachten lässt).[41] Ihre Häuser waren zwar klein, aber nicht ärmlich. Die Galiläer waren „Kleinbauern“, aber nicht einfach arm.

Darum sollte damit aufhören, von armen galiläischen „Kleinbauern“ zu reden. Daraus folgt, dass auch Jesus kein armer galiläischer „Kleinbauer“ war. Nach Mk 6,3 war er Zimmermann. Vielleicht hat er niemals einen Pflug bewegt, um Feldfrüchte anzubauen. Er war mit Sicherheit nicht ungebildet oder durch die Feldarbeit geknechtet, wie man das bei einem armen „Kleinbauern“ annehmen muss. Die Evangelisten be-

---

[41] Siehe den Steinturm als Teil eines frührömischen Weinbergs und Steinterrassen, die in Nazareth ausgegraben wurden, in: *Charlesworth, Millennium Guide*, 188-191.

richten von der Bewunderung der Menschenmassen für Jesu Bildung.

9. Die Regionen Galiläa und Judäa

Banditen, Johannes von Gischala und Josephus von Judäa. Während des späten 19. Jahrhunderts behaupteten Historiker, häufig unter dem Einfluss der Romantik, dass das Leben Jesu in den galiläischen Frühling und den Winter in Jerusalem unterteilt werden sollte. Jesus starb allerdings im Frühjahr und er lebte viele Jahre. Es ist unklug, die Topographie Untergaliläas und Judäas in scharfem Kontrast gegenüberzustellen, auch wenn das erstere grüner und letzteres eher dürr ist. Natürlich gab es Unterschiede zwischen der Topographie und der Kultur Untergaliläas und Judäas, aber diese müssen differenzierter betrachtet werden. Man darf nicht einfach die Grundhaltung der Bewohner Jerusalems übernehmen, die Galiläa als unkultiviert ansahen. Manche Bewohner der heiligen Stadt blickten mit Verachtung auf jene herab, die nicht dort ansässig waren. Wir kommen zu unserer neunten Hauptfrage: Gab es Spannungen zwischen Galiläern und Judäern? Mit Sicherheit! Ein deutliches Beispiel ist die Spannung zwischen Johannes von Gischala und Josephus aus Jerusalem.

Gischala (= Gush Halav) ist eine der am weitesten im Norden Palästinas gelegenen jüdischen Kleinstädte. Der berühmteste Sohn der Stadt trug den Namen „Johannes". Er war militant, kriegerisch und ungebildet. Er leistete Widerstand gegen die Ausbreitung hellenistischer Kultur im Norden und war enttäuscht, dass nicht ihm, sondern Josephus die Kampagne im Norden anvertraut worden war. Darum versuchte er, Josephus zu töten, aber dies misslang. Später begab er sich nach Jerusalem und leistete sich dort statt mit den Römern eine kämpferische Auseinandersetzung mit Simon bar Giora, einem weiteren Judäer wie Josephus. Sie brannten gegenseitig ihre Lagerhäuser nieder und lösten damit eine Hungersnot aus, der viele Juden bereits zum Opfer fielen, bevor die Römer die Stadt eroberten und den Tempel niederbrannten.

Die archäologischen Überreste aus dem Galiläa des ersten Jahrhunderts, vor allem in Yodefat und Gamla, zeigen eindeutig, dass viele religiöse Merkmale, die materialiter identifiziert werden können, in Galiläa und Judäa durchaus ähnlich waren. Mikwaot und Steinkrüge ebenso wie die Bauweise der Syn-

agogen, soweit diese identifiziert werden können, verbinden die galiläische mit der judäischen Kultur, wie wir bereits erwähnt haben.
Am interessantesten ist allerdings die Verwendung der typischen „Jerusalemer Öllampen" in Galiläa. Obwohl wir in Yodefat vier Keramikbrennöfen entdeckt haben, in denen viele Arten von Tongefäßen hergestellt wurden, und obgleich wir wissen, dass mindestens eine Art von Öllampen in Galiläa produziert wurde, lässt sich jedoch feststellen, dass mehr als 80 Prozent der Öllampen, die in Yodefat und Gamla gefunden wurden, aus Jerusalemer Produktion stammen. Warum ist das so? Bisher haben wir auf diese Frage keine befriedigende Antwort.
Das Verhältnis zwischen diesen beiden Regionen war eng. Der einzige wahrnehmbare Unterschied zwischen Galiläa und Judäa ist die Praxis der Sekundärbestattung in Ossuarien. Dieser Brauch scheint typisch für Judäa zu sein. In Galiläa taucht diese Praxis erst im zweiten Jahrhundert n. Chr. auf (als Juden aus Judäa in den Norden geflüchtet waren).

10. Galiläische Marginalität

Jesus, ein randständiger Jude („Jesus the Marginal Jew").
Unsere zehnte Frage ist die folgende: Wie jüdisch war Galiläa während des ersten Jahrhunderts und sollte man Jesus einen „randständigen Juden" nennen ?
Diese Frage lässt sich unter Berücksichtigung der Texte und der archäologischen Erkenntnisse beantworten. Galiläa war nicht heidnisch; es war jüdisch und, wie wir bereits festgestellt haben, eng verbunden mit dem judäischen Judentum. Mindestens zehn galiläische Fundorte verfügen über Mikwaot aus dem ersten Jahrhundert. An mehr als 100 galiläischen Fundorten fanden sich hasmonäische Münzen. Steinkrüge, die für die Erfordernisse jüdischer Reinheitsriten hergestellt wurden, wurden an etwa dreißig Fundorten Galiläas im ersten Jahrhundert entdeckt.
Jesus war kein jüdischer Außenseiter. Er war zutiefst jüdisch und widerstand der Versuchung, seine Ideen mit griechischen und römischen Begriffen und Vorstellungen auszudrücken. Tatsächlich sah er sich ausschließlich zu den Juden gesandt und wies seine Jünger an, nicht zu den Heiden zu gehen (vgl. Mt 10).

J. Meier hat mehrere wichtige Bände zum historischen Jesus verfasst. Leider lautet der Titel: *A Marginal Jew* („ein randständiger Jude“). Damit meint Meier: „Jesus war jüdischer Außenseiter, der eine randständige Bewegung in einer abgelegenen Provinz des Römischen Reiches anführte.“[42] Die jüdische Kultur Untergaliläas deutet darauf hin, dass Jesus kein „randständiger Jude“ war. Eine solche Behauptung spiegelt die Annahme, dass Jesus in keinerlei Beziehung zu den Pharisäern stand und sie folgt damit einem fragwürdigen Gedankengebäude einer normativen und dominanten Form des Judentums, das wir aus den rabbinischen Schriften kennen. Die Ausgrabungen jüdischer Dörfer in Untergaliläa, wo Jesus lehrte und lebte, entlarven jedoch den immer wiederkehrenden Irrtum, dass Jesus nicht im vollen Sinne jüdisch gewesen sei. Er war ein frommer und gesetzestreuer Jude. Die letzte Woche seines Lebens verbrachte er in Jerusalem, um das Passahfest zu begehen, wie die Tora es verlangte. Ganze Generationen von Gelehrten haben auf eindrucksvolle Weise versucht darzustellen, dass Jesus ein jüdischer Außenseiter gewesen sei. Und einige, die die jüdische Kultur Untergaliläas nicht kannten, haben sogar betont, dass Jesus nichts mit den Ursprüngen neutestamentlicher Theologie zu tun habe. Andere Gelehrte haben (in deutlich antijüdischer oder antisemitischer Weise) betont, dass Jesus kein Jude gewesen sei.

11. Schlussfolgerung: Bleibende Aufgaben und einige ausgewählte bisher ungelöste Probleme

Abschließend widmen wir uns vier besonderen Problemen, die unter Archäologen kontrovers diskutiert werden.[43]
Erstens: Wo liegt Bethsaida?[44] Es gibt zwei Orte, die den Namen Bethsaida tragen. Der eine dieser Orte, den man für

---

[42] *J. P. Meier*, A Marginal Jew, Bd. 1, The Roots of the Problem and the Person, New York, N.Y. 1991, 56: „Jesus was a marginal Jew leading a marginal movement in a marginal province of a vast Roman Empire.“

[43] Vgl. auch die Fragen zu Ausgrabungen von *J. H. Charlesworth* in: *ders.*, Jesus, xxiv.

[44] Siehe *J. H. Charlesworth*, Bethsaida, in: *ders.*, Millennium Guide, 54-56, und *ders.*, Tzer, Bethsaida, and Julias, in: *R. Arav/R. A. Freund* Bethsaida, (Bethsaida Excavations Project 3), Kirksville, Miss. 2004, xi-xiii.

Bethsaida hält, wird von einem Team von Archäologen unter der Leitung von R. Arav und R. A. Freund ausgegraben. Es mag sich dabei um Bethsaida handeln, aber nicht um Bethsaida (Julias). Aravs und Freunds Bethsaida verfügt über eindrucksvolle Mauern aus der Eisenzeit und einige Hinweise auf Leben im ersten Jahrhundert. Möglicherweise lag dieses Bethsaida einst am nördlichen Zulauf des Sees Genezareth, der irgendwann in nachjesuanischer Zeit versandete.
Zahlreiche Archäologen sind nicht davon überzeugt, dass Aravs und Freunds Bethsaida jenes Bethsaida (Julias) ist. Es gibt dort keinen Hinweis auf einen Palast des berühmten Tetrarchen Philippus. Was deutet auf den Ausbau des Ortes von einem Dorf zu einer Stadt hin? Josephus berichtet, dass Philippus hier 33 oder 34 n. Chr. beigesetzt worden sei (*Ant* 18,106-108). Wo befindet sich seine Grabstätte? Wenn dies wirklich seine Hauptstadt sein sollte, dann ist die Entdeckung von nur zwei Münzen des Philippus überraschend. Archäologen suchen nach einer Stadt am See Genezareth, nicht nördlich davon. Sollte man Bethsaida (Julias) am See Genezareth finden, dann würde dies die Behauptungen von Arav und Freund widerlegen. Aber einen solchen Fund gibt es bisher nicht. So ist es durchaus möglich, dass es sich bei Aravs und Freunds Bethsaida tatsächlich um Bethsaida (Julias) handelt.
Wir wollen ein mögliches Szenario vorschlagen. Vielleicht hat Aravs und Freunds Grabungsteam das Dorf Bethsaida gefunden. Bethsaida (Julias) mag sich dagegen weiter südlich des Abhangs befinden. Vielleicht wartet dort der Palast des Philippus auf seine Entdeckung. Das entspräche der Grabung in Sepphoris. Die ältere Stadt befindet sich oben auf dem Hügel, während die durch Antipas verursachte Erweiterung sich im Bereich der unteren Siedlung im Osten befindet.
Zweitens: Wo ist der Ort Kana, den der vierte Evangelist erwähnt (Joh 2,1-12)? Die beiden Hauptmöglichkeiten sind Kefar Kana und Khirbet Qana. Der erstere lag in der Nähe von Nazareth an der Straße, die Pilger auf dem Weg von Sepphoris nach Tiberias nahmen. Entsprechend erhielt Kefar Kana eine Kirche, Khirbet Qana nicht. Man kann sich leicht vorstellen, warum die Pilger in byzantinischer Zeit Kefar Kana als den Ort bevorzugten, wo Jesus das Wunder vollbrachte, das im Johannesevangelium beschrieben wird.
Während einer ganzen Anzahl von Ausgrabungen in Kefar Kana entdeckten Archäologen die Überreste von Häusern, von denen einige sich ins erste Jahrhundert n. Chr. datieren lassen.

Sie entdeckten mehr als zehn Mikwaot und zahlreiche Steinkrüge sowie zwei geheime Verstecke, von denen sich eins exakt ins erste Jahrhundert datieren ließ. Sie identifizierten auch eine Synagoge aus byzantinischer Zeit. Kefar Kana war vom Neolithikum bis zur Gegenwart besiedelt.

Seit 1998 finden unter der Leitung von Douglas Edwards auch in Khirbet Qana archäologische Grabungen statt. Dabei wurden Daten zusammengetragen, die nach Ansicht des archäologischen Teams beweisen, dass es sich bei diesem Ort um das antike Kana handele. Besucher von Khirbet Qana in byzantinischer Zeit und während der Kreuzzüge nahmen an, es sei das antike Kana. Die Archäologen haben unter anderem Mikwaot, gemeißeltes und gedrechseltes Steingut, mindestens einen Taubenschlag, Glasverschnitte, hellenistische und römische Münzen, eine Reihe von zwölf oder dreizehn nicht verzierten oder beschrifteten Särgen (vom typisch jüdischen *loculus*-Typ [mit etwa 80 *loculi*]), eine Synagoge oder ein Lehrhaus (*beth midrash*) aus der Zeit nach dem ersten Jahrhundert n. Chr. und eine große Anlage zum Färben (aber keine Hinweise für Keramikherstellung, die im nahe gelegenen Yodefat stark vertreten war) gefunden. Die Ausgräber fanden keine Hinweise auf Mauern, Pfeilspitzen oder Zerstörungen aus dem ersten jüdischen Krieg.

Khirbet Qana war von der Eisenzeit bis in die islamische Zeit bewohnt und von dort aus überblickt man eine der fruchtbarsten Ebenen Galiläas. Warum sollte es nicht ein Hauptkandidat für Kana sein?

Allerdings kann man das antike Kana bisher noch nicht mit Sicherheit identifizieren. Sowohl Kefar Kana als auch Khirbet Qana waren im ersten Jahrhundert jüdische Städte mit Steinkrügen und Mikwaot. Vielleicht werden weitere Untersuchungen beider Orte die Wahrscheinlichkeit zu Gunsten von Khirbet Qana verschieben.

Drittens: Gab es Pharisäer im ersten Jahrhundert in Galiläa? Charlesworth und Aviam unterscheiden sich bei der Beantwortung dieser Frage ein klein wenig. Charlesworth ist der Meinung, dass Pharisäer und andere jüdische Gruppen in Galiläa vorhanden gewesen sein mögen, aber sicher nicht so beherrschend wie in Judäa. Saulus wurde als Pharisäer außerhalb von Palästina geboren. Philo erwähnt Essener und andere ähnliche Gruppierungen in Ägypten. Auch für Samaritaner gibt es Hinweise außerhalb des heiligen Landes. Die Evangelisten berichten, dass Schriftgelehrte und Pharisäer von Jerusalem nach Galiläa gesandt wurden, um Jesus zu verhören (dies ist jedoch kein Beweis dafür, dass vor 70 keine Pharisäer vor Ort gewesen seien). Jesus wird als jemand dargestellt, der mit Pharisäern gemeinsam isst und mit ihnen soziale Kontakte unterhält. Pharisäer warnen ihn vor Antipas. All dies sollte nicht einfach in Judäa verortet werden und es ist offensichtlich, dass Jesus in vielfacher Hinsicht den Pharisäern nahe stand.[45] Warum sollte ein Historiker darauf bedacht sein, die jüdischen Gruppen oder Religionsparteien auf Judäa oder Jerusalem zu beschränken?

Von archäologischer Seite gibt es keine Methoden, um einen Steinkrug oder eine Mikwe den Pharisäern zuzuordnen, aber es lässt sich nachweisen, dass Steinkrüge, Mikwaot und jüdische Münzen Untergaliläa kulturell mit Judäa verbinden. Das gilt jedoch nicht für Obergaliläa. Entsprechend mag es zwar Pharisäer in Galiläa gegeben haben, aber erst nach 70 n. Chr. übten sie Einfluss auf die galiläische Kultur aus.

Essener gab es dagegen ganz offensichtlich in Galiläa. Josephus und Philo erwähnen 4000 Essener für Palästina. Die meisten von ihnen hielten sich nicht in Qumran auf, wo lediglich ungefähr 150 Männer Unterkunft finden konnten. Philo und Josephus berichten, dass jene in der Nähe oder außerhalb der jeweiligen Stadtgrenzen zu finden seien. Dies könnte auf die Anwesenheit von Essenern in Galiläa hindeuten. Sehr wahrscheinlich war die Henoch-Gruppe in Galiläa ansässig.

Man sollte jedoch auch über eine andere Möglichkeit nachdenken, die Aviam eher vertritt. Die Aufspaltung des Judentums in verschiedene Religionsparteien hatte ihren Ursprung unter dem Einfluss des Tempels und ebendiese definierten sich auch weiterhin im Verhältnis dazu. Entsprechend tauchten die jüdischen Religionsparteien zuallererst in Jerusalem auf und hatten dort ihr Zentrum. Die Samaritaner widerstanden dem Tempel. Sie feierten ihre Gottesdienste auf dem Berg Garizim und wurden dort im späten zweiten Jahrhundert v. Chr. durch Johannes Hyrcanus besiegt, ihr Tempel wurde abgebrannt. Selbst die Henoch-Gruppe, die zwischen 400 v. Chr. und dem ersten Jahrhundert existierte und in Galiläa ansässig gewesen sein könnte, widerstand der Verehrung Moses und der Tora und dem Opferkult in Jerusalem. Vielleicht kamen die Zeloten nicht vor dem Jahre 66 auf und passen ent-

---

[45] Siehe vor allem die Beiträge in: *J. H. Charlesworth/L. L. Johns* (Hgg.), Hillel and Jesus, Minneapolis, Minn. 1997.

sprechend nicht zum Thema von Kultur und Religionsparteien. Wenn man sich mit den Religionsparteien des Judentums beschäftigt, spielen fast immer Jerusalem und der Tempel eine Rolle. Charlesworth stimmt diesen Überlegungen grundsätzlich zu, bevorzugt es jedoch, sich jüdische Gruppierungen nicht nur in Judäa, sondern auch in Galiläa vorzustellen.

Nachdem wir uns mit der geographischen Verortung der Pharisäer beschäftigt haben, schließt sich das Thema der Mikwaot und der Steinkrüge an. Hunderte von Mikwaot wurden bisher ausgegraben. E. Regev schlägt vor, dass die Unterteilung der Stufen in den Mikwaot diese mit den Pharisäern in Verbindung bringt.[46] Dieses Argument überzeugt jedoch nicht, denn auch in Qumran finden sich Mikwaot mit unterteilten Stufen. Es gibt kein eindeutiges architektonisches Merkmal, das Mikwaot mit einer speziellen Religionspartei in Verbindung bringt. Auch die Steinkrüge sind sowohl in Galiläa als auch in Judäa weit verbreitet. Die bei allen Mikwaot und Steinkrügen übereinstimmenden Merkmale scheinen ein wertvoller Indikator für die Art des Judentums zu sein, das von allen jüdischen Religionsparteien, Gruppierungen und in allen Gebieten geteilt wird.

Viertens: Gibt es noch für die Rekonstruktion Galiläas im ersten Jahrhundert bedeutsame Hinweise, die Archäologen bisher verborgen geblieben sind? Aus Platzgründen und um hier nicht zu verraten, was Archäologen noch nicht zur Veröffentlichung freigegeben haben, kann hier nur darauf hingewiesen werden, dass kürzlich einige aufregende Entdeckungen gemacht wurden. Wir haben bereits das mit prachtvollen Fresken geschmückte Haus in Yodefat erwähnt, das auf weitere Erschließung und Untersuchung wartet.

Ein wichtiges und ernsthaftes Ziel ist es, eine galiläische Synagoge aus dem ersten Jahrhundert zu identifizieren und auszugraben. Nach Josephus liegt Gamla in Galiläa, aber natürlich ist es im Golan. Es erscheint irreführend, die Synagoge in Gamla als typisch galiläische Synagoge zu bezeichnen. In Judäa wurden Synagogen aus dem ersten Jahrhundert auf Herodium und Masada und in Qiryat Sefer, Modi'in und vielleicht in Jericho gefunden. Vielleicht wartet eine Synagoge in der Nähe des arabischen Dorfes Kabul auf ihre Entdeckung,

---

[46] *E. Regev*, Ritual Baths of Jewish Groups and Sects in the Second Temple Period, Cathedra 79 (1996), 3-21 [in hebräischer Sprache].

ein Ort, den wir von Josephus vom Angriff des Cestius Gallus her kennen. Josephus berichtet davon mit Bedauern, denn die Häuser dort seien so luxuriös wie jene in Tyrus und Berytus gewesen.

Während eines Besuches an diesem Ort untersuchten wir die Überreste eines beeindruckenden Gebäudes und den Fuß einer sehr zerstörten Säule. Worum handelt es sich bei diesem Gebäude? Könnten es die Überreste einer Synagoge aus dem ersten Jahrhundert sein? Auf der Erdoberfläche finden sich Reste hellenistischer und römischer Keramik.

Das römische Badehaus in Kapernaum, vor allem die Teile innerhalb des franziskanischen Bereichs, müssen sorgfältig mit Hilfe präzisester wissenschaftlicher Methoden ausgegraben werden. Auch die römische Straße Richtung Norden in der Nähe von Magdala und der nördliche Bereich von Magdala warten auf finanzielle Unterstützung, um wissenschaftlich erschlossen werden zu können.

Michael Tilly

Tosefta Moed ḳaṭan als Zeugnis jüdischen Lebens in Galiläa nach 70 n. Chr.

1. Einleitung

In seiner umfassenden forschungsgeschichtlichen Monographie über die Pharisäer schreibt Roland Deines: „Waren es zur Zeit Schürers und Boussets vor allem die Apokryphen und Pseudepigraphen, die man zur Bestimmung des religiösen Profils des Judentums (...) herangezogen hat, so bekamen (...) in der nachfolgenden Generation die rabbinischen Texte ein ungleich höheres Gewicht. Es entstand das heute so heftig bekämpfte Bild des pharisäisch-rabbinischen Judentums als normativer Gestalt jüdischer Frömmigkeit und als Ausgangsort sowie Gegenüber des Christentums. Inzwischen hat sich die Rabbinica-Forschung von dieser vorgeblich neutestamentlichen Instrumentalisierung befreit und versucht nun (...) mit dem Hinweis auf die Datierungs- und überlieferungsgeschichtliche Problematik die rabbinischen Texte dem Neutestamentler für seine Arbeit am Neuen Testament zu verleiden."[1]

Diese pointierte Darstellung der aktuellen Forschungssituation provoziert zwei Fragen:

1. Worin liegen die grundlegenden Probleme im Hinblick auf die Auswertung der Rabbinica bei der Exegese des Neuen Testaments?
2. Welche Möglichkeiten und Grenzen hat ihre sachgemäße Verwendung als religions- und kulturgeschichtliches Vergleichsmaterial, insbesondere für die Erhellung der galiläischen Lebenswelt Jesu aus Nazareth?

Gerade galiläische Städte waren die lokalen Zentren der rabbinischen Bewegung im ausgehenden ersten und im zweiten Jahrhundert n. Chr. Zu nennen sind das ca. 20 km südöstlich von Akko gelegene Uscha, Beth Sche'arim, Sepphoris und Tiberias am See Genezareth. Hier wurde im Judentum erstmalig versucht, die schriftliche Tora erläuternde, differenzierende, spezifizierende, präzisierende und aktualisierende Regelungen zur Gestaltung aller Lebensbereiche zu einem Werk

---

[1] *R. Deines*, Die Pharisäer (WUNT 101), Tübingen 1997, 34.

zusammenzufassen.[2] Die Basis der rabbinischen Traditionsliteratur, d.h. die zahlreichen Auslegungen und Verständnistraditionen der Tora als Basis der Halacha wurden hier, vor allem in Uscha und Beth Sche'arim, von den Tannaiten („*Lehrenden*"), den jüdischen Gelehrtenkreisen Palästinas, bis zum Beginn des dritten Jahrhunderts n. Chr. überliefert, gesammelt, selegiert, redigiert und zu sachlich geordneten schriftlichen Sammlungen literarisch fixiert: der Mischna, der Tosefta und den tannaitischen Midraschim.[3]
Galiläa, die Heimat Jesu, war nach dem Zusammenbruch des Widerstands gegen die Römer und der Tempelzerstörung im Jahre 70 n. Chr., endgültig nach dem Bar-Kochba-Aufstand von 132-135 n. Chr., zum Kernland des Judentums in Palästina geworden. Die prekären Lebensbedingungen im zeitgenössischen Judäa, dessen agrikulturelle Infrastruktur zerstört worden war, wo nunmehr fast 1/15 der gesamten Streitkräfte des Imperium Romanum lag, und wo von den Römern nicht nur zahlreiche Veteranen, sondern auch Syrer und Araber angesiedelt wurden, kommen allein darin zum Ausdruck, dass nach 135 n. Chr. zahlreiche jüdische Ortschaften Judäas überhaupt nicht mehr erwähnt werden. Das jüdische Leben im ehemals geistigen und wirtschaftlichen Zentrum des Judentums war nahezu erloschen.[4] In Galiläa hingegen, dem nördlichen Teil der römischen Provinz Syria Palaestina, existierten im zweiten Jahrhundert n. Chr. nicht nur zwei mehrheitlich von Juden bewohnte Städte, nämlich Sepphoris und Tiberias, sondern auch eine über das ganze Land verstreute Besiedelung durch eine sesshafte jüdische Landbevölkerung. Dieses galiläische Judentum ist im zweiten Jahrhundert n. Chr. zahlenmäßig

---

[2] Vgl. *G. Stemberger*, Das klassische Judentum, München 1979, 56-58; *L. I. Levine*, The Rabbinic Class of Roman Palestine in Late Antiquity, Jerusalem/New York, N.Y. 1986; *S. J. D. Cohen*, Judaism to the Mishnah: 135-220 C.E., in: *H. Shanks* (Hg.), Christianity and Rabbinic Judaism, Washington D.C. 1992, 195-224; *C. Hezser*, The Social Structure of the Rabbinic Movement in Roman Palestine (TSAJ 66), Tübingen 1997; *F. Avemarie*, Die Formierung des rabbinischen Judentums, in: *K. Erlemann* u.a. (Hgg.), Neues Testament und Antike Kultur, Bd. 1, Neukirchen-Vluyn 2004, 194-198.

[3] Vgl. die umfassende Darstellung bei *G. Stemberger*, Einleitung in Talmud und Midrasch, München [8]1993.

[4] Vgl. *B. Isaac*, Judaea after A.D. 70, in: *ders.*, The Near East under Roman Rule (Mn.S 177), Leiden 1998, 112-121.

ig zwar relativ klein, aber fraglos der bestimmende Faktor im palästinischen Judentum.[5]
In diesem Beitrag wird der Versuch einer Beantwortung der eingangs gestellten Fragen unternommen, und zwar in der Weise, dass anhand eines ausgewählten Ausschnitts aus der tannaitischen Literatur, des Toseftatraktats Moed ḳaṭan, dargestellt wird, inwieweit die Praxis jüdischen Lebens in Galiläa nach der Tempelzerstörung durch die Untersuchung eines rabbinischen Textes erhellt wird und welche Bedeutung dies wiederum für die neutestamentliche Wissenschaft hat – auch hinsichtlich der Frage nach der Lebenswelt Jesu und der unmittelbaren Adressaten seiner Botschaft vom nahen Gottesreich.

2. Die Tosefta als Teil der frühen rabbinischen Traditionsliteratur

Nach der Tempelzerstörung im Jahre 70 n. Chr. bekamen deutlich konturierte Gemeinschaften frommer Juden wie die pharisäische Bewegung sukzessive einen bestimmenden und dauerhaften Einfluss auf die Gestaltung und Abgrenzung der religiösen Tradition. Mit dem rabbinischen Lehrhaus in Jabne (Jamnia), einer kleinen Stadt in der Küstenebene südlich von Jaffa, bildete sich als Bestandteil der jüdischen Restauration schon bald nach dem Jüdischen Krieg eine Institution heraus, die unter römischer Duldung Aufgaben der früher in Jerusalem angesiedelten jüdischen Selbstverwaltung an sich zog. Die jüdische Tradition verbindet die Entstehung des rabbinischen Lehrhauses in Jabne mit Rabban Jochanan ben Zakkai als Gründergestalt des rabbinischen Judentums.[6]
Die rabbinischen Schülerkreise waren bald der wichtigste Ort der Tradierung der hebräischen Heiligen Schriften und der

---

[5] Vgl. *L. I. Levine*, The Sages and the Synagogue in Late Antiquity. The Evidence of the Galilee, in: *ders.* (Hg.), The Galilee in Late Antiquity, New York, N.Y./Jerusalem 1992, 201-222; *R. A. Horsley*, Archaeology, History, and Society in Roman Galilee, Harrisburg, Penn. 1996, 171-175.

[6] Vgl. *J. Neusner*, A Life of Yohanan ben Zakkai: ca. 1-80 C.E. (StPB 6), Leiden ^{2}1970; *P. Schäfer*, Die Flucht Joḥanan b. Zakkais aus Jerusalem und die Gründung des „Lehrhauses“ in Jabne, ANRW II 19/2 (1979), 43-101

aktualisierenden Auslegung der Tora. Hier gaben die schriftgelehrten Weisen ihre Erfahrungen und ihr Wissen an ihre Schüler weiter, die selbst öffentlich lehrten und oft ihrerseits später an anderen Orten Schulen gründeten. Sie sorgten auf diese Weise für die Entfaltung und Verbreitung der Text-, Verständnis- und Auslegungstraditionen der hebräischen Bibel, denen bald als mündliche Tora Autorität hinsichtlich vieler Fragen der Gestaltung des alltäglichen jüdischen Lebens beigemessen wurde, und sie sorgten für ihre Weitergabe an die nächsten Generationen.[7]

Ein grundlegendes Problem hinsichtlich der Verwendung dieser Traditionen bei der neutestamentlichen Exegese betrifft zunächst die jeweilige Intention ihrer Verfasser und Tradenten. Die Schriften des Neuen Testaments wurden als Glaubenszeugnisse aufgeschrieben, überliefert und gesammelt, um Orientierungspunkte für die Verkündigung und Lehre in den christlichen Gemeinden zu schaffen. Im Mittelpunkt stand dabei die Verkündigung Jesu aus Nazareth als des Messias. Die christlichen Autoren wollten ihre christlichen Adressaten belehren, erbauen, ermahnen, vergewissern und begeistern. Die Interessenlage der Rabbinen bei der Ausgestaltung und Kodifizierung ihres Lehrstoffs war hingegen eine völlig andere. Die jüdischen Gelehrten – anfangs noch keine fest institutionalisierte Gruppe oder Klasse, sondern ein aus ehemaligen Jerusalemer Kultbediensteten und frommen Laien bestehendes Netzwerk von Toragelehrten,[8] die jeweils individuelle Schüler- und Sympathisantenkreise hatten – wollten weniger die sie umgebende Gegenwart beschreiben, als aus ihren Überlieferungen und Lehren eine umfassende und geordnete Quelle der Halacha für die Zeit nach der Zerstörung des Jerusalemer Tempels bzw. eine ideale Verfassung für Israel im Hinblick auf das von ihnen erhoffte Anbrechen des Gottesreiches schaffen. Sowohl die Intention als auch die Funktion beider Textcorpora differieren also. Allein aus diesem Grund ist die Verwendung der tannaitischen Literatur als unmittelbaren religi-

---

[7] Vgl. *D. Kraemer* u.a., Formative Growth of the Tradition of Rabbinic Interpretation, in: *M. Sæbø* (Hg.), Hebrew Bible/Old Testament. The History of Its Interpretation, Bd. I/1: Antiquity, Göttingen 1996, 270-331.

[8] Vgl. *Hezser*, Movement, 228-239.

onsgeschichtlichen Vergleichsmaterials zum Neuen Testament höchst problematisch.[9]
Zudem erhalten wir in der rabbinischen Traditionsliteratur, d.h. in „Dokument[en] des ‚als ob'",[10] ein ideales Bild homogener Religiosität in nahezu allen Bevölkerungsschichten und -gruppen. Mit der Zeit entstandene Ordnungen und Rechtsverhältnisse wurden dabei zu ihrer Legitimation in frühere Epochen zurückdatiert, zur Zeit der Rabbinen heftig umstrittene Fragen als von Anfang an geklärt dargestellt, Wunschvorstellungen als Realität gezeichnet. Auch stellt sich die Frage, ob die kasuistische Denkstruktur der Rabbinen von der Mehrheit der jüdischen Bevölkerung Galiläas in allen Bereichen des alltäglichen Lebens tatsächlich als Richtschnur des eigenen Verhaltens empfunden wurde, zumal die Gelehrten keine Möglichkeit hatten, ihre Vorstellungen und Interessen durchzusetzen und den Gemeinden ihren Willen aufzuzwingen.[11] Schließlich ist in Rechnung zu stellen, dass die radikale Umstrukturierung der gesellschaftlichen Verhältnisse nach der Tempelzerstörung – auch in Galiläa – und besonders deren religiöse Verarbeitung Inhalte, Überlieferungsprozess und redaktionelle Ausgestaltung älterer rabbinischer Schultraditionen elementar bestimmte.[12]
Vor diesem finsteren Hintergrund erscheint das Thema dieses Beitrags, nämlich die Bedeutung eines rabbinischen Textes als Quelle jüdischen Lebens in Galiläa zur Zeit Jesu, zumindest gewagt. Mischna, Tosefta und Midraschim lassen sich eben

---

[9] Vgl. *J. Neusner*, Die Verwendung des späteren rabbinischen Materials für die Erforschung des Pharisäismus im 1. Jahrhundert n. Chr., ZThK 76 (1979), 292-309.

[10] *G. Stemberger*, Die Bedeutung des „Landes Israel" in der rabbinischen Tradition, in: *ders.*, Studien zum rabbinischen Judentum (SBA 19), Stuttgart 1990, 321-355 (hier: 323).

[11] Beispielsweise konnten die Rabbinen dem Eindringen der bildenden Kunst in die Synagoge und der Entstehung von vergegenständlichenden Ausdrucksformen der Frömmigkeit in den Versammlungsräumen der autonomen jüdischen Gemeinden zwar ihre scharfe Polemik entgegensetzen, aber sie konnten das Vorgehen der Gemeinden kaum beeinflussen oder es gar kontrollieren. Vgl. *J. Neusner*, Judaism at Dura-Europos, in: *J. Guttmann* (Hg.), The Dura-Europos Synagogue. A Re-evaluation (1932-1992) (SFSHJ 25), Atlanta, Ga. 1992, 155-192; *L. I. Levine*, The Ancient Synagogue. The First Thousand Years, New Haven, Conn./London 2000, 579.

[12] Vgl. *M. Tilly*, Jerusalem – Nabel der Welt, Stuttgart 2002, 28f.

nicht zur unmittelbaren Illustration und Deutung von Texten anderer Herkunft, anderer Interessenlage und anderer Funktion heranziehen, insbesondere nicht als ein religionshistorischer Steinbruch für mutmaßliche formale und inhaltliche Parallelen zum Neuen Testament.

Es ist jedoch bereits an dieser Stelle darauf hinzuweisen, dass die tannaitischen Texte ungeachtet ihrer prinzipiellen Eigenständigkeit und ihrer perspektivischen Wahrnehmung – sowohl der Tradition als auch der die Gelehrten umgebenden Realität – zahlreiche Überlieferungen, Gesetze, Regeln, Geschichten und Bewertungen historischer Situationen und Vorgänge enthalten, die keinen programmatischen Charakter haben, sondern die Geschichtswahrnehmung und die Lebensverhältnisse zumindest des zeitgenössischen galiläischen Judentums widerspiegeln.

Dergestalte Einblicke in die Lebenswelt der Juden in Galiläa nach der Tempelzerstörung erlaubt u.a. die Tosefta, eine nach traditioneller Auffassung mit der „kanonischen“ Mischna parallele, jedoch von dieser unabhängige Sammlung von rabbinischen Schultraditionen zu deren Ergänzung, die dem Zweck diente, in die Mischna nicht aufgenommene Traditionen aus dem rabbinischen Schulbetrieb nicht in Vergessenheit geraten zu lassen.[13] Einen gleichsam „offiziellen“ Status wie die Mischna besaß die Tosefta nie. Dies wirkte sich auch auf ihre Textgeschichte aus: Zum einen waren Textveränderungen hier eher möglich, zum anderen blieben im Verlauf der Texttransmission der Tosefta bewusste Anpassungen an die späterhin bestimmend gewordene Halacha aus. Die Rabbinen hatten wenig Interesse an ihrer Überlieferung, sie haben die Tosefta deshalb weitaus weniger redigiert als die Mischna, und deshalb birgt die Tosefta nicht wenige Traditionen, die den neutestamentlich gewordenen Texten zumindest hinsichtlich ihres Alters näher stehen als Mischna und die beiden Talmudim.

Ebenso wie die Mischna ist die Tosefta ein Produkt der Rabbinen, die für sich selbst beanspruchten, seit Mose in ununterbrochener Sukzession Träger der mündlichen Tora zu sein.[14] Bereits rein äußerlich weist sie eine starke Ähnlichkeit mit der

---

[13] Vgl. *A. Goldberg*, The Tosefta – Companion to the Mishna, in: CRI II/3 (1987), 283-302; *J. Neusner*, The Tosefta. An Introduction (SFSHJ 47), Atlanta, Ga. 1992; *M. Tilly*, Art. Tosefta, TRE 33 (2002), 680-683.

[14] Vgl. M Avot I 1ff.

Mischna[15] auf: Ebenso wie die Mischna ist sie nach grob sachlichen Gesichtspunkten in sechs Ordnungen untergliedert. Ebenso wie in der Mischna sind diese sechs Sedarim unterteilt in thematisch ihr entsprechende Traktate, diese in Kapitel, diese wiederum in einzelne Halachot bzw. Absätze. Allein die Mischnatraktate Tamid, Middot, Kinnim und Avot haben keine Entsprechungen in der Tosefta, wobei man allerdings den „außerkanonischen" Traktat Avot de-Rabbi Natan mit Recht als Tosefta dieses Traktates bezeichnen könnte.
Geht man davon aus, dass die Tosefta einerseits die Mischna zitiert und andererseits in beiden Talmuden zitiert wird, kann die Redaktion der Mischna nach 200 n. Chr. als *terminus a quo*, die Fertigstellung des jerusalemischen Talmuds im vierten Jahrhundert als *terminus ante quem* gelten. Unterstützt wird diese grobe Datierung dadurch, dass auch die tannaitischen Midraschim nicht selten mit der Tosefta übereinstimmende Traditionen bieten, was den Schluss zulässt, dass sie bereits vor deren Endredaktion fertig gestellt war.[16]
Die Sprache der Tosefta entspricht in Wortschatz und Syntax dem Hebräisch der Mischna. Dies und die Tatsache, dass der jerusalemische Talmud mehr Gemeinsamkeiten mit der Tosefta aufweist als der babylonische Talmud, deuten daraufhin, dass auch die Tosefta in Galiläa entstanden ist. Gegenüber der Mischna finden sich allerdings in der Tosefta auffallend viele lebensweltlich bedingte griechische Lehnwörter. Ebenso scheint die Sprache hier weniger formalisiert und vereinheitlicht als in der Mischna. Dies entspricht der Tatsache, dass der Text der Tosefta in weitaus geringerem Maß als der Mischnatext im rabbinischen Schulbetrieb Verwendung fand und deshalb auch weniger rezensiert, d.h. unter Bezugnahme auf die später im babylonischen Talmud entwickelte und bestimmend gewordene Halacha geglättet und vereinheitlicht wurde. Die

---

[15] Einen umfassenden Überblick bietet *G. Mayer*, Art. Mischna, TRE 23 (1994), 13-18.

[16] Zur Diskussion um die Datierung der Tosefta vgl. *A. Houtman*, Mishnah and Tosefta (TSAJ 59), 2 Bde., Tübingen 1996; *J. Neusner*, The Place of the Tosefta in the Halakhah of Formative Judaism (SFSHJ 156), Atlanta, Ga. 1998; *Y. Elman*, Authority and Tradition. Toseftan Baraitot in Talmudic Babylonia, New York, N.Y./Hoboken, N.J. 1994; *S. Friedman*, The Primacy of Tosefta to Mishnah in Synoptic Parallels, in: *H. Fox/T. Meacham* (Hg.), Introducing Tosefta, New York, N.Y. 1999, 99-121; *J. Hauptman*, Rereading the Mishnah (TSAJ 109), Tübingen 2005, 14-16.

Zitate aus der hebräischen Bibel wurden in der Tosefta nicht so wie in der Mischna an die masoretische Textform angeglichen. Auch das hängt damit zusammen, dass das Interesse, die Tosefta zu „aktualisieren", weitaus geringer war als bei der Mischna.[17]

Der Toseftatraktat Moed ḳaṭan, „Halbfeiertage", wörtlich übersetzt „das kleine Fest", gehört aufgrund seines Hauptinhalts, nämlich der Vorschriften für die erlaubten und verbotenen Arbeiten an den Halbfeiertagen, zur zweiten Ordnung der Tosefta namens Moed („Festzeiten"). Er behandelt die Vorschriften für die Tage zwischen dem ersten und dem siebten Tag des Pesachfestes und zwischen dem ersten und dem achten Tag des Laubhüttenfestes, an denen nur bestimmte Tätigkeiten erlaubt sind.[18]

Der Traktat folgt in der Behandlung der Gegenstände und in deren Reihenfolge dem gleichnamigen Traktat der Mischna,[19] zu dem auch eine ausführliche palästinische und babylonische Gemara existieren.[20] Er bezieht sich überwiegend auf den entsprechenden Abschnitt in der Mischna und knüpft an diese an, bietet jedoch eine Reihe zusätzlicher Traditionen und übergeht andere.

In diesem Kontext behandelt der Toseftatraktat einen bunten Strauß von Themen, nämlich die Bewässerung von Feldern (I 1-2) und verschiedene Arbeiten an Bewässerungsanlagen (I 3), sonstige landwirtschaftliche (I 4-6.11) und häusliche Bedarfsarbeiten (I 7; II 11f.), die Untersuchung von Aussatz (I 8), die Möglichkeit der Ausführung verschiedener notwendiger Handlungen bei einem Sterbefall bzw. die Unterbrechung der vorgeschriebenen Trauerzeiten durch die Festzeit (I 9; II 6-9.17), die Regelung von Angelegenheiten des Familienstandes (I 10), geschäftliche Beziehungen mit Juden und Nichtjuden (II 1.3-5.11-13), das Betreten des nichtjüdischen „Auslan-

---

[17] Vgl. *S. Rosenblatt*, The Interpretation of the Bible in the Tosefta (JQR.MS 4), Philadelphia, Pa. 1974.

[18] Vgl. *M. Tilly*, Tosefta Moed ḳaṭan. Übersetzung und Erklärung, in: Rabbinische Texte, 1. Reihe, Bd. II 5, Stuttgart 2004, 1-51.

[19] Vgl. *E. L. Rapp*, Mo'ed qaṭan (Halbfeiertage) (Giessener Mischna II 11), Giessen 1931.

[20] Vgl. *H. P. Tilly*, Moed Qatan (Übersetzung des Talmud Yerushalmi II/11), Tübingen 1988; *H. Goldwurm/Y. S. Schorr* (Hgg.), Tractate Moed Qatan (The Schottenstein Edition of the Talmud Bavli 21), Brooklyn, N.Y. 1999.

des“ (II 1), Körperpflege (II 2), der Gebrauch von Arzneien (II 10), die Behandlung und kontrollierte Paarung von Tieren (II 11) sowie besondere rituelle Handlungen. Ein exkursartiger Einschub, der mehrere Beispiele zu Sabbatvorschriften sowie assoziativ mit diesen verbundene Traditionen anführt, unterbricht den Zusammenhang des Traktats (II 14-16).

3. Tosefta Moed ḳaṭan und die Lebenswelt des galiläischen Judentums

Anhand eines Durchgangs durch Tosefta Moed ḳaṭan ist zu zeigen, dass in diesem rabbinischen Text einige bedeutende Aspekte der Lebenswelt des zeitgenössischen galiläischen Judentums zur Sprache kommen, deren Kenntnisnahme möglicherweise sogar eine präzisere Betrachtung der Lebensbedingungen der galiläischen Bevölkerung in der Spätzeit des Zweiten Tempels ermöglicht.
Als erstes kann hierbei festgehalten werden, dass die bereits zu Beginn dem Traktat in Tosefta Moed ḳaṭan I 1-3 angesprochenen Themen bei aller Heterogenität zum einen den hohen Stellenwert der Landwirtschaft, insbesondere des Ackerbaus als wirtschaftlicher Grundlage des Lebens, anzeigen, und zum anderen der Personenkreis, der von diesen Regelungen betroffen ist, nahezu ausschließlich Landwirtschaft, und daneben auch Handwerk und Kleinhandel treibende kleinbäuerliche galiläische Juden und ihren Familienverband, umfasst. Weder begegnet eine Bezugnahme auf eine irgendwie organisierte Synagogengemeinde noch irgendwelche Gemeindeämter und Strukturen.
Die in Galiläa betriebene Landwirtschaft war abhängig von ausreichenden Niederschlägen; der beachtliche Aufwand, der gemäß den ersten Abschnitten des Traktats hinsichtlich der Anlage und Pflege von Bewässerungssystemen und hinsichtlich der halachischen Begründung ihres Betriebs auch während der Halbfeiertage getrieben wurde, zeigt die lebenswichtige Bedeutung des Wassers für eine wirtschaftlich ungesicherte Agrargesellschaft.[21] Das Bemühen der Gelehrten um eine Regelung, die zwar schriftgemäß ist, aber dennoch keine unnötige Beschwernis im Alltag darstellt, wird verständlich, wenn man sich bewusst macht, dass zahlreiche Juden

---

[21] Vgl. *Tilly*, Tosefta Moed ḳaṭan, 1f.

nach 70 und 135 n. Chr. ihr palästinisches Mutterland gleich ganz verließen, da ihnen die Lebensbedingungen z.B. im benachbarten Syrien erträglicher schienen.[22] Dort, außerhalb des Geltungsbereichs der Toragebote für die Agrarwirtschaft im Heiligen Land, gab es schließlich keine hinderlichen Bestimmungen wie das Sabbatjahr oder die Verpflichtung zum Stehen lassen der Ackerecke.[23]
In Tosefta Moed ḳaṭan I 2 heißt es:

מותרין משכיר אדם עוגתו של מים לגוי
ומחליף עמו משבת למוצאי שבת ואינו חושש

„Jemand darf seine Wasserzeit einem Nichtjuden verpachten oder mit ihm vom Sabbat auf den Sonntag tauschen, ohne Besorgnis zu erregen.“

Die Rede ist hier von der Benutzung eines Wassergrabens durch mehrere Kleinbauern, die ihm zu festgesetzten Zeiten Wasser zur Bewässerung ihrer Felder entnehmen konnten, wobei es möglich war, die eigene Benutzungszeit bzw. die während dieser Zeit entnommene Wassermenge gegen Entgelt einem anderen abzutreten.[24] Das eigentlich Interessante an diesem Abschnitt besteht in der Beiläufigkeit, mit dem hier das enge Miteinander von Juden und Nichtjuden beschrieben wird. Tatsächlich war Galiläa ein Gebiet, das zwar seit der Zeit der hasmonäischen Hohenpriester und Könige offiziell

---

[22] Vgl. *G. Stemberger*, Bedeutung, 336: „Wo die Ausdehnung dieser Grenzen [sc.: des „Landes Israel“] die Abwanderung aus dem jüdischen Kernland nicht verhindern konnte, musste man die halakhischen Pflichten innerhalb des Landes erleichtern, um die jüdische Bevölkerung zu halten.“

[23] Vgl. *S. Safrai*, The Land of Israel in Tannaitic Halacha, in: *G. Strecker* (Hg.), Das Land Israel in biblischer Zeit (GTA 25), Göttingen 1983, 201-215 (hier: 205f.); *W. Kraus*, „Eretz Jisrael“. Die territoriale Dimension in der jüdischen Tradition als Anfrage an die christliche Theologie, in: *M. Karrer* u.a. (Hgg.), Kirche und Volk Gottes, FS Jürgen Roloff, Neukirchen-Vluyn 2000, 19-41 (hier: 34f.).

[24] Vgl. *S. Krauss*, Talmudische Archäologie, Bd. 2, Leipzig 1911, 165; *G. Dalman*, Arbeit und Sitte in Palästina, Bd. 2 (BFChTh 27), Gütersloh 1932, 240; *Z. W. Falk*, Introduction to Jewish Law of the Second Commonwealth (AGJU 11), Bd. 2, Leiden 1978, 222; *Y. Feliks*, Agriculture in Eretz-Israel in the Period of the Bible and Talmud, Jerusalem ^{2}1990, 288.

als jüdisch galt, jedoch bereits seit Jahrhunderten multiethnisch und multireligiös war.[25] Spätestens seit dem Bauprogramm des Herodes Antipas,[26] das die Anwerbung zahlreicher Arbeiter aus den umliegenden Gebieten erforderte, lebten hier viele Nichtjuden mit eigenen wirtschaftlichen, kulturellen und religiösen Interessen, ohne dass dies offensichtlich zu Konflikten im alltäglichen Leben führte. In diesem Kontext ist auch Tosefta Moed ḳaṭan II 14 von Interesse:[27]

יושבין על ספסל של גוים בשבת בראשונה היו אומרים
אין יושבין על ספסל של גוים בשבת

„Man darf am Sabbat auf der Bank von Nichtjuden sitzen. Früher pflegten sie zu sagen: Man darf nicht auf der Bank von Nichtjuden sitzen am Sabbat.“

Hier geht es um eine Marktbank, auf der ein Nichtjude zum Verkauf seiner Ware sitzt. Die formelhafte Wendung בראשונה היו אומרים („*früher pflegten sie zu sagen*“) als Einleitung der Beschreibung einer „älteren“ halachischen Praxis, der eine anders lautende, als „jünger“ ausgewiesene Regelung folgt, dient der legitimierenden Begründung der jüngeren Entscheidung gegenüber der erstgenannten und hierdurch als überholt dargestellten Ansicht oder Praxis.[28] Die rabbinische Tradition zeigt, dass der bloße Aufenthalt in der Nähe von Nichtjuden an sich von den Gelehrten generell nicht als ein halachisches Problem empfunden wurde. Es soll vielmehr allein der Anschein vermieden werden, man würde den Nichtjuden am Sabbat stellvertretend als Verkäufer auftreten lassen.[29]
Tosefta Moed ḳaṭan II 1 hält fest:

לוקחין מן הגוים בתים שדות וכרמים בהמה
עבדים ושפחות מפני שהוא כמציל מידם

[25] Vgl. *S. Freyne*, Galilee from Alexander the Great to Hadrian: 323 B.C.E. to 135 C.E. (University of Notre Dame Center for the Study of Judaism and Christianity 5), Wilmington, Del. 1980.
[26] Vgl. *M. Tilly*, Der Fuchs auf dem Herrscherthron, WUB 24 (2002), 15-20.
[27] Hebräischer Text nach Ms. Erfurt (um 1260).
[28] Vgl. T Schebiit III 8; IV 16; T Maaser scheni IV 5; T Sukka IV 1; *C. Hezser*, Social Structure, 89f. mit Anm. 91.
[29] Vgl. M Schabbat XVI 8.

„Man darf von Nichtjuden Häuser, Felder und Weinberge, Vieh, Sklaven und Sklavinnen kaufen [d.h. zurückkaufen bzw. freikaufen am Halbfeiertag], weil er wie jemand ist, der aus ihrer Hand rettet."

Der Abschnitt reflektiert sowohl die Konfiskation von jüdischem Landbesitz nach der Tempelzerstörung und nach dem Bar-Kochba-Aufstand als auch die Versklavung zahlreicher Juden durch die Römer.[30] Ein Teil des ehemaligen jüdischen Grundbesitzes in Galiläa, der eben die wirtschaftliche Basis der jüdischen Agrargesellschaft bildete, war durch die römische Verwaltung der Provinz nichtjüdischen Siedlern, zu einem geringeren Teil auch römischen Veteranen übergeben worden.[31] Die damit einhergehende Neuordnung der Landverteilung, d.h. die Förderung von Großgrundbesitz bei gleichzeitiger Beibehaltung der Realteilung im Judentum, die zu immer kleineren Grundstücken führte, verstärkte das ohnehin bestehende soziale Gefälle zwischen jüdischen Kleinbauern und nichtjüdischen Großgrundbesitzern.[32] Beschlagnahmtes Land wurde von den Römern auch an nichtjüdische Geschäftsleute verpachtet, die es ihrerseits zu einem höheren Preis an seinen ursprünglichen jüdischen Besitzer verpachteten. Infolge dieses auf Profitmaximierung zielenden Systems gelang es immer weniger jüdischen Kleinbauern, zu erwirtschaften, was sie zum Leben brauchten.[33]

Aus diesem Grund sind sowohl der Kauf bzw. Rückkauf von Immobilien und Vieh aus der Hand von Nichtjuden als auch die Auslösung von jüdischen Gefangenen aus Zwangsarbeit und Sklaverei auch während der Halbfeiertage erlaubt, obwohl beides weder dem Festbedarf dient, noch in irgendeiner Weise

---

[30] Der Freikauf jüdischer Gefangener galt den Rabbinen als „großes Gebot" (מצוה רבה; vgl. T Terumot I 10; b Baba batra 8a).

[31] Vgl. *M. Avi-Yonah*, Geschichte der Juden im Zeitalter des Talmud. In den Tagen von Rom und Byzanz (SJ 2), Berlin 1962, 28f.; *G. Alon*, The Jews in Their Land in the Talmudic Age (70 – 640 C.E.), Cambridge, Mass./London ^{3}1996, 59ff.

[32] Vgl. *Alon*, Jews, 156f. 549f.; *D. Sperber*, Aspects of Agrarian Life in Roman Palestine I: Agricultural Decline in Palestine during the Later Principate, ANRW II 8 (1977), 397-443 (hier: 432f.); *G. Stemberger*, Juden und Christen im Heiligen Land, München 1987, 22f.

[33] Vgl. *Avi-Yonah*, Geschichte, 29f.; *Sperber*, Roman Palestine 200 – 400: The Land, Ramat-Gan 1978, 109f.

vor aktueller Lebensgefahr bewahrt.[34] Auch diese Bestimmung reflektiert in besonderem Maße die lebensdienliche Funktion der Halacha. In den tannaitischen Texten werden zwar aufgrund ihrer kasuistischen Struktur mitunter lebensfremde Exempla angeführt, diese dienen aber grundsätzlich dazu, jüdisches Leben zu ermöglichen, zu strukturieren und zu sichern.[35] Insbesondere hinsichtlich der polemischen Aussagen über die schriftgelehrte Auslegung und Anwendung der Tora in den Evangelien (vgl. z.B. die Weherufe gegen die Schriftgelehrten und Pharisäer in Mt 23,1 – 24,2[36] oder die Darstellung des Konflikts um die Sabbatheiligung in Joh 5,1-47; 9,1 – 10,21[37]) ist diese Beobachtung von hoher Bedeutung.

Die besonders ausführlichen Bezugnahmen auf Tod und Trauerbräuche[38] in Tosefta Moed ḳaṭan konzentrieren sich auf das Verhalten der Angehörigen bei einem Trauerfall, die nunmehr erforderlichen Trauerriten und deren Dauer, die Aufbahrung des Leichnams, die Vorbereitung des Begräbnisses, die Bezeichnung des Grabes und den Brauch der Zweitbestattung der Totengebeine.[39] Kennzeichnend ist dabei die Konzentration

---

[34] Vgl. *Kraus*, „Eretz Jisrael“, 337-341; *Tilly*, Tosefta Moed ḳaṭan, 26f.

[35] Vgl. *Safrai*, Land, 201f.; *J. Neusner*, Making God´s Word Work. A Guide to the Mishnah, New York, N.Y./London 2004.

[36] Vgl. *H. J. Becker*, Auf der Kathedra des Mose (ANTZ 4), Berlin 1990.

[37] Vgl. *M. Asiedu-Peprak*, Johannine Sabbath Conflicts as Juridical Controversies (WUNT 2/132), Tübingen 2001, 233-245.

[38] Zum Bestattungswesen im antiken Judentum vgl. *S. Klein*, Tod und Begräbnis in Palästina zur Zeit der Tannaiten, Berlin 1908; *U. Volp*, Tod und Ritual in den christlichen Gemeinden der Antike (VigChr.Suppl. 65), Leiden/Boston, Mass. 2002, 29-46; *M. Tilly*, „Wenn ein Stein bewegt wird…“. Tod und Trauer im Judentum in der römischen Kaiserzeit, AW 34 (2003), 143-150; *L. Triebel/J. Zangenberg*, Hinter Fels und unter Erde. Beobachtungen zur Archäologie und zum kulturellen Kontext jüdischer Gräber im hellenistisch-römischen Palästina, in: *S. Alkier/J. Zangenberg* (Hgg.), Zeichen aus Text und Stein (TANZ 42), Tübingen/Basel 2003, 447-487; *L. Triebel*, Jenseitshoffnungen in Wort und Stein (AGJU 56), Leiden u.a. 2004; *R. Hachlili*, Jewish Funerary Customs, Practices, and Rites in the Second Temple Period (JSJ.S 94), Leiden u.a. 2005.

[39] Vgl. *E. M. Meyers*, Jewish Ossuaries. Reburial and Rebirth (BibOr 24), Rom 1971; *R. Hachlili/A. Killebrew*, Jewish Funerary Customs During the Second Temple Period in the Light of the Excavations at the

auf den häuslich-familiären Bereich, von dem aus das Verhältnis zwischen den Angehörigen und dem Toten einerseits und den Angehörigen und der Öffentlichkeit andererseits sich gestaltet.[40] Insbesondere diese rabbinischen Überlieferungen ermöglichen eine Auswertung im Hinblick auf die jüdische Gesellschaft in Galiläa und ihre Lebensbedingungen bzw. deren parteiische Wahrnehmung, im Hinblick auf die antiken jüdischen Bestattungs- und Trauerbräuche, und schließlich im Hinblick auf die Frage nach einer kultur- und religionsgeschichtlichen Verortung der untersuchten Textpassagen.

Von besonderem Interesse sind drei Beobachtungen und eine Fehlanzeige. Zunächst ist festzuhalten, dass Tosefta Moed ḳaṭan I 9 gestattet, bestehende Grabstätten zu verlängern oder zu erweitern, was auf Höhlen- bzw. Kammergräber hindeutet.[41] Andererseits ist im gleichen Abschnitt die Rede von der oberirdischen Bezeichnung von Erd- bzw. Senkgräbern.[42] Dem literarischen Befund in dem Toseftatraktat, der ein gleichzeitiges Nebeneinander unterschiedlicher Bestattungsarten im Judentum zeigt, entspricht der archäologische Befund in der jüdischen Nekropole von Beth Sche'arim, südöstlich vom heutigen Haifa gelegen. Hier begegnen Erdgräber, Nischengräber und – zuweilen geräumige – Kammergräber zur Aufnahme der Ossuarien und hölzernen, seltener steinernen oder bleiernen Särge.

Die zweite Beobachtung betrifft Tosefta Moed ḳaṭan II 1. Hier ist die Rede von einem außerhalb der Ansiedlung gelegenen Friedhof (בית הקברות) als verunreinigendem Gebiet. Der Abschnitt entspricht sachlich dem eben angesprochenen Abschnitt I 9 sowie Mischna Moed ḳaṭan I 2, wo es heißt, die Erdgräber würden mit Kalkbrühe geweißt. Die Kennzeichnung geschieht also, um Verunreinigung durch Totenunreinheit (vgl. Num 19,11) zu vermeiden, was seinerseits zum Verständnis von Mt 23,27f. beiträgt.[43] Die Bestattung außerhalb von Wohngebieten entspricht zeitgenössischem römischen

---

Jericho Necropolis, PEQ 115 (1983), 109-132 (hier: 129); *Triebel/Zangenberg*, Fels, 469-471.

[40] Vgl. *D. Kraemer*, The Meanings of Death in Rabbinic Judaism, London/New York, N.Y. 2000, 5.

[41] Vgl. *Triebel/Zangenberg*, Fels, 459-464.

[42] Vgl. ebd., Fels, 464-469.

[43] Vgl. *U. Luz*, Das Evangelium nach Matthäus (EKK I/3), Neukirchen-Vluyn 1997, 340f.

Brauch, wobei anzumerken ist, dass die Einäscherung – in klassischer Zeit die übliche Form der Bestattung – im römischen Kulturkreis etwa seit dem zweiten Jahrhundert n. Chr. nicht mehr gebräuchlich war, was u.a. die zeitgenössischen römischen Grabanlagen an der Ostgrenze des Reiches, bei Jerusalem, Petra und im Kidrontal, unter Beweis stellen.[44]
Die dritte Beobachtung betrifft Tosefta Moed ḳaṭan II 17. In dem Abschnitt begegnet eine Loslösung der Trauer aus dem eigentlichen familiären Bereich:

חכם שמת הכל קרוביו הכל קורעין עליו הכל
סופדין הכל מברין עליו אפילו ברחבה של עיר

„*Ein Weiser, der gestorben ist [, von dem gilt:] Alle sind seine Verwandten, alle reißen seinetwegen [die Kleider] ein, alle entblößen die Schulter, alle halten Trauerklage, alle reichen seinetwegen das Trauermahl, auch auf dem Platz der Stadt.*“

Die Rabbinen drückten demnach ihren beanspruchten Status auch beim Begräbnis aus. Die öffentliche Trauer entspricht der von ihnen angestrebten gesellschaftlichen Position.[45]
Die Fehlanzeige betrifft die Beobachtung, dass solche Grabstätten und Friedhöfe, wie sie in unserem Traktat angesprochen werden, in den tannaitischen Listen öffentlicher Institutionen (M Nedarim V 5; T Bava mezia XI 23) keine Erwähnung erfahren.[46] Hieraus kann man schließen, dass die Wahl, Bereitung und Pflege der Begräbnisstätte im galiläischen Judentum zunächst allein der Familie des Verstorbenen oblag.[47] Augenfällig sind die sachlichen Parallelen zu älteren jüdischen und christlichen Texten[48] und zum zeitgenössischen römischen Recht: Den nächsten Verwandten des Verstorbenen obliegt hier die Bezahlung und Durchführung des *funus trans-*

---

[44] Vgl. *Triebel/Zangenberg*, Fels, 471-473. Zum Bestattungswesen im der antiken römischen Welt vgl. *J. M. C. Toynbee*, Death and Burial in the Roman World, Baltimore, Md./London ^{2}1996, 188-199.

[45] Vgl. *I. Morris*, Burial and Ancient Society, Cambridge u.a. 1987, 43; *Z. Weiss*, Social Aspects of Burial at Beth Shearim. Archaeological Finds and Talmudic Sources, in: *Levine* (Hg.), Galilee, 357-371 (hier: 369f.); *C. Hezser*, Structure, 134.

[46] Vgl. *Tilly*, Tosefta Moed ḳaṭan, 26f.

[47] Vgl. *Triebel/Zangenberg*, Fels, 473.

[48] Vgl. Tob 1,17; Mt 8,21 par., Jos *Ap* 2,205.

laticum.[49] Auch in diesem Punkt entsprechen sich Text und Stein, entsprechen sich literarischer und archäologischer Befund: Die jüdische Nekropole von Beth Sche'arim enthält in ihren älteren Strata zahlreiche Familiengräber.[50]

Es ist als Zwischenergebnis festzuhalten: Im galiläischen Judentum des zweiten und dritten Jahrhunderts n. Chr. existierten durchgängig mehrere Bestattungsarten nebeneinander, die sich nicht von denen der nichtjüdischen – insbesondere der römischen – Umwelt unterscheiden.[51] Deutlich ist dabei die hohe Bedeutung des Familienverbandes als verantwortlichen Trägers sämtlicher Trauerriten. Deutlich ist auch das Bemühen der Rabbinen um Einflussnahme und Deutungshoheit.

Dieser Punkt leitet über zum letzten hier anzusprechenden Abschnitt. Es wurde bereits thematisiert, dass Tosefta Moed ḳaṭan II 14 die Praxis thematisiert, am Sabbat einen Nichtjuden stellvertretend Handel treiben zu lassen. Im unmittelbaren Anschluss daran überliefert der Traktat in II 15 ein *Ma'ase*, ein Geschehnis mit Rabban Gamli'el:

מעשה ברבן גמליאל על ספסל של גוים
בשבת בעכו אמרו לו אין נוהגין כן להיות
יושבין על ספסל של גוים בשבת לא רצה
לומר להם מותרין אתם אלא עמד והלך לו

„[Da war] ein Geschehnis mit Rabban Gamli'el, dass er auf einer Bank von Nichtjuden saß an einem Sabbat in Akko. Da sagten sie zu ihm: Es ist nicht Brauch, auf der Bank von Nichtjuden zu sitzen an einem Sabbat. Er wollte ihnen nicht sagen: Es ist euch erlaubt; sondern er stand auf und ging davon."

Die Juden in der Hafenstadt Akko folgen hier der „älteren" strengeren Halacha. Überhaupt scheint die halachische Praxis gerade in den Städten Galiläas strikter gehandhabt worden zu sein als im Süden Palästinas – selbst Rabban Gamli'el, der

---

[49] Vgl. *J. M. C. Toynbee*, Death, 54 mit Anm. 200f.; *D. Kraemer*, Meanings, 70; *U. Volp*, Tod, 41-46.

[50] Vgl. *Weiss*, Aspects, 358.

[51] Vgl. *Triebel/Zangenberg*, Fels, 474-476.

Sohn des berühmten Rabbi Jehuda ha-Nasi, achtet diesen ortsüblichen Brauch.[52]
Die Schlussfolgerung, die sich aus diesem Befund ziehen lässt, ist von beträchtlicher Tragweite: Die Halacha, das System der toragemäßen Weisungen und Entscheidungen, Regeln und Normen, die für Juden gelten, die – insbesondere nach der Zerstörung des Jerusalemer Tempels und dem damit einhergehenden Verlust des identitäts- und gemeinschaftsstiftenden Zentrums eines „*common Judaism*" – ihr Leben bestimmen und heilstiftend strukturieren, steht nunmehr in der Spannung zwischen ihrer Verankerung in der Tradition und ihrer Offenheit gegenüber den Anforderungen und Bedürfnissen des jüdischen Lebens in der Gegenwart.[53] Die Halacha ist somit nicht statisch, sondern einem dynamischen Prozess unterworfen; sie verändert und entwickelt sich fortwährend, auch als regionales oder gruppenspezifisches Gewohnheitsrecht (מנהג).[54] Für die Exegese des Neuen Testamentes bedeutet das, dass sich die Wahrnehmung des zeitgenössischen Judentums durch die verschiedenen Autoren, die nach 70 n. Chr. schreiben, insbesondere ihr Bemühen um Standortbestimmung und zuweilen auch ihre aktuelle Polemik, faktisch nicht gegen *das* Judentum richtet, sondern – unbeschadet der Tatsache, dass sie es in klischeehafter Weise wahrnahmen – gegen *ein* bestimmtes Judentum, genauer gesagt: gegen Juden zu einer bestimmten Zeit an einem bestimmten Ort, deren spezifische Torainterpretationen, Regeln und Bräuche keinesfalls repräsentativ für die Allgemeinheit sind.

4. Zusammenfassung

Die bisherigen Einzelbeobachtungen lassen sich wie folgt zusammenfassen: Der Toseftatraktat Moed ḳaṭan enthält eine Reihe von Informationen über das galiläische Judentum in der Zeit nach der Tempelzerstörung. Diese Informationen betref-

---

[52] Vgl. *Alon*, Jews, 511f.; *L. H. Schiffman*, Was there a Galilean Halakhah?, in: *Levine* (Hg.), Galilee, 143-156; *A. Lehnardt*, Minhag in der jüdischen Tradition, Jud. 60 (2004), 37-52 (hier: 48).
[53] Vgl. *P. Segal*/*G. Mayer*, Halaḵa und Leben, in: *G. Mayer* (Hg.), Das Judentum, Stuttgart u.a. 1994, 73-123,hier: 86-88.
[54] Vgl. *M. Elon*, Jewish Law. History, Sources, Principles, Philadelphia, Pa./Jerusalem 1994, 896; *Lehnardt*, Minhag, 42f.

fen nicht nur seine eigentlichen Lebensbedingungen, sondern auch deren Wahrnehmung und Deutung durch die Rabbinen. Es ist thesenartig festzuhalten:

1. Grundlage des Lebens des jüdischen Bevölkerungsteils in Galiläa nach 70 n. Chr. ist die Landwirtschaft; dabei bedingen die mittelbaren und unmittelbaren Kriegsfolgen auch im Norden der römischen Provinz Syria-Palaestina eine gewisse Unvereinbarkeit von Existenzsicherung im Heiligen Land und strikter Toraobservanz.
2. Vor diesem Hintergrund zeigen die einzelnen Abschnitte des Toseftatraktats durchweg das Bestreben, durch die Schaffung einer Basis der Halacha jüdisches Leben zu ermöglichen, zu strukturieren und zu sichern, insbesondere innerhalb des Geltungsbereichs der Toragebote für das Heilige Land Israel. Diese prinzipiell lebensdienliche Funktion der Gebote, Normen und Gesetze leitet die rabbinische Tradition insgesamt.
3. Der Traktat verdeutlicht die fehlenden Möglichkeiten tatsächlicher Einflussnahme der Rabbinen auf die sie umgebende Gesellschaft. Zwischen dem präskriptiven Charakter der tannaitischen Literatur und ihrem deskriptiven Anspruch als „*Halakha to be*“ ist zu unterscheiden. Die Rabbinen hatten zu vielem etwas zu sagen, aber es ist zweifelhaft, ob man auch immer auf ihre Weisung achtete.[55]
4. Im galiläischen Judentum nach 70 n. Chr. hatte nicht die systematisierende Schultradition der Rabbinen und der von ihnen vertretene sinnstiftende religiöse Makrokontext die Definitionsmacht, sondern vor allem Kontinuität stiftende Familientraditionen und lokal überliefertes Brauchtum. Weder lässt sich in dieser Zeit weiterhin von einem am Jerusalemer Tempel und seinem Kult orientierten „Common Judaism“ reden, noch hatten die rabbinischen Gelehrten und ihre Schülerkreise bereits größeren Einfluss auf das Judentum in Palästina oder gar darüber hinaus. Letzterem entspricht auch die Beobachtung, dass die Bezüge auf Inhalte und Motive aus der rabbinischen Traditionsliteratur in Justins Dialog mit dem Juden Tryphon, dessen erzählte Zeit ja das Ende des Bar-Kochba-Aufstands ist, allein in den Redebeiträgen des christlichen

[55] Vgl. *Hezser*, Structure, 353-404; *S. Schwartz*, Some Types of Jewish-Christian Interaction in Late Antiquity, in: *R. Kalmin/ders.* (Hgg.), Jewish Culture and Society under the Christian Roman Empire (Interdisciplinary Studies in Ancient Culture and Religion 3), Leuven 2003, 197-210 (hier: 204-206).

Philosophen begegnen, nicht aber in denen Tryphons. Auch Justins literarische Darstellung des Juden Tryphon spiegelt die Heterogenität des Judentums im östlichen Mittelmeerraum und die regionale Ausdifferenzierung der Halacha wider.[56]
Was trägt das Referierte hinsichtlich des Leitthemas dieses Sammelbandes aus? Zunächst gilt, dass Menschen zu allen Zeiten und auch in der hellenistisch-römischen Antike bei der Gestaltung der verschiedenen Bereiche ihres Lebens stets aus einer begrenzten Anzahl vorgegebener Handlungsmöglichkeiten schöpften. Sowohl die Bildhälften der Gleichnisse Jesu als auch zahlreiche halachische Regelungen sowie die Geschehnisse zu deren Veranschaulichung sind der Lebenswelt galiläischer Kleinbauern entlehnt.[57] Unter Berücksichtigung anderer antiker Quellen, etwa Philon und Josephus, insbesondere aber nichtliterarischer Texte und archäologischer Funde und Daten, ist es durchaus möglich, auch die tannaitische Literatur in diesem Sinne – selbstverständlich mit der gebotenen Vorsicht bzw. methodischen Sorgfalt – dazu heranzuziehen, unseren Blick auf das Leben und Denken im galiläischen Judentum zur Zeit Jesu zu schärfen und zu erweitern.
Der zweite Ertrag ist methodischer Natur: Unbestritten darf die Verwendung der rabbinischen Traditionsliteratur als religions- und kulturgeschichtliches Vergleichsmaterial, insbesondere für die Erhellung der galiläischen Lebenswelt Jesu aus Nazareth, keinesfalls als eine Art „Parallelomanie" betrieben werden, bei der man vermeintliche Parallelen unter Absehung von ihrem jeweiligen Kontext, ihrer Bedeutung und Funktion vergleicht und auswertet.[58] Dennoch sind gerade die in Tosefta Moed ḳaṭan in beispielhafter Weise zu erkennenden Aspekte der lebensdienlichen Funktion der Tora im Judentum und der prinzipiellen Heterogenität ihrer Auslegung und Anwendung in ihrer Bedeutung für eine sachgemäße Exegese des Neuen Testaments nicht hoch genug zu veranschlagen.

---

[56] Vgl. *K. Greschat*/*M. Tilly* (Hgg.), Justinus. Dialog mit dem Juden Tryphon, Wiesbaden 2005, 13f.
[57] Vgl. *Hezser*, Structure, 342f.; *W. Bösen*, Die Figurenwelt der Gleichnisse, WUB 24 (2002), 60-66.
[58] Vgl. *S. Sandmel*, „Parallelomania", JBL 81 (1962), 1-13.

Heinz-Wolfgang Kuhn

Wo wirkte Jesus in der Gaulanitis?

Archäologische und historische Feststellungen zur Gleichsetzung von Betsaida/Julias mit et-Tell in frührömischer Zeit

1. Einleitung

Die Ausgrabung von et-Tell, einem Hügel in der Nähe des Nordendes des Sees Gennesaret (s. Abb. 1), begann 1987 mit einer Probegrabung. Der leitende Archäologe der Ausgrabung ist seit Beginn Rami Arav, der z. Z. an der Universität von Nebraska in Omaha lehrt, wo das *Bethsaida Excavations Project* verwaltet wird. Gegenwärtig beteiligen sich 15 Universitäten und Hochschulen aus den USA und Europa an der Ausgrabung, darunter als einzige deutsche Einrichtung die Universität München. Der Autor nimmt seit 1989 an der Grabung teil und ist seit 1991 Kodirektor.[1]
Das Projekt wird von zahlreichen Spezialisten, u. a. für Numismatik, Restaurierung von Tongefäßen, Zooarchäologie, Geographie/Geologie und Bodenradar (*Ground Penetrating Radar*) unterstützt. Eine Buchreihe zur Grabung mit dem Titel

[1] Frau Dr. Regina Franke von der Provinzialrömischen Archäologie der Universität München hat mir wesentlich bei der Abfassung des archäologischen Teils dieses Aufsatzes geholfen und die Abbildungsvorlagen auf dem Computer erstellt. Der Aufsatz basiert auf Vorträgen, die ich auf Konferenzen in Cambridge, UK (2003), Omaha, Nebr. (2004) und in München (2005) gehalten habe. Eine längere Fassung dieses Aufsatzes (vor allem hinsichtlich Teil 1) erscheint unter dem Titel „Did Jesus Stay at Bethsaida? Arguments from Ancient Texts and Archaeology for Bethsaida and et-Tell“ in: *T. Holmén/S. E. Porter* (Hgg.), The Handbook of the Study of the Historical Jesus, Bd. 4, Leiden/Boston, Mass., vorgesehen für 2007/2008 (ich danke dem Verlag Brill für die Zustimmung, die englische Fassung zugrunde zu legen); an einigen Stellen ist die vorliegende deutsche Fassung ergänzt worden. Für weitere Hilfen danke ich vor allem dem Mitherausgeber Dr. Carsten Claußen und Frau Alison Deborah Sauer, lic. phil.

„Bethsaida. A City by the North Shore of the Sea of Galilee“ wird von Rami Arav und von Richard A. Freund (Letzterer von der Universität Hartford in Connecticut) herausgegeben. Bisher sind drei Bände erschienen; ein vierter Band ist im Druck.[2]

---

[2] *R. Arav/R. A. Freund* (Hgg.), Bethsaida. A City by the North Shore of the Sea of Galilee, Bde. 1-3, Kirksville, Mo. 1995, 1999, 2004. Weitere Bücher über Betsaida: *M. Bernett/O. Keel*, Mond, Stier und Kult am Stadttor. Die Stele von Betsaida (et-Tell) (OBO 161), Freiburg, CH 1998; *F. Strickert*, Bethsaida. Home of the Apostles, Collegeville, Minn. 1998. Es liegen auch schon Dissertationen zu Betsaida vor. Eingesehen werden konnten vom Autor: *S. A. Fortner*, Die Keramik und Kleinfunde von Bethsaida am See Genezareth, Israel (Promotionsschrift, Fakultät für Kulturwissenschaften der Universität München, 2005); *T. Fisher*, A Zooarchaeological Analysis of Change in Animal Utilization at Bethsaida from Iron Age II through the Early Roman Period (Ph.D.-Dissertation, The University of Tennessee, Knoxville, Tenn. 2005). Im Zusammenhang mit der Ausgrabung steht auch eine Münchner Habilitationsschrift, deren Veröffentlichung jetzt erfolgt: *M. Bernett*, Der Kaiserkult in Judäa unter den Herodiern und Römern. Untersuchungen zur politischen und religiösen Geschichte Judäas von 30 v. bis 66 n. Chr. (WUNT 203), Tübingen 2007. Vom Autor liegen außer je einem Beitrag in den Bethsaida-Bänden 1-3 vor allem folgende Aufsätze zu Betsaida vor: *H.-W. Kuhn/R. Arav*, The Bethsaida Excavations. Historical and Archaeological Approaches, in: *B. A. Pearson* (Hg.), The Future of Early Christianity (FS Helmut Koester), Minneapolis, Minn. 1991, 77-91 (Kuhn), 91-106 (Arav); *H.-W. Kuhn*, Zum neuesten Stand der Grabungen auf et-Tell (Betsaida/Julias), Welt und Umwelt der Bibel, H. 10, Jg. 3 (1998) 78-80; *ders.*, Jesu Hinwendung zu den Heiden im Markusevangelium im Verhältnis zu Jesu historischem Wirken in Betsaida mit einem Zwischenbericht zur Ausgrabung eines vermuteten heidnischen Tempels auf et-Tell (Betsaida), in: *K. Krämer/A. Paus* (Hgg.), Die Weite des Mysteriums. Christliche Identität im Dialog. FS Horst Bürkle, Freiburg/Basel/Wien 2000, 204-240; *ders.*, Betsaida und das Neue Testament, in: *G. Faßbeck* u. a. (Hgg.), Leben am See Gennesaret. Kulturgeschichtliche Entdeckungen in einer biblischen Region, Mainz 2003, 164-167. Eine vollständige Liste der Veröffentlichungen des Autors zu Betsaida findet sich auf der Website der Neutestamentlichen Abteilung der Evangelisch-Theologischen Fakultät der Universität München (<http://www.nt.evtheol.uni-muenchen.de/personen/kuhn/publikationen/betsaida/>). Auf der Website der Neutestamentlichen Abteilung sind auch der in Abb. 2 abgedruckte sog. schematische Plan in einem größeren Maßstab und der sog. steingerechte Plan in Farbe zu finden (<http://www.nt.evtheol.uni-muenchen.de/personen/kuhn/plaene/>).

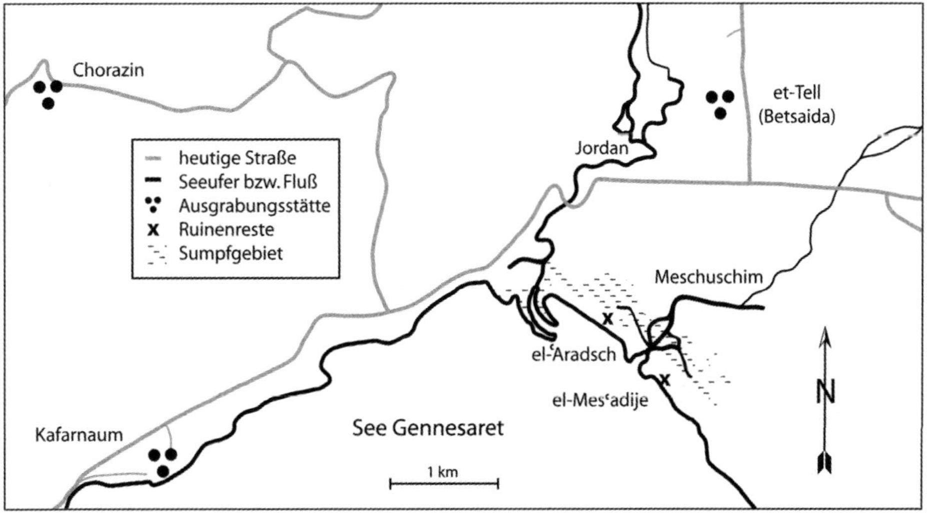

Abb. 1: Moderne Karte mit Kafarnaum, Betsaida (et-Tell) und Chorazin, unter Benutzung insbesondere einer israelischen Karte im Maßstab 1:50.000 der „Gesellschaft zum Schutz der Natur“ (Ausschnitt Nr. 2: Nordgaliläa, 1998) und eines israelischen Straßenatlas im Maßstab 1:150.000 (Israel. The New Road Atlas, Tel Aviv 2005) (© H.-W. Kuhn)

2. Einführung in die Ausgrabung und neutestamentlicher Befund

Der Hügel et-Tell ist insbesondere aufgrund der Darstellung des jüdischen Historikers Flavius Josephus, der das Gebiet aus eigener Erfahrung im 1. Jh. n. Chr. genau kannte, und aufgrund der jetzt zwanzig Jahre andauernden Grabung mit dem in den kanonischen Evangelien siebenmal genannten Betsaida gleichzusetzen. Er liegt gut zwei Kilometer nördlich vom jetzigen Nordende des Sees Gennesaret und nur einige hundert Meter vom östlichen Arm des Jordan entfernt (vgl. Abb. 1). Das Gebiet gehört bei Josephus zur unteren Gaulanitis (*Bell* 2,168).[3] Et-Tell ist der größte Hügel in der Umgebung und misst von N nach S etwa 400 m und von W nach O etwa 200 m (s. Abb. 2).

[3] Dagegen gehörte von den weiteren Orten bzw. Umgebungen von Orten, die Jesu Auftreten nennen, Caesarea Philippi zum Gebiet Paneas (Josephus, ebd.; vgl. auch *Ant* 17,189).

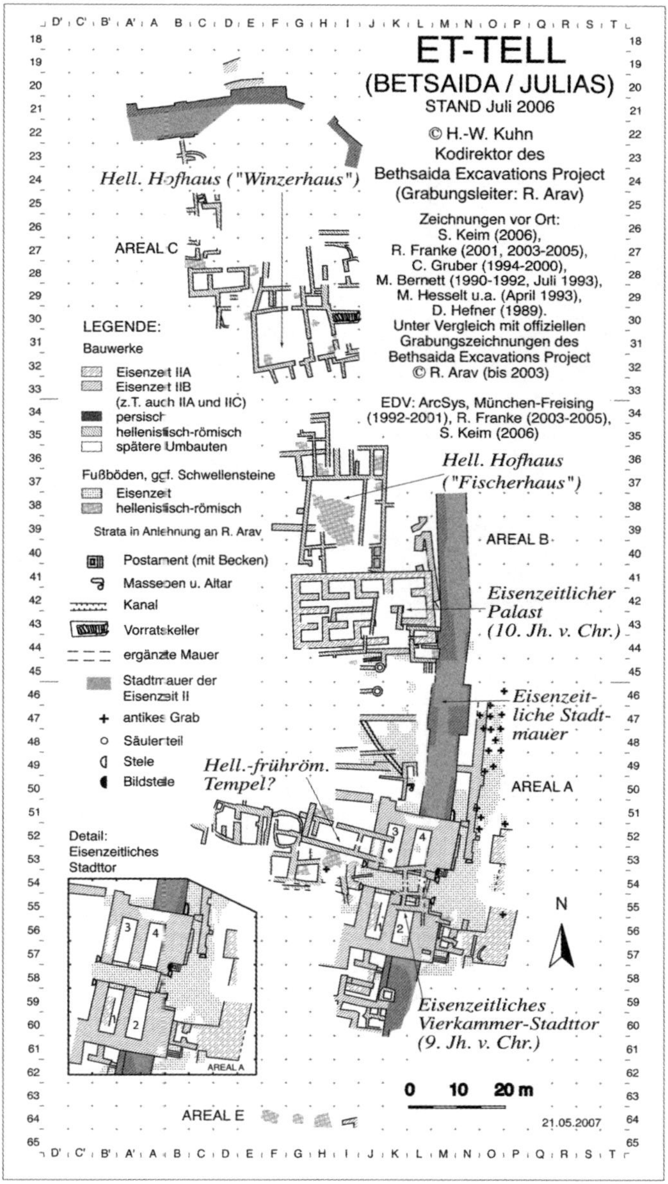

Abb. 2: Grabungsplan von et-Tell (Betsaida) 2006

Abbildung 3 gibt eine Luftaufnahme des Hügels aus dem Jahr 2004 wieder (die Schnur des Gerätes in der rechten Bildhälfte, von dem die Aufnahme erfolgte, weist auf das eisenzeitliche Stadttor mit seinen vier Kammern, das Abb. 2 in I-N/51-57 zeigt).

Abb. 3: Luftaufnahme von et-Tell (Betsaida) im Sommer 2004, Blick nach Osten, von einem Drachen aus photographiert (Photo Paul Bauman, Kanada, für das Bethsaida Excavations Project)

Josephus identifiziert Betsaida in *Ant* 18,28 mit der „Stadt" Julias, zu der das „Dorf" Betsaida von Philippus, Sohn von Herodes dem Großen und Tetrarch der nördlichen Territorien östlich des Jordan (4 v. Chr. – 33/34 n. Chr.), um 30 n. Chr. erhoben wurde. Der Name Julias bezieht sich nicht, wie Josephus, *Ant* 18,28 anscheinend fälschlicherweise meint, auf Julia, die Tochter des Augustus, die 2 v. Chr. verbannt wurde. Schon in den 80er Jahren des letzten Jahrhunderts sind der israelische Numismatiker Arie Kindler und unabhängig von ihm auch ich und meine Mitarbeiter zu dem heute allgemein akzeptierten Ergebnis gekommen, dass nur Livia-Julia, die Frau von Kaiser Augustus und Mutter von Kaiser Tiberius, gemeint sein kann.[4]

---

[4] S. im einzelnen *Kuhn*, Did Jesus Stay at Betsaida?, Anm. 4.

Zwei größere archäologische Perioden sind auf et-Tell (Betsaida) eindeutig festgestellt worden: zum einen die Eisenzeit II mit Befunden und Funden von etwa 1000 v. Chr. (gemäß der konventionellen „high chronology")[5] bis zum 8. Jh. v. Chr. (Strata 6 und 5) und zum anderen die hellenistisch-römische Zeit vom 3. Jh. v. Chr. bis zum 4. Jh. n. Chr. (Stratum 2). Im Jahr 363 n. Chr. fiel Betsaida offenbar einem größeren Erdbeben mit anschließender Flut, die im Jordanbecken angestautes Geröll zum See transportierte, zum Opfer; dabei wurde anscheinend auch der Tell durch die Geröllmassen vom direkten Zugang zum See abgeschnitten, wodurch die ökonomische Basis des einst „Fischhausen" („Bethsaida") genannten Ortes wohl verloren ging.[6]
Über die großartigen Befunde der Eisenzeit, vor allem den als „*bīt ḫilāni*" identifizierten Palast[7] und das etwa 30 m breite Vierkammertor (mit einem Opferplatz davor und der dazugehörigen schon weithin bekannten Bildstele),[8] kann hier nicht gehandelt werden (s. zur Lage in den Arealen A und B Abb. 2). Die Datierungen ins 10. Jh. v. Chr. (Palast) und ins 9. Jh. v. Chr. (Stadttor) entsprechen der oben erwähnten konventionellen „high chronology". Die Funde der hellenistisch-römischen Zeit, auf die ich in Abschnitt 2 eingehe, sind weniger spektakulär. Der Münchner Gesamtplan in Abb. 2, der hier nur in kleinem Format als sog. schematischer Plan abgedruckt ist, lässt durch die etwas dunkleren Schraffierungen (von oben links nach unten rechts)

---

[5] Auf die sog. „low chronology" in Israel/Palästina, die Israel Finkelstein u. a. vertreten (Datierung der archäologischen Befunde um einige Jahrzehnte, ein Jahrhundert oder mehr später), kann hier nicht eingegangen werden. Vgl. *I. Finkelstein/N. Silberman*, The Bible Unearthed. Archaeology's New Vision of Ancient Israel and the Origin of Its Sacred Texts, New York, N.Y. 2002, bes. 141f. Vom Palast in Betsaida (et-Tell) sagt Finkelstein das Gebäude „probably dates to the eighth century B.C.E." (statt 10. Jh. v. Chr.) (Chronology Rejoinders, PEQ 134 [2002] 118-129: 127).

[6] Vgl. *J. F. Shroder* u. a., Catastrophic Geomorphic Processes and Bethsaida Archaeology, Israel, in: *Arav/Freund* (Hgg.), Bethsaida, Bd. 2, 115-173.

[7] Vgl. *R. Arav/M. Bernett*, The *bīt ḫilāni* at Bethsaida: Its Place in Aramaean/Neo-Hittite and Israelite Palace Architecture in the Iron Age II, IEJ 50 (2000) 47-81.

[8] S. insbesondere *Bernett/Keel*, Stadttor.

die hellenistisch-römischen Architekturreste erkennen.[9]
Es wird hauptsächlich in den Arealen A, B und C gegraben, die auf Abb. 2 gekennzeichnet sind (die Grenzen liegen zwischen den Gitterzahlen 33/34 und 45/46). Über das Ganze der Grabung liegt ein Gitter von *squares* („Quadraten") von jeweils 5 x 5 m, wobei sich aber die tatsächliche Grabung am archäologischen Befund orientiert. 1992 und 1993 wurden einbetonierte Vermessungspunkte vor allem von N nach S bei I/J und von W nach O bei 48/49 angelegt, die wegen der fortgeschrittenen Grabung nur noch z. T. vorhanden sind.
Bezüglich der hellenistisch-römischen Zeit werden gegenwärtig drei Hauptprobleme diskutiert: 1) die historische Wirksamkeit Jesu in Betsaida, ein Problem kritischer Evangelienexegese; 2) die Identifizierung von et-Tell mit Betsaida, die von einigen wenigen Forschern außerhalb des Grabungsteams in Frage gestellt wird; 3) die Existenz eines Tempels aus hellenistisch-frührömischer Zeit, die selbst innerhalb des Grabungsteams umstritten ist. Auf die Frage, ob sich Jesus überhaupt jemals in Betsaida aufhielt, werde ich im Folgenden kurz eingehen. Den anderen beiden Aspekten werde ich mich dann ausführlicher widmen. Dabei wird es um den archäologischen Befund der frührömischen Periode auf et-Tell einschließlich des Problems eines Tempels und insbesondere um datierbare Kleinfunde gehen. Schließlich wende ich mich dem Problem einer Identifizierung der Siedlung auf et-Tell mit Betsaida/Julias zu, die in der frührömischen Zeit bestand und vor allem bei Flavius Josephus Erwähnung findet (Teil 3).
Hielt sich Jesus jemals in Betsaida auf?[10] Zwei der sieben Belege für Betsaida in den kanonischen Evangelien (s. Abb. 4) erwähnen nicht, dass Jesus selbst dort gewirkt habe (Joh 1,44; 12,21). An zwei weiteren Stellen (der Geschichte von der Speisung der 5000 und der Heilung eines Blinden) hält die Nennung von Betsaida einer historisch-kritischen Prüfung nicht stand; sie wurde lediglich auf literarischer Ebene durch die Evangelisten eingetragen (Mk 8,22; Lk 9,10). Neben Mk 6,45, wo ein gescheiterter Versuch der Jünger berichtet wird,

---

[9] Vgl. den detaillierten Hinweis auf die Münchner Pläne in Anm. 2.

[10] Der Autor hat schon mehrfach zu dieser Frage und zu den einzelnen Vorkommen von Betsaida in den kanonischen Evangelien in deutschen und englischen Publikationen Stellung genommen. In deutscher Sprache vor allem in: Jesu Hinwendung, 216f.; Betsaida und das Neue Testament, 164f. Ansonsten s. vor allem zuletzt: Did Jesus Stay at Bethsaida?, Abschn. II.

Betsaida per Boot zu erreichen – hierbei handelt es sich wahrscheinlich um eine ältere Tradition –, bleibt schließlich noch der Weheruf Jesu in Q 10,13-15.[11] Hier werde ich mich stärker einigen Details zuwenden. Zunächst zu den beiden Versionen im Matthäus- und Lukasevangelium:[12]

Lk 10,13-15	Mt 11,21-24
(13) Wehe dir, Chorazin! Wehe dir, Betsaida! Denn wenn in Tyrus und Sidon sich die kraftvollen Taten ereignet hätten, die unter euch geschehen sind, man hätte damals in Sack und Asche sitzend Buße getan. (14) Aber Tyrus und Sidon wird es im Gericht besser ergehen als euch. (15) Und du, Kafarnaum, wirst du etwa bis zum Himmel erhoben werden? Bis zu dem Hades wirst du hinabsteigen![13]	(21) Wehe dir, Chorazin! Wehe dir, Betsaida! Denn wenn in Tyrus und Sidon die kraftvollen Taten getan worden wären, die unter euch geschehen sind, man hätte damals in Sack und Asche Buße getan. (22) Aber ich sage euch, Tyrus und Sidon wird es am Tag des Gerichts besser ergehen als euch. (23) Und du Kafarnaum, wirst du etwa bis zum Himmel erhoben werden? Bis zum Hades wirst du hinabsteigen![13] (Zu V. 23a vgl. Jes 14,13.15.) Denn wenn in Sodom die kraftvollen Taten getan worden wären, die in dir geschehen sind, es stünde bis heute. (Zu V. 23b vgl. oben V. 21b.) (24) Aber ich sage euch, dass es dem Land Sodom am Tag des Gerichts besser ergehen wird als dir. (Zu V. 24 vgl. oben V. 22 und ferner Mt 10,15 par. Lk 10,12.)

[11] Die Zählung der Logienquelle Q folgt heute bekanntlich mit vorgesetztem „Q" dem Lukasevangelium.

[12] Die Unterschiede sind hervorgehoben (das ist natürlich in einer Übersetzung nur sehr unzureichend möglich).

[13] Einige wichtige Handschriften verzeichnen bei Lk und Mt (statt des Nestle/Aland-Textes, 27. Aufl., zuerst 1993) das Passiv von καταβιβάζω („du wirst hinabgeworfen werden").

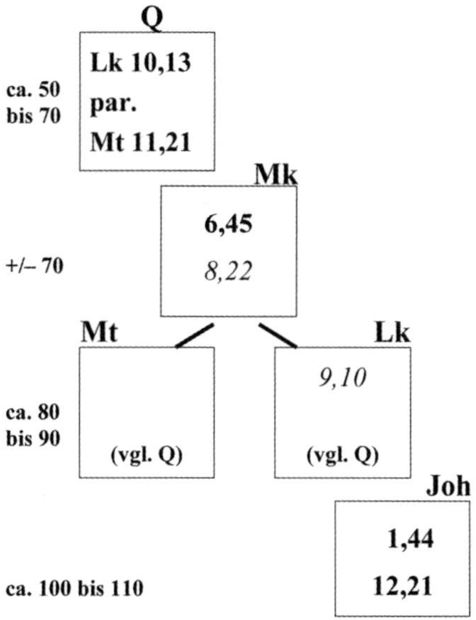

Q 10,13-15	**Weheworte Jesu gegen Kafarnaum, Chorazin und Betsaida**
Mk 6,45-52	**Jesus wandelt über das Wasser nach einer** *fehlgeschlagenen* **Bootsfahrt der Jünger nach Betsaida**
8,22-26	*Jesus heilt einen Blinden vor Betsaida*
Lk 9,10-17	*Jesus und die Apostel ziehen nach (εἰς) Betsaida: Speisung der 5000*
Joh 1,44	**Philippus, Andreas und Petrus aus Betsaida**
12,21	**Philippus aus Betsaida**

Abb. 4: Betsaida in den kanonischen Evangelien (fett = authentisch oder ältere Tradition; kursiv = Redaktion des Evangelisten)

Insgesamt, d. h. jedenfalls hinsichtlich des zusätzlichen Textes in Mt 11,23b-24, ist die lukanische Fassung ursprünglicher als die des Matthäus.[14] Obwohl ich hierauf nicht näher eingehen werde, seien jedoch einige Argumente für das hohe Alter dieses Jesus-Wortes genannt:[15] Der Bezug auf Chorazin und Betsaida erscheint deshalb als sehr alt, weil die Verkündigung Jesu in diesem Zusammenhang nicht erwähnt wird, sondern lediglich seine Wundertaten. Im Weheruf wird Kafarnaum als ein oder vielleicht sogar der Hauptort des Wirkens Jesu herausgestellt (historisch wohl zutreffend). Die große Bedeutung Kafarnaums für das Wirken Jesu deutet nach diesem Wort aber nicht darauf hin, dass Kafarnaum auch im Endgericht eine bevorzugte Behandlung erfahren werde; vielmehr wird dem Ort das Verderben angedroht, weil er nicht gewillt ist, Buße zu tun. Die beiden Nennungen von Kafarnaum und Chorazin stehen in einem gewissen Widerspruch zur Tradition, wie sie sich nach Ostern entwickelt hat: In dieser Tradition geriet Chorazin beinahe in Vergessenheit, während Kafarnaum offensichtlich zu einem Zentrum des frühen Christen-

---

[14] Die (vage formulierte) Gegenposition von *R. Bultmann*, Die Geschichte der synoptischen Tradition, Göttingen ^{2}1931 (+ Ergänzungsheft ^{2}1962), 118, ist schwierig nachzuvollziehen; gg. *Bultmann* z. B. *D. Lührmann*, Die Redaktion der Logienquelle (WMANT 33), Neukirchen-Vluyn 1969, 62 mit Anm. 5, für den der matthäische Text, insbesondere Mt 11,23b-24, sekundär ist. Die Q-Edition des „International Q Project" hält auch Mt 11,23-24 für sekundär und entscheidet sich in den anderen kleineren Fällen unterschiedlich; s. *J. M. Robinson* u. a. (Hgg.), The Critical Edition of Q. Synopsis Including the Gospels of Matthew and Luke, Mark and Thomas, Leuven 2000, z. St.). *H. T. Fleddermann*, Q. A Reconstruction and Commentary (Biblical Tools and Studies 1), Leuven u. a. 2005, 417f. beurteilt in seinem jüngst erschienenen großen Werk zu Q, bis auf den zusätzlichen Text bei Matthäus, alle Abweichungen bei Lukas als sekundär.

[15] Für R. Bultmann (und manche andere) liegt hier „Gemeindebildung" vor; Q 10,12 würde die gleiche Gemeindesituation widerspiegeln und Q 11,31f. das gleiche Schema urchristlicher Polemik zeigen; s. ders., Geschichte + Ergänzungsheft, 118+17. Aber die beiden letzten Fälle sind anders zu beurteilen als Q 10,13-15; s. dazu ausführlich *Kuhn*, Did Jesus Stay in Bethsaida?, Teil II. Von einer soeben erschienenen Monographie über die Authentizität der Gerichtsworte Jesu in Q kann ich für das hier besprochene Wehewort nur das Ergebnis zitieren: „The arguments tilt strongly in favor of the authenticity of the Galilean woes, tentatively including Matt 11:23b-24"; s. *B. H. Gregg*, The Historical Jesus and the Final Judgment Sayings in Q (WUNT 2/207), Tübingen 2006, 127.

tums in Galiläa wurde, wie Mk 1 zeigt. Dies lässt vermuten, dass das Wort entweder von Jesus selbst stammt und gegen Ende seines dortigen Wirkens gesprochen wurde, oder dass es kurz nach dem Tod Jesu dessen eigenes Scheitern an diesen drei Orten ins Gedächtnis rief.

3. Der archäologische Befund der frührömischen Zeit auf et-Tell unter besonderer Berücksichtigung der Kleinfunde

Das folgende Kapitel soll zeigen, dass et-Tell in der Zeit Jesu besiedelt war. Der fragliche Zeitraum betrifft etwa die erste Hälfte des 1. Jh. n. Chr., doch ein solch enger Zeitraum ist archäologisch schwer einzugrenzen. Es ist daher sinnvoll, die „frührömische" Zeit im Ganzen zu betrachten und, soweit möglich, die Funde auszuschließen, die wahrscheinlich in die zweite Hälfte des 1. Jh. n. Chr. oder später zu datieren sind. Der Begriff „frührömisch" wird hier für den Zeitraum zwischen der Einnahme Jerusalems durch den römischen Feldherrn Pompeius im Jahre 63 v. Chr. und dem Bar Kochba-Aufstand (132-135 n. Chr.) benutzt.
Zunächst betrachten wir den architektonischen Befund aus dem 1. Jh. n. Chr. Dieser ist um einiges problematischer als der aus der gesamten hellenistisch-römischen Zeit, da die römischen Häuser in Areal A über dem eisenzeitlichen inneren Tor und östlich des inneren Tores auch aus dem 2. Jh. n. Chr. stammen könnten. Erst nach einer noch zu leistenden detaillierten Analyse aller Funde, besonders der Keramik und ihres Kontextes, werden wir mehr über die Geschichte dieser Häuser wissen.[16] Seit 2003 steht eine ca. 1,5 m lange Mauer öst-

---

[16] Dr. Sandra A. Fortner meint in ihrer vorwiegend die Zeit bis 2000 (unter weitgehendem Ausschluss der Münzen) behandelnden Dissertation, Keramik und Kleinfunde, 167 (zur zeitlichen Begrenzung s. S. 9), dass auf et-Tell (Betsaida) „nur wenige Funde" die erste Hälfte des 1. Jh. n. Chr. repräsentieren. Diese Formulierung muss in Relation zur Fülle von Funden aus der hellenistischen Zeit und etwa dem 2. Jh. n. Chr. gesehen werden. Doch die Schwierigkeit, über einen so kurzen Zeitabschnitt eines halben Jahrhunderts Aussagen zu machen, sollte nicht unterschätzt werden, da sich bei einem Teil der Funde die erste Hälfte des 1. Jh. n. Chr. gar nicht ausgrenzen lässt. Unter Berufung auf einen Aufsatz von *S. A. Fortner*, Hellenistic and Roman Fineware from Bethsaida, in: *Arav/Freund* (Hgg.), Bethsaida, Bd. 1, 99-126: 106f., der schon 1995 erschienen ist, spricht *R. S. Notley*, Historical Geography of the Gospels,

lich des inneren Tores (N 56) zur Diskussion, die Arav (neben anderen Überresten) als Teil der frührömischen Stadtmauer interpretiert, die ca. 30 n. Chr. von Philippus erbaut wurde. Arav erwähnt für diesen Locus (1525) „globular cooking pots with triple-ridged rims (the first half of the first century CE)", also kugelige Kochtöpfe mit dreifach gerippten Rand.[17]
In Areal B findet sich ein weiteres römisches Haus, das an die eisenzeitliche innere Stadtmauer gebaut wurde, zum Teil über den eisenzeitlichen Palast (s. Abb. 5). Arav publizierte aus diesem römischen Gebäude eine Scherbe frührömischer Feinkeramik („early Roman fineware") und eine Getreidemühle („a flour-threshing device"), die er beide in das 1. Jh. n. Chr. datierte.[18] Drei weitere Funde in diesem Bereich können zu diesen hinzugefügt werden: (1) eine Münze von Agrippa I. mit der Jahresangabe „6", was 42 n. Chr. entspricht,[19] die im Kontext des römischen Hauses in L 43 (Locus 494) gefunden wurde; (2) eine Münze der Stadt Tiberias, geprägt im 13. Regierungsjahr des Kaisers Claudius, was 53/54 n. Chr. entspricht, die ebenfalls in diesem Kontext in M 43 entdeckt wurde (Locus 491);[20] (3) ein Fragment einer herodischen Öl-

in: *A. F. Rainey/R. S. Notley*, The Sacred Bridge. Carta's Atlas of the Biblical World, Jerusalem 2006, 349-369: 358 im Blick auf et-Tell – was jedenfalls heute so nicht mehr stimmt – von „the near total absence of material remains from the early Roman (New Testament) period". Auf die falschen Erwartungen, die gelegentlich mit der Erhebung zur „Stadt" und neuen Einwohnern, die Josephus ebenfalls in *Ant* 18,28 nennt, verbunden werden, gehe ich kurz in Abschnitt 3 ein.

[17] Vgl. *R. Arav*, Bethsaida, 2003, IEJ 55 (2005) 101-106: 102-104 mit Photo der Mauer W856 auf S. 104 (nicht W855 wie auf dem Plan S. 102); das Zitat S. 103.

[18] *R. Arav*, Bethsaida Excavations. Preliminary Report, 1994–1996, in: Arav/Freund (Hg.), Bethsaida, Bd. 2, 86-88 (Abb. 32f. bzw. auf S. 90 Abb. 35).

[19] Vgl. die Liste von *A. Kindler*, The Coin Finds at the Excavations of Bethsaida, in: Arav/Freund (Hg.), Bethsaida, Bd. 2, 250-268: 258, Nr. 111.

[20] Vgl. ebd. 259, Nr. 112; wahrscheinlich nicht von Agrippa II., wie Kindler annimmt, s. *A. Burnett* u. a., From the Death of Caesar to the Death of Vitellius (44 BC–AD 69), Bd. 1.1: Roman Provincial Coinage, London 1992, 671. *Y. Meshorer*, A Treasury of Jewish Coins. From the Persian Period to Bar Kokhba, Nyack, N.Y. 2001, 261, Nr. 347 datiert die Münze unter Agrippa II. als eine Prägung der Stadt Tiberias unter Kaiser Claudius im Jahre 13 = 53 n. Chr.

lampe, die auch aus diesem Kontext stammt (L 44; Locus 452).[21]

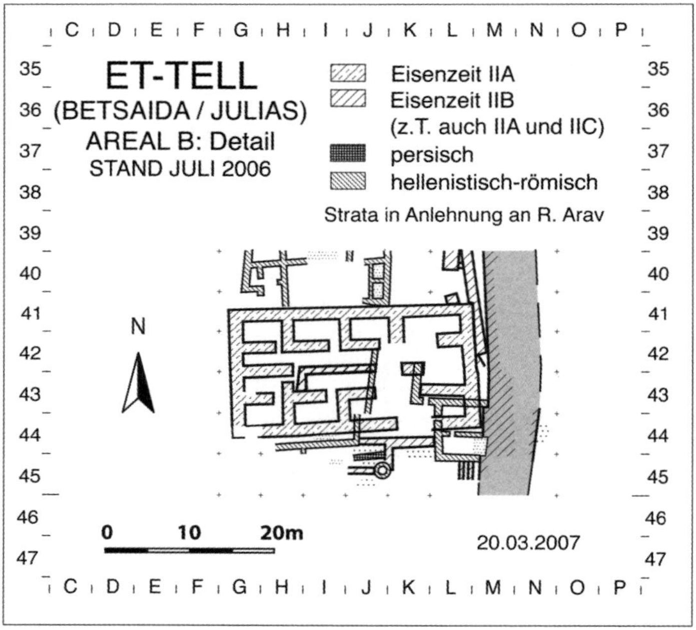

Abb. 5: Grabungsplan, Detail von Areal B. Unten rechts römisches Gebäude über dem eisenzeitlichen Palast (L–M/43–45) (© H.-W. Kuhn)

Zwei Funde könnten in der Diskussion über den vermuteten *hellenistisch-frührömischen Tempel* hilfreich sein: (1) die Figurine der „Lady of Bethsaida", die aber wahrscheinlich hellenistisch ist; (2) der verzierte Türsturz, der schon auf et-Tell zu sehen war, noch bevor die Ausgrabungen im Jahr 1987 begannen.

Eine der nächsten Parallelen der sog. „Lady of Bethsaida", die 1989 im Zusammenhang mit dem vermuteten Tempel in Square I 52 (Locus 525) entdeckt wurde (erhaltene Höhe gut 3 cm), ist offenbar eine Terrakotta-

[21] S. Abb. 15a; Photo auch in *Kuhn*, Betsaida und das Neue Testament, 166 Abb. 288.

Figurine in den Münchner Staatlichen Antikensammlungen (s. Abb. 6 und 7).[22]

Abb. 6 und 7: Links: Münchner Tanagra Terrakotta (Photo und freundliche Genehmigung des Abdrucks: Staatliche Antikensammlungen und Glyptothek, München); rechts: „Lady of Bethsaida" (Photo H.-W. Kuhn)

Die Münchner Terrakotta (Höhe 15 cm) gehört zu den sog. „Tanagräerinnen", einer Gruppe von Figurinen, benannt nach dem kleinen Ort Tanagra, ca. 60 km nordwestlich von Athen, wo diese zuerst entdeckt wurden.[23] Sie werden in das späte 4. bzw. 3. Jh. v. Chr. datiert; sie wur-

[22] Meine ehemalige Mitarbeiterin Dr. Claudia Gruber und ich entdeckten die Parallele in der Münchner Sammlung im Winter 2000/2001. Die polnische Archäologin von der Universität Lodz, Ilona Skupińska-Løvset, Terracotta Figurines from et-Tell, Bethsaida, Centre d'Archéologie Méditerranéene de l'Académie Polonaise des Sciences. Études et Travaux 20, 2005, 251-268: 267f., stellt fest, dass die von mir auf einer Konferenz in den USA im Jahre 2002 beigebrachte Tanagra-Figurine „[t]he best analogy" darstelle.

[23] Vgl. *L. Summerer*, Tanz der Verschleierten, in: *F. W. Hamdorf* (Hg.), Hauch des Prometheus. Meisterwerke in Ton, München 1996, 110-113 u. Abb. 140; s. bes. noch *J. P. Uhlenbrock*, The Hellenistic Terracottas of Athens and the Tanagra Style, in: *ders.* (Hg.), The Coroplast's Art, New Paltz, N.Y. 1990, 48-53; *G. Zimmer*, Frauen aus Tanagra, in: *Staat-*

den sehr populär und sind im Osten besonders bis zur Mitte des 2. Jh. v. Chr., aber auch bis in das 1. Jh. v. Chr. hinein, imitiert worden.[24] Für die hellenistische Zeit gibt es weitere Parallelen in Kleinasien, doch für die römische Zeit gibt es keine Figurine, die der „Lady of Bethsaida" so nahe kommt. Nicht nur die Frisur, auch der gesamte Kontext der Haare, des Gesichts und des Tuches sind zu berücksichtigen. Besondere Vorsicht ist beim Vergleich der in der Regel nicht individualisierten Terrakotta-Figurinen mit großformatigen Herrscherinnenporträts aus Stein geboten.[25]
Für einen Tempel auf et-Tell[26] sprechen z. B. die dekorierten Steine[27] und einige Säulenfragmente,[28] die leider auf dem Hügel nur zerstreut gefunden wurden (wie viele davon in der Nähe des fraglichen Gebäudes entdeckt wurden, ist nicht klar).

Während die „Lady of Bethsaida" für eine Datierung des Tempels in das 2. Jh. v. Chr. spricht, scheinen andere Funde in das 1. Jh. n. Chr. zu weisen. Der interessanteste der dekorierten Steine ist ein Türsturz (s. Abb. 8), der bereits vor den Ausgrabungen durch die Veröffentlichungen von Mendel Nun aus dem Jahr 1977[29] und von Bargil Pixner aus dem Jahr 1985[30] bekannt war.

---

liche Museen zu Berlin – Preußischer Kulturbesitz (Hg.), Bürgerwelten. Hellenistische Tonfiguren und Nachschöpfungen im 19. Jh., Mainz 1994, 19-28; *R. Lullies*, Statuette einer Tänzerin, in: *G. E. Mylonas* (Hg.), Studies Presented to David Moore Robinson on his Seventieth Birthday, Bd. 1., St. Louis, Mo. 1951, 668-673 und Tafel 70.

24 Vgl. *F. W. Hamdorf*, Modefrauen, in: *ders*. (Hg.), Hauch des Prometheus, 104-109: Abb. 133; vgl. ferner *E. Töpperwein*, Terrakotten von Pergamon, Berlin 1976, 184.194.

25 Die Frisur von Frauen in Stein, auf Münzen und auf Figurinen ist zu Datierungszwecken durchaus vergleichbar.

26 Für Aravs Auffassung s. bes. Preliminary Report, 1994–1996, 18-24; *ders*., New Testament Archaeology and the Case of Bethsaida, in: *M. Becker/W. Fenske* (Hgg.), Das Ende der Tage und die Gegenwart des Heils. Begegnungen mit dem Neuen Testament und seiner Umwelt. (AGJU 44; FS Heinz-Wolfgang Kuhn), Leiden 1999, 75-99: 85-87.

27 Vgl. vorläufig *Kuhn*, Jesu Hinwendung, 224 Anm. 94. Eine neuere Liste soll später von mir veröffentlicht werden.

28 S. das Photo in *S. A. Fortner/A. Rottloff*, Signale aus der Vergangenheit. Die Rekonstruktion des täglichen Lebens am See in hellenistisch-römischer Zeit am Beispiel der archäologischen Funde aus Betsaida, in: *Faßbeck* u. a. (Hgg.), Leben am See Gennesaret, 138-146: 140 Abb. 232.

29 *M. Nun*, Sea of Kinneret. A Monograph, Tel Aviv 1977 (hebr.), 21.

30 *B. Pixner*, Searching for the New Testament Site of Bethsaida, BA 48 (1985) 207-216: 207 (die Abbildung unten).

Abb. 8 (oben): Türsturz von et-Tell (Betsaida) (Photo H.-W. Kuhn)

Dieser Sturz weist auf der Unterseite zwei Löcher auf, eines, um die Tür zu bewegen, das andere, um einen Riegel hineinzuschieben.

Wenn es einen heidnischen, nicht-römischen Tempel in Betsaida gab, dann muss dieser wohl spätestens am Beginn der 80er Jahre des 1. Jh. v. Chr. erbaut worden sein, da dies nach der Inbesitznahme der Gaulanitis durch die Hasmonäer unter Alexander Jannaios am Ende der 80er Jahre des 1. Jh. v. Chr. bis zur Reorganisation dieses Gebietes durch Pompeius sicherlich nicht möglich war. Danach hatte et-Tell (Betsaida) offenbar keine große Bedeutung, bis Herodes der Große die Gaulanitis erhielt (wie das Fehlen besonders von Münzen für diese Zeit annehmen lässt).[31] Sollte es einen Tempel des römischen Kaiserkults gegeben haben, so könnte dieser dagegen ca. 30 n. Chr. errichtet worden sein, als Betsaida zu Julias wurde.

Der Dekor des Türsturzes weist einen gegenläufigen (linksläufigen) Mäander auf. Es gibt sehr gute Parallelen für die Kombination von Mäander und Rosetten bei Tempeln im Hauran, einem Gebiet, das am Anfang des 1. Jh. v. Chr. von den Naba-

[31] Vgl. zur wechselvollen Geschichte von et-Tell (Betsaida/Julias) bis Philippus den detailreichen Abschnitt bei *Bernett*, Kaiserkult in Judäa, 253-257.

täern eingenommen wurde.[32] Die Hauran-Parallelen werden um das 1. Jh. n. Chr., ganz sicher nicht in das 2. Jh. v. Chr. datiert. Es gibt auch gute Parallelen in der Golan-Region, die aus dem 2. und 3. Jh. n. Chr. stammen. Genau dieselben Doppel-Mäander kombiniert mit einer Rosette finden sich am Hauran-Tempel in Mušannaf, der wahrscheinlich einer lokalen Gottheit geweiht war und in die erste Hälfte des 1. Jh. n. Chr. zu datieren ist (s. Abb. 9).[33]

Die dekorierten Steine und Säulen wurden, wie gesagt, verstreut auf dem Hügel gefunden und könnten auf einen Tempel hinweisen. Der mehr oder weniger einem Tempel vergleichbare Grundriss mit einem vermuteten Pronaos, einer Antecella, einer Cella und vielleicht einem Opisthodom, eventuell auch Anten auf beiden Schmalseiten, ferner ein Stein, der Teil eines Pfeilers zu sein scheint, auch ein Türstein, der vor dem Eingang gefunden wurde und schließlich zwei Weihrauchschaufeln, eine davon komplett erhalten (aus einer Grube in der Nähe des fraglichen Gebäudes in einer Entfernung von ca. 10 m)[34] – alle diese Befunde und Funde sind sehr gut mit der

[32] Vgl. *M. Lindner* (Hg.), Petra und das Königreich der Nabatäer. Lebensraum, Geschichte und Kultur eines arabischen Volkes der Antike, München ^{5}1989, 53; *P. W. Haider* u. a. (Hgg.), Religionsgeschichte Syriens. Von der Frühzeit bis zur Gegenwart, Stuttgart 1996, 176.

[33] Vgl. *K. S. Freyberger*, Die frühkaiserzeitlichen Heiligtümer der Karawanenstationen im hellenisierten Osten. Zeugnisse eines kulturellen Konflikts im Spannungsfeld zweier politischer Formationen (Damaszener Forschungen 6), Mainz 1998, Tafel 42a (S. 60a versehentlich von Freyberger dem Tempel in Selaima zugeschrieben; doch s. Tafel 42b-d, die Teile von Tafel 42a wiedergibt). Der gleiche Mäander tritt in einem Tempel einer lokalen Gottheit in Selaima (Slim) auf, der an das Ende des 1. Jh. v. Chr. zu datieren ist. Der Sturz wurde jedoch nicht *in situ* gefunden (s. ebd. Tafel 37b).

[34] Die Funddaten dieser Schaufel lauten: Areal A, Square G 54, Locus 152, Basket 2660, gefunden 07.05.1996; *Arav*, Preliminary Report, 1994-1996, 32: in „a refuse pit" „at the level of 167.47 m" (Grabungstagebuch, Aufseher Fred Strickert: „167.447" [fälschlicherweise drei Zahlen?]; Aravs Höhenangaben finden sich auch im später angefertigten Locus-Report). Eine Weihrauchschaufel in einer Abfallgrube würde zu einem frühen Tempel passen. Doch es bleibt eine kleine Unsicherheit: Im Computer-Locus-Report des Locus 166 (unterhalb von Locus 152) heißt es für den 7. und 8. Mai 1996, dass eine Grube „possible" sei (das Grabungstagebuch für Locus 166 [Aufseher Fred Strickert] gibt dieselbe Information); gemäß meiner eigenen Tagebuchaufzeichnung vom 19. Juli 1997 war sich Arav sicher, dass der archäologische Kontext der

Interpretation als Tempel an der höchsten Stelle des Hügels (-166 m) vereinbar.[35]

Abb. 9: Heiligtum in Mušannaf (Nela): Architrav mit Mäander und Rosette, mit freundlicher Erlaubnis aus: K. S. Freyberger, Die frühkaiserzeitlichen Heiligtümer der Karawanenstationen im hellenisierten Osten (Damaszener Forschungen 6), Mainz 1998, Tafel 42a (Detail aus Photo Peter Grunwald, Berlin)

Es scheint unter Archäologen einen Konsens zu geben, dass sogar in Athen ein kleiner Tempel von nur 21 x 11 m (das Gebäude in Betsaida ist ca. 20 x 6 m) zu Ehren der Julia, der „Mutter des Tiberius", errichtet worden sein könnte,[36] doch lässt sich die Weihinschrift nicht mit Sicherheit mit dem sog. „Süd-West-Tempel" auf der Agora in Verbindung bringen. Wenn, vielleicht im 2. Jh. v. Chr., ein kleiner lokaler Tempel auf et-Tell errichtet wurde, dann könnte er ca. 30 n. Chr. für Julia-Livia umgewidmet worden sein, wie auch ein Tempel in Griechenland nahe Marathon für Livia-Julia umgewidmet

---

Schaufel eine Grube sei. S. das Foto mit dem ursprünglichen Kontext der Schaufel in *Arav*, Preliminary Report, 1994–1996, 23 Abb. 15.

[35] Vgl. die veröffentlichten topographischen Karten, bes. *R. Arav*, Bethsaida Excavations. Preliminary Report, 1987–1993, in: *Arav/Freund* (Hgg.), Bethsaida, Bd. 1, 3-63: 4 (Abb. 1: 09.07.1991 von J. M. Nielsen); *ders*., New Testament Archaeology, 93 (auf der mangelhaften Wiedergabe des Betsaida-Plans im Druck ist die Höhe unterhalb des Markers „Area A" als „-166" und südlich davon als „-167" zu lesen).

[36] Vgl. R. Arav in einem Interview mit V. Levy-Barzilai; s. den Artikel „Findings Unearthed at the Ancient City of Bethsaida", Ha'aretz 19.05.2004.

wurde.[37] Das Gebäude aus Betsaida weist mehrere Laufniveaus auf, die über einen längeren Zeitraum bestanden. Zwei Funde sprechen für die Nutzung des Gebäudes im 1. Jh. n. Chr.: eine Münze des Philippus, die im Kontext des Gebäudes gefunden wurde, und die zwei oben erwähnten römischen Weihrauchschaufeln. Diese Schaufeln können in die Zeit zwischen der zweiten Hälfte des 1. Jh. n. Chr.[38] und der ersten Hälfte des 2. Jh. n. Chr. datiert werden.[39] In unserem Fall passen sie am besten in den Kontext eines kleinen römischen Tempels, der zu Ehren eines Mitgliedes der römischen Kaiserfamilie geweiht wurde.

Ein Hauptargument gegen die Interpretation des Gebäudes als Tempel ist aus meiner Sicht jedoch die Höhe der erhaltenen eisenzeitlichen Mauer zwischen Kammer 3 und Kammer 4 des Stadttores, das nur ca. 2 m östlich des Eingangs des vermuteten Tempels liegt und den Platz vor dem Eingang fast zu einem schmalen Korridor verengt.[40] Meine Folgerung lautet deshalb: Beim derzeitigen Stand der Grabungsergebnisse können weder sichere Belege für die Errichtung dieses Gebäudes als Tempel im 2. Jh. v. Chr., noch für seine Wiedereinweihung zu Ehren der Julia-Livia um 30 n. Chr. angeführt werden und schon gar nicht für seine Errichtung als Kaiserkulttempel zu Ehren der Kaisermutter.

Wenden wir uns wieder den einzelnen Funden aus der frührömischen Zeit zu. Die vier bis einschließlich 2004 gefundenen *Münzen des Philippus* (4 v. Chr. – 33/34 n. Chr.) (s. Abb. 10 und 11) waren natürlich als Bronzemünzen (abgekürzt „AE“) im Vergleich zu Silbermünzen weniger lang im Umlauf. Die Frage nach dem archäologischen *terminus ad quem* für den Verlust dieser Münzen bleibt offen. Es wurde auch

---

[37] Vgl. *V. Petrakos*, Rhamnous, Athen 1991, bes. 29.

[38] Vgl. die Schaufeln, die in Pompeji und Herculaneum entdeckt wurden: *Y. Yadin*, The Finds from the Bar-Kokhba Period in the Cave of Letters, Jerusalem 1963, 54, Tafel 28 oben links und rechts; R. Liberatore, Alari e Paletta. – Bronzi Pompeiani, in: Real Museo Borbonico X, Neapel 1834, 1-3 und Tafel 64. Gegen eine Datierung der Schaufeln aus Betsaida in die erste Hälfte des 1. Jh. n. Chr. gibt es, soweit ich sehe, keine Gründe.

[39] Vgl. die Schaufeln aus der Zeit des Bar Kokhba-Aufstands: *Yadin*, Finds, 48-54, Nr. 3-6 mit Abb. 11-15; Tafeln 15f.

[40] Auch falls ein späterer Boden viel höher lag als der vorliegende (was zweifelhaft zu sein scheint), bliebe eine Erklärung für die Höhe des heutigen Bodens gegenüber der Höhe der eisenzeitlichen Mauer fällig.

eine Bronzemünze von Herodes Antipas aus dem Jahre 28/29 n. Chr. identifiziert (Areal A, Square I 48, Locus 858).

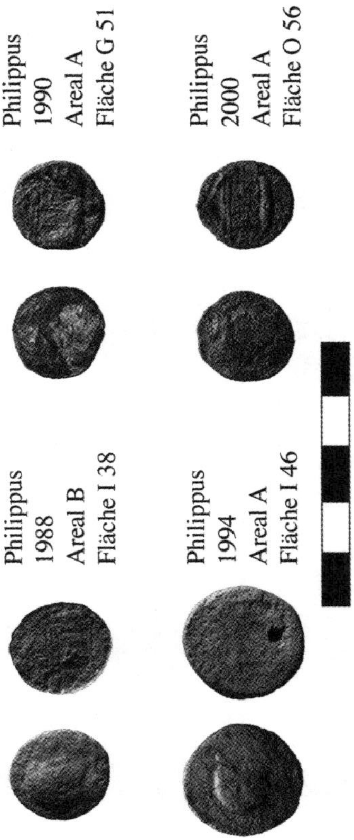

Abb. 10: Die vier bis 2004 auf et-Tell (Betsaida) gefundenen Münzen des Philippus (Photos H.-W. Kuhn)

Herrscher	**Fund-datum**	**Fundort**	**Metall**	**Hauptdarstellung VS**	**RS**	**Datierung**	**Münz-stätte**	**Kindler, Bethsaida 2**
Philippus	1988	Areal B, I 38, Locus 301	AE	Tiberius[a]	Tempel	ab 14 n. Chr.	Paneas	Nr. 110 (Photo = Nr. 108!)
Philippus	1990	Areal A, G 51, Locus 550	AE	Tiberius	Tempel	ΛΓ = 29/30 n. Chr.	Paneas	Nr. 109 (irrtümlich Areal B zugeschrieben)
Philippus	1994	Areal A, I 46, Locus 784	AE	Augustus (Tiberius?) + Livia	Tempel	30/31 nach Chr. (oder 14?)[b]	Paneas	Nr. 26 (= Augustus)
Philippus	2000	Areal A, O 56, Locus 433	AE	Augustus	Tempel	Iς = 12/13 n. Chr.		—[c]

Abb. 11: Liste der vier auf et-Tell (Betsaida) gefundenen Münzen des Philippus (vgl. Abb. 10)

[a] Vgl. *Kuhn*, Bethsaida Excavations, 77–91 und 91–106: 90 Anm. 61.

[b] *S. F. Strickert*, The First Woman to be Portrayed on a Jewish Coin: Julia Sebaste, JSJ 33 (2002) 65–91: 67–68; Strickert datiert diesen Typ auf 30/31 n. Chr. (er gehört zu einer vollständigen Serie von vier Münzen in vier Nominalen mit Augustus und Livia [die größte Münze], Tiberius, Livia/Julia und Philippus [die kleinste Münze]); so auch *A. Burnett* u.a., Roman Provincial Coinage 1.1: From the Death of Caesar to the Death of Vitellius (44 BC–AD 69). Introduction and Catalogue, London 1992, Nr. 4951. Davon abweichend datiert *Y. Meshorer*, A Treasury of Jewish Coins From the Persian Period to Bar Kokhba, Jerusalem 2001, 87.229 (Nr. 100) diesen Münztyp auf 14 n. Chr.: „should thus be dated to 14 C.E., the first year of Tiberius' reign" (87); dagegen S. 229: „after 14 C.E."; vorsichtiger *Y. Meshorer*, Herod the Great through Bar Cochba, in: *Meshorer*, Ancient Jewish Coinage 2, New York, N.Y. 1982, 44: ab 14 n. Chr. Keine Münze ist für das Jahr 14 bekannt.

[c] Von A. Kindler auf seiner Karteikarte 14/19 der Münzliste von 2000 für das Bethsaida Excavations Project fälschlich als „Head of Tiberius" beschrieben.

Um den chronologischen Rahmen der frührömischen Zeit näher einzukreisen, ist eine Gruppe von Funden besonders wertvoll: Fragmente von *Steingefäßen*. Bisher wurden mehr als zehn Fragmente von Kalksteinbechern, -schalen und weiterem Geschirr (weiße handgemachte oder gedrehte Kalksteingefäße) auf et-Tell gefunden (s. Abb. 12).

Abb. 12: Fragmente von auf et-Tell (Betsaida) gefundenen Steingefäßen: (links) handgemacht, Areal A, Square H 56, gefunden 2000; (rechts) gedreht, Areal A, Square H 56, gefunden 2000 (Photos H.-W. Kuhn)

Steingefäße spielen eine besondere Rolle im jüdischen Alltagsleben, da diese nach jüdischem Gesetz Unreinheit nicht annehmen. Wie Yitzhak Magen 2002 in seinem Buch über Steingefäße in Israel/Palästina schreibt, erscheinen sie „suddenly in the late first century BCE and vanish after the destruction of the second temple and the Bar Kokhba revolt without remaining in use".[41] Jane M. Cahill meinte sogar in einem Aufsatz von 1992 über Kalksteingefäße, dass „their use ... was confined primarily, and perhaps solely, to the 1st century C.E.".[42] Cahill hält fest, dass „these vessels are found almost exclusively at sites known to have been inhabited by

[41] *Y. Magen*, The Stone Vessel Industry in the Second Temple Period. Excavations at Ḥizma and the Jerusalem Temple Mount, Jerusalem 2002, 1.

[42] *J. M. Cahill*, Chalk Vessel Assemblages of the Persian/Hellenistic and Early Roman Periods, in: *A. de Groot/D. T. Ariel* (Hgg.), Excavations at the City of David 1978–1985. Directed by Yigal Shiloh. Bd. 3: Stratigraphical, Environmental, and other Reports (Qedem 33), Jerusalem 1992, 190-274: 231.

Jews".[43] Die Frage, ob Betsaida/Julias im 1. Jh. n. Chr. mehrheitlich jüdisch oder heidnisch war, bleibt aus meiner Sicht weiterhin unbeantwortet. Nach den Ausgrabungen und der schriftlichen Überlieferung zu urteilen, war der Ort sicherlich jüdisch, hatte aber wohl auch einen Anteil heidnischer Bevölkerung. Als Heimatort des Petrus, seines Bruders Andreas und des Philippus (s. Joh 1,44 und 12,21)[44] war es nicht ein rein heidnischer Ort, obwohl wir auch nicht wissen, ob Jesus den Zeitpunkt erlebte, an dem Betsaida ca. 30 n. Chr. zur Stadt erhoben wurde.

Einige Fragmente handgemeißelter Kalksteingefäße aus persisch-hellenistischer Zeit (fast ausschließlich aus gelb- bis rötlich-lila geädertem Kalkstein) wurden bei Ausgrabungen in der Davidstadt in Jerusalem und an einigen anderen Stätten in Israel/Palästina gefunden.[45] Doch sie unterscheiden sich sowohl in der Form als auch in der Farbe von den handgemachten Gefäßen der frührömischen Gruppe.[46] Bisher wurden noch keine persisch-hellenistischen Beispiele auf et-Tell gefunden.[47]

---

[43] Ebd. 234.

[44] Es gibt keinen Grund, diese Information anzuzweifeln. Im Gegenteil: Nur die Namen dieser drei Jünger Jesu haben ein griechisches Pendant: „Philippus" (bzw. „Philippos"; s. auch Joh 12,20-22) und „Andreas" sind griechische Namen; der Name des Bruders von Andreas, „Simon", findet sich auch oft bei Griechen.

[45] Vgl. *Cahill*, Chalk Vessel Assemblages, 197: „lathes were not used to produce the chalk vessels of this period" (= persisch-frühhellenistisch); *R. Deines*, Jüdische Steingefäße und pharisäische Frömmigkeit. Ein archäologisch-historischer Beitrag zum Verständnis von Joh 2,6 und der jüdischen Reinheitshalacha zur Zeit Jesu (WUNT 2/52), Tübingen 1993, 41.

[46] Vgl. die Beschreibung von *Cahill*, Chalk Vessel Assemblages, bes. 193.195.197.233 und Abb. 14 (S. 242); auch Dr. Roland Deines in einem persönlichen Gespräch in München am 05.11.2005.

[47] Gemäß mündlicher Information von Carl Savage, Kodirektor der Grabung, im Juli 2005. Zu einigen Kalksteingefäßen von et-Tell vgl. auch *Fortner*, Keramik und Kleinfunde, 153 und Kat. Nr. 1525-1529 (die Gefäße finden sich nicht auf Tafel 94).

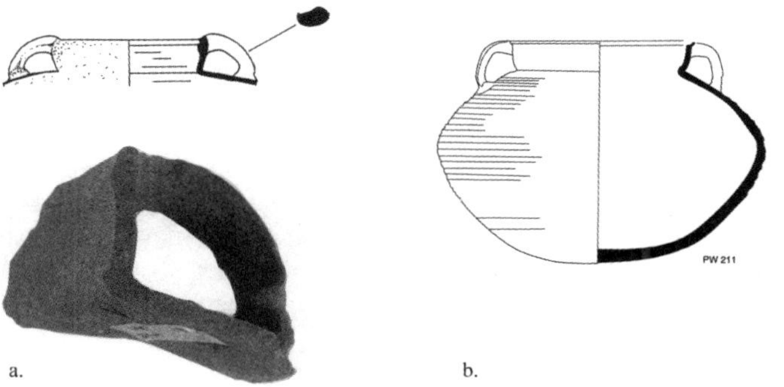

Abb. 13: Galiläische Kochtöpfe mit gerilltem Rand: a. von et-Tell (Betsaida), Areal A: Zeichnung (Locus 712) und Photo (Locus 720) T. Tessaro, Hellenistic and Roman Ceramic Cooking Ware from Bethsaida, in: R. Arav/R. A. Freund (Hgg.) Bethsaida. A City by the North Shore of the Sea of Galilee, Bd. 1, Kirksville, Mo. 1995, 130 Abb. 2; b. von Tel Anafa; Zeichnung „reproduced by permission of the Journal of Roman Archaeology" nach A. Berlin, The Plain Wares, in: S. C. Herbert (Hg.) Tel Anafa. Bd. 2.1: Hellenistic and Roman Pottery (Journal of Roman Archaeology Supplementary Series 10), Ann Arbor, Mich. 1997, IX-244 und Tafeln 1-94: Tafel 25, PW 211

Natürlich wurden auch frührömische *Kochtöpfe* verschiedener Typen auf et-Tell gefunden. Genannt werden muss der Typ des galiläischen Kochtopfes, der einen kurzen Hals mit nur einer Rille hat. Zwei Beispiele wurden von Toni Tessaro (jetzt T. Fisher) veröffentlicht.[48] Tessaro erkannte bereits die Parallelen zu den Kochtöpfen von Tel Anafa im Golan, die von Andrea Berlin untersucht wurden. Berlin schreibt dazu: „This

---

[48] *T. Tessaro*, Hellenistic and Roman Ceramic Cooking Ware from Bethsaida, in: *Arav/Freund* (Hgg.), Bethsaida, Bd. 1, 127-139: 130 (für 1992 allein zählt sie 29 Randfragmente mit nur einer Rille); *Arav*, Preliminary Report, 1994–1996, 36, Tabellen 1 und 2, Kat. Nr. 75,4 ohne Fotos oder Zeichnungen (5 Randfragmente des Typs „Early Roman cooking pot with short neck", gefunden in Areal A, Locus 152 [vgl. *Fortner*, Keramik und Kleinfunde, Kat. Nr. 738.755.777f.786], wo die komplette der zwei Weihrauchschaufeln entdeckt wurde); *Fortner*, Keramik und Kleinfunde, 87, Tafeln 41f., 726-770 und der Katalog nennen 45 Kochtöpfe „mit einfach gerilltem Rand", zwei aus Locus 152 (Nr. 738 und 755). Die zwei Kochtopffragmente von Tessaro in Abb. 13a fehlen offenbar im Katalog von Fortner.

type is prevalent in the late first-century BCE and first-century CE assemblages throughout Galilee“[49] (s. Abb. 13).
Nun zu den *Kasserollen*: „Four large jars, together with a casserole“[50] wurden in einem Keller gefunden (I 30; Locus 948), der vielleicht ein Weinkeller war.[51] Diese Kochschüssel gehört zum galiläischen Typ mit kurzem, ausbiegenden Rand, der in den gerundeten Gefäßkörper übergeht. Der Gefäßkörper weist im oberen Drittel einen leichten Wandknick auf (s. Abb. 14).[52] Er wird im Vergleich mit denjenigen von Tel Anafa zwischen dem späten 1. Jh. v. Chr. und dem frühen 1. Jh. n. Chr. datiert.[53]

---

[49] *A. Berlin*, The Plain Wares, in: Tel Anafa. Bd. 2.1: The Hellenistic and Roman Pottery (Journal of Roman Archaeology Supplementary Series 10), Ann Arbor, Mich. 1997, IX-244 und Tafeln 1-94: 86 (bes. S. 91: „Galilean grooved lip cook pot“, mit den Keramik-Nummern PW 211-215); vgl. auch *D. Adan-Bayewitz*, Common Pottery in Roman Galilee. A Study of Local Trade, Ramat-Gan, Israel 1993, 124-129: Kefar Ḥananya Form 4A (der Autor nennt als Datierung „mid first century BCE to mid second century CE“ [S. 125]). Unter Bezug auf Adan-Bayewitz (aber ohne auf Berlin, Plain Wares, zu verweisen) spricht Fortner (S. 87) vielleicht fälschlicherweise „von der Mitte des 1. bis in die Mitte des 2. Jahrhunderts n. Chr.“

[50] *Arav*, Preliminary Report, 1994–1996, 99; *Fortner*, Keramik und Kleinfunde, 81, Tafel 26, 521 und Kat. (die vier Krüge haben die Nummern 1075, 1088, 1103 und 1104; s. S. 101f. und auch Tafel 101).

[51] Vgl. *Arav*, Preliminary Report, 1994–1996, 99. S. den Fund aus dem Jahr 1993 von drei Rebmessern aus Eisen in der Küche des Hofhauses in Areal C, Loci 901 und 911, nahe dem Keller (*Arav*, Preliminary Report, 1987–1993, 33; *Fortner*, Keramik und Kleinfunde, 137 mit Tafel 85, Nr. 1452-1454 und Kat.).

[52] Vgl. *Berlin*, Plain Wares, 102; *Fortner*, Keramik und Kleinfunde, 81, Tafel 26, 521-523 und Kat.

[53] Arav datiert die Funde aus dem Keller „from the end of the second to the early first century BCE“ (Preliminary Report, 1994–1996, 99). *Adan-Bayewitz*, Pottery, 111-119 datiert diesen Typ, der an vielen Orten in Galiläa gefunden wurde, in die Zeit „mid first century BCE to mid second century CE“ (S. 119). *Berlin*, Plain Wares, 102 meint, dass dieser Typ zuerst im „late 1st century BCE-early 1st century CE“ auftrete, aber sie hält fest (S. 96 Anm. 216), dass der Beginn „sometime around the middle of the 1st century BCE“ liege und der *terminus ante quem* „early 1st century CE“ sei. Wegen der vier großen hellenistischen Krüge, die im Keller gefunden wurden, spricht Fortner von „einer nicht eindeutig datierbaren, wahrscheinlich späthellenistischen Kasserolle“ (Keramik und Kleinfunde, 101); doch drei dieser Krüge, Nr. 1088-1116, repräsentieren einen Typ, der, wie Fortner auch feststellt, auf Tell el-Ful „bis in die römischen Schichten“ hinein vertreten ist (S. 102).

a.

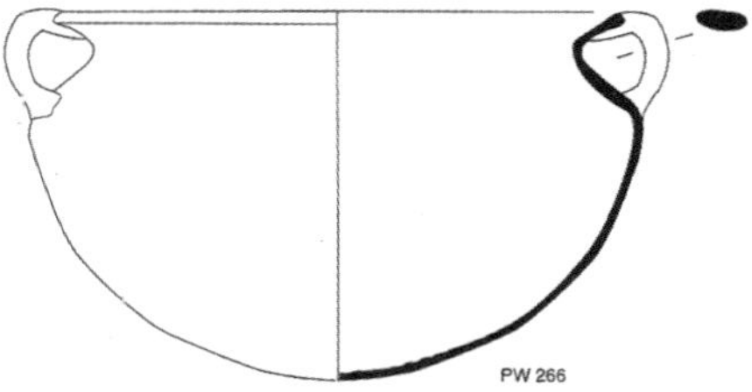

b.

Abb. 14: Galiläische Kochschüssel (Kasserolle) mit einfachem Rand: a. von et-Tell (Betsaida), Areal C, Square I 30 (Vorratskeller), gefunden 1994 (Photo H.-W. Kuhn); b. von Tel Anafa; Zeichnung „reproduced by permission of the Journal of Roman Archaeology" nach A. Berlin, The Plain Wares, in: S. C. Herbert (Hg.), Tel Anafa. Bd. 2.1: The Hellenistic and Roman Pottery (Journal of Roman Archaeology Supplementary Series 10), Ann Arbor, Mich. 1997, IX-244 und Tafeln 1-94: Tafel 31, PW 266

Arav bildet die Zeichnung einer weiteren frührömischen Kasserolle ab, wieder mit ausladendem Rand. Sie wurde in Areal B gefunden, im Bereich des ehemaligen eisenzeitlichen Palas-

tes.[54] Nach Arav wurden in Areal A weitere frührömische Kasserollen mit ausladendem Rand entdeckt.[55] Die genaue Anzahl der frührömischen Kochtöpfe und Kasserollen ist mir zum jetzigen Zeitpunkt nicht bekannt.[56]
Ähnlich hilfreich für eine genaue Datierung von et-Tell in die frührömische Zeit sind die sog. *herodischen Öllampen*: Eine genaue Beschreibung erübrigt sich, da dieser Typus sehr leicht zu erkennen ist. „The ‚Herodian' lamps are by far the most common lamps of the 1st century CE."[57] Zwei Beispiele aus den Arealen A[58] und B auf et-Tell bzw. ihre charakteristischen Schnauzenfragmente, werden in Abb. 15 gezeigt.[59] Der Kodirektor des Betsaida-Projekts, Carl Savage von der Drew University in New Jersey, hält in einem im Druck befindlichen

---

[54] Vgl. *Arav*, Preliminary Report, 1994–1996, 62f. (Tafel VI,9). *Fortner*, Keramik und Kleinfunde, scheint keine Kasserolle im ehemaligen Palast zu registrieren.

[55] Vgl. *Arav*, Preliminary Report, 1994–1996, 36 (Kat. Nr. 76,4; sieben Randfragmente ohne Foto oder Zeichnung); *Fortner*, Keramik und Kleinfunde, 81, Tafel 26, 522f. und Kat. (aus Areal A zwei Randfragmente desselben Typs wie die Schüssel im Keller). Vgl. auch weitere Fragmente von Schüsseln, z. B. aus Areal C, auch in Locus 948, die Fortner zwischen dem 1. Jh. v. Chr. und dem 1. Jh. n. Chr. datiert (S. 80, Nr. 443; s. auch Tafel 21 und Kat.).

[56] Zu den Funden vorwiegend bis 2000 s. *Fortner*, Keramik und Kleinfunde.

[57] *R. Rosenthal-Heginbottom*, Imported Hellenistic and Roman Pottery, in: *E. Stern* (Hg.), Excavations at Dor. Final Report I B. Areas A and C. The Finds (Qedem Reports 2), Jerusalem 1995, 183-288: 243; vgl. auch *D. Barag/M. Hershkovitz*, Lamps from Masada, in: *J. Aviram* u. a. (Hgg.), Masada IV. The Yigael Yadin Excavations 1963–1965. Final Reports, Jerusalem 1994, IX-147: 24-58, Typ C; *N. Adler/J. G. Westenholz*, Catalogue of Lamps, in: *J. G. Westenholz* (Hg.), Let There be Light. Oil-Lamps from the Holy Land, Jerusalem 2004, 22-73: 26-29; *Y. Israeli/U. Avida*, Oil-Lamps from Eretz Israel. The Louis and Carmen Warschaw Collection at the Israel Museum, Jerusalem 1988, 37-45.

[58] Vgl. auch die Information für Areal A in *Arav*, Preliminary Report, 1994–1996, 36 (Nr. 96.2): „bow-spouted Herodian oil-lamp" (ein Exemplar).

[59] Areal A, O 53, Locus 1508, gefunden 26.06.2001; Areal B, L 44, Locus 452, gefunden 30.06.1994 (auf letztere wird auch am Anfang des Kapitels hingewiesen). Fortner nennt auch zwei herodische Öllampen (Areal A, Loci 831 und 526). In Fortners Zeichnung ist das Fragment aus Locus 831 (Nr. 280) beinahe identisch mit dem oben aus Areal B, Locus 452 genannten („Areal A, Locus 831" scheint deshalb ein Fehler zu sein); vgl. *Fortner*, Keramik und Kleinfunde, 53f., Tafel 13, 280f. und Kat.

Artikel fest: „Well over 2 dozen oil lamp indicatives have been recovered for the 1st century."[60]

a. b.

Abb. 15: Herodische Öllampen: Zwei auf et-Tell (Betsaida) gefundene Schnauzenfragmente: a. von Areal B, Square L 44, gefunden 1994; b. von Areal A, Square O 53, gefunden 2001 (Photos H.-W. Kuhn)

Die *Glasfunde* aus Betsaida wurden von Andrea Rottloff bearbeitet, die insgesamt 177 Objekte auflistet. Davon möchte ich die frührömischen Trinkbecher erwähnen. Rottloff entdeckte Fragmente von sechs Glasbechern, die besonders charakteristisch für die frührömische Zeit sind; mindestens einer scheint „to the earlier or middle first century AD" zu weisen.[61]

Die archäologische Bestandsaufnahme für die frührömische Zeit, im Besonderen für die erste Hälfte des 1. Jh. n. Chr., schließe ich mit einer bronzenen *Aucissa-Fibel bzw. -Gewandspange*. Sie kann in die erste Hälfte des 1. Jh. n. Chr. datiert

[60] *C. Savage*, Supporting Evidence for a First Century Bethsaida, in: Arav/Freund (Hgg.), Bethsaida, Bd. 4, Kap. „Oil Lamps". Ich danke Carl Savage, dass er mir im März 2005 sein Manuskript zusandte und mir erlaubte, daraus zu zitieren.

[61] *A. Rottloff*, Pre-Roman, Roman and Islamic Glass from Bethsaida (noch unveröffentlichter Aufsatz), Kap. 5.1.1. Ich danke Dr. Andrea Rottloff, dass sie mir ihren Aufsatz zur Verfügung stellte und mir erlaubte, daraus zu zitieren. Ein vorläufiger Aufsatz wurde 2000 veröffentlicht: Hellenistic, Roman and Islamic Glass from Bethsaida (Iulias, Israel), in: Annales du 14e Congrès de l'Association Internationale pour l'Histoire du Verre, Venezia-Milano 1998, Lochem, NL 2000, 142-146. S. auch Kuhn, Betsaida und das Neue Testament, 166 Abb. 289.

datiert werden (s. Abb. 16).[62] „Aucissa“ ist der Name des Herstellers, der oft auf dem Kopf der Fibel eingraviert zu finden ist. Dieser Typ war im gesamten Gebiet des Römischen Reiches weit verbreitet.[63] Charakteristisch für diesen Fibeltyp ist die Kombination der folgenden Elemente: eine Scharnierkonstruktion mit einem halbkreisförmig gebogenen Bügel, einem Fuß, der in einem kräftig profilierten Fußknopf endet, und einem Kopf mit einer verzierten Kopfplatte.

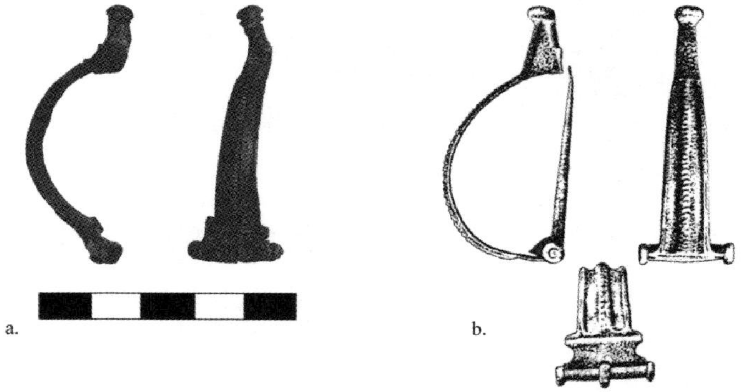

Abb. 16: Aucissa-Fibeln: a. von et-Tell (Betsaida), Areal A, Square M 54 (Photo H.-W. Kuhn); b. aus Augst, Schweiz; Zeichnung mit freundlicher Erlaubnis des Museums Augusta Raurica, Augst, CH, nach E. Riha, Die römischen Fibeln aus Augst und Kaiseraugst (Forschungen in Augst 3), Augst 1979, Tafel 25, 668

---

[62] Die Fibel ist identisch mit einer in *Fortner*, Keramik und Kleinfunde, 130f., Tafel 81, 1420 und Kat. aufgeführten.

[63] Zu Datierung und Verbreitung s. *E. Riha*, Die römischen Fibeln aus Augst und Kaiseraugst (Forschungen in Augst 3), Augst 1979, 114f., mit Parallelen Tafel 25, Nr. 667f. (die Aucissa-Fibeln „wurden hauptsächlich von frühaugusteischer Zeit bis in die Mitte des 1. Jahrhunderts getragen“ [S. 114]); dies., Die römischen Fibeln aus Augst und Kaiseraugst. Die Neufunde seit 1975 (Forschungen in Augst 18), Augst 1994, 101 mit Parallele Tafel 20, Nr. 2283; *S. Ortisi*, Die früh- und mittelkaiserzeitlichen Fibeln, in: *Kommission für Vergleichende Archäologie Römischer Alpen- und Donauländer der Bayerischen Akademie der Wissenschaften* (Hg.), Römische Kleinfunde aus Burghöfe 2 (Frühgeschichtliche und Provinzialrömische Archäologie 6), Rahden 2002, 9-84: 29 mit Parallelen Tafel 13, Nr. 165f.168 (Datierung für die Aucissa-Fibeln hauptsächlich von Augustus bis Claudius). Eine Parallele wurde aus Horvat Dafit im Negev veröffentlicht: *R. Rosenthal-Heginbottom* (Hg.), The Nabateans in the Negev, Haifa 2003, 28 und 44 Abb. 66.

Zusammenfassung: Obwohl die Daten, besonders bis zur Mitte des 1. Jh. n. Chr., nicht so zahlreich sind wie für die Eisenzeit, die hellenistische Zeit und die römische Periode des 2. Jh. n. Chr., lassen der archäologische Befund und die vielen unterschiedlichen Kleinfunde keinen Zweifel daran, dass et-Tell während der frührömischen Zeit und ganz sicher auch während der ersten Hälfte des 1. Jh. n. Chr. in größerem Umfang bewohnt war. Zukünftige Ausgrabungen und die weitere Aufarbeitung der Funde der letzten Jahre (ab 2001,[64] die Zeit, die weitgehend nicht mehr von der Dissertation Sandra Fortners abgedeckt wird) werden sicherlich die Daten für die frührömische Zeit erweitern und eine breitere Basis für die Diskussion liefern.

4. Das Problem der Identifizierung von et-Tell mit Betsaida, besonders vor dem Hintergrund der antiken Textzeugnisse

Der archäologische Befund der Siedlungsperiode des 1. Jh. n. Chr. auf et-Tell/Betsaida kann nicht hinreichend belegen, dass dieser Ort um das Jahr 30 n. Chr. zur Stadt erhoben wurde. Allerdings ist das auch nicht verwunderlich, da Philippus nur etwa drei Jahre nach dieser Erhebung starb, und es sich bei der Nennung einer „großen Anzahl von Einwohnern", die Josephus mit dieser Erhebung zur Stadt verbindet,[65] auch lediglich um einen literarischen Topos handeln könnte.[66] Es bleibt die Frage: Ist et-Tell identisch mit Betsaida? Es gibt Skeptiker wie Jürgen Zangenberg[67] und R. Steven Notley.[68]

---

[64] Aufgrund der politischen Situation fand 2002 keine Grabung statt.
[65] *Ant* 18,28.
[66] Vgl. *Kuhn*, in: *Kuhn/Arav*, Bethsaida Excavations, 79f.
[67] Auch wenn Zangenberg sicher Recht hat, wenn er „a ‚building boom' in the first half of the first century C.E." bestreitet, so übersieht er doch die persönliche Situation von Philippus, vor allem seinen zu frühen Tod (Bethsaida. Reassessing the Bethsaida Identification, BAR 26/3 [2000] 10-12:10).
[68] *R. S. Notley*, Historical Geography. Notley kommt zu dem Ergebnis, dass die Identifizierung von Betsaida offen sei: „et-Tell or elsewhere in the vicinity" (S. 359c). Die wesentlichen Gründe, die angeführt werden, sind entweder widerlegt oder ungenügend („remoteness from the lake", S. 359b) oder einfach falsch (s. Anm. 16 am Schluss).

Die Textbelege bei Josephus ermöglichen eine Lokalisierung Betsaidas am nördlichen Ende des Sees Gennesaret. Einige Belege für Betsaida in der rabbinischen Literatur stützen diese geographische Einordnung.[69] Josephus ist sehr viel genauer als manche Forscher zugestehen möchten. Joh 12,21, wo „Betsaida in Galiläa“ erwähnt wird, scheint nur die politische Situation unter Agrippa II. gegen Ende des 1. Jh. n. Chr. widerzuspiegeln.[70]

Ich wende mich nur zwei Textbelegen bei Josephus detailliert zu. In *Bell* 3,515 stellt Josephus fest, dass der Jordan „unterhalb der Stadt Julias“ (μετὰ πόλιν 'Ιουλιάδα) in den See Gennesaret übergeht. Im Kontext der Stelle geht es um den See Gennesaret und den Jordan nördlich des Sees. Josephus beschreibt hier den gesamten Verlauf des Jordan. Besonders wichtig ist natürlich die Formulierung, dass der Jordan „nach der Stadt Julias“ (μετὰ πόλιν 'Ιουλιάδα) durch den See Gennesaret hindurchzieht (s. den zweiten Abschnitt in der folgenden Übersetzung).[71] Mit „Gennesaret“ ist an dieser Stelle der See gemeint.[72] Weder heute noch im 1. Jh. n. Chr. lag et-Tell direkt am Ufer des Sees.

Josephus schreibt in *Bell* 3,515:

„Beginnend als sichtbarer Fluss durchquert der Jordan von dieser Grotte ab (= die Pan-Grotte von Caesarea Philippi/Paneas) die feuchten Niederungen und Sümpfe des Semechonitis-Sees (heute das weithin trockengelegte Hule-Tal),

durchzieht weitere 120 Stadien (= recht genau 20 Kilometer) und bricht nach der Stadt Julias (μετὰ πόλιν 'Ιουλιάδα) mitten durch (den See) Gennesaret;

sodann durchmisst er (noch einmal[?]) viel Wüste und mündet in den Asphalt-See (= das Tote Meer).“

---

[69] ySheq 6,50a. Bei den beiden ältesten paganen Zeugen für Betsaida/Julias begegnet der Ort im 1. Jh. n. Chr. bei Plinius dem Älteren (Hist. Nat. 5,15,71) und im 2. Jh. n. Chr. bei Ptolemäus Claudius (Geographia 5,16,4 bzw. 5,15,3); in beiden Fällen als „Julias“. S. dazu Kuhn, in: Kuhn/Arav, Bethsaida Excavations, 82; *M. D. Smith*, Bethsaida in the Natural History of Pliny the Elder, in: *Arav/Freund* (Hgg.), Bethsaida, Bd. 3, 83-91.

[70] Vgl. *Kuhn*, in: *Kuhn/Arav*, Bethsaida Excavations, 86f.

[71] Josephus benutzt in dem übersetzten Text dreimal jeweils ein Partizip, auf das ein Verbum finitum folgt.

[72] Josephus schreibt: παρατείνει δὲ τὴν Γεννησὰρ ὁμώνυμος χώρα („sie [eine wunderbare Gegend] erstreckt sich entlang [dem See] Gennesaret, eine Gegend, die den gleichen Namen trägt [wie der See]“) (*Bell* 3,516). Vgl. auch *Bell* 3,463.

Wie John F. Shroder und seine Kollegen gezeigt haben, lag et-Tell im 1. Jh. n. Chr. sehr viel näher am See als heute, doch auch damals nicht unmittelbar am Ufer, wohl aber durch eine Art Bucht mit dem See verbunden (vgl. Abb. 17 rechts).[73]

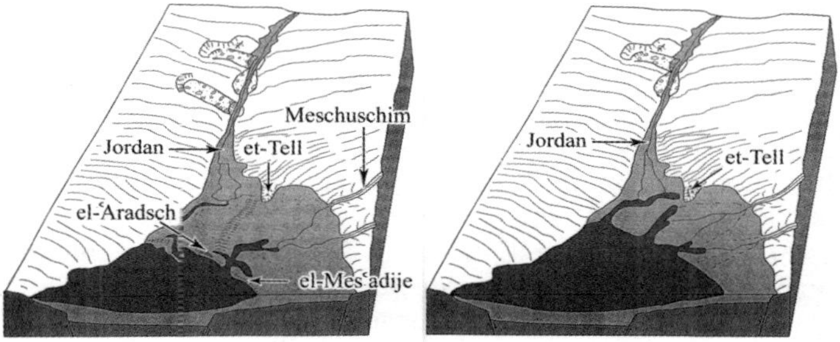

Abb. 17: Die geographische Situation von et-Tell (Betsaida): Links: heutige Lage, etwa so wahrscheinlich seit 363 n. Chr. (Küstenlinie südlich von el-ᶜAradsch und el-Mesᶜadije variiert); rechts: et-Tell vermutlich im 1. Jh. n. Chr., über das Wasser erreichbar; el-ᶜAradsch und el-Mesᶜadije noch von Wasser bedeckt. Unter Verwendung von J. F. Shroder u. a., Catastrophic Geomorphic Processes and Bethsaida Archaeology, Israel, in: R. Arav/R. A. Freund (Hgg.), Bethsaida. A City by the North Shore of the Sea of Galilee, Bd. 2, Kirksville, Mo. 1999, 169 Abb. 21 und 170 Abb. 22

Was bedeutet μετὰ πόλιν Ἰουλιάδα, das sich als „nach", „hinter" oder „unterhalb der Stadt Julias" übersetzen lässt? Mit Hilfe des *Thesaurus Linguae Graecae* oder vor allem von „Accordance"[74] ist es jetzt sehr viel einfacher, das Griechisch des Josephus genauer zu untersuchen. In unserem Fall muss betont werden, dass Josephus nicht sagt: πρὸς τῇ πόλει Ἰουλιάδι, „*bei* der Stadt Julias". Tatsächlich verwendet Josephus siebenmal πρός mit Dativ und πόλις („Stadt") oder κώμη („Dorf") in der Bedeutung „bei", „neben", „in der Nähe

[73] S. Anm. 6. Mendel Nun bezweifelt Shroders Resultate; s. *Nun*, Der See Genezareth und die Evangelien. Archäologische Forschungen eines jüdischen Fischers, Gießen 2001, 223-229; keines seiner Argumente überzeugt jedoch.

[74] Benutzt wurde die Software „Works of Flavius Josephus (with morphological tagging)", Version 1.0 (© BibleWorks, LLC, 2005), in: Accordance. Bible Software (for Macintosh), OakTree Software, Altamonte Springs, Fla., 2005.

von“ usw.[75] Bei Josephus entspricht dies dem normalen Sprachgebrauch. Nur ein einziges Mal in all seinen Schriften verwendet er μετά zusammen mit πόλις oder κώμη,[76] nämlich in unserer Textstelle. Dieser spezielle Sprachgebrauch legt nahe, dass Josephus hier tatsächlich nicht in einem allgemeinen Sinne πρός („bei“), sondern in einem spezifischen Sinne μετά („nach“) meint. Normalerweise verwendet Josephus die Präposition μετά mit Akk. für eine zeitliche Näherbestimmung, wie z. B. „nach dem Tod“ einer bestimmten Person. Dies lässt insgesamt den Schluss zu, dass „nach“ bzw. „unterhalb“ die beste Übersetzung dieser Formulierung ist.[77] Das bedeutet, dass zwischen Julias und dem See Gennesaret eine bestimmte Entfernung lag. Der Jordan mündete nicht *bei* Betsaida/Julias in den See.

Neben *Bell* 3,515 gibt es bei Josephus noch eine weitere detaillierte Angabe zu Betsaida/Julias. Diese findet sich in *Vita* 398-406. Ich werde hier nicht den ganzen Abschnitt behandeln, sondern nur einen einzigen Satz in § 399 über die Entfernung zwischen Jordan und Julias:

Josephus schreibt hier:

> „Sobald ich davon erfuhr, schicke ich 2000 Bewaffnete und Jeremia als deren Befehlshaber, die nun auch ein Stadion entfernt von Julias, nahe am Fluss Jordan (ἀπὸ σταδίου τῆς Ἰουλιάδος πλησίον τοῦ Ἰορδάνου ποταμοῦ), Palisaden errichteten ...“

Die Soldaten des Josephus errichteten ein Lager in der Nähe des Jordan, das ca. 200 m von Julias entfernt war.[78] Diese

---

[75] Sechsmal in *Ant*: 5,63; 6,98.247; 7,303; 8,381; 9,7; einmal in *Bell*: 5,51.

[76] μετά mit Akk. für eine räumliche Entfernung, d. h. als „nach“ oder „hinter“ z. B. in *Ant* 3,122: μετὰ δέκα πήχεας („nach zehn Ellen“).

[77] LCL (H. St. J. Thackeray) übersetzt hier „below the town of Julias“; ebenso die dt. Übersetzungen von *H. Clementz*, Flavius Josephus. Geschichte des Jüdischen Krieges, Halle o. J., und *O. Michel/O. Bauernfeind*, Flavius Josephus, De Bello Judaico, Darmstadt 1959 („unterhalb“). *W. Bauer/K. u. B. Aland*, Griechisch-deutsches Wörterbuch zu den Schriften des Neuen Testaments und der frühchristlichen Literatur, Berlin/New York, N.Y. [6]1988, s. v. B I, nennen für die „örtl.“ Bedeutung in Hebr 9,3 „hinter“.

[78] *Bauer/Aland*, Wörterbuch, s. v. „στάδιον, ου, τό“ 1. nennt unter anderem Josephus („sechshundert griechische [sechshundertfünfundzwanzig römische] Fuß = hundertzweiundneunzig Meter“); s. auch *J. Lust* u. a., Greek-English Lexicon of the Septuagint, Stuttgart [2]2003, s. v.

Entfernung entspricht ziemlich genau der von et-Tell zum östlichen Arm des Jordan. Die Formulierung „nahe am Fluss Jordan“ deutet darauf hin, dass Josephus nicht einen Ort direkt am Ufer des Sees und an der Flussmündung des Jordan meint, sondern einen weiter entfernten Ort und zwar Richtung Norden.

Anhand der Informationen eines Historikers und Soldaten, der die Region als Befehlshaber in Galiläa und der Gaulanitis während des ersten jüdischen Krieges kannte, können wir davon ausgehen, dass der Jordan nicht „bei“ Betsaida, sondern „nach“ Betsaida in den See Gennesaret mündete, das heißt ein wenig weiter südlich. Die korrekte Lokalisierung von Betsaida auf et-Tell und nicht bei el-^{c}Aradsch oder el-Mes^{c}adije stützt sich letztendlich auf drei Argumente:

1) Es ist nahezu undenkbar, dass Philippus ein Dorf zu einer Stadt im Sumpfgelände am nördlichen Ufer des Sees Gennesaret erhob.

2) Es gibt keine Überreste von Mauern aus der hellenistisch-frührömischen Zeit in el-^{c}Aradsch oder el-Mes^{c}adije. Anderslautende Behauptungen entbehren jeglichen archäologischen Beweismaterials.

3) Die geologischen Forschungsergebnisse von Shroder und seinen Kollegen zeigen, dass das nördliche Ufer des Sees Gennesaret in der Zeit des Philippus sehr viel näher bei et-Tell lag. Dies bedeutet ferner, dass el-^{c}Aradsch und el-Mes^{c}adije in neutestamentlicher Zeit und darüber hinaus bis zu der katastrophalen Flut, die offenbar einem durch ein Erdbeben (363 n. Chr.) verursachten massiven Böschungsbruch im Jordantal folgte, unterhalb des Wasserspiegels lagen.

Die Ergebnisse dieses Aufsatzes können folgendermaßen zusammengefasst werden: Jesus hielt sich höchstwahrscheinlich für einige Zeit an einem mehr oder weniger jüdisch orientierten Ort namens Betsaida in der mehr oder weniger heidnischen Region der Gaulanitis auf. Es gibt ausreichende archäologische Funde und auch Befunde, die eine Besiedlung von et-Tell im 1. Jh. n. Chr. belegen. Betsaida, das Philippus ca. 30 n. Chr. zur Stadt erhob, muss auf et-Tell gelegen haben.

„στάδιον, –οι“ („the representative – Olympic – stadium was ca. 192 m“). In verschiedenen antiken griechischen Zählweisen misst ein Stadion immer um die 200 m, in römischer Zählung 185 m; vgl. *C. Andresen* u. a. (Hgg.), Lexikon der Alten Welt, Zürich 1965, 3423-3425.

Karl-Heinrich Ostmeyer

„Urgestein der Jesusüberlieferung?"

Die synoptischen Gleichnisse als historische Quelle für die galiläische Umwelt Jesu*

1. Fragestellung

„Wer sich mit den 41 Gleichnissen Jesu, wie sie uns die ersten drei Evangelien überliefern, beschäftigt, steht auf besonders festem historischen Grund; sie sind ein Stück Urgestein der Überlieferung."[1] So in klassischer Weise J. Jeremias in seiner Untersuchung der neutestamentlichen Gleichnisse. Schon A. Jülicher, der Vater der modernen Gleichnisforschung, hatte erklärt, dass die Gleichnisse fast ohne Ausnahme „einen echten, auf Jesus selber zurückgehenden Kern" haben.[2] Diese Einschätzung wird bis heute von einer nicht geringen Zahl der Neutestamentlerinnen und Neutestamentler geteilt und ist keineswegs auf die deutschsprachige Exegese beschränkt. So heißt es bei M. J. Borg: „Together, aphorisms and parables are the bedrock of the Jesus tradition, and they put us most directly in touch with the voice of the pre-Easter Jesus."[3]
Was jedoch „bedrock" oder „Urgestein" konkret bedeuten und wofür die Gleichnisse als Quellen dienen können, ob für die Botschaft Jesu oder für seine Lebenswelt, – darüber wird selten reflektiert. Bei dem, was man sich unter „Urgestein" vorstellt, wird das jeweils eigene Historizitätskonzept oftmals unreflektiert als selbstverständlich vorausgesetzt. Es sind nicht zuletzt die ungeklärten Prämissen in der Historizitätsfrage die mit dazu beitragen, dass W. G. Kümmels Urteil über den Stand der

---

* Die Studie geht zurück auf meinen Habilitationsvortrag vor der Theologischen Fakultät der Universität Leipzig am 10. Juli 2003.

[1] *J. Jeremias*, Die Gleichnisse Jesu, Göttingen [11]1989 ([1]1947), 7.

[2] Vgl. *A. Jülicher*, Die Gleichnisreden Jesu, erster Teil. Die Gleichnisreden Jesu im Allgemeinen, 2., neu bearb. Aufl., Freiburg i. Brsg., Leipzig, Tübingen 1899.

[3] *M. J. Borg*, Meeting Jesus Again for the First Time. The Historical Jesus & the Heart of Contemporary Faith, San Francisco, Ca. 1995, 70; ähnlich *R. W. Funk*, The Acts of Jesus. The Search for the Authentic Deeds of Jesus, San Francisco, Calif. 1998, 9: „The parables and aphorisms form the bedrock of the tradition. They represent the point of view of Jesus himself"; vgl. auch: *S. J. Patterson*, The Gospel of Thomas and Jesus. Sonoma, Ca. 1993, 241.

Gleichnisforschung unvermindert Gültigkeit behält. Seine Bilanz von 40 Jahren Jesusforschung zwischen 1950 und 1990 fällt für die Gleichnisforschung verheerend aus: „Angesichts des Zustands der Gleichnisforschung sah ich mich veranlaßt, vom ‚gegenwärtigen Wirrwarr der Gleichnisdiskussion' zu sprechen [...]. Ich sehe keine Veranlassung, die Richtigkeit dieser Feststellungen nachträglich in Frage zu stellen".[4]

Es ist nicht Ziel der Untersuchung, das „Knäuel des Meinungsgewirrs" um eine weitere Lage zu verdicken. Stattdessen sollen unter Konzentration auf die Historizitätsfrage die Wege einiger wichtiger Fäden verfolgt werden. Speziell geht es darum zu klären, ob und in welchem Maße die synoptischen Gleichnisse als Quelle für das Verständnis Galiläas zur Zeit Jesu in Anschlag zu bringen sind.

Ein Schwerpunkt des Lebens und Lehrens Jesu und damit auch seines Lehrens in Gleichnissen lag in Galiläa. Viele der Gleichnisse dürften primär ein galiläisches Publikum vor Augen gehabt haben, und ihr Bilderschatz hat seinen Ursprung in der unmittelbaren galiläischen Lebenswelt Jesu.[5]

Dass es kein Adiaphoron ist, wo ein Gleichnis verortet wird, leuchtet unmittelbar ein, wenn konkrete Gleichnisse in den Blick kommen. So dürfte kaum in Frage gestellt werden, dass das Gleichnis vom Fischnetz (Mt 13,47-50) an den See Genezareth und nicht an die Mittelmeerküste gehört, – jedenfalls wären die Rückschlüsse auf Fischbestand und Fangtechnik grundsätzlich verschieden.[6]

Die Zinsgroschenfrage (Mk 12,14-17 par.) „funktioniert", weil Jesus mit Selbstverständlichkeit darauf rechnen konnte, dass seine Gesprächspartner eine Münze mit Kaiserbild vorzeigen würden. Dass das in Judäa unter römischer Verwaltung so

---

[4] *W. G. Kümmel*, Vierzig Jahre Jesusforschung (1950-1990), hg. v. H. Merklein (BBB 91), 2. verb. u. erg. Aufl., Weinheim 1994, 695.

[5] Vgl. *C. Böttrich*, Themen des Neuen Testaments in der Grundschule. Ein Arbeitsbuch für Religionslehrerinnen und Religionslehrer, Stuttgart 2001, 122: „Durch die Gleichniserzählungen Jesu, weht ein Hauch von Galiläa."

[6] Anders dagegen *E. Fuchs*, Bemerkungen zur Gleichnisauslegung, wiederabgedruckt in: W. Harnisch (Hg.), Gleichnisse Jesus. Positionen der Auslegung von Adolf Jülicher bis zur Formgeschichte (WdF 366), Darmstadt 1982, 256-261, hier 256: „Es ist nicht viel gewonnen, wenn man weiß, wo die Bildhälfte beheimatet ist."

war,[7] kann nicht verwundern. Dagegen war die Gewähr für die Präsentation einer Bildermünze in Galiläa nicht gegeben, denn die von Antipas geprägten öffentlichen Münzen[8] waren bilderlos – im Unterschied zu den in Judäa kursierenden Münzen oder zu denen seines Bruders Philippus.[9]

Das Gleichnis vom Schatz im Acker (Mt 13,44) bekäme eine andere Pointe, wenn es sich nicht auf Galiläa bezöge. Dabei ist die entscheidende Frage die nach dem gesetzmäßigen Anteil des Schatz-Finders. Sofern in Galiläa unter Herodes Antipas bereits nach jüdisch-halachischem Recht verfahren wurde, gehörte der ganze Schatz dem Arbeitgeber.[10] In Judäa unter römischer Verwaltung dürfte römisches Recht gegolten haben. Wenn das dort gültige Recht schon den unter Hadrian kodifizierten Normen entsprach,[11] dann war zwischen dem Besitzer und dem Finder zu teilen.[12] In dem einen Falle bestand im Kauf des Ackers die einzige Möglichkeit, überhaupt von dem Fund zu profitieren, im zweiten Falle – der Verortung des Gleichnisses in Judäa – wäre der Subtext des Gleichnisses gewesen, sich nicht mit der Hälfte zufrieden zu geben, sondern nach dem ungeteilten Schatz zu streben.

---

7 *K. Wengst*, Pax Romana. Anspruch und Wirklichkeit. Erfahrungen und Wahrnehmungen des Friedens bei Jesus und im Urchristentum, München 1986, 77.

8 *Y. Meshorer*, Ancient Jewish Coinage. II. Herod the Great through Bar Cochba, Dix Hills, N.Y. 1982, Abbildungen: Plate 6; vgl. *S. Freyne*, Herodian Economics in Galilee. Searching for a Suitable Model, in: ders., Galilee and Gospel. Collected Essays (WUNT 125), Tübingen 2000, 86–113, hier 106.

9 *Meshorer*, Coinage, Plate 7f.; abgebildet sind u.a. Augustus, Tiberius und Philippus selbst.

10 BQ X,10; da es sich um einen „verborgenen Schatz“ handelt (θησαυρὸς κεκρυμμένος) darf als wahrscheinlich gelten, dass an einen Schatz gedacht war, der bei Grabearbeiten im Rahmen eines Arbeitsverhältnisses entdeckt wurde; das ist deshalb von Bedeutung, weil nach BM II,3 Verborgenes im Unterschied zu offen sichtbaren Gegenständen nicht als herrenlose Fundsache galt; vgl. BM 10a, 12b, 118a.

11 *O. Behrends/R. Knütel/B. Kupisch/H. H. Seiler* (Hgg.), Corpus Iuris Civilis. Text und Übersetzung, Bd. I. Institutionen, Heidelberg 1990, 55f. Vgl. *T. Mayer-Maly*, Römisches Privatrecht, Wien/New York, N.Y. 1991, 45f.: „Das neutestamentliche Gleichnis vom Schatz im Acker (Mt 13,44) setzt offenbar voraus, daß ein Schatz dem Grundeigentümer gehört. Doch galt zu jener Zeit römisches Privatrecht in Palästina nicht“.

12 *Th. Mayer-Maly*, Rechtsgeschichtliche Bibelkunde, Wien/Köln/ Weimar 2003, 46-48. Den Hinweis auf die Monografie von Th. Mayer-Maly verdanke ich Prof. Dr. F. Siegert (Münster).

Bereits hier drängen sich kritische Fragen hinsichtlich der Methodik auf: Wie lässt sich entscheiden, ob man sich zu Jesu Zeiten an den erst später kodifizierten hadrianischen oder halachischen Rechtsnormen orientierte? Je nachdem, wo die Gleichnisse verortet und auf welcher Basis sie interpretiert werden, lassen sie sich als Quellen für ganz unterschiedliche Verhältnisse in Anspruch nehmen. Daraus resultiert die Frage, in welcher Beziehung die Gleichnisse zu anderen Quellen, etwa der Archäologie etc., stehen und welche Gleichnisse sich in welcher Form überhaupt heranziehen lassen. Zumal bei nicht wenigen der Gleichnisse keine Einigkeit über ihre Authentizität und ihre ursprüngliche Gestalt zu erzielen ist.

2. Zur Methodik

Bedenkenswerte Überlegungen zu einem methodisch reflektierten Umgang mit den synoptischen Evangelien und zu ihrem Wert als historischer Quelle stellt J. Schröter an.[13] Er plädiert mit Recht für ein streng geschichtswissenschaftliches Herangehen an die Historizitätsfrage[14]: Die „Jesusforschung der jüngsten Zeit [hat] zu Recht darauf insistiert, daß die theologische und die historische Frage zu unterscheiden sind."[15] Das hat Konsequenzen auch für die Bewertung der Gleichnisse als historischer Quellen.

In jüngster Zeit wurde der Frage der Historizität in der Gleichnisforschung wieder größeres Gewicht beigemessen. So konstatiert K. Erlemann: „Insgesamt ist der Trend erkennbar, Gleichnisse wieder historisch, und das heißt, unter Berücksichtigung ihres sprachlichen und situativen Kontextes, auszulegen."[16]

---

[13] *J. Schröter*, Von der Historizität der Evangelien. Ein Beitrag zur gegenwärtigen Diskussion um den historischen Jesus, in: *J. Schröter/R. Brucker* (Hgg.), Der historische Jesus. Tendenzen und Perspektiven der gegenwärtigen Forschung (BZNW 114), Berlin/New York, N.Y. 2002, 163-212, hier 167: „Eine Konstruktion der Person Jesu ist vielmehr ein hypothetischer, falsifizierbarer Entwurf, der die vorhandenen Quellen als Wirkungen derjenigen Ereignisse, auf die sie sich beziehen, verständlich zu machen versucht."

[14] *Schröter*, Historizität, 165-168.

[15] A.a.O., 163.

[16] *K. Erlemann*, Gleichnisauslegung. Ein Lehr- und Arbeitsbuch (UTB 2093), Tübingen/Basel 1999, 39.

Wichtige Impulse für eine methodisch abgesicherte Berücksichtigung historischer Aspekte gab der Gleichnisforschung die 2001 erschienene Dissertation von J. Liebenberg.[17] J. Liebenberg zeigt einerseits, wie virulent J Jeremias' eingangs zitierte These von den Gleichnissen als „Urgestein der Jesusüberlieferung“[18] bis in die Gegenwart ist[19] und belegt gleichzeitig ihre Fragwürdigkeit.[20]

Was bei J. Liebenberg fehlt, ist eine Differenzierung zwischen den verschiedenen Aspekten der Historizität bei der Gleichnisauslegung. J. Liebenberg geht es vor allem um das Verhältnis von Verkündigung und Historizität in den Gleichnissen und konkret um die Frage der historischen Auswertbarkeit der Gleichnisse *für die Verkündigung* Jesu.[21] Doch bis in die Gegenwart bestimmt die den Gleichnissen unterstellte Faktizität weit mehr als nur das Bild von der Verkündigung Jesu. Die neutestamentlichen Gleichnisse, die Gleichniserzählungen und Parabeln erfreuen sich allgemein überdurchschnittlich großer Beliebtheit, sie sind eingängig und der Suggestivkraft ihrer Bilder kann sich kaum jemand entziehen.

Gerade aufgrund ihrer Selbstverständlichkeit bestimmen Gleichnisse nicht nur das Verständnis der Verkündigung oder *Botschaft* Jesu, sondern sie bestimmen stärker noch als archäologische Erkenntnisse und intensiver als historische Lehrbücher das vorherrschende Bild der *Lebenswelt* Jesu, und das heißt konkret: das Bild von Galiläa – auch wenn im allgemeinen Bewusstsein häufig nicht zwischen Galiläa und dem Rest der nahöstlichen Welt unterschieden wird. Ob und inwiefern

---

[17] *J. Liebenberg*, The Language of the Kingdom and Jesus. Parable, Aphorism, and Metaphor in the Sayings Material Common to the Synoptic Tradition and the Gospel of Thomas (BZNW 102), Berlin/New York, N.Y. 2001.

[18] Mit der Kritik an der heutigen Verwendung der Urgestein-These sollen nicht die Pionierarbeit und das bleibende Verdienst J. Jeremias' um die Gleichnisforschung des 20. Jahrhunderts in Frage gestellt werden.

[19] *Liebenberg*, Language, 526, spricht vom "predominant focus on the teaching of Jesus, more specifically the isolated and 'authenticated' parables and aphorisms of the Kingdom", die dazu dienen "to construct a historical Jesus which has a high degree of correspondence with Jesus of Nazareth."

[20] *Liebenberg*, Language, 21-24.527-530.

[21] *Liebenberg*, Language, 529: The "parables (and aphorisms) were not intended *primarily* as teaching in themselves, but as *instruments* to be used in 'teaching'" Hervorhebung im Original.

Gleichnisse ihrer Rolle als Quellen für historisches Wissen gerecht werden können, ist zu untersuchen.
Hier soll das Problem der Historizität in den Gleichnissen grundsätzlich angegangen werden – also nicht allein bezogen auf die Verkündigung. Zu Beginn steht deshalb die Frage, wofür die Gleichnisse als Quellen in Anspruch genommen werden können und wofür nicht. Drei Aspekte, die häufig miteinander vermengt werden, sind auseinander zu halten:
1) die Historizität des Erzähl*aktes*;
2) die Historizität der *Botschaft* bzw. des Zwecks der Gleichnisse;
3) die Historizität von *Inhalt und Kontext* der einzelnen Gleichnisse.

3. Zu den verschiedenen Aspekten der Historizität von Gleichnissen

3.1 Die Historizität des Erzählaktes

Die Verwendung von Gleichnissen zählt zu den Charakteristika Jesu.[22] Ernst Käsemann spitzt dies zu, indem er erklärt, dass „wir, vom Gleichnisstoff abgesehen, schlechterdings keinerlei formale Kriterien zur Herausstellung des authentischen Jesusgutes besitzen."[23]
Es begegnet in der neutestamentlichen Forschung nicht häufig, dass ein echter Konsens feststellbar ist: Gleichnisstoff lässt sich auf den historischen Jesus zurückführen. Doch der Konsens ist trügerisch, denn ausgehend davon, dass der „echte" Jesus Gleichnisse erzählt hat, werden, wie im Folgenden zu demonstrieren ist, die unterschiedlichsten Schlüsse gezogen.

3.2 Die Historizität der Botschaft oder des Zwecks der Gleichnisse

Zahlreichen Ansätzen zur Gleichnisinterpretation ist gemeinsam, dass sie die Historizität des *Erzählaktes* auch auf die

---

[22] *J. D. G. Dunn*, Jesus Remembered (Christianity in the Making, Vol. I), Grand Rapids, Mich., Cambridge,UK 2003, 334.698.
[23] *E. Käsemann*, Das Problem des historischen Jesus, wiederabgedruckt in: *Ders.*, Exegetische Versuche und Besinnungen I, Göttingen 1960, 187-214, hier 204.

Historizität der Gleichnis-*Botschaft* ausdehnen. Wenn nämlich als historisch wahrscheinlich oder gesichert gilt, dass Jesus Gleichnisse erzählt hat,[24] dann muss in den Gleichnissen in irgendeiner Form seine Botschaft oder seine Intention zum Ausdruck kommen. Sei es, dass diese Botschaft in den Gleichnissen selbst als benannt erkannt wird (vgl. z.B. A. Jülicher,[25] J. Jeremias[26] etc.), sei es, dass im Akt der Rezeption der Inhalt der Botschaft als geschaffen und vergegenwärtigt vorgestellt wird (E. Jüngel,[27] H. Weder,[28] W. Harnisch[29] etc.), oder dass durch die Art des Erzählens indirekt deutlich wird, worum es Jesus ging oder wer Jesus war.[30]

Bei aller prinzipiellen Übereinstimmung darüber, *dass* der Akt des Erzählens der Gleichnisse Rückschlüsse auf ihre Botschaft oder Intention erlaubt, beginnt der Dissens doch spätestens bei dem, *worauf* sich zurück schließen lässt und was konkret der *Inhalt* der Verkündigung des historischen Jesus war. Dabei vollzieht sich die Rekonstruktion des *Inhaltes* der Verkündigung in Stufen: 1) Mit dem historischen Jesus wird eine für ihn und seine Lehren typische Botschaft verbunden.[31] 2) Das Vor-

---

[24] Vgl. *Dunn*, Jesus, 385: Jesus „was remembered as characteristically teaching about the kingdom by using parables."

[25] *Jülicher*, Gleichnisreden, 117f.

[26] *Jeremias*, Gleichnisse, 7.

[27] *E. Jüngel*, Metaphorische Wahrheit. Erwägungen zur theologischen Relevanz der Metapher als Beitrag zur Hermeneutik einer narrativen Theologie, in: *P. Ricoeur/E. Jüngel*, Metapher. Zur Hermeneutik religiöser Sprache, München 1974, 71-122, hier 115.121f.

[28] *H. Weder*, Die Gleichnisse Jesu als Metaphern. Traditions- und redaktionsgeschichtliche Analysen und Interpretationen (FRLANT 120), 3., durchges. Aufl., Göttingen 1978, 275.

[29] *W. Harnisch*, Die Gleichniserzählungen Jesu. Eine hermeneutische Einführung (UTB 1343), Göttingen 1985, 307f.

[30] Nach *C. Kähler*, Jesu Gleichnisse als Poesie und Therapie. Versuch eines integrativen Zugangs zum kommunikativen Aspekt von Gleichnissen Jesu (WUNT 78), Tübingen 1995, ist Jesus der Therapeut, der durch sein Erzählen von Gleichnissen Heilungsprozesse in Gang setzt.

[31] *E. Fuchs*, Bemerkungen, 260f.; *E. Jüngel*, Paulus und Jesus. Eine Untersuchung zur Präzisierung der Frage nach dem Ursprung der Christologie (HUTh 2), 5., unv. Aufl., Tübingen 1979 ([1]1962), 142; *H. Weder*, Gleichnisse, 282f., und mit ihnen eine Mehrzahl der neueren Gleichnisausleger sehen in der Verkündigung der βασιλεία τοῦ θεοῦ den Kern der Botschaft Jesu. Eine Gegenposition vertritt *F. Vouga*, Jesus als Erzähler. Überlegungen zu den Gleichnissen, WuD 19 (1987), 63-85. Er hält die βασιλεία-Botschaft für ein Kennzeichen der nachträglichen Apokalyptisierung der Botschaft Jesu. Jesus selbst habe „nicht das Gottesreich

handensein dieser Botschaft in ihrer vermeintlich typisch jesuanischen Ausprägung wird zum Kriterium für die Echtheit der Gleichnisse. 3) Gleichnisse oder Teile von Gleichnissen, in denen die vorausgesetzte Urbotschaft nicht in der für angemessen erachteten Form greifbar ist, werden als unjesuanisch ausgeschieden.
Wer aber sagt, dass ein Gleichnis nur *einmal* und nur in *einer* Situation von Jesus erzählt wurde und dass ein Gleichnis nur auf eine *einzige* Botschaft festgelegt war? [32]

Exkurs: Beispiele unterschiedlicher Echtheitskriterien

A. Jülicher betrachtet Gleichnisse als Instrumente zur Vermittlung schlichter Satzwahrheiten. Jesus selber sei der geniale Rhetor gewesen. Folglich könne alles Allegorische und Komplizierte nicht von Jesus stammen.[33]
Nach *J. Jeremias* hat Jesus die Gleichnisse aus dem realen Leben gegriffen und sie als Streitwaffen in der Auseinandersetzung mit seinen meist pharisäischen Gegnern verwandt.[34] Die Nähe der echten Gleichnisse zur Umwelt Jesu beurteilt *E. Linnemann* ähnlich.[35] Sie legt aber den Akzent nicht auf die Überwindung der Feinde, sondern auf deren Überzeugung und Gewinnung.[36]
R. Bultmann bewertet die Gleichnisse als eine Möglichkeit, bis zum historischen Jesus vorzudringen. Bei der Bewertung der „Echtheit" eines Gleichnisses bedient er sich des „Differenzkriteriums", d.h. seiner Ansicht nach haben nur diejenigen Gleichnisse authentisches Jesusgut bewahrt, die sich nicht in den sonst typischen Hintergrund einfügen lassen.[37]

---

angekündigt, vielmehr hat er […] Geschichten erzählt, die […] das Schicksal von lächerlichen und ernsten Personen in Szene setzen", a.a.O., 82. Jesus erzählte nach F. Vouga die Gleichnisse, um seine Zuhörer auf eine an sich unmögliche Möglichkeit aufmerksam zu machen. Eine Möglichkeit, die ihre eigene Existenz im Kern betrifft, a.a.O., 84f.

[32] Mit Recht wird diese Voraussetzung von *Liebenberg*, Language, 526, in Frage gestellt: „it is possible to effect more than one *legitimate* mataphoric meaning of the same parable in any cultural context, […] Jesus did not necessarily perfom any of his parables only once"; ders. a.a.O. 527: „[… The] same parable was told in different contexts, or by varying their generic-level structures or both."

[33] *Jülicher*, Gleichnisreden, 40.118.

[34] *Jeremias*, Gleichnisse, 7.18.

[35] *E. Linnemann*, Gleichnisse Jesu. Einführung und Auslegung, Göttingen [7]1978 ([1]1961), 31.

[36] *Linnemann*, Gleichnisse, 30.

[37] *R. Bultmann*, Die Geschichte der synoptischen Tradition (FRLANT NF 12), 8. Aufl. 1970 ([1]1921), 222: „Wo der Gegensatz zur jüdischen Moral und Frömmigkeit [*sic!*] und die spezifisch eschatologische Stim-

Gleichnisse aus dem jüdischen Alltag lassen sich demnach nicht sicher auf den historischen Jesus zurückführen. *R. Bultmann* klassifiziert deshalb das Gleichnis vom verlorenen Groschen (Lk 15,8f.),[38] das Gleichnis vom Fischnetz (Mt 13,47-50),[39] das von der selbst wachsenden Saat (Mk 4,26-29)[40] und das Gleichnis vom Sauerteig (Mt 13,33; Lk 13,20f.)[41] als unecht.

Die beiden letztgenannten Gleichnisse rechnet *C. Kähler* dagegen den echten Gleichnissen Jesu zu.[42] Er beruft sich dabei auf dasselbe Differenzkriterium, das R. Bultmann veranlasst hatte, sie dem historischen Jesus abzusprechen. Schied R. Bultmann sie wegen ihrer Nähe zum jüdischen Alltag als unecht aus, erklärt C. Kähler, gerade weil diese Gleichnisse den Alltag der einfachen Bevölkerung widerspiegelten, hätten sie in ihrer Art keine Parallelen in ihrer Umwelt[43] und seien deshalb echt.[44] C. Kähler versteht die Gleichnisse als Teile und als Endpunkte längerer Kommunikationsprozesse. Ziel dieser Kommunikationsprozesse sei eine heilende Wirkung auf die Zuhörerschaft. Jesus sei nicht der Bekämpfer seiner Feinde gewesen wie bei Jeremias, sondern der Therapeut derer, die bereit gewesen seien, sich auf seine Gleichnisse einzulassen.

H. Weder spricht die meisten Gleichnisse Jesus zu. Entscheidendes Echtheitskriterium ist, dass in ihnen die „Grundmetapher", [45] nämlich, dass Jesus der Christus ist, zum Ausdruck kommt.[46]

Das von *L. Schottroff* favorisierte „Echtheitskriterium" ist politisch-soziologischer Natur. Für sie ist das entscheidende Kriterium für das Heranziehen und die Interpretation der Gleichnisse, ob sich in ihnen die „Befreiungsarbeit Jesu" widerspiegelt. L. Schottroff argumentiert im Rahmen ihres Ansatzes konsequent, wenn sie nicht die Frage nach dem

---

mung, die das Charakteristikum der Verkündigung Jesu bilden, zum Ausdruck kommt, und wo sich andrerseits keine spezifisch christlichen Züge finden, kann man am ehesten urteilen, ein echtes Gleichnis Jesu zu besitzen."

38 *Bultmann*, Geschichte, 222.

39 *Bultmann*, Geschichte, 220.

40 *Bultmann*, Geschichte, 220.

41 *Bultmann*, Geschichte, 222.

42 *Kähler*, Poesie, 91-94.

43 *Kähler*, Poesie, 90f., erklärt im Zusammenhang mit der selbstwachsenden Saat: Es „verbindet der historische Jesus sein eigenes [...] Tun mit der künftigen Basileia in herausfordernder Weise, die die Hörer vermutlich anzog – oder abstieß, in keinem Fall aber kalt ließ."

44 *Kähler*, Poesie, 93f.: „Sauerteig als Bild [war] im Bewußtsein der Hörer Jesu befestigt. Das heißt, daß die poetische Regelverletzung in dem der Basileia unangepaßten Milieu (Haushalt/Küche) und dem schwierigen, mindestens ambivalenten Bildfeld vom Sauerteig zu finden ist."

45 *Weder*, Gleichnisse, 85-87.96.299; vgl. *Jüngel*, Metaphorische Wahrheit, 118.

46 *Weder*, Gleichnisse, 276f.295.

jesuanischen Ursprung eines Gleichnisses,[47] sondern die Frage, inwiefern in den Gleichnisaussagen die Jesusbewegung als Befreiungsbewegung zum Ausdruck kommt, an die erste Stelle rückt.[48] Sie möchte „das Denkmodell einer jüdischen Befreiungsbewegung innerhalb der Pax Romana auf alle Stufen der Jesustradition im Neuen Testament anwenden, auch auf die der Evangelien."[49] Die Gleichnisse erlauben ihrer Ansicht nach Schlüsse auf die Umwelt Jesu, denn sie „sind glaubwürdig nicht deshalb, weil die Tradenten historisch genau sein wollen, sondern weil die Lebensbedingungen und Ausdrucksweisen der Befreiungsarbeit Jesu und der Nachfolgegruppe zu seinen Lebzeiten sich nicht wesentlich von der der Nachfolgegruppen unterscheiden, die in den synoptischen Evangelien zu Wort kommen."[50]

Einigkeit herrscht unter den Auslegerinnen und Auslegern darüber, dass erstens nicht ausnahmslos alle synoptischen Gleichnisse auf Jesus zurückgehen und dass zweitens die Gleichnisse überarbeitet wurden. Sie haben zumindest den Schritt von der Mündlichkeit zur Schriftlichkeit hinter sich. Was nicht mit der vermeintlichen Urverkündigung in Einklang zu bringen ist, wird der Redaktion, dem Missverständnis der Tradenten oder deren theologischen oder ekklesiologischen Interessen zugeschrieben.[51] Die Frage lautet also: Was am corpus der Gleichnisse ist „Urgestein", und was ist – um im Bilde zu bleiben – nur „Geröll", das nicht auf Jesus zurückgeht und das nichts von seiner Botschaft enthält?

Zum entscheidenden Kriterium für die Ursprünglichkeit eines Gleichnisses wird damit jeweils das, was ein Exeget dem historischen Jesus zutraut. Dass die Entscheidung über den jesuanischen Ursprung einzelner Gleichnisse bei R. Bultmann anders ausfällt als bei L. Schottroff, und bei F. Vouga noch einmal anders als bei C. Kähler, dürfte kaum verwundern. Diese Variabilität bleibt nicht auf den Kanon der als echt geltenden Gleichnisse beschränkt, sondern setzt sich fort bei der Abgrenzung und beim Herauslösen eines als authentisch erkannten

---

[47] *L. Schottroff*, Die Gleichnisse Jesu, Gütersloh 2005, 139: „Die Gleichnisrede des historischen Jesus ist nicht rekonstruierbar".

[48] *Schottroff*, Gleichnisse, 139: „Die Unterschiede zwischen den drei synoptischen Evangelien beruhen auf Unterschieden zwischen Gemeinden, die aber insgesamt Teil einer solchen Befreiungsbewegung sind. Die Unterschiede sind politisch und theologisch weniger relevant als die Gemeinsamkeiten."

[49] *Schottroff*, Gleichnisse, 139.

[50] *Schottroff*, Gleichnisse, 139.

[51] Vgl. *Jülicher*, Gleichnisreden, 11.61.

Gleichnisses aus seinem literarischen Kontext.[52] Bereits bei dieser Herauslösung spielen die oben exemplarisch angeführten Prämissen eine entscheidende Rolle und erweisen sich für das weitere Verständnis als prägend.
Die angeführten Interpretationsansätze machen deutlich, dass nicht das Gleichnis als Quelle für die Rekonstruktion der Botschaft Jesu und seiner Intention dient, sondern dass es die dem historischen Jesus zugeschriebene Botschaft und die Jesusbilder der Ausleger sind, die den Umfang und die Gestalt des als echt geltenden Gleichnisstoffes bestimmen.[53]
Kümmels Diktum vom Meinungswirrwarr wird damit schon an einer Stelle bestätigt, wo es noch gar nicht um die Auswertung der Gleichnisse als historischer Quellen geht, sondern zuerst einmal darum, das Korpus und den Text der zu bearbeitenden Gleichnisse festzulegen.

3.3 Die Faktizität des Inhaltes der Gleichnisse[54]

Angesprochen wurden bislang zwei Aspekte der Historizität der Gleichnisse: 1) Die Historizität des *Erzählaktes*, 2) die daraus abgeleitete Historizität *der Botschaft oder der Intention* der Gleichnisse: Wenn der historische Jesus Gleichnisse erzählt

---

[52] *Liebenberg*, Language, 526-529. *Schröter*, Historizität, 169, nennt die Trennung von Jesus-Worten und erzählerischem Rahmen „geschichtsmethodologisch unhaltbar"; vgl. a.a.O., 188: „die narrativen Verarbeitungen von Wirken und Geschick Jesu [dürfen] nicht einfach als für die historische Frage unerheblicher ‚Rahmen' beiseite geschoben werden". Anders *G. Theißen/A. Merz*, Der historische Jesus. Ein Lehrbuch, 3., durchges. und um Literaturnachträge ergänzte Auflage, Göttingen 2001, 304: Gleichnisse „sind kleine Kunstwerke, die ihre Pointe in sich tragen und die auch ohne einen größeren literarischen Kontext existieren können."

[53] Das Bild des historischen Jesus wiederum ist abhängig von seiner Verortung; d.h. die Bewertung der Gleichnisse fällt anders aus, wenn von einem im konkreten Galiläa verankerten Jesus ausgegangen wird, als wenn man einen zeitlosen, in Judäa oder Palästina oder dem Mittelmeerraum beheimateten Jesus voraussetzt. Von Gleichnissen, die einem kosmopolitischen Jesus zugeschrieben werden, ist wenig an Informationen über Galiläa zu erwarten.

[54] Die hier vollzogene Unterscheidung der Interpretationsansätze orientiert sich an dem Wert, der der Historizität des Gleichnisinhaltes zugemessen wird. Die gebräuchliche Kategorisierung der verschiedenen Interpretationsansätze erfolgt in der Regel entlang anderer Linien. Hier jedoch geht es nicht um die Differenzierung zwischen den einzelnen Gleichnistheorien, sondern um den Wert der Gleichnisse als historischer Quellen.

hat, dann muss – so wird vorausgesetzt – in ihnen auch seine authentische Botschaft oder Intention zum Ausdruck gekommen sein.
Die beiden genannten Aspekte sind bei allen Differenzen Gemeingut bei der Mehrzahl der verschiedenen Auslegerinnen und Ausleger.
Gingen die unterschiedlichen Auslegungsansätze soweit gemeinsam, so spaltet sich von hier an die Gleichnisforschung in zwei Hauptgruppen auf. Die einen fragen weiter nach der Historizität des *Inhaltes* der Gleichnisse und seiner Einzelelemente. Andere lehnen die Beschäftigung mit der Geschichtlichkeit des Inhalts ab. Wer darauf Gewicht lege, verfehle den Kern der Gleichnisbotschaft.

3.3.1 Die Gegner der Beschäftigung mit dem historischen Hintergrund der Gleichnisse

Zunächst soll ein Blick auf die hermeneutisch bestimmte Interpretation der Gleichnisse geworfen werden. Dabei ist die Ablehnung der Beschäftigung mit der Historizität des Gleichnis*inhaltes* von der Rückführung der Gleichnisse auf den historischen Jesus zu unterscheiden. So führt H. Weder die Mehrzahl der Gleichnisse in ihrer ursprünglichen und zu rekonstruierenden Form auf Jesus zurück,[55] ohne dass deshalb gleichzeitig einer Faktizität ihres Inhaltes ein bestimmender Wert zugemessen wäre.[56]
In den hermeneutisch bestimmten jüngeren Ansätzen wird die Differenzierung A. Jülichers, nach der im Gleichnis zwischen der Bild- und der Sachhälfte zu unterscheiden ist,[57] aufgegeben.[58] Das Gleichnis wird nicht mehr rhetorisch, sondern *poie-*

[55] *Weder*, Gleichnisse, 98; vgl. seine ausführlichen Analysen a.a.O., 99-273.
[56] *Weder*, Gleichnisse, 86.297.
[57] *Jülicher*, Gleichnisreden, 70. Auch bei *A. Jülicher* findet sich bereits das Verständnis des Gleichniserzählens als eines performativen Sprechaktes; so kann er in Gleichnisreden, 152, erklären, „in seinen Parabeln ist die neue Zeit schon da, ist schon alles bereit, werden einem jeden, der kindlich bittet, seine Sünden schon vergeben". Mit einigem Recht spricht *Jüngel*, Paulus und Jesus, 102, deshalb von den „glücklichen Inkonsequenzen Jülichers".
[58] *Weder*, Gleichnisse, 97.

tisch verstanden.[59] D. h. das Gleichnis erzählt nicht – rhetorisch – über etwas, sondern das Gleichnis hat selber schöpferische – poietische – Kraft. Es erschafft das, wovon es erzählt. Das Gleichnis zeichnet nicht das Bild einer jenseitigen Basileia, sondern es lässt die Basileia in der Gegenwart der Rezipientinnen und Rezipienten Realität werden.[60]
Nach E. Fuchs,[61] E. Jüngel,[62] H. Weder,[63] D. O. Via[64] und W. Harnisch[65] betrifft die Botschaft der Gleichnisse den Menschen *unbedingt*, d.h. unabhängig von den historischen Bedingungen und Umständen. Die Botschaft der Gleichnisse ist unabhängig von der Situation, in der Jesus das Gleichnis erzählte, und unabhängig von der damaligen Zuhörerschaft. Galiläa als Ort und die erste Hälfte des ersten Jahrhunderts als Zeit sind irrelevant.
Nach E. Jüngel,[66] H. Weder[67] und anderen vermag keine andere Sprachform als die des Gleichnisses, das Reich Gottes zu vergegenwärtigen. Ja, es gibt überhaupt keine andere Möglichkeit, Aussagen über die βασιλεία τοῦ θεοῦ zu machen als im Gleichnis.[68] Es ist Götzendienst, zu versuchen, die Basileia zu beschreiben. Sie mit Worten abzubilden, hieße, „sich ein Bildnis machen“ von etwas, das innerhalb dieser Welt mit den Mitteln dieser Welt nicht darstellbar ist.[69] Nicht der Wortlaut des Gleichnisses, nicht der Inhalt, sondern die Gleichnis*form* ist konstitutiv: „Die Basileia kommt *im* Gleichnis *als* Gleichnis zur Sprache.“[70] Das Gleichnis steht nicht an sich für die Basileia, sondern nur in der Rezeption des Gleichnisses – und sonst nirgends – ist der andere Äon gegenwärtig.[71] Das gilt nicht historisch, sondern nur aktuell und individuell.[72]

---

[59] Anders *Jülicher*, Gleichnisreden, 117: „Die παραβολαί sind rhetorische, nicht poetische Formen.“
[60] *Jüngel*, Paulus, 138f.; *ders.*, Metaphorische Wahrheit, 114.
[61] *E. Fuchs*, Hermeneutik, 4., durchges. Aufl. Tübingen 1970, 224.
[62] *Jüngel*, Paulus, 136f.; *ders.*, Metaphorische Wahrheit, 121.
[63] *Weder*, Gleichnisse, 279-283.
[64] *D. O. Via*, Die Gleichnisse Jesu. Ihre literarische und existenziale Dimension (BEvTh 57), München 1970, 31.63.70f.
[65] *W. Harnisch*, Gleichniserzählungen, 156.308.
[66] *Jüngel*, Paulus, 135; *ders.*, Metaphorische Wahrheit, 121f.
[67] *Weder*, Gleichnisse, 282f.
[68] *Jüngel*, Paulus, 135.
[69] *Jüngel*, Metaphorische Wahrheit, 112.121f.
[70] *Jüngel*, Paulus, 135; kurs. im Orig.
[71] *Jüngel*, Metaphorische Wahrheit, 121f.
[72] Die Wirkung des autonomen Textes besteht in einer ästhetischen Erfahrung des Lesers, die zu einer veränderten Wirklichkeitssicht führt. Es geht

3.3.2 Die Befürworter der historischen Analyse und Auswertung der Gleichnisse

Von den Befürwortern der historischen Analyse wird nicht nur das *Dass* des Gleichniserzählens als historisch verstanden, sondern auch die Einzelheiten des Inhaltes der einzelnen Gleichnisse gelten entweder unmittelbar als historische Fakten oder erlauben historische Schlüsse. Gleichnisse bieten demnach wichtige und authentische Informationen über die Lebenswelt Jesu.

Repräsentanten dieses Zugangs zu den Gleichnissen sind J. Jeremias[73] und E. Linnemann.[74] In ihrer Tradition stehen unter anderem L. Schottroff und G. Theißen. J. Jeremias und E. Linnemann zeichnen auf der Basis von Gleichnissen detailreiche Bilder der Lebenswelt Jesu. Nicht zuletzt J. Jeremias und seiner 1998 in 11. Auflage erschienenen Gleichnisstudie ist es zu verdanken, dass kaum eine Gattung neutestamentlicher Texte in Predigt und Unterricht in vergleichbarem Maße Anlass zu Ausführungen über die Lebenswelt Jesu gibt wie die Gleichnisse. Die Darstellungen J. Jeremias' und E. Linnemanns werden bis heute nicht nur in Kommentaren zum Neuen Testament und in Studien zur Gleichnisauslegung, sondern auch in Predigtmeditationen und katechetischen Entwürfen zur Veranschaulichung des historischen Hintergrundes verwandt.[75] Sie bestimmen bei Pfarrern, Katecheten und Religionslehrern und damit auch bei ihren Schülern das Bild von Jesu Lebenswelt und das heißt konkret von Galiläa. Die prägende Wirkung dieser anschaulichen Schilderungen kann kaum hoch genug eingeschätzt werden.[76] Nicht selten erscheint J. Jeremias als wichtigster Ge-

---

nicht um die Rekonstruktion eines etwaigen Sitzes im Leben Jesu. Nach *Via* Gleichnisse, 46, eröffnet das Gleichnis dem Rezipienten „eine ontologische Möglichkeit - eine Möglichkeit, die grundsätzlich für den Menschen als Menschen vorhanden und möglich ist", vgl. a.a.O., 57.

[73] *Jeremias*, Gleichnisse, 7.

[74] *Linnemann*, Gleichnisse, 31.

[75] *M. Dutzmann*, Gleichniserzählungen Jesu als Texte evangelischer Predigt (APTh 23), Göttingen 1990, 131: J. Jeremias' „Buch ist über mehrere Jahrzehnte hinweg ein theologisches Standardwerk gewesen, und wahrscheinlich ist es ihm überhaupt erst zu verdanken, daß die Einsicht Jülichers in den nicht-allegorischen Charakter der Gleichnisse auch unter Predigern zum Allgemeingut wurde."

[76] *Böttrich*, Themen, 118, erklärt mit Recht: Jeremias' „Untersuchungen zu den zeitgeschichtlichen Hintergründen stellen nach wie vor eine wertvolle Hilfe dar".

währsmann für den historischen Hintergrund der Gleichnisse[77]. In Gottesdienstpraxis 2003 zitiert E. Herrmann[78] im Rahmen seiner Auslegung zum Gleichnis von den Arbeitern im Weinberg J. Jeremias so, als seien dessen Ausführungen selbst das nicht mehr zur Debatte stehende Urgestein der Jesusüberlieferung.

Gleichnisse aller Art spiegeln – so J. Jeremias, L. Schottroff,[79] G. Theißen[80] u.a. – zumeist reale Verhältnisse oder Geschehnisse in der Umwelt Jesu oder beschreiben eine typische, zumindest aber eine gut vorstellbare Möglichkeit.

J. Jeremias beschreibt als Aufgabe der Exegetin und des Exegeten: „Jesus sprach zu Menschen von Fleisch und Blut, aus der Stunde für die Stunde. Jedes seiner Gleichnisse hat einen bestimmten historischen Ort in seinem Leben. Den Versuch zu machen, ihn zurückzugewinnen – das ist die Aufgabe [,...] um – soweit es möglich ist – zurückzukommen zum ursprünglichen Sinn der Gleichnisse Jesu, zu Jesu ipsissima vox.“[81] Und an anderer Stelle heißt es: „Welch großes Geschenk, wenn es gelingt, hier und da hinter dem Schleier das Antlitz des Menschensohnes wiederzufinden!“[82]

---

[77] So zum Beispiel bei *P. Müller/G. Büttner/R. Heiligenthal/J. Thierfelder*, Die Gleichnisse Jesu. Ein Studien- und Arbeitsbuch für den Unterricht, Stuttgart 2002.

[78] *E. Herrmann*, Sonntag Septuagesimae, in: *E. Domay* (Hg.), Gottesdienstpraxis. Serie A, Arbeitshilfen für die Gestaltung der Gottesdienste im Kirchenjahr. Perikopenreihe 1/2: 4. Sonntag nach Epiphanias bis Jubilate, Gütersloh 2003, 23-29.

[79] *Schottroff*, Gleichnisse, 12 etc.

[80] *Theißen/Merz*, Jesus, 304: Es „gilt nach wie vor: Die Gleichnisse Jesu sind ‚Urgestein der Überlieferung‘“.

[81] *Jeremias*, Gleichnisse, 17. Vgl. *G. Baudler*, Jesus im Spiegel seiner Gleichnisse. Das erzählerische Lebenswerk Jesu – ein Zugang zum Glauben, Stuttgart 1986, 15: „Die Gleichnisse Jesu sind der erzählerische Ausdruck seines Seins, Denkens und Wirkens. In ihnen begegnet uns die irdisch-menschliche Stimme Jesu, die sein göttliches Sein und Leben enthält und erschließt.“

[82] *Jeremias*, Gleichnisse, 114. Nach dem Urteil von *Linnemann,* Gleichnisse, 38-41, wird die Botschaft der Gleichnisse allein im „Sprachereignis“ greifbar. Dieses Sprachereignis kommt zustande, wenn sich Erzähler- und Hörerperspektive miteinander verschränken, wenn sich der Hörer die Auffassung des Erzählers zu eigen macht, a.a.O., 35f. Damit gehört Linnemanns Ansatz eigentlich auf die Seite der „Hermeneuten“. Hier wird die Schülerin von E. Fuchs jedoch mit den „Historikern“ verhandelt, weil auch für sie der historische Hintergrund konstitutiv für die Wirkung des Gleichnisses ist. Soll die ursprüngliche Verschränkung der

Wenn die Gleichnisse sich tatsächlich auf reale Gegebenheiten und Ereignisse beziehen, dann sind sie selber Quellen des Wissens über die Zeit Jesu und damit auch für Galiläa als die Gegend, in der ein Schwerpunkt seines Wirkens lag.[83] Doch wie lässt sich erkennen, ob und inwieweit ein Gleichnis Wirklichkeit abbildet oder konterkariert? J. Jeremias nimmt seine Leserinnen und Leser mit in die Zeit Jesu, macht sie zu Zuhörern der Gleichnisse, stellt sie auf das Urgestein. Um authentischer Zuhörer sein zu können, ist es erforderlich, möglichst viele der damals selbstverständlichen Details zu kennen.[84] E. Linnemann nimmt ihr Publikum nicht mit in die Vergangenheit, sondern versucht die Gesprächs-Situation in die Gegenwart zu transportieren.[85] Der heutige Zuhörer soll durch das Gleichnis ebenso bewegt werden, wie Jesu Zuhörer vor 2000 Jahren. Damit das Gleichnis heute noch ansprechen kann, muss die Situation genau rekonstruiert werden. Im Hören des Gleichnisses sollen sich die Meinungen der Hörenden mit der Meinung des Erzählers verschränken und Veränderungsprozesse in Gang gesetzt werden.

Seit den 70er Jahren des vergangenen Jahrhunderts hat sich das Interesse weg von der Person Jesu hin auf sein soziales Umfeld verlagert. L. Schottroff, G. Theißen, [86] E. W. und W. Stegemann[87] und andere setzen die Gleichnisse unmittelbar in Be-

---

Perspektive Jesu mit der seiner Zuhörer in der Gegenwart nachvollziehbar und wirksam werden, dann ist der längst verloren gegangene Ursprungssinn zu rekonstruieren. Dafür wiederum ist ein genaues historisches Verständnis aller erzählten Details notwendig.

[83] Bereits *Jülicher*, Gleichnisreden, 101-104, hatte auf die Nähe der Gleichnisse zur Situation hingewiesen. *Kähler*, Gleichnisse, 1, spricht von der „Schwierigkeit, daß die ursprüngliche Situation nicht dokumentiert ist." Das, was in der Erzählung Jesu selbstverständlich gewesen sei, sei es für uns heute nicht mehr und werde selbst Gegenstand der Interpretation.

[84] *Jeremias*, Gleichnisse, 18f.

[85] *Linnemann*, Gleichnisse, 35-41.53f.

[86] *G. Theißen*, Die soziologische Auswertung religiöser Überlieferungen. Ihre methodologischen Probleme am Beispiel des Urchristentums, wiederabgedruckt in: ders., Studien zur Soziologie des Urchristentums (WUNT 19), Tübingen 1979, 35-54, hier: 45: „Das Erschließbare bleibt aber auch relativ allgemein, sofern nicht bei bestimmten literarischen Gattungen wie den Gleichnissen gattungsspezifische Themen Näheres über das soziale Milieu einer Gattung verraten."

[87] *E. W. Stegemann/W. Stegemann*, Urchristliche Sozialgeschichte. Die Anfänge im Judentum und die Christusgemeinden in der mediterranen Welt, 2., durchges. u. erg. Aufl., Stuttgart u.a. 1997, 107.125.201 etc.

ziehung zur Lebenswelt Jesu. Während J. Jeremias die Gleichnisse als Quelle nutzte, um „hinter dem Schleier das Antlitz des Menschensohnes" zu entdecken,[88] geht es G. Theißen, L. Schottroff und anderen primär um das Bild der Umwelt Jesu und um die vermeintlich in den Gleichnissen greifbaren politischen und sozialen Strukturen.

4. Matthäus 13,44 und Matthäus 20,1-16 als Paradigmen

Anhand der Parabel von den Arbeitern im Weinberg (Mt 20,1-16) und dem Gleichnis vom Schatz im Acker (Mt 13,44) soll im Folgenden die Art des Umgangs mit den Gleichnissen als historischen Quellen illustriert werden. Die in den Interpretationen gezogenen Schlüsse auf die Lebenswelt Jesu stehen paradigmatisch für die Ergebnisse einer historischen oder soziologischen Auswertung von Gleichnissen.
Das Ambiente in der Parabel von den Arbeitern im Weinberg (Mt 20,1-16) gilt vielen Interpreten als typisch für die Zeit Jesu.[89] Dass der Besitzer fünfmal neue Arbeiter anheuert, macht J. Jeremias damit plausibel, „daß die Arbeit ganz ungewöhnlich drängt. Die Traubenlese muß vor dem Einsetzen der Regenzeit mit ihrer Nachtkühle beendet sein; bei guter Ernte konnte der Wettlauf mit der Zeit kritisch werden."[90] Aus der „Nachtkühle" bei J. Jeremias werden im Kommentar zu Matthäus bei E. Schweizer „Frostnächte".[91] Weder mit „Frostnächten" noch mit „Nachtkühle" oder „Regenzeit" ist im Spät-

---

[88] *Jeremias*, Gleichnisse, 114.

[89] *L. Schottroff*, Die Güte Gottes und die Solidarität von Menschen. Das Gleichnis von den Arbeitern im Weinberg, in: W. Schottroff, W. Stegemann (Hgg.), Der Gott der kleinen Leute. Sozialgeschichtliche Bibelauslegungen. Bd. 2 Neues Testament, München 1979, 71-93, hier: 71; *dies./W. Stegemann*, Jesus von Nazareth – Hoffnung der Armen (Urban Taschenbücher 639), Stuttgart/Berlin/Köln/Mainz 1978, 56f.: „Überhaupt können das Gleichnis von den Arbeitern im Weinberg Mt 20,1-16 und das Gleichnis vom Schalksknecht Mt 18,23-35 als Beschreibung der sozialen Realität Palästinas gewertet werden. […] Mt 20,1-16 und Mt 18,23-35 (d.h. die sogenannten Bildstoffe dieser Gleichnisse) leisten eine Darstellung der sozialen Lage der auf dem Lande arbeitenden Bevölkerung, und d.h. eines wesentlichen Teiles der Bevölkerung."

[90] *Jeremias*, Gleichnisse, 136.

[91] *E. Schweizer*, Das Evangelium nach Matthäus (NTD 2), 14. durchges. Aufl., 2. Aufl. dieser Bearbeitung, Göttingen 1976, 256.

sommer in Israel, wenn dort der Wein geerntet wird, ernsthaft zu rechnen.[92]
Den Annahmen J. Jeremias' zum historischen Hintergrund des Gleichnisses[93] schließen sich, wenn auch mit unterschiedlichen Schlussfolgerungen unter anderem C. Hezser,[94] L. Schottroff,[95] W. Stegemann,[96] P. Müller in seinem „Studien- und Arbeitsbuch für den Unterricht"[97] und E. Herrmann in „Gottesdienstpraxis 2003" an. Bei Letztgenanntem heißt es, dass die Arbeiter den ganzen Tag für kärglichen Tagelohn arbeiten mussten: „Vom frühen Morgen bis zum späten Abend, bei Wind und Wetter, bei Hitze und Kälte, bei Regen und bei Sturm. Für eine bescheidene Mahlzeit."[98]
Hier werden einzelne Erfahrungen aus dem deutschen Weinbau ungeprüft auf Galiläa übertragen. Im vorderen Orient ist das Wetter konstant, die Weinlese ist längst abgeschlossen, bevor an Regen überhaupt nur zu denken ist. Die Ernte, das Arbeitsvolumen und die benötigte Zahl an Arbeitern sind langfristig planbar. Es ist keine reguläre Situation vorstellbar, die das mehrfache Anwerben rechtfertigen könnte.
Eines der Lieblingsthemen, das in Gleichnisse hineingelesen wird, ist Armut.[99] Wenn es heißt, der Arbeitgeber habe an seine Arbeiter für die Tagesarbeit einen Denar ausgezahlt, so stellt J. Jeremias fest, es handele sich dabei um den üblichen Tages-

---

92 *J. Habbe*, Palästina zur Zeit Jesu. Die Landwirtschaft in Galiläa als Hintergrund der synoptischen Evangelien (Neukirchener Theologische Dissertationen und Habilitationen, Bd. 6), Neukirchen-Vluyn 1996, 110: „Schwere, heiße Tage, besonders bei Ostwind, waren in der Lesezeit im Spätsommer und Frühherbst in Palästina typisch."

93 *J. Jeremias*, Gleichnisse: Drängen der Arbeit (a.a.O., 136), ein Denar als üblicher Tageslohn (a.a.O., 136) und als Existenzminimum (a.a.O., 33), allgemeine Arbeitslosigkeit (a.a.O., 138), Bedürftigkeit der Arbeiter (a.a.O., 34).

94 *C. Heszer*, Lohnmetaphorik und Arbeitswelt in Mt 20,1-16. Das Gleichnis von den Arbeitern im Weinberg im Rahmen rabbinischer Lohngleichnisse (NTOA 15), Freiburg (Schweiz), Göttingen, 1990, 296 etc.

95 *Schottroff*, Güte, 73.

96 *Schottroff/Stegemann*, Jesus, 56f.

97 *Müller*, Arbeitsbuch, 159.161.170.

98 *Herrmann*, Septuagesimae, 27.

99 Vgl. *Schottroff*, Güte, 77: „Es ist ein Leben an der ‚unteren Grenze menschlichen Nahrungsbedarfs'"; ebd.: „Der Tagelöhner und seine Familie leben also von der Hand in den Mund."

lohn.[100] Diese Angabe wird gemeinhin übernommen. J. Jeremias hatte an anderer Stelle kommentiert, der Lohn decke gerade das Existenzminimum[101] und der Besitzer habe dieselbe Summe an alle aus Mitleid mit ihnen und ihren Familien gezahlt.[102]

Dagegen interpretiert L. Schottroff das Gleichnis als Teil der „Befreiungsarbeit Jesu“.[103] Laut L. Schottroff holte sich der Weinbergbesitzer „Arbeiter zu späteren Tagesstunden, um die Arbeitskosten so niedrig wie möglich zu halten“[104] und “nutzt die Arbeitslosigkeit zu seinen Gunsten.“[105] Der gleiche Lohn sei Beleg für sein Machtinteresse, denn „Wohltaten lagen durchaus im Bereich ihres [i.e. die Reichen und Mächtigen] kühlen politischen Kalküls“.[106] Außerdem sei „gerade nicht anzunehmen, dass der eine Denar als das übliche Familieneinkommen am unteren Ende der Gesellschaft genannt wird, sondern als der Verdienst eines männlichen Tagelöhners, der davon keine Familie ernähren kann.“[107] Insgesamt werde die „Situation von *freien Landarbeitern* im Römischen Reich dieser Zeit [...] von diesem Gleichnis sehr realistisch dargestellt“.[108] L. Schottroff zieht als Fazit: „Das Gleichnisbild ist – wiederum – als Antithese zum Königtum Gottes entworfen. Es zeichnet die Welt der Grundbesitzer und ihre Kehrseite, das Elend der Arbeitslosen und der Tagelöhner.“[109]

---

[100] *Jeremias*, Gleichnisse, 136.

[101] A.a.O., 33.

[102] A.a.O., 34f.

[103] *L. Schottroff* verortet die von ihr hier diagnostizierten Verhältnisse zwar in der Zeit der Entstehung des Matthäusevangeliums, erklärt jedoch in Gleichnisse, 139, dass „die Lebensbedingungen und Ausdrucksweisen der Befreiungsarbeit Jesu und der Nachfolgegruppe zu seinen Lebzeiten sich nicht wesentlich von der der Nachfolgegruppen unterscheiden, die in den synoptischen Evangelien zu Wort kommen.“

[104] *Schottroff*, Gleichnisse, 276.

[105] A.a.O., 276 Anm. 3.

[106] A.a.O., 277.

[107] A.a.O., 278: Die „Arbeitslosen werden durch den unerwarteten vollen Tagelohn nur für einen Tag von dem Überlebenskampf entlastet.“

[108] A.a.O., 279 [Hervorhebung im Original]; vgl. a.a.O., 281: „Der Tagelöhner und seine Familie leben also von der Hand in den Mund.“

[109] A.a.O., 283; *dies.*, a.a.O., 284: „Ein Grundbesitzer, der einmal Arbeitslosen einen Denar zahlte, ist ein Gegenbild zu diesem Gott. [...] Privateigentum im Sinne von Mt 20,13-15 widerspricht frontal der Tora Gottes.“ Mit Blick auf Galiläa widerspricht *Habbe*, Palästina, 99, der Annahme einer in extrem Arme und Reiche gespaltenen Gesellschaft:

Ein Vergleich mit den Soldangleichungen im römischen Heer und der allgemeinen Preisentwicklung[110] zeigt, dass die Auszahlung eines ganzen Denars zur Zeit Jesu eine recht großzügige Entlohnung darstellte. Für die Zeit des Matthäus wäre es ein üblicher Tagesverdienst für schwere Arbeit gewesen. Doch zwischen der Erzählung des Gleichnisses und seiner Niederschrift durch Matthäus liegen etwa 50 Jahre und inflationsanheizende Ereignisse wie die große Hungersnot unter Claudius (46-48 n. Chr.) und der Aufstand gegen Rom mit der Zerstörung des Tempels (66-70/72 n. Chr.).[111] Wird jedoch schon der Lohn der erstgeworbenen Arbeiter als weit überdurchschnittlich verstanden, dann erscheint deren Aufbegehren gegen die Auszahlung an die zuletzt Gekommenen in einem anderen Licht.

Die Erzählung ist nicht nur ungewöhnlich, sie widerstreitet auch der historischen Wahrscheinlichkeit. Das Gleichnis schildert einen untypischen Ausnahmefall, der nicht unmittelbar auf den Alltag in der Lebenswelt Jesu schließen lässt.[112] Der Besitzer verhält sich in jeder Beziehung so, dass er die gängigen Erwartungen und Erfahrungen konterkariert.[113]

Nicht nur Theologen, sondern auch Historiker benutzen Gleichnisse als historische Quellen. So ist z.B. für Romanisten das bereits an anderer Stelle erwähnte Gleichnis vom Schatz im Acker (Mt 13,44) der wichtigste Beleg dafür, dass vor Hadrian ein Fund ganz dem Landbesitzer gehörte. Das wird daraus geschlossen, dass erst unter Hadrian (117-138 n.Chr.) die Teilung eines Fundes zwischen Landbesitzer und Finder kodifiziert wurde. Man geht davon aus, dass es vor der hadrianischen Fest-

„Großgrundbesitzer, die es in Galiläa wahrscheinlich nicht gab, fanden sich vor allem in Judäa“, vgl. a.a.O., 103.

110 *W. Liebenam*, Art. Exercitus, PRE 6 (1909), 1589-1679, hier: 1669.

111 *K.-H. Ostmeyer*, Armenhaus und Räuberhöhle? Galiläa zur Zeit Jesu, ZNW 96/2 (2005), 147-170, hier: 163f.

112 *J. Jeremias* sah nur die Alternative: historisches oder allegorisches Verständnis. Die allegorische Gleichnisinterpretation jedoch galt seit *A. Jülichers* Gleichnisuntersuchung bis in die sechziger Jahre a priori als unsachgemäß, Gleichnisreden, 118 etc.; vgl. *K. Erlemann*, Gleichnisauslegung, 29.

113 Vgl. *Theißen/Merz*, Jesus, 516, vergleichen das rabbinische Gleichnis in jBer 2,8 (5c) mit dem in Mt 20,1-16 und kommen in Auseinandersetzung mit J. Jeremias zu dem Ergebnis: Die Hauptzüge beider Gleichnisse „dienen dem Aufbau erzählerischer Spannung und sind gleichermaßen ‚unwahrscheinlich‘.“

legung anders gewesen sein muss.[114] Es wäre freilich auch gut möglich, dass der Schatz in Galiläa zur Zeit Jesu ebenfalls schon in irgendeiner Weise geteilt wurde. Der Finder des Schatzes hätte dann einer Teilung aus dem Weg gehen und das mit dem Fund verglichene Reich Gottes ganz für sich haben wollen.

Aufgrund eines literarisch-theologischen Textfragmentes werden Schlüsse gezogen. Und von vermuteten Regelungen in einem nur etwa 40 Jahre lang bestehenden jüdischen Klientelfürstentum am Rande der römischen Welt wird die Genese globaler römisch-imperialer Rechtsprechung etwa 100 Jahre später abgeleitet. Gleichnisse sind hier weniger „Urgestein“ als vielmehr Steinbruch zur Stützung historischer Meinungen.

An die Stelle der seit A. Jülicher abgelehnten *allegorisierenden* Auslegungen treten heute vielfach *historisierende* Auslegungen. In neuerer Zeit bemühte man sich im Gefolge der Analysen H.-J. Klaucks[115] um eine Rehabilitation der Allegorie und begann, zwischen den Allegorien als Strukturelementen der Gleichnisse, zwischen Allegorisierungen als Bestandteil der Gleichnisse und der Allegorese, als einer nicht angemessenen Form der Auslegung zu unterscheiden. Ein vergleichbarer Differenzierungsprozess steht bezogen auf die Historizität der Gleichnisse und ihre historisierende Auslegung noch aus.

5. Auswertung

In vielen Gleichnissen werden anschaulich Ausschnitte aus dem Milieu geschildert, in dem sich Jesus bewegte. Vielmehr jedoch, als dass es Senfstauden, Sauerteigbrot, Weinbau, Hunde, abhängige Beschäftigung usw. gab, lässt sich aufgrund der Gleichnisse nicht sicher sagen. Um zu diesem Ergebnis zu kommen, bedurfte es freilich nicht der Gleichnisse, das wusste man unabhängig von ihnen auch aus anderen Quellen. Das, was für die Evangelien und die Person Jesu im Allgemeinen richtig ist, gilt ebenso im Speziellen für die Gleichnisse und ihren Quellenwert mit Blick auf das Verständnis Galiläas:

---

[114] Dafür, wie es genau war, dient das Gleichnis vom Schatz im Acker als Kronzeuge.

[115] *H.-J. Klauck*, Allegorie und Allegorese in synoptischen Gleichnistexten (NTA.NF 13), Münster 1978, *ders.*, Art. Allegorie/Allegorese. III. Bibel, in: RGG^4 1 (1998), 305f.

Gleichnissen kommt nur dann ein historischer Wert zu, wenn andere Quellen und archäologische Funde sie ergänzen.[116] Dem unsicheren Quellenwert der Gleichnisse steht ihr Einfluss auf die Vorstellungen über die Lebensumstände Jesu und über die Zeit vor 2000 Jahren gegenüber. Die Bilder der Gleichnisse sind es, die haften bleiben. Es genügt, sich zu vergegenwärtigen, welche historischen Vorstellungen über die Zeit Jesu in Predigt und Katechese heute vorherrschen. Dabei wird de facto kein Unterschied gemacht zwischen Gleichnissen, die mit Wahrscheinlichkeit in Galiläa und Gleichnissen, die in Judäa etc. verortet sind. So ist für K. Wengst „deutlich, daß es offenbar keinen Unterschied macht, ob man wie in Judäa, unter direkter römischer Herrschaft lebt oder, wie in Galiläa, unter indirekter. Die Unterdrückung ist hier wie dort dieselbe."[117] Wer an den Lebensstandard und die Entlohnung der damaligen Zeit denkt, dem fällt der Lohn des Tagelöhners ein, der von morgens bis abends in der Hitze im Weinberg geschuftet hat – für den angeblich üblichen kärglichen Tageslohn von 1 Denar (Mt 20,1-16). Mit dem Gleichnis vom Verlorenen Sohn (Lk 15,11-32) werden Armut und Hunger verbunden.[118] Der Barmherzige Samariter (Lk 10,25-37) dient als Beleg für die allgemeine Bedrohung durch das zur Zeit Jesu herrschende Räuberunwesen.[119] und das Gleichnis vom Richter und der Witwe (Lk 18,1-8) lässt an verbreitete Willkür und Rechtsunsicherheit denken.[120]

---

[116] *Schröter*, Historizität, 166, fasst zusammen: „Die neuere Forschung hat deutlich gemacht, daß eine historische Konstruktion der Person Jesu die Darstellungen der Evangelien mit diesen [archäologischen] Materialien in Beziehung zu setzen und zu einem Gesamtbild zu verbinden hat."

[117] *Wengst*, Pax Romana, 74.

[118] *Jeremias*, Gleichnisse, 129; *Linnemann*, Gleichnisse, 81; *Schottroff*, Gleichnisse, 180.

[119] *Jeremias*, Gleichnisse, 201; *ders.*, Jerusalem zu Zeit Jesu. Kulturgeschichtliche Untersuchung zur neutestamentlichen Zeitgeschichte, 3., neubearb. Aufl. ([1]1923-27), Göttingen 1962, 67; *Linnemann*, Gleichnisse, 59; *B. Giehl* (mit H. Liersch), 13. Sonntag nach Trinitatis, in: *E. Domay* (Hg.), Gottesdienstpraxis. Serie A, Arbeitshilfen für die Gestaltung der Gottesdienste im Kirchenjahr. Perikopenreihe 1/3: Trinitatis bis 14. Sonntag nach Trinitatis, Gütersloh 1997, 141-149, hier: 145f.

[120] *L. Schottroff*, Lydias ungeduldige Schwestern. Feministische Sozialgeschichte des frühen Christentums, Gütersloh 1994, 152f.; *dies.*, Gleichnisse, 251f.

Auch wenn davon nur wenig der historischen Überprüfung standhält[121] – die Bilder der Gleichnisse prägen sich als selbstverständliches Wissen ein, Wissen das nicht problematisiert, geschweige denn in Frage gestellt wird. Es ist deshalb eine Illusion, wenn Gegner der historisch bestimmten Interpretation meinen, Gleichnisinterpretation könne sich im geschichtsfreien Raum abspielen und sei unabhängig von historischen Fragen möglich.

Wenn die Basileia in der Sprachform und in der Rezeption des Gleichnisses Wirklichkeit wird, dann wird sie anders bei dem Wirklichkeit, der die Welt in Unterdrücker und Ausgebeutete aufteilt, als bei dem, der um die tatsächlichen Gesellschaftsstrukturen der damaligen Zeit weiß. Und die Basileia nimmt anders bei dem Gestalt an, der die Aufforderung des Bauern im Gleichnis vom Unkraut unter dem Weizen (Mt 13,24-30) für vernünftig und angemessen hält,[122] als bei jemandem, der die Merkwürdigkeit der Anordnung erkennt.[123] Niemand kann von seinem Vorwissen abstrahieren.

Gleichnisse sind die Projektionsflächen ihrer Leserinnen und Leser. Die jeweilige Hermeneutik bestimmt die Ergebnisse. D.h. die aus den Gleichnissen erhobenen „historischen Fakten“, sind die, die bewusst oder unbewusst an die Gleichnisse herangetragen wurden. Gleichnisse als „objektive historische“ Quellen auszuwerten, bedeutet, die Projektion eines bestimmten Geschichtsbildes für gleichnis-immanent und damit für objektiv zu erachten.

Auch für die Vertreter der hermeneutischen Gleichnisauslegungen ist nicht das „nackte Gleichnis“ die Grundlage ihrer Interpretation, sondern das aufgrund der eigenen Vorprägung immer schon in irgendeiner Weise (historisch) verstandene Gleichnis. Es trifft also nicht der Rezipient auf das unverfälschte Gleichnis, sondern der Leser rezipiert das Gleichnis in der für ihn erfassbaren und in der *von ihm* erfassten Form. Wird dem Gleichnis schöpferische, verändernde, poietische Kraft zugestanden, dann ist es also immer auch die eigene Kraft des Rezipienten, die sich des Gleichnisses oder derer sich das

---

[121] *Ostmeyer*, Armenhaus, 168.

[122] *Jeremias*, Gleichnisse, 222f.

[123] *Habbe*, Palästina, 109: „Das Gleichnis beschreibt eine eher eigenartige Landwirtschaft, die wohl stark durch die Sachhälfte geprägt ist. Die großherrschaftlichen Züge dieses Gleichnisses weisen weniger nach Galiläa als in die Jesreel-Ebene, Judäa oder über Palästina hinaus.“

Gleichnis bedient. Unabhängig davon, ob der Leser das Gleichnis (rhetorisch) oder das Gleichnis den Leser (poietisch) auslegt, es handelt sich jeweils auch um eine Selbstauslegung des Lesers (Genitivus objectivus *und* Genitivus subjectivus).
Es entsteht ein Dilemma: Objektiv sind die Gleichnisse untauglich als historische Quelle für ein Bild der galiläischen Lebenswelt Jesu. Gleichzeitig aber fungieren sie de facto als Quelle, indem sie bestimmte Vorstellungen zur Umwelt und zur Verkündigung Jesu hervorrufen und illustrieren. Dieses Dilemma spiegelt sich wieder in den beiden beschriebenen Weisen des Umgangs mit den Hintergrundinformationen der Gleichnisse. Der programmatischen Ausblendung des historischen Hintergrundes auf der einen Seite steht auf der anderen eine Überbewertung der Möglichkeit gegenüber, den historischen Jesus, seine Botschaft oder seine Lebenswelt in den Gleichnissen greifen zu können.
Ein Ausweg aus dem aufgezeigten Dilemma führt allein über Aufklärung und Information. Zwar werden die Erkenntnisse der Galiläaforschung nicht das von W. G. Kümmel konstatierte „Wirrwarr der Gleichnisdiskussion“[124] vollständig entwirren können. Die Informationen zu Galiläa sind jedoch unabdingbar, um Willkür und Wildwuchs bei der Gleichnisinterpretation zumindest partiell zurückzuschneiden. Unmögliche Interpretationen lassen sich ausschließen und tendenzielle Deutungen werden als solche erkennbar.
Nicht die Gleichnisse taugen als tragender Grund für die Galiläaforschung, wohl aber sind viele Gleichnisse auf dem Boden Galiläas und mit Bezug auf Galiläa entstanden. Es sind also nicht die Gleichnisse das Urgestein für historische Schlüsse, sondern die Interpretation der Gleichnisse ist auf den Boden des Urgesteins zurück zu holen und an die Erkenntnisse der Galiläaforschung zurück zu binden. Nicht die Gleichnisse sind Quelle und Maßstab historischer Erkenntnis, sondern die Gleichnisinterpretation ist stets neu an den Erkenntnissen über Galiläa zur Zeit Jesu zu messen. Die Voraussetzung, d.h. den festen Boden dafür, schafft die Galiläaforschung.

---

[124] *Kümmel*, Jesusforschung, 695.

Sean Freyne

Jesus in Galiläa

1. Einleitung

Eine kritische Betrachtung der Geschichte der Jesus-Forschung seit dem 19. Jahrhundert zeigt eine nicht immer harmlose Betonung seiner Verbindungen zu Galiläa. Seit David Friedrich Strauß (1835) und insbesondere seit Ernest Renan (1863) wurde und wird Galiläa oftmals als Gegensatz und im Vergleich zu Jerusalem/Judäa behandelt. Dies ermöglichte eine Darstellung der Geschichte Jesu und seiner Bewegung als völlig neu und frisch im Gegensatz zur altertümlich anmutenden Welt des Judentums.[1] So wurden Landschaft und menschliche Haltungen in einer sehr romantischen, doch deterministischen Art und Weise verbunden, um auszudrücken, was heute im Rückblick als offensichtlicher Anti-Judaismus zu erkennen ist. Die liberalen Darstellungen des Lebens Jesu im 19. Jahrhundert entfernten Jesus weiter von seinen jüdischen Wurzeln und modernisierten zugleich seine Botschaft für apologetische Zwecke. Die religionsgeschichtliche Schule versuchte, Jesus in der griechisch-römischen Welt des 1. Jahrhunderts zu lokalisieren und machte damit jede Diskussion seiner jüdischen Wurzeln unmöglich. Ein heidnisches oder paganes Galiläa passte sehr gut zu diesen Sichtweisen, und so finden wir Gelehrte wie W. Bauer (1927) und W. Bertram (1935), beide Anhänger dieser Richtungen in der Zeit der Weimarer Republik, die für ein hauptsächlich heidnisches oder doch zumindest nur in geringem Maße jüdisches Galiläa plädieren. Diese Ansicht fand ihre ausführlichste Ausarbeitung in Walter Grundmanns Studie von 1941, in der festgehalten wurde, dass „Galiläa heidnisch" und Jesus „mit größter Wahrscheinlichkeit kein Jude gewesen ist."[2]

---

* Übersetzung von Alison D. Sauer.

[1] *D. F. Strauss*, The Life of Jesus Critically Examined, Wiederauflage der englischen Übersetzung, London 1972, 264; *E. Renan*, The Life of Jesus, Englische Übersetzung, New York, N.Y. 1991, 56f.

[2] *W. Bauer*, Jesus der Galiläer, in: Festgabe für Adolf Jülicher, Tübingen 1927, 16-34; *W. Bertram*, Hellenismus in der Urheimat des Evange-

Doch nicht nur christliche Gelehrte nutzten ihr besonderes Galiläa-Bild für eigene Zwecke. Einige jüdische Gelehrte der „Wissenschaft des Judentums"-Bewegung hatten ebenfalls ihre besondere Agenda, oftmals als direkte Antwort an ihr christliches Gegenüber. Einige der früheren jüdischen Quellen waren tatsächlich wenig schmeichelhaft für Galiläa und die Galiläer als Vertreter des „*Am ha-aretz*" („Menschen des Landes"), die die Torah vernachlässigten. Johannan ben Zakkai, Vater des Jamnischen Judentums, wird folgendermaßen zitiert: „Galiläa, Galiläa, du hasst die Torah; dein Ende liegt in der Zerstörung" (*yShab* 16,8; 15d); dies sagte er, nachdem er wohl einige Zeit in der Region verbracht und ohne Erfolg die Bewohner von der Notwendigkeit zu überzeugen versucht hatte, die von den Alten überlieferte *Halacha* zu befolgen. Somit war der Weg offen, Jesu galiläische Wurzeln als verdächtig, den heidnischen Ideen gegenüber offen und von apokalyptischen Spekulationen leicht beeinflussbar darzustellen. Der jüdische Gelehrte A. Kaminka ging 1880 sogar so weit, einen nicht-jüdischen Jesus zu behaupten – und zwar auf der Basis der Legenden, die ihn als Sohn eines römischen Soldaten ausgaben. Hauptsächlich aber waren es jüdische Gelehrte, die den historischen Jesus in ihren Darstellungen als pharisäischer Lehrer (A. Geiger, 1864) oder vom essenischen Asketismus tief beeinflusst (H. Graetz, 1878) „ins Judentum nach Hause zu führen" versuchten.[3] Wie in Werner Volgers Untersuchung von 1988 dargestellt, dominierten diese Tendenzen das jüdische Interesse an Jesus bis ins 20. Jahrhundert hinein.[4] In den Werken des jüdischen Oxforder Gelehrten Geza Vermes, der in den jüdischen *Hasid*-Typen charismatischer Pietät, wie den Galiläern Chanina ben-Dosa und Honi, dem Kreiszieher, enge Parallelen zu Jesus sieht, spielt Galiläa eine herausragende Rolle. Ihre Frömmigkeit wurde auf die Geschichten von Elija und Elischa übertragen, beides Propheten aus dem Norden mit etwas unkonventionellen Methoden und unabhängigen Haltungen.[5]

---

liums, Archiv für Religionswissenschaft 32 (1935), 265-281; *W. Grundmann*, Jesus der Galiläer und das Judentum, Leipzig 1941, 175.

[3] *S. Heschel*, Abraham Geiger and the Jewish Jesus, Chicago, Ill. 1998, 23-49.

[4] *W. Vogler*, Jüdische Jesusinterpretationen in christlicher Sicht, Weimar 1988.

[5] *G. Vermes*, Jesus the Jew. A Historian's Reading of the Gospels, London 1973.

Vor diesem Hintergrund ist bei der heutigen Betrachtung des Lebens Jesu und der Region Galiläa eine gewisse Vorsicht und kritische Hermeneutik des Verdachts angebracht. Seit meiner ersten Untersuchung vor 25 Jahren, „Galilee from Alexander the Great to Hadrian. A Study of Second Temple Judaism“ (1980), hat das Interesse an Galiläa explosionsartig zugenommen. Es gab eine Fülle von Publikationen, einige internationale Konferenzen, Monographien und Artikel, die sich alle mit unterschiedlichen Aspekten des Lebens in Galiläa und der Gesellschaft in griechisch-römischer Zeit auseinander setzten. Ohne Zweifel stellt die ausführliche archäologische Untersuchung der Region den größten Unterschied zu den Studien des späten 19. und frühen 20. Jahrhunderts dar. Ohne eine interdisziplinäre Methodologie, die sowohl literarische als auch archäologische Befunde mit einbezieht und – trotz der methodologischen Schwierigkeiten – ohne einige sozialwissenschaftliche Modelle ist es heute unmöglich, über Galiläa oder die Zeit Jesu zu schreiben.[6]

2. Methodologische Überlegungen

Von welchem Galiläa sollen wir also reden? Von einem bäuerlich bestimmten Ethos, einem urbanisierten Milieu; einem Galiläa, das offen für heidnische Erfahrungen, wenn nicht gänzlich heidnisch war? Von einem Galiläa, dessen jüdisches Ethos konservativ und nationalistisch war? Oder war es eine bestimmte Mischung aus allen diesen Faktoren? Die Möglichkeiten scheinen endlos, und einige zu rechtfertigende methodologische Schachzüge sind notwendig, um sich durch das Labyrinth der gegensätzlichen Meinungen zu schlagen. In meiner letzten Untersuchung, „Jesus, A Jewish Galilean. A New Reading of the Jesus Story“ (2004), stellte ich einige Ansätze vor.

(i). Buchtitel sollten immer die angesprochenen Themen wiedergeben. In meinem Fall hatte ich mit dem Untertitel „A New Reading of the Jesus-Story“ zwei Dinge im Sinn. Zunächst wollte ich mit dem Wort *story* betonen, dass der *historische* Jesus ein Konstrukt der Forschung ist, das auf einer

---

[6] Für einen Überblick vgl. *S. Freyne*, Galilean Studies. Problems and Prospects, in: *Ders.*, Galilee and Gospel. Collected Essays (WUNT 125), Tübingen 2000, 1-26; *M. Chancey*, The Myth of a Gentile Galilee (SNTSMS 118), Cambridge 2002.

Menge von Informationen der Evangelisten beruht, nämlich den Dingen über Jesus, die jene für ihre nachösterliche Verkündigung für nötig erachteten. Es war nicht ihr Ziel, den *eigentlichen* Jesus im Sinne aller Details seines Lebens darzustellen, wie es in einer vollständigen Biographie der Person der Fall gewesen wäre. Nur die für sein Kerygma signifikanten Aspekte der öffentlichen Karriere werden berichtet. Vor kurzem erst wurde mir bewusst, dass immer mehr Wissenschaftler die Grenzen zwischen Fakt und Fiktion durch eine Psychologisierung und Romantisierung von Jesu Kindheit verschwimmen lassen. So werden Lücken mit legendarischem und späterem Material gefüllt, das die unterschiedlichen historischen Zeiten oder die Art des Befundes nicht in Betracht zieht.

„Reading" im Untertitel meines Buches deutet die bewusste Aneignung einer bestimmten Perspektive an, die jedoch die Möglichkeit anderer Lesarten nicht ausschließt. Meine Lesart fokussiert darauf, inwiefern die Darstellung des öffentlichen Lebens Jesu in den Evangelien und bereits in der frühen Rede an Petrus in Apg 10,36-41 im Kontext des römisch-zeitlichen Palästinas verständlich und kohärent ist. Soweit dies zutrifft, ist deren Auswirkung auf unser Verständnis der Jesus-Darstellungen in den Evangelien zu untersuchen. Als Alternative bleibt nur, dem Vorgehen des Jesus-Seminars folgend, einen alternativen Rahmen für die angehäufte Sammlung angeblich „authentischen" Jesus-Materials zu erstellen, welches den Umriss der Evangelien ersetzt. Üblicherweise sind solche Herangehensweisen von ihrer Idee her modern, doch ihnen fehlt eine gewisse Nachvollziehbarkeit im Kontext der Gesellschaft Galiläas im 1. Jahrhundert, wie z.B. im Fall der Kyniker-Hypothese.[7]

(ii). Mein zweites Anliegen galt der kulturellen und sozialen Welt Galiläas, um von archäologischen Berichten ausgehend zu einem Urteil über Glaubwürdigkeit und Rahmenerzählung der Evangelien zu gelangen. Dabei gilt es jedoch, die Grenzen des archäologischen Befundes anzuerkennen. Definitionsgemäß liefert dieser nur einen Ausschnitt und basiert oft auf einer zufälligen Erhaltung. Vor dem Hintergrund neuer Funde und zum Teil unrichtiger Schlussfolgerungen, die oft die eili-

---

[7] *J. D. Cossan*, The Historical Jesus. The Life of a Mediterranean Jewish Peasant, San Francisco, Calif. 1991; *B. Mack*, The Lost Gospel. The Book of Q and Christian Origins, San Francisco, Calif. 1993.

ge Publikation der wichtigeren Funde begleitet, besteht also ein andauernder Bedarf an kritischer Auswertung. Meiner Meinung nach weist der Befund der ausgegrabenen Stätten in Galiläa mit unmissverständlich erkennbaren Markern jüdischer Ethnizität auf einen starken judäischen Einfluss: *Mikwaoth* oder Stufenbecken und Steingefäße, die mit den jüdischen Reinheitsgesetzen in Verbindung gebracht werden können; anikonische Münzen gemäß jüdischem Bilderverbot; ausgeprägte Bestattungsriten und Essgewohnheiten (keine Schweineknochen). In den ausgegrabenen Stätten dieser Zeit zählt hierzu ebenfalls das Fehlen jeglicher Anzeichen einer öffentlichen paganen religiösen Ausübung – im Gegensatz zu anderen Regionen des Landes in früherer Zeit oder in Galiläa zu späteren Zeiten.[8] Außerdem gibt es Hinweise auf die Romanisierung der jüdischen Elite der Region; wohl situierte Juden in Galiläa ebenso wie in Jerusalem kamen in den Genuss von Badehäusern, Theatern usw., ohne jedoch ihr Jüdischsein im Sinne ihrer religiösen Zugehörigkeit zu schmälern. Nichts desto trotz wird dieser Befund oftmals sehr unterschiedlich oder falsch interpretiert – allen voran von denen, die weiterhin ein nicht-jüdisches Galiläa darstellen oder gar ein kynisches oder „mediterranes“ Profil Jesu erstellen wollen.[9]

(iii). Diese Reaktion auf derzeitige Tendenzen in der Jesusforschung ließ mich nach der treffendsten Verortung Jesu innerhalb einer jüdischen Matrix fragen. Die bei der Gewinnung zuverlässiger historischer Informationen in der Jesustradition vorherrschenden Kriterien – insbesondere das Kriterium der Verschiedenheit – haben letztlich dazu geführt, dass Jesus aus dem Judentum, aber auch aus dem Christentum herausgenommen wurde. Er wird zu einer frei stehenden Einheit, die in alle möglichen Gewänder eingekleidet werden kann. Doch der Heidelberger Professor Gerd Theißen schlug unlängst das Kriterium der Kontextplausibilität als Gegenmittel zu diesen Tendenzen vor, mit dem die Jesustradition im Kontext sowohl der jüdischen *Matrix* als auch ihrer frühen christlichen *Rezeption* beurteilt werden kann – im Kontext des *Einflusses* und

---

[8] *J. Reed*, Archaeology and the Galilean Jesus. A Re-examination of the Evidence, Harrisburg, Pa. 2000, bes. 23-61.

[9] *R. Horsley*, Archaeology, History and Society in Galilee. The Social Context of Jesus and the Rabbis, Valley Forge, Pa. 1996; *J. D. Crossan*, The Birth of Christianity, New York, N.Y. 1998, bes. 209-235.

der *Auswirkung.*[10] Natürlich bedeutet dies nicht eine Rückkehr zum vorkritischen Verständnis der Tradition, indem alles Jesus selbst zugeschrieben wird. Es hat jedoch eine im Vergleich zur formkritischen Schule der Evangelientradition sehr andere Sichtweise zur Folge. Indem sie im Gleichklang mit christlich theologischen Ansprüchen die Einzigartigkeit Jesu betonten, ignorierten Theologen wie Adolf von Harnack seinen jüdischen Hintergrund und seine Identität. Doch eine solche Herangehensweise setzt theologische Kategorien voraus, um die historischen Parameter der Untersuchung festzulegen.[11]

Wenn Jesus im Kontext der jüdischen Matrix diskutiert wurde, geschah dies gewöhnlich im Vergleich mit den verschiedenen Philosophien oder Sekten: Jesus war Pharisäer, Zelot oder Essener oder er war es nicht. Wie bereits erwähnt, sieht Geza Vermes Jesus in der Tradition des charismatischen *Hasid.* Obwohl dieser Vorschlag sehr wertvoll ist, schien mir dies nicht ausreichend für die Darstellung des politischen Aspekts seiner Karriere und der Reaktion sowohl unter seinen Anhängern als auch unter den römischen Besatzern. Auch wird dies dem von Josephus beschriebenen Menschen (*Ant* 18, 62-63) nicht gerecht, der „erstaunliche (παράδοξα) Taten vollbringt und denen ein Lehrer ist, die die Wahrheit suchen". Wo lokalisieren wir also Jesus am besten? An diesem Punkt schien mir E. P. Sanders Bild eines „Common Judaism" eine wertvolle Korrektur der vorherrschenden Tendenzen. Ich entschloss mich zur Untersuchung einer Jesusfigur, die – soll ich es wagen – ihre eigenen Schriften kannte, las oder hörte![12]

Es ist erstaunlich, wie bereitwillig neutestamentliche Forscher frühen christlichen Predigern die geringste Kenntnis dieser Schriften und ihrer Interpretation zuschreiben, selten jedoch, wenn überhaupt, Jesus selbst eine ähnliche Kompetenz zugestehen. Die in J. H. Charlesworths zweibändiger Ausgabe der „Apocrypha and Pseudepigrapha of the Old Testament" (1983) zusammengetragene Vielfalt der Literatur der Zeit des Zweiten Tempels führte dazu, dass Forscher sich in der Unter-

---

[10] *G. Theissen/A. Merz*, The Historical Jesus. A Comprehensive Guide, Englische Übersetzung von John Bowden, London 115-118.

[11] *Ch. Wiese*, Challenging Colonial Discourse. Jewish Studies and Protestant Theology in Wilhelmine Germany (Studies in European Judaism 10), Leiden 2005, 159-169.

[12] *E. P. Sanders*, Judaism. Practice and Belief, London 1992.

suchung Jesu jüdischen Hintergrunds auf dieses Material – so wichtig es auch sein mag – konzentrierten und die Sammlung der – wie uns Ben Sira mitteilt – schon seit dem 2. Jahrhundert v. Chr. in fester Form existierenden Schriften, nämlich „das Gesetz, die Propheten und die anderen Schriften" (*Sir* 1,1-3), ignorierten. Es scheint, als gehöre dieser Textkörper einer weit entfernten Vergangenheit an, da er sich mit dem frühen Israel auseinander setzt und die Tatsache vernachlässigt, dass dies eine Version des frühen Israel ist, die für post-exilische Zwecke konstruiert wurde. Dieser blinde Fleck wird durch die Darstellung Jesu als Bauer noch erleichtert, ein Beiwort, das durch den Gebrauch soziologischer Modelle eine solche Popularität erlangte, jedoch einen analphabetischen und nicht informierten Menschen impliziert.

Zwei Faktoren fordern die Gültigkeit dieses Vorgehens heraus. Zunächst müssen wir die Verschlüsselung der Torah und der *Nebiim* als literarische Produktion der Zeit des Zweiten Tempels erkennen. Mein Kollege am Trinity College, Andrew Mayes, behauptet seit langer Zeit, dass der vollendete Pentateuch sowohl ein prophetisches als auch ein historisches Werk darstellt. Er stand daher wohl in der Tradition derjenigen Strömungen während der Zeit des Zweiten Tempels, die sich mit Restauration auseinander setzten und die sich in den Apokryphen und Pseudepigraphen widerspiegeln. Tatsächlich sind viele dieser Werke mit Ergänzungen, Kommentaren und Nachahmungen Wiederverarbeitungen kanonischer Schriften. Doch die Implikationen dieser Einsicht für die religiöse Vorstellung der meisten außerkanonischen Schriften der Zeit des Zweiten Tempels sind nicht genügend berücksichtigt worden. Demnach kann durchaus gefolgert werden, dass der frühe christliche Schriftenkorpus eine Variante der vielgesichtigen Ergebnisse literarischer Produktionen des frühen Judentums sowohl in der Heimat als auch in der Diaspora darstellt.[13]

Sobald die Verbindungen Jesu zu der Gruppe des Täufers ernst genommen werden, kommt er den Torah-zentrierten Studienkreisen der Qumrangemeinde viel näher als oftmals angenommen. Die Tatsache, dass über 20 Jesaja-Manuskripte unter den Schriften vom Toten Meer gefunden wurden, ist ohne Zweifel Indikator für die Wichtigkeit dieser prophetischen Texte für diese Kreise. Bezeichnenderweise lautet der

---

[13] *G. W. E. Nickelsburg*, Ancient Judaism and Christian Origins. Diversity, Continuity and Transformation, Minneapolis, Minn. 2003.

Leittext sowohl für Johannes den Täufer als auch für den Lehrer der Gerechtigkeit „In der Wüste bereitet dem Herrn den Weg“ (Jes 40,3; Mk 1,2; 1QS 8,14). Der stilisierte Lukas-Bericht von Jesus, der in der Synagoge von Nazareth aus Jesaja liest (Lk 4,16-21), zeigt ein ausgeprägtes Bewusstsein der Bedeutung dieses prophetischen Buches im frühen Christentum allgemein und – wie ich behaupten möchte – für Jesus selbst. Tatsächlich bezieht sich die viel frühere Q-Version der Antwort Jesu auf die Frage des Täufers ebenso direkt auf Jesaja: „Bist du es, der da kommen soll, oder sollen wir auf einen andern warten?“ (Mt 11,2-6/Lk 7,18-23; Jes 26,18f.; 35,5f.). Nun wollen wir Jesus auf einigen seiner vermeintlichen Reisen durch Galiläa begleiten und versuchen, die Bedeutung seiner Bewegungen und Taten im Lichte der alten Schriften zu verstehen, die wohl eine entscheidende Rolle bei der Herausbildung seiner besonderen Inspiration und Motivation spielten. Dies sollte bestätigen, wie produktiv und plausibel es sein kann, die Jesusgeschichte, zumindest in ihrem breiteren Evangelienrahmen, als Geschichte des historischen Jesus zu betrachten.

3. Aus der Wüste nach Galiläa – Unterschiedliche Landschaften und neue Erkenntnisse

Trotz des größeren Interesses an der sozialen als an der religiösen Dimension der Predigttätigkeit Jesu – das Markenzeichen beinahe aller neueren Jesus-Studien – beschäftigt sich keine einzige mit der landschaftlichen Umgebung. Die Evangelien verweilen nicht lange bei der Beschreibung der Landschaft Galiläas, doch antike Autoren wie Plinius und Strabo sind sich der unterschiedlichen physikalischen Beschaffenheiten Palästinas und der Auswirkungen auf das Leben der Menschen sehr bewusst. Die hebräischen Schriften boten ebenfalls eine reiche Sammlung von Bildern aus der Natur, in der die großzügige Güte des Schöpfergottes gegenüber Israel in der Landschaft ausgedrückt wurde. Ohne Zweifel nährte dies Jesu eigene religiöse Vorstellungskraft, wie sie sowohl in seinen Gleichnissen als auch in den Natur-Parabeln erkennbar wird. Auf einer tieferen Ebene ist die Auswirkung seiner Um-Orientierung von der zusammen mit Johannes dem Täufer ausgeübten Predigttätigkeit in der Wüste hin nach Galiläa eine genauere Untersuchung wert.

Hier muss jedoch einerseits die Romantisierung der galiläischen Landschaft der Gelehrten des 19. Jahrhunderts vermieden und gleichzeitig anerkannt werden, wie die Landschaft das Lebensverständnis der Menschen beeinflusst und den Kampf um ein bedeutungsvolles Dasein in der Welt herausforderte. Für Jesus war sicherlich die Geschichte des Exodus seines Volkes aus der Wüste in das gelobte Land paradigmatisch für seine Entscheidung. Das Deuteronomium zeichnet einen besonders interessanten Kontrast zwischen der Wüstenerfahrung einerseits und dem Leben im Landesinneren andererseits. Die Bedingungen werden denen in Ägypten gegenübergestellt, wo Bewässerung für ertragreiches Land unabdingbar war:

„Das Land, in das ihr jetzt hinüberzieht, um es in Besitz zu nehmen, ist ein Land mit Bergen und Tälern und es trinkt das Wasser, das als Regen vom Himmel fällt. Es ist ein Land, um das der Herr, dein Gott, sich kümmert. Stets ruhen auf ihm die Augen des Herrn, deines Gottes, vom Anfang des Jahres bis zum Ende des Jahres." (Dtn 11,10-12)

Dieser Kontrast zwischen Ägypten und Israel hat mythologische Untertöne, die auf die Lebensbedingungen Adams und Evas vor und nach ihrer Verbannung aus dem Paradies anspielen. Mühsal und schmerzvolle Arbeit sollten ihr Schicksal sein, während sie zuvor mit jeglichem Segen ausgestattet waren.
Doch der Autor des Deuteronomiums ist sich des Gegensatzes zwischen den Wüstenbedingungen und denen im Landesinneren durchaus bewusst.

„Wenn der Herr, dein Gott, dich in ein prächtiges Land führt, ein Land mit Bächen, Quellen und Grundwasser, das im Tal und am Berg hervorquillt, ein Land mit Weizen und Gerste, mit Weinstock, Feigenbaum und Granatbaum, ein Land mit Ölbaum und Honig, ein Land, in dem du nicht armselig dein Brot essen musst, in dem es dir an nichts fehlt, ein Land, dessen Steine aus Eisen sind, aus dessen Bergen du Erz gewinnst; (...) dann nimm dich in acht und vergiss den Herrn, deinen Gott, nicht, missachte nicht seine Gebote, Rechtsvorschriften und Gesetze, auf die ich dich heute verpflichte. Und wenn du gegessen hast und satt geworden bist und prächtige Häuser gebaut hast und sie bewohnst, wenn deine Rinder, Schafe und Ziegen sich vermehren und Silber und Gold sich bei dir häuft und dein gesamter Besitz sich vermehrt, dann nimm dich in Acht, dass dein Herz nicht hochmütig wird und du den Herrn, deinen Gott, nicht vergisst, der dich aus Ägypten, dem Sklavenhaus, geführt hat; der dich durch die große und Furcht erregende Wüste geführt hat, durch Feuernattern und Skorpione, durch ausgedörrtes Land, wo es kein

Wasser gab; der für dich Wasser aus dem Felsen der Steilwand hervorsprudeln ließ" (Dtn 8,7-15)

Diese Beschreibung gibt natürlich nicht das gesamte Land Israel mit seinen unterschiedlichen geologischen und physikalischen Eigenschaften wieder. Doch die Betonung des Wassers ist deutlich. Auch heute noch spielt die Wasserpolitik für menschliche Besiedlung und Kultivierung in Palästina wie im gesamten Mittleren Osten eine große Rolle. Bedingungen unterscheiden sich von Region zu Region und sogar innerhalb der Regionen, wie es die Mischna in ihrer Darstellung der Auseinandersetzung um die Befolgung von Saat und Ernte gemäß der halachisch priesterlichen Vorschriften bildlich darstellt. In Galiläa wurden je nach Erntezeit und in Übereinstimmung mit der Regel, im siebten Jahr den Boden brach liegen zu lassen, drei Regionen unterschieden: Untergaliläa, Obergaliläa und das Tal (*mShevi* 9,1). Hinter dieser Aufteilung in Mikroregionen steht ein Bewusstsein der unterschiedlichen klimatischen Bedingungen und Getreide-Vielfalt der einzelnen Subregionen, die jede ihren eigenen Rhythmus hatte. Jesu Parabel des im Verborgenen wachsenden Samen gibt diese Umwelt sehr treffend wieder, die der Ernte und dem Rhythmus der Jahreszeiten folgt – doch mit einer anderen Betonung als die Mischna (Mk 4,26-29). Ich möchte nun Jesu Taten in diesen drei Regionen Galiläas verfolgen und die unterschiedlichen Betonungen in den Erzählungen im Vergleich zu den ökologischen und soziologischen Aspekten der einzelnen Landschaften untersuchen.

4. Untergaliläa

In rein geologischer Hinsicht passt die deuteronomische Darstellung der Bewässerung des Landes, das die Israeliten betreten, wunderbar zur Situation in Untergaliläa. Die Hügelkette von Nazareth bestand vor allem aus sanftem, porösem Kalkstein und bot an der Oberfläche sowohl Erdreich als auch Quellen. Daher war eine Besiedlung möglich – im Gegensatz zu anderen Hügelketten weiter nördlich, wo die Steinformationen viel älter und fester waren.[14] Der Kontrast zwischen dem „trockenen Ödland" der Wüste und den Bedingungen im Lan-

[14] *D. H. K. Amiram*, Sites and Settlements in the Mountains of Lower Galilee, IEJ 6 (1956), 69-77.

desinneren ist beachtlich. Die Frage, warum Jesu Predigttätigkeit, sobald er nach Galiläa kam, eine andere Form annahm, wurde meiner Meinung nach nicht annähernd beantwortet.[15] Ein Teil der Antwort auf diese Frage könnte durchaus im Wechsel in eine andere landschaftliche Umgebung begründet liegen. Der Perspektivenwechsel muss zumindest teilweise Jesu eigenem „Exodus"-Erlebnis zugerechnet werden. Die mögliche Seligkeit des Lebens im Lande steht nun im Gegensatz zur während des Wüstenaufenthaltes erzeugten Vorahnung; dies hatte für Jesus sicherlich zur Folge, dass er die Bedeutung des gegenwärtigen Moments überdachte – eine Ausbalancierung der apokalyptischen Erwartung des bevorstehenden Gerichts mit einem weisheitszentrierten Glauben an das Gesegnetsein der Schöpfung in der Gegenwart. In den Johannes und Jesus zugeschriebenen Traditionen wird das Bild des Baumes verwendet, im einen Fall ist die Axt bereit, ihn herunter zu schneiden (Lk 3,9), im anderen kommt ihm besondere Aufmerksamkeit zu, damit er keine Frucht bringe (Lk 13,6-9).

Diese Seligkeit galt jedoch nur unter der Bedingung, dass Israel wahrhaftig Israel gemäß deuteronomischem Ideal war. Die levitischen Vorschriften zu Jubel- und Sabbatjahr sollten sicherstellen, dass Jahwes Besitz des Landes und das Recht ganz Israels, an den Segnungen des Landes teilzunehmen, wieder aufs neue bestätigt würden.[16] Darum mussten Schulden erlassen und zwischen den einzelnen Jubeljahren erworbenes Land dem ursprünglichen Besitzer zurückgegeben werden. Die Anordnung des Sabbatjahres im Bericht des Leviticus ist insofern besonders radikal, als sie jedes siebte Jahr die Aussetzung jeglicher landwirtschaftlicher Aktivität fordert, nicht nur das Brachliegen eines Feldes, wie in der älteren Gesetzgebung (Ex 23,10f.; Lev 25,1-7). Obwohl dieses Ideal nie vollkommen umgesetzt wurde, verweist es doch auf eine sehr utopische Perspektive, in der Vertrauen auf Gottes Fürsorge statt Sammelwut und Raffgier ein grundlegendes Merkmal israelitischen Bewusstseins sein sollte. Von diesem Ideal war man schon im ersten Jahrhundert n. Chr. abgekommen, da heimischer Landbesitz immer gefährlicher wurde. Die

---

15 *J. Murphy-O'Connor*, John the Baptist and Jesus, *NTS* 36 (1990), 359-374.

16 *N. Habel*, The Land is Mine. Six Biblical Land Ideologies, Minneapolis, Minn. 1995, 97-114.

nun folgenden fremden Herrscher, von den Assyrern bis zu den Römern, hatten das beste Land, die einzige wichtige Ressource im Altertum, konfisziert. Der Verfall dieser althergebrachten Werte setzte sich in der Zeit Jesu mit der Herausbildung zweier herodianischer Städte in Untergaliläa fort: Sepphoris und Tiberias. Somit bildete sich eine neue Land besitzende Klasse heraus, die drohte, die ältere, heimische Landbevölkerung zu ersetzen und zu Leibeigenen oder gar Sklaven auf ihren ehemaligen Besitztümern zu degradieren.[17]
In solch einer Situation raschen sozialen und ökonomischen Wandels wirkte das Wort vom gelobten Land etwas steril, wenn nicht gar provokativ. Die „Werterevolution" Jesu, wie sie zum Beispiel in den Seligpreisungen ihren Ausdruck findet (Lk 6,20f.; Mt 5,2-8), hatte die Verwirklichung des Programms der radikalen Loslösung von jeglichem Besitz als Ziel. Der Menschensohn hatte keinen Ort, an dem er sein Haupt niederlegen konnte (Mt 8,20; Lk 9,58), da Jesus für ein Leben radikaler Obdachlosigkeit und Ablehnung der Familie plädierte. Dies war als Ausdruck seiner subversiven Herausforderung an seine Zeitgenossen gedacht, die Welt und ihr Verständnis davon auf andere Art zu begreifen. Somit bewahrte Jesus die Lebensform seiner Zeit mit Johannes in der Wüste, doch seine Theologie basierte nicht auf dem Glauben, dass die Guten gedeihen und die Bösen leiden sollten, da der Gott, an den er glaubte, seinen Regen auf die Gerechten wie auf die Ungerechten fallen ließ (Mt 5,45). Konfrontiert mit den ängstlichen Fragen „Was werden wir essen? Was werden wir trinken? Womit werden wir uns kleiden?", Fragen, die die Ängste der israelitischen Bauern widerspiegeln, was sie im siebten Jahr gemäß der Vorschriften (Lev 25,20) bezüglich Nahrung und Unterkunft tun sollten, lautete sein Rat, die Vorgänge in der Welt der Pflanzen und Vögel zu betrachten und dort die Zeichen der Fürsorge Gottes für seine gesamte Schöpfung zu erkennen, von der die Menschen nur ein Teil, wenn auch das wichtigste Glied in der Kette des Lebens seien (Mt 6,25-34; Lk 12,22-31).
Wie es Lukas darstellt, mag Jesus in seinem Heimatort vielleicht nicht offiziell ein Jubeljahr ausgerufen haben; doch Aussprüche wie diese, wenn sie zusammen mit seinem Le-

[17] *D. Fiensy*, The Social History of Palestine in the Herodian Period, Lewiston, NY 1991; *S. Freyne*, Jesus and the Urban Culture of Galilee, in: Galilee and Gospel (vgl. Anm. 6), 183-207.

bensstil des Wanderpredigers betrachtet werden, deuten mehr auf Jubeljahr- und Sabbatjahr-Werte als auf kynische Praktiken. Die galiläischen Bauern blieben zum größten Teil unbeeindruckt von seinem Aufruf und seinen Lösungsvorschlägen für ihre Probleme und zogen die Sicherheit vor, die ein vorsichtiger Griff nach Land bot, oder nutzten die gewalttätige Reaktion gegen die wohlhabenden Grundbesitzer Galiläas, wie sie in der *Vita* des Josephus 30 Jahre später dargestellt wird, für ihre Zwecke. Sein Vertrauen gründete jedoch in der tiefen Anerkennung der Natur und deren Prozesse, wie sie im Lichte der hebräischen Schriften und des Schöpfergottes, von denen sie sprachen, auseinander gesetzt wurden. Der reiche junge Mann, der Jesus „Guter Meister" nennt, wird daran erinnert: „Niemand ist gut als Gott allein" (Mk 10,17f.) – eine Überzeugung, die Jesus offenbar sowohl aus dem Buch Genesis als auch aus dem im fruchtbaren Galiläa zu lesenden Buch der Natur gelernt hatte.

5. Das Tal

Wenn Jesus mehr oder weniger ständig von Nazareth in Untergaliläa nach Kapernaum in der Talregion unterwegs war – eine Bewegung, die in allen Evangelien aufgezeigt wird –, bewegte er sich, was die landschaftliche Umgebung betraf, zwischen zwei völlig unterschiedlichen Welten. In einer berühmten Beschreibung der Fruchtbarkeit der Ebene von Genezareth holt Josephus eloquent über die miteinander konkurrierenden Jahreszeiten aus, die ihre Gaben an die Mikroregion dieser Gegend um Chorazin, Bethsaida und Kapernaum verschenken. Wiederum ist die Genauigkeit dieser Behauptung anhand der Tatsache überprüfbar, dass der Basaltstein der Region reich an Mineralien ist und es bei halbtropischen Temperaturen eine reichliche Regenversorgung gibt, da die Region unterhalb des Meeresspiegels liegt. Josephus lobt zudem besonders die Qualität der Luft und des Wassers der gesamten Region, Aspekte der landschaftlichen Umgebung, welche den Alten durch ihre Heilwirkung bewusst waren (*Bell* 3, 516 -521).[18] Er erwähnt auch die reichliche Fischversorgung, die ebenfalls in anderen Quellen zu finden ist (*Bell* 3,

[18] *Pseudo-Hippocrates*, Airs, Waters, Places (LCL), Cambridge, Mass. 1923.

505-515; Plinius, *Nat. Hist.* 5.15,70-72; Strabo, *Geographica* 16.2,45). Dies führte zu einer Zunahme der Produktion von gesalzenem Fisch für den Export in Zentren um den See wie Bethsaida und Magdala (griechisch: Ταριχαία).[19]
Sind die Gründe für Jesu offenbare Konzentration auf diese Subregion in den genannten Aspekten der natürlichen Gegebenheiten zu suchen? Als Heiler bot er seine Dienste den Armen und Reichen in einer Region an, in der Heilbäder mit professionellen Heilern in Orten wie Tiberias und Gadara, Banias im Norden und Kallirrhoe im Süden von den herodianischen Eliten frequentiert wurden (Mk 5,26; *Ant* 17, 171). Noch ist es vielleicht ein Versehen, dass die ersten namentlich genannten männlichen und weiblichen Mitglieder seiner permanenten Gefolgschaft ihren Hintergrund in der Fischerei und nicht in der Landwirtschaft hatten (Mk 1,20; Joh 1,44; 12,21; Lk 8,2). Nach dem, was wir über die Industrie des gesalzenen Fischs im Mittelmeerraum wissen, waren Ortschaften wie Bethsaida und Magdala/Tarichaeae relativ reich.[20] Für sie bedeutete der Ruf, all dies um des Königreichs willen zu verlassen, einen viel radikaleren Wertewandel als für die verarmten, Land besitzenden Bauern, die bereits vom demographischen Wandel im herodianischen Galiläa zerdrückt wurden.

6. Obergaliläa

In der Region nördlich von Caesarea Philippi kam Jesus wiederum in eine völlig neue Welt, nicht nur hinsichtlich der seit dem 2. Jahrhundert v. Chr. sehr stark hellenisierten phoenizischen Kultur, sondern auch hinsichtlich der markanten Landschaft dieser bergigen Region. Jene war im israelitischen utopischen Ideal eines größeren Israel, wie es sich in diversen Berichten der Grenzen des Landes findet (Num 34,7-9; Ez 47,15; 1Kön 8,65; 1Chr 13,5; Amos 6,14), von großer Bedeutung. In der Beschreibung dieses zwar nicht von den Israeliten eroberten, doch als gelobtes Land gesehenen Gebietes zeichnet das Buch Josua eine Region im Norden, deren Grenzen angeblich „den ganzen Libanon gegen Sonnenaufgang, von Baal-Gad am Fuße des Gebirges Hermon bis dorthin, wo es

---

[19] *K. C. Hanson/D. Oakman*, Palestine in the Time of Jesus. Social Structures and Social Conflicts, Minneapolis, Minn. 1998, 106-110.
[20] *T. Bekker-Nielsen*, Ancient Fishing and Fish Processing in the Black Sea Region (Black Sea Studies), Aarhus 2005.

nach Hamat geht. Alle, die auf dem Gebirge wohnen, vom Libanon an bis nach Misrefot-Majim, alle Sidonier" einschließen (Jos 13,5f.). Während der Stamm Dan nach Ri 18,27-31 in diese Region umgesiedelt war, gibt es keinen Hinweis, dass dessen Stammesgebiet jemals so weit nach Norden wie Lebo-Hamath im oberen Litani-Bassin, weit nördlich des Hermon, reichte.[21] Als Jesus, Prophet der Restauration, diese Region besuchte, war er sich sicherlich bewusst, dass der Berg in seiner eigenen Tradition als heilig galt; ohne Zweifel wird dieses Bewusstsein seine Entscheidung, die Region zu besuchen, in gewissem Maße beeinflusst haben.[22]

Wie überall in der antiken Welt so wurden auch in Obergaliläa ungewöhnliche oder besondere landschaftliche Eigenschaften wie Baumgruppen, Bergkuppen und Quellen von den Einheimischen mit numinosen Eigenschaften besetzt. Auf dem Baal Hermon, „dem Herrn des Hermon", wurden auf dem höchsten Gipfel am südlichen Ende der Bergkette Jahrtausende lang Rituale gefeiert. In der Zeit Jesu war diese lokale Gottheit bereits mit Baal Shamin, „dem Herrn der Himmel" gleichgesetzt, wie es in der griechischen Inschrift einer Kultstätte auf dem Gipfel heißt: „Auf Anordnung des größten und heiligen Gottes."[23] Am Fuße des Berges, wo die drei Flussläufe, die sich später zum Jordan vereinen, entspringen, liegen Schreine, die jede Quelle markieren: Dan (eine alte israelitische Stätte, die noch im 1. Jahrhundert in Gebrauch war), Paneion/Banias mit seinem Pan-Becken, dem heilende Fähigkeiten sowie mythologische Vorstellungen zugeschrieben wurden, und Phiale, das mit der Nymphe Daphne in Verbindung gebracht wurde (*Bell* 4, 3; vgl. 3, 510-513). Pan war der griechische Gott der Flora und Fauna; während er in Banias nachweislich mit anderen griechisch-römischen Gottheiten gleichgesetzt wurde, weist niemand geringerer als die jüdische Autorität Ben Sira (Sir 43, 23-27) auf eine bewusste Assimilation mit dem

---

[21] Für eine detaillierte Diskussion der Ortsnamen und der politischen Grenzen in diesen Berichten vgl. *N. Na'aman*, Borders and Boundaries in Biblical Geography, Jerusalem 1986, 40-66.

[22] Vgl. *S. Freyne*, Jesus. A Jewish Galilean. A New Reading of the Jesus Story, London/New York 2004, 75-80 für eine breitere Diskussion.

[23] *E. Lipinski*, El's Abode. Mythological Traditions Related to Mount Hermon and the Mountains of Armenia, Orientalia Lovaniensia 2 (1971), 13-69, bes. 13-41; *Ch. Clermont-Ganneau*, Le mont Hermon et son dieu d'après une inscription ineditè, Receuil d'Archeologie Orientale 5 (1903), 346-366.

Schöpfergott Israels, Jahwe, hin, der beschrieben wird als der, „der Alles ist" (τὸ πᾶν ἐστιν αὐτός).[24] In Dan andererseits bezieht sich die Inschrift bzw. die Votivgabe auf den „Gott, der in Dan ist". Die Tatsache, dass dieser Gott nicht namentlich genannt wird, lässt schließen, dass hiermit der jüdische Gott gemeint war – vor dem Hintergrund, dass Dan in der frühen israelitischen Geschichte als illegitimes Kultzentrum und Konkurrenz zum Tempel des Salomon in Jerusalem galt (1Kön 12,29; Ri 18,27-31) eine sehr interessante Erkenntnis.[25] Offensichtlich hielt nichts Juden in späterer Zeit davon ab, sich diese antiken Kultstätten im Norden wieder anzueignen. Die Reise Jesu und seiner Apostel in diese Region sollte nicht als Beispiel eines leichten Synkretismus zwischen jüdischer und nichtjüdischer Kultur, sondern vielmehr im Lichte antiker Erinnerungen an israelitische Forderungen und heutiger Realitäten betrachtet werden. Im sog. „Wächterbuch" in 1Henoch wird die Bedeutung des numinosen Charakters des Gebietes für jüdische Seher-Kreise besonders deutlich (bes. Kap. 6-16).[26] Diese Verbindung scheint der Autor des Markusevangeliums in der Verknüpfung der Reisen Jesu in „die Dörfer von Caesarea Philippi" mit der Verklärungsgeschichte auf einem hohen Berg (Mk 8,27–9,9) wieder aufzunehmen. Sicherlich kann der Autor nur Hermon, nicht aber Tabor im Sinn gehabt haben. Dem „Schreiber der Gerechtigkeit" Henoch widerfährt seine Traumvision „an den Wassern von Dan, im Lande Dan, das südlich des Hermon liegt" (äthHen 13,7). Die vom „großen Heiligen" gewählte Bestrafung der Wächter wird also andauern, da diese ihre Pflichten vernachlässigt und sich selbst „mit den Menschentöchtern" verunreinigt haben. Es ist allgemein anerkannt, dass diese verurteilten Wächter mit dem Jerusalemer Priestertum gleichzusetzen sind, die selbst um der Menschen willen bitten, doch den hohen Himmel, das ewige Heiligtum, vergessen haben, und sich nun auf Henochs Fürsprache verlassen (äthHen 15,2-4). Henoch jedoch steigt zum

[24] *V. Tzaferis*, Cults and Deities Worshipped at Caesarea Philippi-Banias, in: E. Ulrich/J. Wright/R. Carroll/P. Davies (Hgg.), Priests, Prophets and Scribes. Essays on the Formation and Heritage of Second Temple Judaism, in Honour of Joseph Blenkinsopp (JSOT Supplements 149), Sheffield 1992, 190-203.

[25] *A. Biran*, To the God who is in Dan, in: A. Biran (Hg.), Temples and High Places in Biblical Times, Jerusalem 1981, 142-151.

[26] *G. Nickelsburg*, Enoch, Levi and Peter. Recipients of Revelation in Upper Galilee, JBL 100 (1981), 575-600.

himmlischen Gericht hinauf und wird vor „die große Herrlichkeit“ geführt, wo er zustimmend angesprochen wird: „Fürchte dich nicht, Henoch, du gerechter Mann und Schreiber der Gerechtigkeit; tritt herzu und höre meine Rede.“[27] (äthHen 15,1).

Gemäß dem Psalmisten „bewässert Tau vom Hermon den Zion“ (Ps 133,3); doch ebenso könnte der Hermon als Sitz des Gerichts gegen diejenigen, die ihren Verpflichtungen gegenüber dem Heiligtum nicht nachgekommen sind, fungieren. Wir können natürlich nicht sicher sein, dass diese Vorstellungen für Jesu Kritik an Jerusalem und dem Tempel ausschlaggebend waren; doch es ist bezeichnend, dass diese Sequenz von Ereignissen (der Besuch im Norden gefolgt von der Verklärung) für alle Synoptiker einen Wendepunkt in Jesu Predigttätigkeit darstellt, als er „sein Angesicht wandte, stracks nach Jerusalem zu wandern“, wie es Lukas beschreibt (Lk 9,51; vgl. Mk 9,30; Mt 16,21). Der galiläische Prophet hat eine wichtige Botschaft für Jerusalem, und seine Erfahrung am anderen „hohen Berg“ mag es ihm erleichtert haben, klar zu machen, dass der Allmächtige als kosmischer Schöpfergott nicht in Tempeln wohnt und der Herr des Himmels und der Erde vom Menschen gemachte Orte der Anbetung nicht benötigt, wie der Prophet Jesaja so treffend ausgedrückt hatte (Jes 66,1). Jesajas Orakel war an diejenigen adressiert, die nach der Rückkehr aus Babylon den Jerusalemer Tempel kontrollierten und als Agenten der Perser in der Provinz Jehud auftraten. Die Jerusalemer Priesterschaft zur Zeit Jesu bestand ebenso aus römisch-kaiserlichen Agenten, die über die Aufrechterhaltung der Ordnung in Judäa wachten. Jesaja fährt fort, dass Gottes Gefallen auf denen liegen wird, die demütig sind und „bei seinem Wort erzittern“, eine Gruppe, die in den letzten Kapiteln des prophetischen Buches erscheint und deren Frömmigkeit auf den Diener Jahwes übertragen wird (Jes 53),

---

[27] Für eine ausgiebige Diskussion vgl. *G. Nickelsburg*, 1Enoch 1. A Commentary on the Book of 1 Enoch Chapters 1-36, Minneapolis, Minn. 2001, 81-108. Vgl. auch *D. Suter*, Why Galilee? Galilean Regionalism in the Interpretation of 1 Enoch 6-16, Henoch 25 (2003), 1-44 für eine Auseinandersetzung der Vision des Henoch im Licht der hellenistischen Traumdeutung, weniger Nickelsburgs prophetisch visionäres Erlebnis. In der Identifizierung der Wächter mit der Jerusalemer Priesterschaft sind sie sich einig (Suter, 3 und Anm. 13).

eine Gruppe, die von der den Tempel kontrollierenden Elite verfolgt und geächtet wird.[28]

7. Zusammenfassung

Die Verortung Jesu in Galiläa ist keine einfache oder harmlose Angelegenheit. Doch ein Bewusstsein sowohl der unterschiedlichen Landschaften als auch der Art und Weise, wie die Menschen sie einerseits ausbeuteten, andererseits idealisierten, liefert einen großen Vorteil für die Beurteilung der Jesustradition und wie diese vielleicht von den verschiedenen Anliegen innerhalb einer entschieden pluralistischen jüdischen Matrix geformt worden sein könnte. Kenntnis der Landschaft und davon, wie sie innerhalb der literarischen Restauration der hebräischen und der übrigen hervorgegangenen Schriften gesehen wurde, erleichtert das Verständnis dafür, wie Jesu seine eigene Tradition verstand. Ebenso ermöglicht dieses Bewusstsein eine Unterscheidung seiner Erwiderungen an die Situation und die seiner Glaubensgenossen, womit seine einzigartige Stimme und Vision in historischer – und nicht von vorn herein in theologischer – Hinsicht herausgestellt werden kann.
Der Aufenthalt Jesu in Galiläa ist jedoch nur ein Teil der Geschichte. Es bleibt die Predigttätigkeit in Jerusalem. Diejenigen, die den angeblichen Gegensatz zwischen Galiläa und Jerusalem auszunutzen suchen, sollten in Erinnerung behalten, dass Jesus – ungeachtet der allgemein galiläischen Haltung – eine judäische Perspektive in die Region brachte, die aus seinen engen Kontakten mit dem und der Bewunderung für den Täufer hervorging. Wie andere Landespropheten vor ihm stellte Jerusalem das endgültige Ziel seiner Predigttätigkeit und Mission dar. Sein Klage über die Stadt (Mt 23,37-39; Lk 13,34f.) ist meiner Ansicht nach nicht als Zurückweisung zu verstehen, sondern vielmehr als Ausdruck der tiefen Enttäuschung über die Manipulation des Tempels für andere Zwecke als die der Versammlung ganz Israels und der Nationen innerhalb der Stadtmauern, um dort gemeinsam die wahre Weisheit zu erfahren (Jes 2,2-4).

---

[28] In Jesus, A Jewish Galilean (vgl. Anm. 22), 116-121, vertrete ich die Ansicht, dass diese Gruppe zusammen mit den *Maskilim* oder den „Weisen“ in *Daniel* eine Parallele zwischen der Zeit des Zeiten Tempels und der Jesusbewegung darstellen. (Zweiten?)

Carsten Claußen

Jesus und die Versammlungen Galiläas

Zur Frage nach der Bedeutung von ἡ συναγωγή

1. Einleitung

Mit großer Selbstverständlichkeit fasst der Evangelist Markus schon früh in seiner Darstellung die Verkündigung Jesu mit den Worten wie folgt zusammen: „und er kam und predigte in ihren *Synagogen* in ganz Galiläa“ (Mk 1,39; Luther ’84). Wer dabei jedoch vorschnell an eine Predigttätigkeit Jesu in für gottesdienstliche Zwecke errichteten Synagogengebäuden denkt, steht in der Gefahr, spätere Verhältnisse in die Zeit des Zweiten Tempels zurück zu projizieren. Das Bedeutungsspektrum des griechischen Wortes ἡ συναγωγή, das hinter der Übersetzung „Synagoge“ steckt, ist dabei durchaus weiter gefasst. Der ursprüngliche Wortsinn lautet „An- oder Versammlung“ und bezeichnet ein nicht näher definiertes Zusammentreffen von Menschen, Sachen, Gegenständen oder Tieren.[1] Dies soll in einem ersten Abschnitt kurz verdeutlicht werden. Ein Gliederungsabschnitt geht der Frage nach, ob und in welchem Sinne denn in den galiläischen Orten der Wirksamkeit Jesu überhaupt mit „Synagogen“ zu rechnen ist. In einem dritten Schritt schließt sich ein kurzer Überblick zu den ältesten Synagogenfunden an. Der vierte Teil geht den Fragen nach der religiösen Identität Galiläas insgesamt und den konkreten Bedingungen in Kapernaum, Nazareth und Kana nach. Schließlich werden in einem fünften Paragraphen die terminologischen und archäologischen Beobachtungen mit neueren Überlegungen zur Entstehung und mündlichen Überlieferung der Worte Jesu ins Gespräch gebracht. Konkret stellt sich hier die Frage nach der Beziehung von „Synagogen“ und Dorfversammlungen im Galiläa zur Zeit Jesu. Zunächst aber zur Frage nach der Wortbedeutung.

---

[1] *W. Schrage*, συναγωγή κτλ., ThWNT 7 (1964), 798-850, hier 803; *F. Hüttenmeister*, „Synagoge“ und „Proseuche“ bei Josephus und in anderen antiken Quellen, in: *D.-A. Koch/H. Lichtenberger* (Hgg.), Begegnungen zwischen Christentum und Judentum in Antike und Mittelalter (FS H. Schreckenberg; Schriften des Institutum Judaicum Delitzschianum 1), Göttingen 1993, 162-181; s. z. B. in Gen 1,9; Lev 11,36 als Bezeichnung für eine „Wasseransammlung“.

2. Terminologie

Das Wort συναγωγή begegnet mehr als 200 mal in der LXX.[2] Meist wird es als Übersetzung der hebräischen Termini *'ēdāh* (עֵדָה) oder *qāhāl* (קָהָל) verwendet.[3] Als Bezeichnung für ein Gebäude findet es sich nur in Num 16,24 LXX[4] und bezeichnet wahrscheinlich Zelte.[5] Es spielt damit als Gebäudebezeichnung in der LXX praktisch keine Rolle.

Im Neuen Testament werden zur Bezeichnung von Synagogengebäuden und Versammlungen ausschließlich die Begriffe προσευχή[6] und συναγωγή[7] verwendet. An insgesamt 56 Stellen findet sich συναγωγή, davon 34 mal allein im lukanischen Doppelwerk und nie bei Paulus. Nur selten ist eindeutig zu entscheiden, ob der Aspekt der Gemeinde/-versammlung oder der des Gebäudes im Vordergrund steht.

Vor allem bei Mt und Mk sind auffällig viele Nennungen von συναγωγή negativ konnotiert: So werden sie mit Heuchlern in Zusammenhang gebracht, die das Geben von Almosen laut hinausposaunen (Mt 6,2) oder beten, um gesehen zu werden

---

[2] Zur terminologischen Untersuchung von συναγωγή siehe auch meine früheren Ausführungen in *Claußen*, Versammlung, 120-127. Vgl. auch *Schrage*, συναγωγή, 798-850; *D. D. Binder*, Into the Temple Courts. The Place of the Synagogues in the Second Temple Period (SBL.DS 169), Atlanta, Ga. 1999, 91-111. *A. Runesson*, The Origins of the Synagogue. A Socio-Historical Study (CB.NTS 37), Stockholm 2001, 171-174.

[3] קָהָל wird jedoch doppelt so häufig mit ἐκκλησία übersetzt, עֵדָה dagegen nie.

[4] κύκλῳ ἀπὸ τῆς συναγωγῆς Κορε steht in der LXX für das hebräische מִסָּבִיב לְמִשְׁכַּן־קֹרַח. Vermutlich fasst die LXX hier מִשְׁכָּן - eigentlich Wohnung - im Sinne von עֵדָה auf. So *F. Hüttenmeister*, „Synagoge" und „Proseuche" bei Josephus und in anderen antiken Quellen, in: *D.-A. Koch/H. Lichtenberger* (Hgg.), Begegnungen zwischen Christentum und Judentum in Antike und Mittelalter (FS H. Schreckenberg; Schriften des Institutum Judaicum Delitzschianum 1), Göttingen 1993, 162-181, hier: 164. Vielleicht hieß es in der Vorlage der LXX an dieser Stelle auch עֵדָה.

[5] Vgl. אֹהֶל in Num 16,26f.

[6] Apg 16,13.16

[7] Mt 4,23; 6,2.5; 9,35; 12,9; 13,54; Mk 1,39; 3,1; 6,2; Lk 4,15; 6,6; Joh 18,20 u. a. Konkret werden für folgende Orte συναγωγαί erwähnt: Antiochia in Pisidien (Apg 13,14); Athen (Apg 17,17); Beröa (17,10); Damaskus (Apg 9,20); Ephesus (Apg 18,19); Kapernaum (Mk 1,21; Lk 4,33; 7,5; Joh 6,59); Korinth (Apg 18,4; 19,8); Nazareth (Lk 4,16); Salamis auf Zypern (Apg 13,5); Thessalonich (Apg 17,1); in Jak 2,2 bezeichnet συναγωγή eine christliche Versammlung.

(Mt 6,5). In „Synagogen" haben die Nachfolger Jesu Geißelungen zu erleiden.[8] Schriftgelehrte und Pharisäer sitzen dort gern obenan.[9] Es sind Orte, an denen die Nachfolger Jesu sich in Verfolgung rechtfertigen müssen.[10] In diesem pejorativen Wortgebrauch spiegelt sich eine Entwicklung, für die συναγωγή längst zur Chiffre im Kontext der Auseinandersetzung zwischen frühem Christentum und antikem Judentum geworden ist.[11] Für die Beantwortung der Frage nach der konkreten Bedeutung des Wortes taugen diese polemischen Aussagen jedoch nicht.

Auch eine ganze Reihe von summarischen Aussagen, die darüber Auskunft geben, dass Jesus in „Synagogen" lehrte,[12] sind stereotyp und wenig aussagekräftig. Wenn überhaupt, dann geht es hier darum, dass Jesus sich hier einer „Versammlung" von Menschen zuwendet. Ein spezielles Gebäude ist dabei nirgendwo im Blick.

An einigen Stellen ist sogar explizit davon auszugehen, dass συναγωγή eine „Menschengruppe" und eben kein Gebäude meint. Am deutlichsten ist dies in Apg 13,43, wo es heißt, dass die συναγωγή auseinander ging. Hier kann es sich nur um die Auflösung einer „Versammlung" handeln.[13]

Insgesamt bleiben, wenn man den Wortgebrauch sehr kritisch betrachtet, im Grunde nur zwei Stellen, an denen συναγωγή sich auf eine architektonisch beschreibbare Versammlungsstätte beziehen muss. So berichtet Lk 7,5 von jener συναγωγή, die ein Hauptmann den Juden in Kapernaum gestiftet habe. Und in Apg 18,7 wird berichtet, Paulus sei in Korinth in ein Haus (ἡ οἰκία) umgezogen, das direkt neben der Synagoge lag.

So bleibt zusammenfassend der Befund, dass συναγωγή im NT sowohl eine Gruppe von Menschen als auch ein Gebäude bezeichnen kann, wobei in der überwiegenden Mehrzahl der Fälle keine eindeutige Entscheidung möglich ist.[14]

---

[8] Mk 13,9 parr. Mt 10,17/Lk 21,12; Mt 23,34; vgl. Apg 22,19.

[9] Mk 12,39 parr. Mt 23,6/Lk 20,46; Lk 11,43.

[10] Lk 12,11; 21,12 vgl. Apg 9,2; 26,11.

[11] Vgl. besonders ἀποσυνάγωγος in Joh 9,22; 12,42; 16,2 und die feindliche Entgleisung συναγωγή τοῦ σατανᾶ.

[12] Mt 9,35; Mk 1,39; Lk 4,19.44; Joh 18,20; vgl. Apg 9,20; 15,2; 18,4.

[13] Vgl. auch Apg 9,2, wo es darum geht, dass Synagogengemeinden Briefe erhalten und Jak 2,2, wo συναγωγή eine christliche (!) Gottesdienstversammlung bezeichnet.

[14] Vgl. *Claußen*, Versammlung, 121-122.

Wie verhält sich diese Beobachtung zum außerbiblischen Sprachgebrauch jener Zeit? Philo verwendet den Begriff συναγωγή nur ein einziges Mal für ein Gebäude und zwar für eine essenische Synagoge.[15] Ansonsten findet sich der Begriff nur in der Bedeutung „Gemeinde“ in der Aufnahme von Bibelzitaten aus Num 27,16f. LXX.[16]
Josephus verwendet συναγωγή insgesamt achtmal. Synagogengebäude erwähnt er für die Orte Caesarea Maritima, Dora und Antiochia sowie für Tiberias (dort: προσευχή).[17] Doch schwingt gelegentlich auch die Bedeutung „Versammlung“ mit.[18]
Noch deutlicher zeigt dies der epigraphische Befund. Hier sticht eine Stifterinschrift aus Jerusalem heraus,[19] die von dem französischen Archäologen Raimond Weill während seiner Grabungen in der Davidsstadt 1913-14 in einer Zisterne entdeckt wurde. Konkret handelt es sich um eine ca. 75 cm mal

---

[15] Philo *Prob* 81. Vgl. συναγωγίον in *Som* 2,127 und *LegGai* 311 für eine „Synagoge“ in der Diaspora.

[16] Philo *Post* 67 (2x); *Agr* 44 (2x).

[17] Jos *Bell* 2.287-292: Caesarea; *Ant* 19,300-305: Dora; *Bell* 7,44-47: Antiochia; Tiberias: *Vita* 277.280.

[18] So etwa in Jos 19,305.

[19] CIJ II 1404 = SEG 8,170; für eine sehr differenzierte Besprechung der Inschrift s. *J. S. Kloppenborg Verbin*, Dating Theodotos (*CIJ II 1404*), JJS 51 (2000), 243-280; *J. S. Kloppenborg*, The Theodotos Synagogue Inscription and the Problem of First-Century Synagogue Buildings, in: *J. H. Charlesworth* (Hg.), Jesus and Archaeology, Grand Rapids, Mich./Cambridge U.K. 2006, 236-282; vgl. *Claußen*, Versammlung, 186-191.209-223; die Erstveröffentlichung erfolgte in: *R. Weill*, La Cité de David. Compte rendu des fouilles executées à Jérusalem, sur le site de la ville primitive. Campagne de 1913–1914, Bd. 1: Texte, Paris 1920, 30, Tafel XXV A (Foto). Weitere Lit. bei: *F. Hüttenmeister*, Die jüdischen Synagogen, Lehrhäuser und Gerichtshöfe, Bd. 1 v.: *Ders./G. Reeg*, Die Antiken Synagogen in Israel (BTAVO.B 12/1), Wiesbaden 1977, 192-194, 525; *K. Bieberstein/H. Bloedhorn*, Jerusalem. Grundzüge der Baugeschichte vom Chalkolithikum bis zur Frühzeit der osmanischen Herrschaft, Bd. 3 (BTAVO.B 100/3), Wiesbaden 1994, 117-118; *R. Riesner*, Synagogues in Jerusalem, in: *R. Bauckham* (Hg.), The Book of Acts in Its Palestinian Setting (The Book of Acts in Its First Century Setting 4), Grand Rapids, Mich./Carlisle 1995, 179-211, hier: 193 Anm. 72; *A. Runesson/D. D. Binder/B. Olsson*, The Ancient Synagogue from ist Origins to 200 C.E. (AJEC 72), Leiden/Boston, Mass. 2008, Nr. 26. Heute befindet sich die Inschrift im Rockefeller-Museum in Jerusalem (Inv. Nr. 842).

41 cm große Tafel aus Jerusalemer Kalkstein mit folgender griechischer Stiftungsinschrift:

„Theodotos, (Sohn) des Vettenus, Priester und Synagogenvorsteher (ἀρχισυνάγωγος), Sohn eines Synagogenvorstehers (ἀρχισυνάγωγος), Enkel eines Synagogenvorstehers (ἀρχισυνάγωγος), erbaute (oder: renovierte) die Synagoge (συναγωγή) zum (Vor-)Lesen des Gesetzes und Lehren der Gebote, und das Gästehaus und die Nebenräume und die Wasserinstallationen zur Herberge für diejenigen aus der Fremde, die (sie) benötigen. Sie (*sc.* die Synagoge) haben begründet seine Väter und die Ältesten und Simonides."

Die Inschrift ist mit größter Wahrscheinlichkeit vor 70 n. Chr. zu datieren, wie archäologische und paläographische Untersuchungen nahe legen.[20] So fanden sich in jener Zisterne ebenfalls fünf Öllampen aus herodianischer Zeit. Bei den 1978-85 durchgeführten Grabungen in der Davidsstadt kamen zudem keine Funde aus der Zeit nach 70 n. Chr. zum Vorschein.[21] Auch ist die Errichtung eines so großen Synagogenkomplexes nach der erheblichen Dezimierung der Jerusalemer Bevölkerung nach 70 n. Chr. eher unwahrscheinlich. Der paläographische Vergleich richtet sich vor allem auf zwei Warninschriften von der Balustrade des Zweiten Tempels[22] und einer Stifterinschrift aus der Zeit 18/17 v. Chr.[23] Dabei zeigt sich ein durchaus vergleichbarer Stil. So fehlen jeweils die für das 2. Jh. n. Chr. typischen Veränderungen der Buchstaben.[24] Zwar ist ein paläographischer Vergleich immer mit gewissen Unsicherheiten behaftet, weil ein konkreter Schreibstil nur mit Einschränkung datiert werden kann. Doch weist auch der hier nur kurz

---

20 Siehe *Kloppenborg Verbin*, Theodotos, 243-280; *Riesner*, Synagogues, 192-200; *Claußen*, Versammlung, 186-191; *ders.*, Synagogen Palästinas in neutestamentlicher Zeit, in: *S. Alkier/J. Zangenberg* (Hgg.), Zeichen aus Text und Stein. Studien auf dem Weg zu einer Archäologie des Neuen Testaments (TANZ 42), Tübingen/Basel 2003, 351-380, hier: 357-361; *ders.*, Frühes Christentum zwischen Familie und Hausgemeinde, in: *E. Klinger/S. Böhm/Thomas Franz* (Hgg.), Haushalt, Hauskult, Hauskirche. Zur Arbeitsteilung der Geschlechter in Wirtschaft und Religion, Würzburg 2004, 61-77, hier: 76.

21 *Y. Shiloh*, Excavations at the City of David I (1978-1982), Jerusalem 1984, 6-10.

22 CIJ 1400 und SEG VIII 169. Abb. bei *Kloppenborg Verbin*, Theodotos, 267.270.

23 SEG XXXIII 1277. Abb. bei *Kloppenborg Verbin*, Theodotos, 272.

24 *Kloppenborg Verbin*, Theodotos, 271.273-276.

skizzierte paläographische Befund eher in die Zeit vor 70 n. Chr.

So ist festzuhalten, dass die Theodotos-Inschrift mit großer Wahrscheinlichkeit einen Synagogenkomplex aus der Zeit vor der Zerstörung des Zweiten Tempels bezeugt, in dem eine institutionalisierte, seit Generationen mit Ämtern wie dem eines ἀρχισυνάγωγος[25] ausgestattete Gemeinde ansässig war. Der Synagogenkomplex bildete dabei nicht nur den Mittelpunkt des *religiösen* Lebens im engeren Sinne, sondern diente auch vielfältigen *sozialen* Funktionen. Neben dem Lesen der Tora und der Unterweisung in den Geboten gewährte man Pilgern aus der Diaspora Unterkunft. Eine solche Synagoge mit ihrer stärker institutionalisierten Gemeinde lässt sich als „Gemeinschafts- und Lebenszentrum"[26] charakterisieren.

Andere Inschriften bieten dagegen auch die Bedeutung συναγωγή gleich „Gemeinde," gelegentlich sogar neben jener Verwendung für „Gebäude". So lautet eine Inschrift aus Berenike in der nordafrikanischen Cyrenaika (55 n. Chr.):

> „(...) Es erschien der Gemeinde (συναγωγή) der Juden in Berenike angebracht, die (Namen) derjenigen auf einer steinernen Säule aufzuschreiben, die zur Renovierung der Synagoge (συναγωγή) gespendet haben (...)."[27]

Damit bestätigt sich insgesamt der Eindruck, dass συναγωγή sowohl für Palästina als auch für die Diaspora im 1. Jh. n. Chr. in der Bedeutung „Gemeinde/-versammlung" als auch für ein „Versammlungsgebäude" verwendet wird.

---

[25] Auf den Titel des ἀρχισυνάγωγος kann an dieser Stelle nicht genauer eingegangen werden. Siehe jedoch *Claußen*, Versammlung, 256-264; *T. Rajak/D. Noy*, *Archisynagogoi*. Office, Title and Social Status in the Greco-Jewish Synagogue, JRS 81 (1993), 75-93.

[26] So *H. Lichtenberger*, „Organisationsformen und Ämter in den jüdischen Gemeinden im antiken Griechenland und Italien," in: *R. Jütte/A. P. Kustermann* (Hgg.), Jüdische Gemeinden und Organisationsformen von der Antike bis zur Gegenwart (Aschkenas. Zeitschrift für Geschichte und Kultur der Juden, Beiheft 3), Wien/Köln/Weimar, 1996, 11-27, hier 19.

[27] CJZC 72 = *Lifshitz*, Donateurs, Nr. 100 = *Runesson/Binder/Olsson*, Synagogue, Nr. 133. Vgl. CJZC 70, Zeile 7. Dort ist möglicherweise [συναγ]ωγῆς zu ergänzen. Dies ist jedoch sehr unsicher.

3. Die ältesten Synagogenfunde

Die bisher ältesten Zeugnisse von Synagogengebäuden stammen aus dem ptolemäischen Ägypten des 3. Jh.s v. Chr. Belegt sind sie durch Widmungsinschriften aus dem mittelägyptischen Arsinoë-Krokodilopolis im Fayum und aus Schedia in Unterägypten, die zwei Synagogengebäude mit dem König und seiner Familie in Verbindung bringen.[28] Archäologische Reste eines Synagogengebäudes sind jedoch erstmals von einem Gebäude auf der griechischen Insel Delos erhalten, dessen Ursprünge ins 2. Jh. v. Chr. datieren.[29] Allerdings ist die ursprüngliche Nutzung umstritten und erst für das frühe 1. Jh. v. Chr. als jüdisch (oder samaritanisch) zu identifizieren.[30] In Judäa galten Überreste von synagogalen Räumlichkeiten auf den herodianischen Festungen Masada und Herodium lange Zeit als die ältesten archäologisch erschlossenen Funde. Beide Räumlichkeiten wurden während des ersten jüdischen Krieges von den belagerten Zeloten als Synagogenräume genutzt und wahrscheinlich auch erst in dieser Zeit für Versammlungszwecke umgebaut. Neuere Funde haben jedoch Überreste von möglichen Synagogengebäuden in Shuafat (frühes 1. Jh. v. Chr.), einem arabischen Vorort nördlich von Jerusalem, Qiryat Sefer (frühes 1. Jh. n. Chr.) auf halben Wege zwischen Jerusalem und Tel Aviv, Horvat ‘Etri (spätes 1. oder frühes 2. Jh. n. Chr.) in der judäischen Schefala und in der Nähe der neuen Stadt Modi‘in (2. Hälfte des 1. Jh. v. Chr.) zutage gefördert.[31] Nicht in allen diesen Fällen ist die Identifizierung gleich wahrscheinlich. So wurden etwa für das sorgsam konstruierte Gebäude in Qiryat Sefer keinerlei archäologische Merkmale gefunden, die auf eine im engeren Sinne religiöse Nutzung der Räumlichkeiten hinweisen.[32] In der Nähe der Funde in Gamla, Masada, Herodium, Horvat ‘Etri

---

28 *Runesson/Binder/Olsson*, Synagogue, Nr. 150 (CPJ III 1532A = JIGRE 117); (CIJ 1440 = JIGRE 22).

29 *M. Trümper*, The Oldest Original Synagogue Building in the Diaspora. The Delos Synagogue Reconsidered, Hesperia 73 (2004), 513-598.

30 *Claußen*, Versammlung, 192-194; *Binder*, Temple, 297-317, *Trümper*, Synagogue, 513-598; *Runesson/Binder/Olsson*, Synagogue, Nr. 102.

31 S. die Überblicksdarstellung in *Claußen*, Synagogen, 351-380 und zu den einzelnen Orten in *Runesson/Binder/Olsson*, Synagogue, 20-117.

32 *Levine*, Synagogue, 66 vermutet jedoch: „the structure appears to be a convincing candidate as the first village synagogue ever found in Judaea.“

und Modi'in stützen dagegen benachbarte Mikwaot die Identifizierung. Früheste archäologische Zeugnisse wie die Funde in Modi'in und Shuafat belegen damit jedenfalls für Judäa synagogale Räumlichkeiten bereits in vorchristlicher Zeit. Auch wenn für Galiläa[33] älteste Gebäudereste frühestens ins späte 1. Jh. n. Chr. datierbar sind, wie der neue Fund in Khirbet Qana nahe legt, so sind jedenfalls für Gamla in der benachbarten Gaulanitis die Reste eines Synagogengebäudes aus dem 2. Jh. v. Chr. erhalten.[34] Damit deutet einiges darauf hin, dass auch in Galiläa in vorchristlicher Zeit sehr wahrscheinlich Synagogengebäude existierten. Literarisch ist dies etwa für Caesarea Maritima,[35] Kapernaum,[36] Jerusalem,[37] Tiberias,[38] Dora[39] und Antiochia[40] bezeugt.
Für die einzelnen Orte der Wirksamkeit Jesu wirft dies jedoch die Frage nach deren religiösem, kulturellem und sozioökonomischem Profil auf.

4. Synagogen in Galiläa zur Zeit Jesu?

Solange archäologische Funde vermeintlicher Synagogengebäude für das Galiläa zur Zeit Jesu noch mit vielen interpretatorischen Unsicherheiten behaftet sind, erscheint es durchaus angemessen zu fragen, ob speziell für gottesdienstliche Zwecke errichtete Räumlichkeiten wie jene in Gamla nach unserem bisherigen Kenntnisstand denn überhaupt für Galiläa zur Zeit Jesu zu erwarten sind. Diese Frage unterteilt sich in zwei unterschiedliche Perspektiven: Zum einen geht es dabei um die Frage, ob Galiläa zur Zeit Jesu denn überhaupt über eine ausgeprägte jüdische Identität verfügt habe. Zum anderen sind

33 Das für Magdala früher als „mini-sinagoga" diskutierte Gebäude gilt jetzt als Nymphaeum, vgl. *S. Ruf*, Maria aus Magdala, München 1995, oder als Latrine, vgl. *J. Zangenberg*, Magdala am See, Waltrop 2001. Ein älterer Fund in Chorazin, der evtl. aus dem 1. Jh. n. Chr. stammt, ist gegenwärtig nicht mehr auffindbar. Vgl. *Claußen*, Synagogen, 354-356.

34 S. *Claußen*, Synagogen, 367-369.

35 Jos *Bell* 2,285-292.

36 Lk 7,4; die Hinweise auf eine συναγωγή in Kapernaum in Mk 1,21 (in der Parallelüberlieferung Lk 4,31 fehlt συναγωγή) und Joh 6,59 beziehen sich nicht notwendigerweise auf ein entsprechendes Gebäude.

37 CIJ 2,1404 = *Runesson/Binder/Olsson*, Synagogue, Nr. 26;

38 Jos *Vita* 276-281.294-295: bes. 277.280, dort jedoch προσευχή (s.o.).

39 Jos *Bell* 2,287-292.

40 Jos *Bell* 7,44-47.

hier die sozioökonomischen Faktoren einzelner Ortschaften in Anschlag zu bringen. Für beide Perspektiven haben neuere archäologische Funde die Diskussion vorangebracht.

4.1 Der geschichtliche Hintergrund der Besiedelung Galiläas

Erst unter Aristobulus I. (104–103 v. Chr.) erlangten die Hasmonäer wieder die Herrschaft über Galiläa und zwangen nach dem Zeugnis des Josephus die dortigen Bewohner zur Beschneidung und zur Einhaltung der jüdischen Gesetze.[41] Schenkt man dieser Angabe Glauben, so stellt sich unwillkürlich die Frage, ob Galiläa denn mehr als oberflächlich und gezwungenermaßen mit der religiösen und politischen Identität Judäas verbunden war.[42] Kaum ein Jahrhundert später wurde Galiläa nach dem Tode Herodes des Großen von Peräa und Judäa getrennt und dem Tetrarchen Herodes Antipas (4 v. Chr.–39 n. Chr.) anvertraut und damit möglicherweise der Gegensatz zwischen Galiläa und Judaä noch verstärkt.
Doch neuere archäologische Befunde legen eine deutlich andere Sicht der Dinge nahe. So lässt sich für die Zeit gegen Ende des 1. Jh.s v. Chr. eine deutliche Zunahme an Siedlungen in Galiläa nachweisen.[43] Architektur, Keramikfunde und hasmonäische Münzen weisen darauf hin, dass es sich dabei um judäische Ansiedlungen handelt, die eine sehr dünn besiedelte Region neu in Besitz nahmen. Entsprechend legen diese archäologischen Funde eine enge Verbindung Galiläas mit Judäa seit dem 1. Jh. v. Chr. nahe. Die These eines von Judäa scharf zu unterscheidenden und nur wenig vom Judentum geprägten oder gar heidnischen Galiläas lässt sich damit aus archäologischer Sicht nicht halten. Doch wie stellt sich dies konkret für die Orte Kapernaum, Nazareth und Kana dar, in denen Jesus nach den Evangelien „Synagogen" aufsuchte?

---

[41] Jos *Ant* 13,318; die These, dass die Galiläer demnach unter Zwang konvertierte Ituräer seien, bestreitet u. a. in Folge des archäologischen Befundes *S. Freyne*, Jesus. A Jewish Galilean. A New Reading of the Jesus-Story, London/New York, N.Y., 2004, 81.

[42] Eine solche enge Verbindung zwischen dem judäischen Judentum und Galiläa bestreitet etwa: *R. A. Horsley*, Galilee. History, Politics, People, Valley Forge, Pa. 1995, 42-45; *ders.*, Archaeology, History and Society in Galilee. The Social Context of Jesus and the Rabbis, Harrisburg, Pa., 1996, 25-28.

[43] *Reed*, Archaeology, 39-43.

4.2 Kapernaum

Bereits das Markusevangelium beschreibt den Ort Kapernaum[44] am Nordende des Sees Genezareth als Ausgangsort der Wirksamkeit Jesu. Hier vollbringt er sein erstes Wunder und zwar in der συναγωγή (Mk 1,21). An diesem Ort war er zu Hause (ἐν οἴκῳ – Mk 2,1; 9,33), konkret wohl im Haus der Brüder Simon Petrus und Andreas (Mk 1,29). Nach dem Matthäusevangelium sei Jesus von Nazareth nach Kapernaum umgezogen, um dort zu wohnen (κατοικέω – Mt 4,13 vgl. Mk 1,21). Es sei seine eigene Stadt (ἡ ἴδια πόλις – Mt 9,1 vgl. Mk 2,1). Lukas erweckt den Eindruck als hätten die Einwohner Nazareths, das hier im Munde Jesu als seine Vaterstadt (ἡ πατρίς) bezeichnet wird, etwas neidisch auf die Wundertaten, die jener in Kapernaum vollbracht habe, geblickt (Lk 4,23). Und auch im Johannesevangelium wird Kapernaum mehrmals erwähnt: Nach dem Wunder auf der Hochzeit zu Kana habe Jesus fünf Tage in Kapernaum verbracht (Joh 2,12), dort den Sohn des königlichen Beamten geheilt (Joh 4,46), sich immer wieder dorthin zurückgezogen (Joh 6,17.24) und schließlich in der dortigen συναγωγή gelehrt (Joh 6,59). So ist es nicht verwunderlich, dass sich die archäologische Erforschung des Ortes immer wieder mit der Suche nach einem Synagogengebäude und nach dem Haus der Petrusfamilie beschäftigt hat.
Nach einer ersten größeren Grabung durch die deutschen Archäologen Heinrich Kohl und Carl Watzinger[45] im Jahre 1905 fand seit 1969 vor allem durch die Franziskaner Virgilio Corbo und Stanislao Loffreda eine systematische Erschließung eines eindrucksvollen Synagogengebäudes in Kapernaum statt. Dabei konnte ein Gebäude aus weiß-gelblichem Sandstein im Stile einer Basilika in Teilen rekonstruiert werden,

---

[44] Für einen Überblick siehe *V. C. Corbo*, Capernaum, ABD 1 (1992), 866-869; *Levine*, Synagogue, 48-49; *Reed*, Archaeology, 139-169; *Claußen*, Versammlung, 180-181; *Runesson/Binder/Olsson*, Synagogue, Nr. 4-8; *A. Runesson*, Architecture, Conflict, and Identity Formation. Jews and Christians in Capernaum From the First to the Sixth Century, in: *J. Zangenberg/H. W. Attridge/D. B. Martin* (Hgg.), Religion, Ethnicity and Identity in Ancient Galilee. A Region in Transition (WUNT 210), Tübingen 2007, 231-257; *M. A.* Chancey, Capernaum, Encyclopedia of the Historical Jesus, New York, N.Y./London 2008, 91-93.

[45] *H. Kohl/C. Watzinger*, Antike Synagogen in Galiläa, Leipzig 1916, 4-40.

das heute gemeinhin als die „Weiße Synagoge" bezeichnet wird. Auf Grund von Keramik und Münzfunden wurde jedoch schnell klar, dass es sich nicht um ein Gebäude aus der Zeit Jesu handelt. Vielmehr datiert die „Weiße Synagoge" wohl ins späte vierte oder frühe fünfte Jahrhundert.[46] Von größerem Interesse für diesen Beitrag ist allerdings ein Basaltfußboden, der sich im zentralen Bereich unterhalb dieser späteren Synagoge befindet. Anders als die baulichen Überreste von Basaltwänden unterhalb der Seitenbereiche des Versammlungsraumes und des östlichen Vorhofes, die wohl von Privathäusern stammen, lässt die Größe des mittleren Basaltbodens eher auf eine öffentliche Nutzung schließen. Da spätere Synagogenbauten nicht selten auf den Fundamenten von älteren Vorläufern errichtet wurden, kommen Corbo und Loffreda zu dem Schluss, dass es sich um Überreste einer Synagoge aus dem 1. Jh. n. Chr. handele.[47] Da eine ausführliche Erschließung dieser älteren Spuren jedoch unterhalb der „Weißen Synagoge" unweigerlich deren Abtragung und damit Zerstörung erfordern würde, bleibt die Interpretation des Basaltfußbodens spekulativ. Nüchtern betrachtet lässt sich kaum mehr aussagen, als dass es sich um einen Versammlungsplatz gehandelt haben mag, der sowohl für religiöse Versammlungen im engeren Sinne als auch für das Zusammenkommen der Dorfgemeinschaft zu anderen sozialen Zwecken gedient habe. Beides wäre im dörflichen Leben Galiläas zur Zeit Jesu kaum zu trennen.[48]

So bleibt die Frage nach der Plausibilität eines Synagogengebäudes in Kapernaum zur Zeit Jesu. Alle drei synoptischen Evangelien bezeichnen den Ort als „Stadt" (πόλις),[49] ebenso wie teilweise auch Nazareth (Mt 2,23; Lk 1,26; 2,4.39; 4,29), Nain (Lk 7,11f.) und Bethsaida (Lk 9,10). Darunter könnte man sich eine Ortschaft mit einem oder mehreren öffentlichen

---

46 Für eine genauere Beschreibung siehe u. a. *Hüttenmeister*, Synagogen, 260-270.527; *Claußen*, Synagogen, 352-354.

47 Corbo ordnet auch die Basaltwände dieser älteren Synagoge zu, während Loffreda sie für Überreste eines architektonischen Zwischenstadiums hält. Siehe *S. Loffreda*, Capernaum, NEAEHL 1 (1993), 291-295, hier: 294f.. *Runesson/Binder/Olsson*, Synagogue, 29-32

48 In die Richtung einer Entwicklung vom Marktplatz hin zum Synagogengebäude weist bereits der klassische Beitrag von *S. Hoenig*, The Ancient City-Square: Forerunner of the Synagogue, ANRW II 19.1, 448-476; *Claußen*, Versammlung, 156-158; *Levine*, Synagogue, 35-41.

49 Mt 9,1; 11,20; Mk 1,33; Lk 4,31.

Gebäuden und einem politisch geordneten Gemeinwesen vorstellen. Entsprechendes ist jedoch für Kapernaum archäologisch nicht nachweisbar. Wenn überhaupt, dann wäre eine Synagoge im 1. Jh. n. Chr. der einzige öffentliche Ort gewesen. Wie auch anderen jüdischen Dörfern dieser Zeit fehlt eine auf ein Zentrum hin orientierte Planung. Die Dorfstraßen aus festgestampftem Erdboden waren nur etwa zwei bis drei Meter breit und verbanden die um Innenhöfe herum „gewachsenen" Häuser und Lagerräume. Als Baumaterial dienten vor allem die vor Ort verfügbaren Basaltsteine, die grob behauen und mit Schlamm zu einfachen Hauswänden zusammengefügt wurden. Die Dächer wurden mit Ried gedeckt, das mit Schlamm zusätzlich isoliert wurde und auf Holzbalken auflag. Von Dachziegeln, wie sie Lk 5,19 in der Geschichte von der Heilung des Gelähmten erwähnt, ist dagegen keine Spur. Die markinische Parallele, bei der das Dach an einer Stelle aufgegraben (ἐξορύσσω) wird (Mk 2,4), entspricht dagegen eher den tatsächlichen Gegebenheiten.

Rechnet man mit 6-10 ha bebauter Siedlungsfläche, so kommt man bei einem für das 1. Jh. n. Chr. realistischen Durchschnittswert von 100 bis 150 Bewohnern pro Hektar auf eine Bevölkerung von 600 bis höchstens 1500 Einwohnern.[50] So liegt Josephus mit seiner Bezeichnung der Ortschaft als Dorf (κώμη)[51] sicher richtig.[52] Hatten die hellenistischen Städte Sepphoris und Tiberias zu jener Zeit zwischen 8000 und 12000 Einwohnern, so unterstreicht dies die geringe Bedeutung des Fischerortes Kapernaum. Große internationale Handelsstraßen wie die *via maris* an der Mittelmeerküste und die ostjordanische Königsstraße vom Roten Meer nach Damaskus liefen an Galiläa vorbei und berührten auch Kapernaum nicht.

---

[50] Die Berechnung folgt *J. L. Reed*, Archaeology and the Galilean Jesus. A Re-examination of the Evidence, Harrisburg, Pa. 2002. Jos Bell 3,43 behauptet, selbst das kleinste Dorf Galiläas habe mindestens 15000 Einwohner gehabt. Die archäologische Funde verweisen solche Zahlen jedoch ins Reich der Phantasie. Vgl. *A. Byatt*, Josephus and Population Numbers in First Century Palestine, PEQ 105 (1973), 51-60, hier: 52. Die Berechnungen von *E. Meyers/J. F. Strange*, Archaeology, the Rabbis and Early Christianity, Nashville, Tenn. 1981, 58, die auf 12000-15000 Einwohner kommen, fußen auf der Annahme einer bebauten Fläche von 30 ha. Dies erweist sich jedoch als übertrieben.

[51] Jos *Vita* 72.

[52] Der neutestamentliche Sprachgebrauch unterscheidet hier nicht scharf. Vgl. die Mischbegriff κωμόπολις (Mk 1,38), der in der lk. Parallele durch πόλις (Lk 4,43) ersetzt wird.

Entsprechend war die ökonomische Bedeutung dieses Fischerortes im 1. Jh. v. Chr. eher regional begrenzt.[53] So ist es kaum verwunderlich, dass die Bewohner Kapernaums sich wohl kein ähnlich repräsentatives Synagogengebäude leisten konnten wie es etwa in Gamla gefunden wurde.[54] Dass ein Hauptmann, vermutlich ein Beamter des Herodes Antipas und kaum ein römischer Befehlshaber über eine im Kapernaum des 1. Jh.s n. Chr. nicht vorstellbare Hundertschaft, den Bewohnern bei der Errichtung eines mit Basaltsteinen gepflasterten Versammlungsplatzes für kommunale und religiöse Zwecke finanziell geholfen haben mag, ist gut möglich. Was Lukas sich freilich aus seiner Diasporaperspektive vorgestellt haben mag, wenn er hier von einer συναγωγή spricht, das steht auf einem anderen Blatt.[55] Mehr als ein gepflasterter Versammlungsplatz, auf dem Jesus sich häufig mit den Menschen seines Wohnortes zusammengefunden hat, ist nach allem, was der archäologische Fund und die soziale Struktur des Ortes nahe legen, kaum plausibel zu machen.

4.3 Nazareth

Etwa fünf Kilometer südlich von Sepphoris liegt Nazareth.[56] Obwohl Josephus immerhin 45 Orte Galiläas erwähnt, sucht man Nazareth bei ihm vergebens. Dabei besteht kein Zweifel, dass es diesen Ort zur Zeit Jesu wirklich gegeben hat, wie archäologische Ausgrabungen bestätigen. Nur war Nazareth wohl ein wirklich unbedeutender Ort von einer Reputation, die nichts Gutes erwarten ließ (Joh 1,46). Eben dort wuchs Jesus auf (Lk 2,51). Aus seiner Vaterstadt (ἡ πατρίς – Lk 4,23) machte er sich nach dem Bericht des Markusevangeliums auf den Weg zu seiner Taufe durch Johannes im Jordan (Mk 1,9). Schließlich wurde der Herkunftsort als so prägend

---

[53] *Reed*, Archaeology, 146-148.

[54] *Runesson/Binder/Olsson*, Synagogue, Nr. 33.

[55] Zur Diskussion vgl. *R. E. Oster*, Supposed Anachronism in Luke-Acts' Use of συναγωγή. A Rejoinder to H. C. Kee, NTS 39 (1993), 178-208.

[56] Für einen Überblick siehe *J. F. Strange*, Nazareth, ABD 4 (1992), 1050-1051; *Levine*, Synagogue, 45-48; *Reed*, Archaeology, 131-132; *Runesson/Binder/Olsson*, Synagogue, Nr. 31-33; *C. A. Evans*, Nazareth, Encyclopedia of the Historical Jesus, New York, N.Y./London 2008, 423-425.

angesehen, dass daraus die Bezeichnung „Jesus von Nazareth" wurde.[57]

Wuchs Nazareth vor allem in Folge der nach der Christianisierung des Römischen Reiches stark zunehmenden Pilgerströme, so muss man sich für das erste Jahrhundert einen sehr kleinen Ort vorstellen, der etwa 4 ha Siedlungsfläche bedeckte[58] und weniger als 400 Bewohner gehabt haben mag.[59]

Die archäologische Erschließung des Ortes hat vor allem einen beachtlichen Negativbefund hervorgebracht, der die geringe Bedeutung des Ortes noch unterstreicht.[60] So gibt es für die frührömische Zeit (63 v.–70 n. Chr.) bislang keinerlei Hinweise auf irgendwelche öffentlichen Gebäude. Weder Marmor, noch irgendwelche Mosaiken, Fresken oder öffentliche Inschriften wurden gefunden. Auch von der literarisch im NT belegten συναγωγή[61] fehlt archäologisch jede Spur.[62]

So ist auch für Nazareth insgesamt kaum davon auszugehen, dass es dort zur Zeit Jesu ein größeres Synagogengebäude gab. Die ökonomischen Verhältnisse einer agrarisch geprägten Bevölkerung dürften dafür kaum als ausreichend angesehen werden. Entsprechend scheint es durchaus näher zu liegen, von einer Versammlung in einem Privathaus, einem kleinen Raum wie jenem in Modi'in[63] oder eher noch wahrscheinlicher auf einem Platz unter freiem Himmel auszugehen. Dies wäre nach dem jetzigen Stand der archäologischen Erschließung allemal plausibler als ein Synagogengebäude wie jenes in Gamla vorauszusetzen.

---

57 Vgl. Mt 21,11; Joh 1,45; Apg 10,38: der aus Nazareth - ὁ ἀπο Ναζαρέθ; Mk 1,24 par Lk 4,34; 10,47 par; 14,67; 16,6; Lk 24,19; Joh 18,5: der aus Nazareth stammende - ὁ Ναζαρηνός; Mt 2,23; 26,69 v.l.; 26,71; Lk 18,37; Joh 18,5.7, Apg 2,22 u.a.: der Nazoräer - ὁ Ναζωραῖος.

58 *Reed*, Archaeology, 131.

59 *Strange*, Nazareth, 1050-1051; *Reed*, Archaeology, 131.

60 Vgl. Reed, *Archaeology*, 131.

61 Mk 6,1f. parr. Mt 13,54/Lk 4,16 vgl. Lk 4,20; vgl. *Petrus Diaconus*, Liber de Locis Sanctis, in: Migne, Patrologia Latina, Bd. 173, Sp. 1127.

62 Eventuelle Funde eines Synagogengebäudes können in das 3./4. Jh. n. Chr. datiert werden. Vgl. *Hüttenmeister*, Synagogen, 342. Für die Grabungen im Detail siehe: *B. Bagatti*, Excavations in Nazareth, Bd. 1 (Studium Biblicum Franciscanum 17), Jerusalem 1969.

63 Vgl. *Levine*, Synagogue, 70; *Claußen*, Synagogen, 376-378; *Runesson/Binder/Olsson*, Synagogue, Nr. 57.

4.4 Kana

Das in Galiläa gelegene Kana[64] wird mehrfach in Quellen aus dem 1. Jh. n. Chr. bezeugt. So berichtet Josephus kurz von einem Aufenthalt dort.[65] Im NT begegnet Kana ausschließlich im Johannesevangelium, dort als Ort des Weinwunders Jesu auf einer Hochzeit (Joh 2,1) und der Heilung des Sohnes eines königlichen Beamten (Joh 4,46). Im meist als Nachtragskapitel aufgefassten Schluss des Johannesevangeliums wird Kana als Heimatort des Jüngers Nathanael bezeichnet (Joh 21,2). In diesen Zeugnissen wird der Ort jeweils ausdrücklich als in Galiläa gelegen markiert, wohl um es von einem anderen südlich von Tyrus gelegenen Kana zu unterscheiden.[66] Seit dem 19. Jh. werden mehrere Orte als mögliche Kandidaten für das neutestamentliche Kana diskutiert. Bis in neuere Veröffentlichungen gelten Khirbet Qana,[67] etwa 14 km nördlich von Nazareth im Beth Netofa Tal gelegen, und Kefar Kana[68] etwa 5km nordöstlich von Nazareth als mögliche Fundorte. Sowohl der ältere Forschungskonsens[69] als auch seit 1998 neuere Ausgrabungen unter der Leitung des Archäologen Douglas Edwards[70] weisen in Richtung einer Identifizierung von Khirbet Qana mit dem neutestamentlichen Ort. Im Vergleich mit Kapernaum erscheint die Bebauung von Khirbet Qana zwar

---

[64] Für einen Überblick siehe: *J. F. Strange*, Cana in Galilee, ABD 1 (1992), 827; *P. Richardson*, Khirbet Qana (and Other Villages) as a Context for Jesus, in: *ders.*, Building Jewish in the Roman East, Waco, Tex. 2004, 55-71; *ders.*, What has Cana to do with Capernaum?, in: ebd. 91-107; *Runesson/Binder/Olsson*, Synagogue, Nr. 2-3; *R. Arav*, Cana in Galilee, Encyclopedia of the Historical Jesus, New York, N.Y./London 2008, 89-91.

[65] Jos *Vita* 86.

[66] Kana wird ebenfalls in einer Inschrift genannt, die 1962 in Caesarea Maritima gefunden wurde. Vgl. M. Avi-Yonah, The Caesarea Inscription of the Twenty-Four Priestly Courses, in: *E. J. Vardaman/J. L. Garrett* (Hgg.), The Teacher's Yoke, Waco, Tex. 46-57. Dort wird eine priesterliche Familie namens Elyashiv erwähnt, die in Kana beheimatet gewesen sei.

[67] So etwa *Richardson*, Khirbet Qana, 55.

[68] So etwa *Arav*, Cana, 90.

[69] Vgl. etwa *G. Dalman*, Orte und Wege Jesu, Gütersloh ^{3}1924, 108-114.

[70] *D. R. Edwards*, Khirbet Qana. From Jewish Village to Christian Pilgrims Site, in: J. H. Humphrey (Hg.), The Roman and Byzantine Near East, Bd. 3 (Journal of Roman Archaeology Supplementary Series 49), Portsmouth, R.I. 2002, 101-132.

ebenfalls einfach, aber insgesamt anspruchsvoller.[71] Eine Reihe von Funden (*miqwaoth*, *columbaria*, hasmonäische Münzen, Steingefäße) deuten darauf hin, dass Khirbet Qana im Vergleich mit Kapernaum über eine stärker ausgeprägte jüdische Identität verfügte.[72]
An diesem Ort wurde ein Versammlungsraum von 10 m mal 15 m gefunden, der bislang in das späte erste oder ins frühe 2. Jh. n. Chr. datiert wird.[73] An drei Wänden umlaufende Sitzbänke und ein kleiner Nebenraum von 3 m mal 4 m sind die auffälligsten Merkmale. Peter Richardson erwägt, ob es sich um ein Synagogengebäude mit Lehrhaus (*beth ha-midrash*) handelte.[74] Da der Fund bisher jedoch noch nicht abschließend publiziert ist, wird man gegenwärtig nicht mehr sagen können, als dass es sich um ein öffentlich genutztes Gebäude handelt.[75] Damit ergibt sich für alle drei jüdischen Orte in Galiläa, Kapernaum, Nazareth und Kana, für die die Evangelien Jesus in „Synagogen" verorten, bisher kein gesicherter Hinweis auf ein für gottesdienstliche Zwecke errichtetes Synagogengebäude. Auch wenn der literarische Befund keinen Zweifel daran lässt, dass es etwa in Tiberias, Dora und Caesarea Maritima bereits im 1. Jh. n. Chr. Synagogengebäude gegeben habe, so erscheint dies für kleine Orte mit ökonomisch schwächeren Bevölkerung wie Kapernaum und Nazareth kaum möglich zu sein. Für einen Ort mit durchaus wohlhabenderen Bevölkerungsanteilen und einer stärker ausgeprägten jüdischen Identität wie Khirbet Qana wäre dagegen ein Synagogengebäude durchaus im Rahmen des Plausiblen.

---

[71] *Richardson*, Khirbet Kana, 65. In Khirbet Kana reicht die soziale Skala von einem von Töpfereien geprägten Viertel im Süden bis zu einem mit Fresken und im pompejanischen Stil verzierten Haus im Osten und damit höher als man dies in einer dörflichen Umgebung erwarten würde.

[72] *Richardson*, Cana, 106.

[73] So *J. Rech/A. Fischer/D. R. Edwards/A. J. T. Jull*, Direct Dating of Plaster and Mortar Using AMS Radiocarbon. A Pilot Project from Khirbet Qana, Israel, Antiquity 77 (2003), 155-164; ihnen folgen: *Runesson/Binder/Olsson*, Synagogue, Nr. 3; *Richardson*, Khirbet Qana, 66: „it may be first century C. E."

[74] *Richardson*, Khirbet Qana, 66.

[75] *Runesson/Binder/Olsson*, Synagogue, 25: „a public institution housed in a public building".

5. „...und predigte in ihren Versammlungen“

Wie kann man sich solche Zusammenkünfte, in denen Jesus in Kapernaum, Nazareth, Kana und anderen kleinen Orten Galiläas und Judäas (Lk 4,44) lehrte, vorstellen? Diese Frage leitet über zur Verortung der Entstehung der Jesustradition.
Gerd Theißen hat dabei eine dreifache Einteilung vorgenommen. Während er die Überlieferung der Jesuslogien den Wandercharismatikern zuschreibt, handele es sich bei der Passionsgeschichte und der synoptischen Apokalypse um Überlieferungen von Ortsgemeinden. Die Wundergeschichten schließlich seien im Volk weiter getragen worden.[76] Konkret wird eine solche Unterteilung in verschiedene auseinander zu differenzierende Menschengruppen jedoch nur sehr schwer vorzunehmen sein, wie Theißen selbst zugesteht.
Was die Evangelisten mit dem Wort συναγωγή bezeichneten, ist in den kleinen galiläischen Dörfern, in denen Jesus zu Hause war, historisch wohl treffender mit der Dorfversammlung gleichzusetzen,[77] in der soziale ebenso wie im engeren Sinne religiöse Aktivitäten ihren Sitz im Leben hatten.[78] An dieser Stelle bedarf es jedoch noch differenzierterer kulturanthropologischer Untersuchungen, die nicht zuletzt mit der Berücksichtigung von Überlieferungsmechanismen heutiger Dorfkulturen Licht in die Verhältnisse zur Zeit Jesu bringen können.[79]

---

[76] *G. Theißen*, Das Neue Testament, München, ^{3}2006, 32: „Die Jesusüberlieferung wurde nach Jesu Tod also in drei sozialen Kontexten tradiert: als Jünger-, Gemeinde- und Volksüberlieferung. Diese Kreise darf man sich nicht getrennt vorstellen.“

[77] Vgl. *Horsley*, Galilee, 222-227, der jedoch die Existenz von Synagogen als religiösen Gebäuden vor dem dritten Jahrhundert (222) bestreitet. Ebs. *ders.*, Archaeology, 132.

[78] Vgl. für Sardes in der Diaspora Jos *Ant* 14,235.260.

[79] Ein anschauliches Bespiel aus seinem eigenen Erleben heutiger Dorfversammlungen in einem arabischen Kontext beschreibt etwa *K. E. Bailey*, Informal Controlled Oral Tradition and the Synoptic Gospels, AJTh 5 (1991), 34-51, hier: 40 (Übersetzung C.C.): „Der Rahmen ist die abendliche Versammlung der Dorfbewohner, um Geschichten zu erzählen und Gedichte vorzutragen. (...) Die Gemeinschaft bewahrt ihren Traditionsschatz. (...) Während den Abend über Geschichten, Gedichte und anderes Traditionsgut erzählt und rezitiert werden, kann sich theoretisch jeder daran beteiligen. Tatsächlich aber rezitieren vor allem die älteren, die begabteren und die sozial herausgehobeneren Männer. Je nachdem wer diesem Kreis gerade angehört, so wechseln die Vortragenden. (...) Ich habe oft in einem solchen Kreis gesessen, wenn ein be-

Abschließend ist jedoch ein zweifaches Ergebnis festzuhalten: Natürlich kann kein Zweifel daran bestehen, dass es zur Zeit Jesu bereits für religiöse Zwecke errichtete Versammlungsgebäude gab, in denen Juden sich zu Gottesdiensten versammelten. Es wäre jedoch anachronistisch, bei jeder Verwendung des Terminus συναγωγή unmittelbar an ein solches Gebäude zu denken. Sowohl der terminologische wie auch der archäologische Befund warnen davor, συναγωγή wie selbstverständlich mit einem Synagogengebäude, in dem liturgisch geordnete Gottesdienste stattfinden, gleichzusetzen. In kleineren Orten des Wirkens Jesu ist viel eher davon auszugehen, dass mit συναγωγή eine nicht genauer spezifizierte Art von Versammlung gemeint ist. Diese mag auf einem (Markt-)Platz unter freiem Himmel, in einem Privathaus oder an größeren Orten vielleicht auch in einem speziellen Synagogengebäude stattgefunden haben. Solange sich dies weder archäologisch noch literarisch für Orte wie Kapernaum, Nazareth oder auch Kana eindeutig klären lässt, ist deshalb im Allgemeinen die Wiedergabe von συναγωγή mit „Versammlung" vorzuziehen. So predigte Jesus nach Mk 1,39 in *Versammlungen* in ganz Galiläa, jedoch nicht notwendigerweise in *Synagogengebäuden.*

---

stimmtes Stück der traditionellen mündlichen Literatur zitiert wird. Vielleicht kenne ich die Geschichte dann nicht und frage, worum es sich handelt. Dann sagt jemand: ‚der Älteste Soundso kennt die Geschichte.' Die sozial oder intellektuell ranghöchste Person wird dann fortfahren, die Geschichte stolz zu erzählen." Zur neueren Diskussion um die Überlieferung der Jesustradition s. *C. Claußen*, Vom historischen zum erinnerten Jesus. Der erinnerte Jesus als neues Paradigma der Jesusforschung, ZNT 20 (2007), 2-17.

Jens Schröter

Jesus aus Galiläa

Die Herkunft Jesu und ihre Bedeutung für das Verständnis seiner Wirksamkeit

1. Einleitung

Zu den wichtigen Entwicklungen der neueren Jesusforschung gehört die Beschäftigung mit dem politischen, sozialen und religiösen Kontext des Wirkens Jesu. Archäologische und historische Studien haben dabei wichtige Einsichten über das Galiläa zur Zeit Jesu zutage gefördert. Galiläa, so zeigte sich, war ein jüdisch geprägtes Gebiet mit kaum nennenswertem heidnischem Einfluss. Für die Zeit Jesu lassen sich zudem keine Unruhen und Aufstände belegen. Vielmehr ist diese Zeit, die Herrschaftszeit des Antipas, offenbar eine weitgehend friedliche Periode in der Geschichte Galiläas gewesen.
Der folgende Beitrag zeichnet vor diesem Hintergrund in seinem ersten Teil die Bedeutung Galiläas in den verschiedenen Etappen der historischen Jesusforschung nach. Im zweiten Teil wird darauf aufbauend das historische und religiöse Profil Galiläas zur Zeit Jesu skizziert. Der dritte Teil ordnet schließlich das Wirken Jesu in diesen Horizont ein. Es zeigt sich, dass Jesus nicht mit einem sozialpolitischen Erneuerungsprogramm antrat. Sein Auftreten war vielmehr auf die Aufrichtung der Herrschaft Gottes in den Israel von Gott verheißenen Gebieten gerichtet. Zu diesen Gebieten gehörten auch Galiläa und die angrenzenden Regionen.

2. Die Bedeutung Galiläas in der Jesusforschung

Die Beschäftigung mit Galiläa als Herkunfts- und Wirkungsraum Jesu gehört zu den wichtigen Entwicklungen der Jesusforschung im Rahmen der so genannten „Third Quest“. Neben anderen Aspekten – wie etwa der Einbeziehung außerkanonischer Jesusüberlieferungen und der Wiederaufnahme geschichtshermeneutischer Fragen – hat die Erschließung des kulturellen und sozialen Kontextes Jesu durch jüdische Schriften der hellenistisch-römischen Zeit sowie durch archäologische Zeugnisse die Frage nach dem historischen Jesus gegenüber früheren Forschungsphasen auf eine neue

Grundlage gestellt. In neueren Jesusdarstellungen spielen die konkreten Bedingungen, unter denen sich das Auftreten Jesu vollzog, deshalb eine ungleich größere Rolle als in der davor liegenden Forschungsphase.[1]

In methodischer Hinsicht kann es dabei allerdings nicht darum gehen, durch diese Erweiterung der Quellenbasis die Vorläufigkeit und Wandelbarkeit historischer (Re-) Konstruktionen überwinden zu wollen, um zu vermeintlich sicheren Erkenntnissen zu gelangen. Auch die Beschäftigung mit dem kulturellen und sozialen Milieu und die Einbeziehung archäologischer Quellen führen nicht zu einem objektiveren oder gar neutralen Bild der Zeit und des Wirkens Jesu.[2] Dass die Beschäftigung mit der Vergangenheit vielmehr stets aus der Perspektive der Gegenwart erfolgt und deshalb stets zu prinzipiell veränderbaren Geschichtsentwürfen führt, ist eine seit den Anfängen der neuzeitlichen Geschichtswissenschaft häufiger herausgestellte Einsicht, die auch für die Jesusforschung gilt.[3]

Daraus folgt, dass Bilder des historischen Jesus stets relativ zum bekannten Quellenmaterial sowie zu dem Standort sind, von dem aus sie entworfen werden. So sah etwa ein vor der Entdeckung und Edition zahlreicher heute bekannter jüdischer Texte gezeichnetes Bild des Judentums der hellenistisch-römischen Zeit deutlich anders aus als dasjenige, welches in den meisten gegenwärtigen Jesusdarstellungen anzutreffen ist. Dass gegenwärtig zudem eine deutlich größere Sensibilität für die Verwurzelung des Christentums im Judentum festzustellen ist als in früheren Phasen der Beschäftigung mit Jesus, ist nicht zuletzt die Folge einer theologischen Neubesinnung nach der Shoa. In der Jesusforschung haben beide Aspekte –

---

[1] Vgl. etwa *E.P. Sanders*, Sohn Gottes. Eine historische Biographie Jesu, Stuttgart 1996; *J.D.G. Dunn*, Jesus Remembered (Christianity in the Making, Volume I), Grand Rapids/Cambridge 2003; *M. Ebner*, Jesus von Nazaret in seiner Zeit. Sozialgeschichtliche Zugänge (SBS 196), Stuttgart 2003; *S. Freyne*, Jesus, a Jewish Galilean. A New Reading of the Jesus-Story, London/New York 2004; *J. Schröter*, Jesus von Nazaret. Jude aus Galiläa – Retter der Welt (Biblische Gestalten 15), Leipzig 2006.

[2] Vgl. *S. Freyne*, The Geography, Politics, and Economics of Galilee and the Quest for the Historical Jesus, in: *B. Chilton/C.A. Evans* (Hg.), Studying the Historical Jesus. Evaluations of the State of Current Research (NTTS 19), Leiden 1994, 75-121: 75f.

[3] Vgl. *Dunn*, Jesus Remembered, 99-136; *Schröter*, Jesus, 12-23.

die Entdeckung bislang unbekannter Texte sowie die auch für christliche Theologie einschneidenden Ereignisse in der Zeit des Nationalsozialismus – dazu beigetragen, dass das Judentum nicht mehr als Negativfolie hinter dem Wirken Jesu gezeichnet wird, sondern als der historische Kontext, aus dem heraus es zu verstehen ist.
Die Erkenntnis, dass Aneignung der Vergangenheit niemals unabhängig von der jeweiligen Gegenwart erfolgt, führt zu einer präziseren Bestimmung des Ausdrucks „historischer Jesus". Dieser bezieht sich auf ein Bild, das auf dem jeweils bekannten historischen Material basiert und dieses mit den Mitteln historischer Kritik und aus der Perspektive des jeweiligen Forschers zu einem Entwurf der Person Jesu zusammenfügt. Ein solcher Entwurf kann niemals mit der tatsächlichen Person, die vor ca. 2000 Jahren in Palästina gewirkt hat, identisch sein. In der neueren Jesusforschung wird dies mitunter durch die ausdrückliche Unterscheidung zwischen dem *historischen* und dem *irdischen* Jesus zum Ausdruck gebracht.[4] Diese Unterscheidung besagt, dass zwischen einem mittels historischer Forschung erstellten Bild der Vergangenheit und den tatsächlichen Ereignissen zu unterscheiden ist. Die vergangenen Ereignisse sind in späteren Zeiten nur noch durch historische Materialien – Texte, Inschriften, Gebäude usw. –, also durch solche Dinge, die noch vorhanden und demnach *nicht* vergangen sind, zugänglich. Aus diesen Materialien ein Bild vergangener Zeiten und Personen, die in diesen Zeiten gelebt haben, zu entwerfen, ist das Anliegen der historisch-kritischen Geschichtswissenschaft, zu der auch die historische Jesusforschung gehört.
In Bezug auf die Jesusdarstellungen der Evangelien, die natürlich kein „historisch-kritisches" Geschichtsbild voraussetzen, sollte deshalb auch nicht vom *historischen*, sondern vom *irdischen* Jesus gesprochen werden. Die Evangelien beziehen sich auf das Wirken des irdischen Jesus zurück, tun dies aber in signifikant anderer Weise als die neuzeitliche historische Kritik. Gemeinsam ist beiden Annäherungen an Jesus dabei, dass sie sein Auftreten aus der jeweiligen Gegenwart heraus deuten und für diese wirksam werden lassen.

---

[4] So etwa bei *J.P. Meier*, A Marginal Jew. Rethinking the Historical Jesus. Volume one: The Roots of the Problem and the Person (ABRL), New York u. a. 1991, 21-40.

Historische Forschung stellt Vergangenheit demnach nicht wieder her, sondern interpretiert sie im Licht der Gegenwart. Sie führt zudem nicht zu unveränderlichen Gewissheiten, sondern zu am Quellenmaterial orientierten, veränderbaren Wahrscheinlichkeiten. Auch historische Jesusdarstellungen sind Hypothesen darüber, wie es gewesen sein *könnte*. Sie beruhen, wie andere historische Darstellungen auch, auf einer Verbindung von Gegenwart und Vergangenheit und leisten auf diese Weise ihren Beitrag zum Verstehen der Gegenwart als einer historisch gewordenen. Es geht der historischen Jesusforschung also nicht darum, den „wirklichen" Jesus *hinter* den urchristlichen Zeugnissen zu finden. Historische Kritik macht vielmehr deutlich, welche Deutungen das Quellenmaterial zulässt und welche nicht. Die Quellen haben eine Korrektivfunktion oder, wie Reinhart Koselleck es ausdrückte, ein „Vetorecht". Sie verbieten bestimmte Deutungen und können vor Irrtümern schützen, aber sie sagen nicht, wie ein Geschichtsentwurf auf kritischer Grundlage auszusehen hat.[5] Für einen solchen Entwurf bedarf es vielmehr zusätzlich der „historischen Einbildungskraft", die aus dem historischen Material lebendige Geschichte entstehen lässt. Als historische Disziplin bindet sich die Jesusforschung deshalb daran, ihre Aussagen ständiger Überprüfung zu unterwerfen.

Nach diesen methodischen Vorbemerkungen soll es im Folgenden um die Bedeutung Galiläas für ein Bild des historischen Jesus gehen. Dazu werfen wir zunächst einen kurzen Blick auf die Forschungsgeschichte. Galiläa hat im 19. Jahrhundert schon einmal eine Rolle in der Jesusforschung gespielt, freilich unter anderen Vorzeichen. Berühmt geworden ist die Beschreibung durch Ernest Renan, der ein romantisches Bild von Galiläa als Wirkungsraum Jesu zeichnete.[6] Dieses „irdische Paradies" habe eine „arbeitsame, biedere, fröhliche Bevölkerung" hervorgebracht und stehe im Kontrast zur Unwirtlichkeit Judäas und Jerusalems und dem dortigen, von Priestern und Pharisäern geprägten Judentum.[7] Den Gegensatz von Galiläa und Jerusalem übertrug Renan sodann auf denjenigen von Christentum und Judentum: Galiläa war die

---

[5] *R. Koselleck*, Vergangene Zukunft. Zur Semantik geschichtlicher Zeiten, Frankfurt 1979.

[6] *E. Renan*, Das Leben Jesu, Leipzig 1929.

[7] A.a.O., 129. 165-168.

Heimat des Christentums, Jerusalem der Hort des feindlichen Judentums.
Die Unzulänglichkeit einer solchen Verbindung vom Charakter einer Landschaft und der Mentalität seiner Bevölkerung liegt auf der Hand. Wichtig an Renans Ausführungen bleibt gleichwohl die Beachtung des kulturellen Milieus Jesu für das Verständnis seiner Wirksamkeit. Allerdings ist dieser Zusammenhang aus heutiger Sicht auf andere Weise zu beschreiben. Zwischen Renan und der heutigen Jesusforschung liegt dabei eine Phase, in der die Prämissen, mit denen der „historische Jesus" konstruiert wird, kritisch reflektiert wurden. Diese Phase hat einen unbedarften Zugang nach Art Renans nachhaltig in Frage gestellt. Das wirkte sich auch auf die Galiläaforschung aus.
Mit der maßgeblich durch Albert Schweitzer ausgelösten Kritik an der liberalen Jesusforschung ging ein zunehmendes Desinteresse an dem historischen Kontext Jesu einher. Schweitzer, ebenso wie später Rudolf Bultmann, diagnostizierte in den von ihm besprochenen Jesusdarstellungen ein verfehltes Zutrauen in die Vorläufigkeit historischer Erkenntnisse und stellte dem den „Willen" Jesu als das „Eigentliche" und Zeitlose gegenüber.[8] Bultmann beschränkte seine Darstellung sogar ausdrücklich auf die Lehre bzw. die Verkündigung Jesu und wollte dezidiert keine Beschreibung vom Leben oder der „Persönlichkeit" Jesu verfassen. Damit vollzog er eine Abkehr von der am Wirken „geschichtsmächtiger Personen" ausgerichteten Geschichtsschreibung des 19. Jahrhunderts.[9]
Der auf diese Weise herbeigeführte Zusammenbruch der liberalen Jesusforschung und die dadurch ausgelöste Erschütterung haben tief gewirkt. In der Folge wagte man sich nur noch an historische Jesusdarstellungen heran, nachdem man zuvor die Versicherung abgegeben hatte, es sei eigentlich nicht möglich, ein Leben Jesu zu schreiben. In den Vordergrund trat stattdessen die „Verkündigung" Jesu, wogegen die historischen Konstellationen, in denen sich diese vollzog, nur noch

---

[8] *A. Schweitzer*, Geschichte der Leben-Jesu-Forschung, Tübingen 1913 (^{9}1984), 623; *R. Bultmann*, Jesus, Berlin 1926 (Tübingen 1983), 10f.
[9] Bultmanns Jesusbuch erschien ursprünglich als erster Band der Reihe „Die Unsterblichen. Die geistigen Heroen der Menschheit in ihrem Leben und Wirken". Aus dem Vorwort Bultmanns wird jedoch seine Skepsis gegenüber dem Konzept einer solchen Reihe deutlich.

summarisch als Nachzeichnung der Geschichte des Judentums vom Exil bis zu Johannes dem Täufer behandelt wurden.[10]
Die Konzentration auf die Lehre Jesu findet in Teilen der neueren Q-Forschung eine Entsprechung, wenn nunmehr die vermeintlich älteste Schicht von Q mit der Verkündigung Jesu identifiziert wird. Die kontextlosen Worte und Gleichnisse werden dabei als Zentrum seiner Lehre betrachtet, die auch unabhängig von ihren Entstehungskontexten interpretierbar seien. Nicht zufällig wird dabei dem EvThom eine große Bedeutung beigemessen: Diese Sammlung je für sich stehender Worte und Gleichnisse kommt der Orientierung an der „Verkündigung" Jesu darin entgegen, dass das Entscheidende seines Auftretens jeweils in seiner Lehre gesehen wird, der gegenüber der historische Kontext ebenso zurücktritt wie eine Sicht auf Jesus als Messias und Sohn Gottes.[11] Ob die dabei zugrunde gelegte Interpretation des EvThom plausibel ist, kann allerdings durchaus hinterfragt werden – ebenso wie die hierfür gelegentlich bemühte These literarischer Schichten des nur hypothetisch zu erschließenden Q-Dokumentes.[12]
Die Konzentration auf die „Verkündigung" oder die „Lehre" Jesu stellt eine problematische Verkürzung dar. Die zentrale Aufgabe der historischen Jesusforschung, auf der Basis der oben genannten geschichtshermeneutischen Prämissen ein möglichst genaues Bild der Welt zu zeichnen, in der Jesus lebte und wirkte, gerät bei einem solchen Zugang aus dem Blick. Neuere Jesusdarstellungen haben sich dagegen wieder verstärkt der Beschreibung dieses Kontextes gewidmet. Dass die Evangelien des Neuen Testaments hierfür die maßgeblichen Quellen sind, steht außer Zweifel – und zwar nicht deshalb, weil sie später in den Kanon aufgenommen wurden,

---

[10] So z.B. bei *G. Bornkamm*, Jesus von Nazareth, Stuttgart u.a. 1956 ([15]1995).
[11] Zur Problematik an einer auf vermeintlich alten Schichten von Q und Thomas basierenden Rekonstruktion der ältesten Jesusüberlieferung vgl. auch die Kritik von *P. Jenkins*, Hidden Gospels. How the Search for Jesus lost Its Way, Oxford 2001, 54-81.
[12] Zur kritischen Auseinandersetzung mit Tendenzen der neueren Q-Forschung vgl. *J. Schröter*, Jesus und die Anfänge der Christologie. Methodologische und exegetische Studien zu den Anfängen des christlichen Glaubens (BThSt 47), Neukirchen-Vluyn 2001, 90-117. Im Blick auf das EvThom ist die These einer „altertümlichen" Christologie grundsätzlich zu hinterfragen. Vgl. dazu meine Rezension von R. Nordsiecks Kommentar zum EvThom, in: ThR 70 (2005), 384-388.

sondern weil es sich um die ältesten Quellen handelt, die das Wirken Jesu in ein geographisches und kulturelles Milieu einordnen.[13]

Die Beschreibung des Wirkungsraumes Jesu ist in den narrativen Entwürfen der später kanonisch gewordenen Evangelien kein sekundärer, historisch zu vernachlässigender „Rahmen", sondern Teil ihrer „historisierenden Tendenz" und deshalb für eine Beschreibung des historischen Kontextes Jesu grundlegend.[14] Dass die Evangelien als Glaubenszeugnisse gelesen werden wollen, bei einer kritischen Lektüre dagegen zwischen historisch auswertbaren Informationen und Deutungen aus der Sicht des christlichen Glaubens zu unterscheiden ist, braucht nicht eigens betont zu werden. Der Charakter der Evangelien als Glaubenszeugnisse ist deshalb kein Hinderungsgrund, Jesus auf der Basis dieser Erzählungen in seinen historischen Kontext einzuordnen. Bevor wir hierauf zurückkommen, ist zunächst ein Blick auf die historische Situation Galiläas zur Zeit Jesu zu werfen.

3. Galiläa zur Zeit Jesu

Galiläa war nicht nur derjenige Teil Palästinas, in dem Jesus geboren wurde und aufwuchs, es war vor allem die Region, in der seine öffentliche Wirksamkeit begann. Es wird sich noch zeigen, dass dies für das Verständnis seines Auftretens durchaus von Bedeutung ist.[15] Zunächst ist jedoch die für die Zeit Jesu vorauszusetzende Prägung Galiläas in den Blick zu nehmen.[16]

Wichtig ist dabei zunächst der historische Hintergrund. Als Teil des Nordreichs wurde Galiläa 733/732 von den Assyrern erobert. Nach 2Kön 15,29 wurden weite Teile der Bevölkerung daraufhin durch Tiglat-Pilesar als Gefangene nach Assyrien geführt, eine Notiz, die auch durch assyrische Quellen

---

[13] Auf die Diskussion um den historischen Wert der außerkanonischen Jesusüberlieferung gehe ich an dieser Stelle nicht ein, sondern verweise stattdessen auf: *J. Schröter*, Jesus im frühen Christentum. Zur neueren Diskussion über kanonisch und apokryph gewordene Jesusüberlieferungen, VuF 51 (2006), 25-41.

[14] Vgl. *S. Freyne*, Galilee, Jesus and the Gospels. Literary Approaches and Historical Investigations, Philadelphia 1988.

[15] Vgl. *Schröter*, Jesus, 133-147.

[16] Vgl. auch *Schröter*, Jesus, 77-103.

bestätigt wird. Für die Folgezeit ist von einer unterschiedlichen Entwicklung in Galiläa und Samaria auszugehen. Bei den archäologischen Untersuchungen Zvi Gals an 83 Ausgrabungsstätten Galiläas wurden keine Anzeichen für eine assyrische Besiedlung im 7. und 6. Jahrhundert entdeckt.[17] Vielmehr bricht der archäologische Befund an den meisten dieser Stätten im 8. Jahrhundert für ca. 200 Jahre ab. Anders als in Samaria und der Küstenregion wurde in Galiläa zudem so gut wie keine assyrische Keramik bzw. deren Imitation gefunden, was bei einer Besiedlung Galiläas durch die Assyrer jedoch unbedingt zu erwarten gewesen wäre.[18] Der Befund spricht somit dafür, dass die einheimische Bevölkerung Galiläa verließ und keine Neubesiedlung durch die Eroberer erfolgte.[19] Im Unterschied zu Samaria, wo im Anschluss an die Deportation eine Fremdbevölkerung angesiedelt wurde, war Galiläa also bis in die persische Zeit hinein im Wesentlichen unbewohnt.[20] Die von Albrecht Alt aufgestellte und auch in neuerer Zeit gelegentlich vertretene These einer Bevölkerungskontinuität von der altisraelitischen über die makkabäische bis hin zur römischen Zeit[21] muss deshalb aufgegeben werden.[22] Stattdessen ist von einer – allerdings zunächst nur spärlichen – Neubesiedlung der Region in persischer und hellenistischer Zeit auszugehen. Zu einer aus Juden und Heiden bestehenden Mischbevölkerung ist es dabei allerdings nicht gekommen. Die Neugründungen von Stadtstaaten durch die Ptolemäer und Seleukiden erfolgten bezeichnenderweise nicht innerhalb des jüdischen Territoriums, sondern an der Küste bzw. im nicht zum jüdischen Kernland gehörigen Gebiet.[23]

---

17 *Z. Gal*, Lower Galilee during the Iron Age (ASOR Dissertation Series 8), Winona Lake 1992.

18 A.a.O., 82.

19 *M. Chancey*, The Myth of a Gentile Galilee (MSSNTS 118), Cambridge 2002, 33.

20 *Z. Gal*, Galilee. Chalcolithic to Persian Periods, NEAEHL 2 (1993), 450-453: 451; *ders.*, Galilee in the Bronze and Iron Ages, OEANE 2 (1997), 369f.: 370.

21 So *R. Horsley*, Galilee: History, Politics, People, Valley Forge 1995, 25-61. Vgl. auch R. Hoppe, Galiläa – Geschichte, Kultur Religion, in: Jesus von Nazaret – Spuren und Konturen, hg. v. L. Schenke u.a., Stuttgart u.a. 2004, 42-58: 45.58.

22 Vgl. *J.L. Reed*, Archaeology and the Galilean Jesus. A Re-Examination of the Evidence, Harrisburg 2000, 28-34.

23 *Chancey*, Myth, 34-36.

Die für das Wirken Jesu entscheidende Weichenstellung in der Geschichte Galiläas vollzog sich im zweiten und ersten vorchristlichen Jahrhundert: Im Rahmen der sukzessiven Eroberung des palästinischen Raumes durch die Makkabäer gelang es dem ersten hasmonäischen König Aristobul am Ende des zweiten vorchristlichen Jahrhunderts (104/103), Galiläa in das jüdische Herrschaftsgebiet zu integrieren. Die Folge war ein Wandel der Bevölkerungsstruktur: Die 1976 im Rahmen des Meiron Excavation Project zutage geförderten archäologischen Zeugnisse zeigen, dass heidnische Siedlungen aufgegeben wurden, möglicherweise um dem Zwang zur Beschneidung zu entkommen.[24] In Korrespondenz hierzu ist eine deutliche Zunahme jüdischer Besiedlung festzustellen.[25] Bei der galiläischen Bevölkerung handelt es sich folglich nicht, wie mitunter angenommen, um in Folge der makkabäischen Eroberung zwangsweise beschnittene und auf diese Weise ins Judentum integrierte Heiden, sondern um aus Judäa stammende Juden.[26] Das spricht für ein jüdisches Milieu Galiläas und gegen einen nennenswerten heidnischen Einfluss, der lange Zeit angenommen wurde.[27] Darüber hinaus legt der Befund eine enge Verbindung zwischen Judäa und Galiläa nahe und stellt die schon bei Renan und auch später in der Jesusforschung immer wieder anzutreffende Annahme einer galiläischen Mischbevölkerung aus Juden und Heiden und eines damit verbundenen Gegensatzes von Galiläa und Judäa in Frage.[28]

---

[24] Vgl. die von Josephus für Ituräa unter Aristobul berichteten Ereignisse: Josephus, Ant. 13,318f.

[25] Vgl. *Reed*, Archaeology, 39-43.

[26] Vgl. *S. Freyne*, Archaeology and the Historical Jesus, in: ders., Galilee and Gospel. Collected Essays (WUNT 125), Tübingen 2000, 160-182: 177-179; *ders.*, Galilee, OEANE 2 (1997), 370-376: 372f.

[27] Damit ist nicht gesagt, dass Galiläa als ein abgeschlossener kultureller Raum aufzufassen wäre. Vielmehr ist nicht zuletzt angesichts archäologischer Funde wahrscheinlich, dass es rege Beziehungen kultureller und ökonomischer Art zu den umliegenden Regionen gegeben hat. Vor einer einseitigen Interpretation der Kultur Galiläas warnt deshalb M. Moreland, The Inhabitants of Galilee in the Hellenistic and Early Roman Periods. Probes in the Archaeological and Literary Evidence, in: J. Zangenberg/H.W. Attridge/D.B. Martin (ed.), Religion, Ethnicity, and Identity in Ancient Galilee (WUNT 210), Tübingen 2007, 133-159.

[28] Vgl. *S. Freyne*, The Geography of Restoration: Galilee – Jerusalem Relations in Early Jewish and Christian Experience, NTS 47 (2001), 289-311.

Das für Jesus vorauszusetzende Galiläa erhielt also im ersten vorchristlichen Jahrhundert seine entscheidende kulturelle und religiöse Prägung.[29] Diese findet auch bei der Machtübernahme durch die Römer Berücksichtigung: Die von Pompeius und Cäsar ergriffenen Maßnahmen zur Neuordnung der Region reduzieren zwar das von den Makkabäern eroberte Gebiet, das jüdische Kernland bleibt dabei jedoch unter makkabäischer Verwaltung. Dagegen werden die heidnischen Regionen – die phönizischen Küstenstädte und die zur Dekapolis zusammengeschlossenen Gebiete – sowie Samaria vom jüdischen Herrschaftsgebiet abgetrennt. Die Idee einer Wiederherstellung Israels in den Grenzen des alten Zwölfstämmevolkes, die in makkabäischer Zeit starken Auftrieb erhalten hatte, war damit den politischen Machtverhältnissen zum Opfer gefallen und existierte fortan nur noch als Vision. Deutlich wird aber auch, dass Galiläa bei der Neuordnung der Region als zum jüdischen Kerngebiet gehörig betrachtet und entsprechend behandelt wurde.[30]

Die bei der römischen Gebietsaufteilung erkennbar werdende Orientierung am Unterschied zwischen jüdischen und nichtjüdischen Territorien zeigt sich auch bei Herodes dem Großen. Josephus erwähnt ausdrücklich, dass dessen Bautätigkeit mit der Errichtung heidnischer Tempel zur Übertretung der Gesetze führte, fügt aber hinzu, dass dies nicht in den jüdischen Gebieten geschah, sondern in anderen Gegenden und Städten. Auf Galiläa hat sich die Bautätigkeit des Herodes ohnehin nicht erstreckt.[31]

Auch bei dem Herodessohn Antipas, der Galiläa gemeinsam mit dem geographisch unverbundenen ostjordanischen Peräa zur Zeit Jesu als Tetrarch regierte, ist das Bewusstsein, über ein jüdisches Territorium zu herrschen, deutlich erkennbar.

---

[29] Zur kulturellen Prägung Galiläas zur Zeit Jesu vgl. *M. Chancey*, Greco-Roman Culture and the Galilee of Jesus (MSSNTS 134), Cambridge 2005. In neueren Jesusdarstellungen wird dieser Befund bereits berücksichtigt: *Dunn*, Jesus, 293-302, sowie *Ebner*, Jesus von Nazaret, 30-49. Vgl. jetzt auch den Übebrlick von S. Freyne, Galilean Studies: Old Studies and New Questions, in: Zangenberg et. al., Religion, 13-29.

[30] Vgl. *S. Freyne*, Galilee from Alexander the Great to Hadrian 323 B.C.E. to 135 C.E. A Study of Second Temple Judaism, Wilmington/Notre Dame 1980, 57-63.

[31] Josephus, Ant. 15,328-330. Vgl. *E. Netzer*, Herod's Building Program, ABD 3 (1992), 169-172; *M. Vogel*, Herodes. König der Juden, Freund der Römer (BG 5), Leipzig 2002, 180-206; *Chancey*, Myth, 50f.

Gegen die Konvention verzichtet er darauf, Münzen mit seinem eigenen Bild oder demjenigen des Kaisers prägen zu lassen. Noch in der Zeit des jüdischen Krieges werden in Sepphoris Münzen ohne Kaiserbild – allerdings mit dem Namen des Kaisers – geprägt, die die Stadt als ΕΙΡΕΝΟΠΟΛΙΣ preisen, weil sie sich im Jahr 66 nicht am jüdischen Aufstand gegen Rom beteiligt hatte.[32]
Antipas nimmt also – sei es aus politischer Klugheit oder aus echter Toleranz – Rücksicht auf die jüdische Bevölkerung. Heidnische Ansiedlungen werden nicht forciert, es werden keine heidnischen Tempel errichtet, die hellenistische Prägung hält sich in überschaubaren Grenzen und ist im Wesentlichen auf Sepphoris und Tiberias beschränkt. Damit unterscheidet sich seine Politik von derjenigen seines Halbbruders Philippus, der ein im Wesentlichen von Heiden bewohntes Gebiet regierte, Münzen mit dem Bild des Kaisers prägen ließ und Paneas in Caesarea umbenannte. Damit setzte er ebenfalls die Politik seines Vaters fort, der dort einen Tempel zu Ehren von Augustus hatte errichten lassen.[33]
In Sepphoris und Tiberias entfaltete Antipas eine rege Bautätigkeit, die sich auf die sozialen und ökonomischen Verhältnisse Galiläas auswirkte.[34] Er baute Sepphoris, das unmittelbar vor seinem Amtsantritt von dem römischen General Varus zerstört worden war, zur – wie Josephus es nennt – „Zierde ganz Galiläas" neu auf und nannte die Stadt Αὐτοκρατόρις.[35] Etwa 20 Jahre später gründete er sodann am See Gennesaret eine neue Stadt, die er nach dem römischen Kaiser Tiberius benannte und in die er seine Residenz verlegte.
Mit den neu aus- bzw. aufgebauten Städten hielten hellenistisch-römische Architektur und Verwaltung Einzug in Galiläa: Sepphoris wurde nach römischem Modell mit *cardo* und *decumanus*, je einem Marktplatz in der Ober- und Unterstadt

---

32 Eine in Sepphoris im Jahr 68/69 geprägte Münze trägt die Aufschrift ΕΠΙ ΟΥΕΣΠΑΣΙΑΝΟΥ ΕΙΡΗΝΟΠΟΛΙ ΝΕΡΩΝΙΑ ΣΕΠΦΩ („Unter Vespasian die Friedensstadt Neronias Sepphoris").

33 *D.C. Braund*, Philip, ABD 5 (1992), 310f. Eine Münze trägt etwa auf der Vorderseite das Bild des Tiberius, auf der Rückseite dasjenige des Augustustempels, den Herodes in Paneas hatte bauen lassen.

34 Zu den ökonomischen und sozialen Verhältnissen vgl. auch *K.-H. Ostmeyer*, Armenhaus und Räuberhöhle? Galiläa zur Zeit Jesu, ZNW 96 (2005), 147-170.

35 Ant. 18,27: καὶ Ἡρώδης Σέπφωριν τειχίσας πρόσχημα τοῦ Γαλιλαίου παντὸς ἠγόρευεν αὐτὴν Αὐτοκρατορίδα.

sowie einer Basilika angelegt. Tiberias besaß die Verwaltung einer hellenistischen πόλις mit einer βουλή von 600 Mitgliedern und ἄρχοντες an der Spitze, ein Stadion und einen Marktplatz. Hier ließ sich Antipas auch einen Palast nach hellenistischem Vorbild bauen.[36] Dass die Stadt von der galiläischen Bevölkerung als Fremdkörper empfunden wurde, zeigt sich nicht zuletzt daran, dass Antipas in ihr Zwangsansiedlungen vornehmen musste. Ein wesentlicher Grund dafür war, dass er für die Errichtung der Stadt Gräber hatte entfernen lassen und es sich deshalb um ein für Juden unreines Gebiet handelte.[37]

Trotz dieser Merkmale darf nicht übersehen werden, dass sich beide Städte von den hellenistischen Küstenstädten oder den zur Dekapolis gehörigen πόλεις deutlich unterschieden.[38] Schon ihre Bevölkerungszahl ist mit ca. 8000-12000 nur etwa halb so groß wie diejenige der Städte in den umliegenden Regionen. Die Funde von Münzen weisen im Vergleich mit den nicht-galiläischen Städten einen deutlich geringeren Einfluss hellenistisch-römischer Kultur und Religion auf. Wie bereits erwähnt, enthalten sie weder das Bild des Antipas noch dasjenige des Kaisers, des Öfteren jedoch jüdische Symbole wie Schilf- oder Palmzweige. Das änderte sich erst unter Agrippa I. (41-44), der Münzen mit Bildern der Familie des Kaisers Caligula sowie mit Nikefiguren prägen ließ.[39]

Insbesondere Sepphoris war eine jüdisch geprägte Stadt. Die im Rahmen des *Joint Sepphoris Project* sowie des *Sepphoris Regional Project* in den 80er und 90er Jahren des 20. Jahrhunderts ausgegrabenen Wohnhäuser, in denen Steingefäße und Mikwaot, jedoch keine Schweineknochen gefunden wurden, zeigen, dass es in der Stadt einen wesentlichen Anteil jüdischer Bevölkerung gab.[40]

In der Umgebung von Sepphoris wurden jüdische Gräber aus der Zeit des Zweiten Tempels entdeckt. Tempel für heidnische Gottheiten wurden bei den Ausgrabungen dagegen bisher nicht gefunden. Auch das Theater stammt vermutlich erst aus dem späten ersten, vielleicht sogar erst aus dem frühen

---

[36] Vgl. *J.F. Strange*, Tiberias, ABD 6 (1992), 547-549; Josephus, Bell. 2,615.618.641; Vit. 64.169.279.284.

[37] Josephus, Ant. 18,37f.

[38] Vgl. *Reed*, Archaeology, 62-99.

[39] Vgl. Chancey, Myth, 91f.; Reed, Archaeology, 123.

[40] Vgl. Chancey, Myth, 79f.; Reed, Archaeology, 49.

zweiten Jahrhundert. Es wäre dann noch nicht unter Antipas errichtet worden, hätte also auch zur Zeit Jesu noch nicht existiert. Wenn diese Datierung zutreffen sollte – was möglich, aber nicht sicher ist –, könnte Jesus jedenfalls nicht durch das Theater in Sepphoris in Kontakt mit griechisch-römischer Kultur gekommen sein.

Charakteristisch für das kulturelle Milieu der galiläischen Städte sind des Weiteren einige Inschriften. Auf einer Tonscherbe aus dem zweiten vorchristlichen Jahrhundert findet sich die hebräische Aufschrift אפמלסלש, evtl. eine Transliteration des griechischen ἐπιμελετής. Das könnte darauf hindeuten, dass bereits vor der oben erwähnten Eroberung Galiläas durch die Makkabäer Juden in Sepphoris wohnten, von denen einige sogar administrative Funktionen innehatten.[41] Auf einem Gewichtsstein aus dem ersten christlichen Jahrhundert werden auf der Vorderseite in griechischen Buchstaben das lateinische Maß für einen halben Liter, umgeben von einer Darstellung der Agora, auf der Rückseite die Namen Simeon und Justus angegeben. Es handelt sich um eine römische Maßeinheit in griechischer Schrift, gemeinsam mit der Erwähnung zumindest eines Marktaufsehers mit jüdischem Namen.[42]

In Tiberias wurden zwei Bleigewichte gefunden, die Marktaufseher (ἀγορανόμοι) erwähnen, von denen einer einen lateinischen Namen trägt (Gaius Julius), der andere einen jüdischen (Iaesaias). Das erste dieser Gewichte stammt vermutlich aus der Zeit des Antipas und bezeugt entweder einen nicht-jüdischen Marktaufseher oder aber die Annahme eines römischen Namens durch ein Mitglied der herodianischen Familie. Im letzteren Fall könnte der Schwager des Antipas und spätere König Agrippa I. gemeint sein. Das zweite stammt vermutlich aus der Zeit Agrippas II. (50-100).[43]

---

41 Vgl. *E.M. Meyers*, Sepphoris on the Eve of the Great Revolt (67-68 C.E.): Archaeology and Josephus, in: Galilee through the Centuries, hg. v. E.M. Meyers, Winona Lake 1999, 109-122: 112f.; *M. Chancey*, The Cultural Milieu of Ancient Sepphoris, NTS 47 (2001), 127-145: 129. Wie Meyers anhand von Belegen bei Josephus zeigt, kann ἐπιμελετής auch eine höhere Funktion als „Marktaufseher" bezeichnen und als Äquivalent zu *procurator* oder στρατηγός gebraucht sein.

42 Vgl. *Reed*, Archaeology, 121f.; *Chancey*, Myth, 77f.

43 *J.D. Crossan/J.L. Reed*, Jesus ausgraben. Zwischen den Steinen – hinter den Texten, Düsseldorf 2003, 85; *Chancey*, Myth, 90f.

Die von Antipas initiierte Politik bedeutete einen Aufschwung von Wirtschaft und Handel für die Region.[44] Funde von in Tyrus geprägten Münzen in Ober- und Untergaliläa sowie von Keramik aus den galiläischen Dörfern Kefar Hanania (auf der Grenze zwischen Ober- und Untergaliläa) und Shikhin (bei Sepphoris) in verschiedenen Gegenden Galiläas, aber auch im Golan, in Akko und Caesarea Philippi zeigen ein weit gespanntes Netz von Handelsbeziehungen mit Städten innerhalb und außerhalb Galiläas.[45] Zu den galiläischen Exportgütern gehörten dabei neben Keramik in erster Linie Fisch vom See Gennesaret und Olivenöl. Importiert wurden z. B. Pergament, Papier, Schmuck und Marmor.

Obwohl sich Galiläa von den umliegenden Gebieten durch seine jüdische Prägung unterschied, war es demnach keine isolierte Region, sondern in ein Netz von Handelsbeziehungen eingebunden, die durch ein gut ausgebautes Straßennetz zusätzlich befördert wurden: Von der *Via maris*, einer der römischen Hauptverkehrsadern, die Alexandria mit der phönizischen Küstenregion und Syrien verband, gab es bei Ptolemais einen Abzweig nach Osten, der sich nördlich von Sepphoris noch einmal in Wege nach Süden und Osten teilte, bevor sich beide Zweige bei Skythopolis wieder trafen. Die Straße verlief dann weiter über Pella im Ostjordanland nach Gerasa. Damit waren sowohl Sepphoris als auch Tiberias in das überregionale Straßensystem eingebunden. Zwei weitere west-östlich verlaufende Abzweigungen der *Via maris*, die diese mit der Königstraße im Osten verbanden, führten südlich und nördlich an Galiläa vorbei. Während diese Hauptstraßen dazu dienten, den internationalen Handel und Verkehr zu erleichtern – und nicht zuletzt die römischen Truppen zügig voranzubringen –, waren die galiläischen Dörfer untereinander durch ein Straßensystem verbunden, das den Warenaustausch erleichterte.

Die Jesusbewegung entstand also in einem jüdischen Gebiet, das mit den umliegenden nicht-jüdischen Regionen in regem Austausch stand. Wenn die Evangelien schildern, dass Jesus

---

[44] Vgl. *H.W. Hoehner*, Herod Antipas (MSSNTS 17), Cambridge 1972, 65-79; *D.E. Edwards*, The Socio-Economic and Cultural Ethos of the Lower Galilee in the First Century: Implications for the Nascent Jesus Movement, in: The Galilee in Late Antiquity, hg. v. L.I. Levine, New York/Jerusalem 1992, 53-73: 63.

[45] Vgl. *S. Freyne*, Archaeology and the Historical Jesus, 167-170.

nur außerhalb Galiläas – in der syrisch-phönizischen Küstenregion bzw. in der Dekapolis – auf Heiden trifft, dann stimmt dies mit dem aus literarischen und archäologischen Quellen zu erhebenden Profil der Region überein. Auf die Frage, warum Jesus diese Gegenden aufsuchte, in den galiläischen Städten Sepphoris und Tiberias dagegen den Evangelien zufolge nie gewesen ist, wird noch zurückzukommen sein.

Von dem wirtschaftlichen Aufschwung profitierten nicht alle Bevölkerungsschichten in gleicher Weise. Durch den Ausbau von Sepphoris und Tiberias entstand vielmehr ein Gefälle zwischen Stadt und Land. Die Städte kontrollierten die Region und waren wichtige Abnehmer landwirtschaftlicher Güter aus den Dörfern der Umgebung. Größere Bauprojekte boten zudem Arbeitsmöglichkeiten für Handwerker aus der Umgebung. Dass der Bauhandwerker Joseph aus Nazaret beim Aufbau von Sepphoris mitgearbeitet hat, ist ein plausibles historisches Szenario, auch wenn es dafür keine positiven Belege gibt.

Das Verhältnis zwischen Stadt und Land lässt sich vor diesem Hintergrund einerseits als symbiotisch beschreiben: Durch die Städte entstand ein prosperierendes ökonomisches Umfeld. Die Städte stellten Arbeitsmöglichkeiten zur Verfügung und dienten zugleich als Absatzmärkte für landwirtschaftliche Güter. Auf der anderen Seite entstanden Zwangsarbeits- und Schuldverhältnisse, die das Gefälle zwischen Besitzenden und Abhängigen verschärften.[46] Das Gegenüber von Armen und Reichen in der Jesusüberlieferung erklärt sich vor diesem Hintergrund: Die Armen, Hungernden und Weinenden werden selig gepriesen; es ist die Rede von Reichen in weichen Gewändern, die in Palästen leben, von Schuldverhältnissen und Tagelöhnern. Es unterliegt keinem Zweifel, dass sich hier die lebensweltliche Situation im Galiläa unter Antipas widerspiegelt.

Dennoch wäre es zu kurz gegriffen, soziale Spannungen und die Benachteiligung bestimmter Bevölkerungsgruppen als diejenige Konstellation ins Feld zu führen, die im Zentrum des Auftretens Jesu stand.[47] Dagegen sprechen nicht nur die

---

[46] Vgl. *Reed*, Archaeology, 77-89; *Freyne*, Jesus and the Urban Culture of Galilee, in: ders., Galilee and Gospel, 183-207: 190-196.

[47] Vgl. auch die grundlegende Kritik an dieser These von *K.-H. Ostmeyer*, Armenhaus und Räuberhöhle? Galiläa zur Zeit Jesu, ZNW 96 (2005), 147-170.

genannten Beobachtungen zur politischen und ökonomischen Situation Galiläas. Auch die Jesusüberlieferung selbst weist in eine andere Richtung: In Mk 10,28-31 wird das Verlassen nicht nur der Familie, sondern auch von Haus und Land als Konsequenz der Jesusnachfolge beschrieben. Die Nachfolger müssen diese Güter also besessen haben, um sie zugunsten der Jesusnachfolge aufgeben zu können. Das von Petrus und seiner Familie bewohnte Haus in Kafarnaum war offenbar groß genug, um größere Menschenmengen aufzunehmen, die sich versammelten, wenn Jesus vor Ort war. Die in Mk 1,19f. berufenen Zebedaiden Jakobus und Johannes stammen aus einem Familienbetrieb mit mehreren Booten und Tagelöhnern. Das 1986 im See Gennesaret entdeckte und jetzt im Kibbuz Ginnosar am See Gennesaret ausgestellte Boot aus dem ersten Jahrhundert könnte aufgrund seiner beachtlichen Größe ein zusätzlicher Beleg dafür sein, dass Fischfang am See Gennesaret ein produktiver Erwerbszweig war.[48]

Galiläische Fischer, zu denen auch die ersten Anhänger Jesu gehörten, sind demnach kaum als notleidende Gruppe vorzustellen. Sie waren sicher nicht wohlhabend, standen aber, anders als die im Gleichnis von den Arbeitern im Weinberg erwähnten Tagelöhner, auch nicht am unteren Ende der sozialen Skala.[49] Die Jesusbewegung war keine Armenbewegung vom Land, ihr Programm keine soziale „Revolution von unten“. Als Gegenspieler der Gottesherrschaft werden in den Evangelien deshalb auch kaum zufällig Satan und die Dämonen genannt, wogegen Antipas oder die Römer nur selten als Kontrahenten Jesu in den Blick treten.

Schließlich ist ein Blick auf die politische Situation zu werfen. Die Herrschaft des Antipas war für Galiläa offenbar eine Periode politischer Stabilität und wirtschaftlichen Auf-

---

48 Vgl. *R. Riesner*, Das Boot vom See Gennesaret, BiKi 41, 1986, 135-138; *ders.*, Neues vom See Gennesaret, BiKi 42, 1987, 171-173; *S. Wachsmann*, Galilee Boat, OEANE 2, 1997, 377-379; *O. Cohen*, … ein Schiff wird kommen … Die Bergung und Restaurierung eines 2000 Jahre alten Bootes am See Gennesaret, in: Leben am See Gennesaret. Kulturgeschichtliche Entdeckungen in einer biblischen Region, hg. v. G. Faßbeck u.a., Mainz 2003, 147-152. Es ist allerdings auch möglich, dass das Boot erst während des jüdisch-römischen Krieges umgebaut wurde und dabei die aus dem Wrack zu erschließende Größe erhielt. Diese Möglichkeit wird auf den Beschreibungstafeln in der Ausstellungshalle genannt.

49 *Freyne*, Jesus, A Jewish Galilean, 52.

schwungs. Darauf weist schon die ungewöhnlich lange Zeit von 43 Jahren hin, in der Antipas regierte, ohne dass Rom einen Anlass zum Einschreiten sah – anders als bei seinem Bruder Archelaos, der bereits nach 10 Jahren aufgrund von Beschwerden über die Grausamkeit seiner Herrschaft des Amtes enthoben wurde. Für die Zeit des Antipas sind in Galiläa keine Aufstände bezeugt. Zwar stellt es Josephus so dar, als lasse sich eine kontinuierliche Linie von den galiläischen Unruhen im Zusammenhang des so genannten „Räuberkrieges" nach dem Tod Herodes des Großen (4 v. Chr.) über den Widerstand Judas des Galiläers gegen die von Quirinius angeordnete Volkszählung in Judäa (6 n. Chr.) und den Aufstand der beiden Söhne des Judas, Simon und Jakob, um 44 n. Chr. bis hin zum jüdisch-römischen Krieg der Jahre 66-70 ziehen. Dabei geht es Josephus jedoch vor allem darum, die gegen die römische Herrschaft gerichteten jüdischen Widerstandskämpfe generell in ein negatives Licht zu rücken. Im Galiläa unter Antipas bzw. zur Zeit Jesu sind dagegen der Aufstand des Judas in Sepphoris nach dem Tod Herodes des Großen 4 v. Chr. und die folgende Zerstörung der Stadt der letzte Aufstand und das letzte Eingreifen der Römer für längere Zeit. Die folgenden Unruhen fanden entweder in Judäa und Samaria statt, waren also unmittelbar gegen die römische Präfektur gerichtet, oder sie liegen bereits nach der Zeit von Antipas und Jesus. Zu beachten ist in diesem Zusammenhang auch, dass Rom offenbar bis ca. 120 keine Truppen in Galiläa stationierte.[50] Galiläa war zur Zeit Jesu also nicht römisch besetzt, sondern ein Klientelkönigtum unter römischer Aufsicht. Es war mithin keine Region, die einen Nährboden für eine politische oder soziale Revolution geboten hätte.[51]

Der Befund lässt sich folgendermaßen zusammenfassen: War die makkabäische Eroberung unter Aristobul I. die für die weitere Geschichte Galiläas entscheidende historische Wendemarke, so erhielt die Region unter Antipas ihre für die Zeit des Auftretens Jesu vorauszusetzende Prägung. Diese Zeit ist

---

[50] Vgl. *E.P. Sanders*, Jesus' Galilee, in: Fair Play. Diversity and Conflicts in Early Christianity. Essays in Honour of Heikki Räisänen, hg. v. I. Dunderberg/C. Tuckett/K. Syreeni, Leiden/Boston/Köln, 3-41, 9-13; *Chancey*, Culture, 43-70.

[51] Vgl. *U. Rappaport*, How Anti-Roman was the Galilee?, in: The Galilee in Late Antiquity, hg. v. L.I. Levine, New York/Jerusalem 1992, 95-102.

von derjenigen davor aufgrund der Entwicklungen nach dem Tod Herodes des Großen, von derjenigen danach durch die kurze Phase der Regierung Agrippas I. sowie die anschließende direkte Unterstellung unter die römische Herrschaft unterschieden. Ihre wesentlichen Kennzeichen sind die Ausprägung einer jüdischen Identität mit eigenen Merkmalen, bis hin zu einem galiläischen Dialekt[52], die daraus resultierende Orientierung an Jerusalem, das durch den Aufbau der Städte entstehende Gegenüber zu den galiläischen Dörfern sowie die Einbindung Galiläas in Wirtschaft und Handel mit den umliegenden Regionen.

4. Jesus in Galiläa

Wie lässt sich das dargestellte Bild Galiläas zu dem Auftreten Jesu ins Verhältnis setzen? Auffällig ist zunächst, dass die Evangelien nur wenig konkrete Informationen über das Umfeld Jesu liefern. Es findet sich keine mit Josephus vergleichbare Beschreibung der geographischen Verhältnisse Galiläas oder der Gegend um den See Gennesaret.[53] Auch politische Konstellationen wie die Herrschaft des Antipas oder die Beziehungen zu den angrenzenden Gebieten kommen nur implizit zur Sprache und sind nie eigener Gegenstand der Darstellung. Selbst bei der Darstellung des Todes des Täufers, des wohl einschneidensten Eingreifens des Antipas aus der Sicht des frühen Christentums, steht das religiöse Motiv im Vordergrund: Johannes habe als gerechter und heiliger Mann die Leviratsehe des Antipas kritisiert und damit die Intrige der Herodias ausgelöst (Mk 6,17-29). Die von Josephus erwähnten politischen Motive der Beseitigung des Johannes aufgrund seines Einflusses im Volk[54] werden dagegen nicht erwähnt. Überhaupt kommt Antipas nur am Rand in den Blick, etwa wenn er auf die Wirksamkeit Jesu aufmerksam wird (Mk 6,14) oder Jesus vor ihm gewarnt wird (Lk 13,31). Als Gegner, mit dem sich Jesus auseinandersetzen würde, erscheint er dagegen gerade nicht. Diese Darstellungsweise ist kaum auf Unkenntnis der tatsächlichen Verhältnisse seitens der Verfasser der Evangelien zurückzuführen. Wahrscheinlicher ist, dass

52 Vgl. Mt 26,73.
53 Josephus, Bell. 3,35-38.506-521.
54 Josephus, Ant. 18,116-119.

darin eine Facette des Wirkens Jesu sichtbar wird, auf die gleich noch zurückzukommen ist.
Trotz dieser nur sparsamen Beschreibung lassen die Evangelien den geographischen und kulturellen Kontext des Wirkens Jesu durchaus erkennen, auch wenn sie ihn aus späterer Perspektive darstellen. Dazu gehört zunächst die Erwähnung galiläischer Orte wie Kafarnaum, Chorazin, Bethsaida, Nazaret, Kana und Nain sowie des Sees Gennesaret, der bei Markus, Matthäus und Johannes „Meer" (θάλασσα) heißt, des Weiteren von Synagogen in ganz Galiläa und speziell in Kafarnaum und Nazaret.[55]
Bezeichnend ist in diesem Zusammenhang das schon häufig notierte Fehlen einer Erwähnung von Sepphoris und Tiberias. Je deutlicher die Bedeutung dieser Städte für das Galiläa unter Antipas vor Augen tritt, umso beredter wird die Tatsache, dass sie in den Evangelien völlig übergangen werden. Über die Ursache hierfür ist viel gerätselt worden. Am plausibelsten erscheint, dass Jesus in den Dörfern Galiläas eher die Adressaten der von ihm auszurichtenden Botschaft fand als in den Städten, in denen es reiche Menschen und Paläste gab. Die kulturelle Lebenswelt Jesu scheint diejenige der Dörfer Galiläas gewesen zu sein, nicht diejenige der Städte. Der kulturelle Unterschied, von dem auch Josephus berichtet, kann also durchaus eine Rolle gespielt haben. Anders ist es nur im Fall von Jerusalem, das als religiöses Zentrum des Judentums und Sitz der jüdischen Obrigkeit zu einem wichtigen Ort des Auftretens Jesu wird. Darin kommt ein charakteristisches Merkmal seines Wirkens zum Ausdruck: In dessen Mittelpunkt steht nicht die Kritik an den sozialen und politischen Verhältnissen, sondern die Botschaft von der Gottesherrschaft. Genau aus dieser Perspektive tritt auch Jerusalem als religiöses Zentrum Israels in den Blick.
Die Orientierung an den Dörfern und Synagogen Galiläas spiegelt sich im Inhalt der Botschaft Jesu und den Kontrover-

---

[55] Dabei kann hier auf sich beruhen, ob mit den Synagogen konkrete Gebäude oder Versammlungen der Juden gemeint sind (ersteres ist nur in Lk 7,5 eindeutig, wo vom *Bau* einer Synagoge die Rede ist). Archäologisch ist bekanntlich keine Synagoge in Galiläa für die Zeit vor 70 nachgewiesen. Lediglich in Gamla, im Herrschaftsgebiet des Philippus bzw. in Judäa wurden Gebäude sowie mit der Theodotosinschrift ein epigraphisches Zeugnis für Synagogen vor 70 gefunden. Vgl. *C. Claußen*, Versammlung, Gemeinde, Synagoge. Das hellenistisch-jüdische Umfeld der frühchristlichen Gemeinden (StUNT 27), Göttingen 2002.

sen, die um diese entstehen, wider. Mit den Pharisäern und Sadduzäern werden diejenigen Gruppen genannt, mit denen sich Jesus tatsächlich auseinandergesetzt haben dürfte.[56] In den Konflikten um jüdische Reinheitsgebote und die Einhaltung des Sabbats wird das Milieu der jüdischen Dörfer Galiläas erkennbar, das sich von der Zeit, in der die Evangelien selbst entstanden sind, unterscheidet. Zu deren Entstehungszeit hatte sich die Jesusbewegung bereits in einen urbanen Kontext ausgebreitet und war mit anderen Konstellationen konfrontiert.

Das Umfeld Jesu konkretisiert sich durch weitere Details. Seine Anhänger werden mit Namen und Berufen charakterisiert. Wenn in Mk 8,27 von zu Caesarea Philippi gehörenden Dörfern (κῶμαι Καισαρείας τῆς Φιλίππου) die Rede ist, dann setzt das die oben erwähnte ökonomische Zusammengehörigkeit einer Stadt und ihres Einzugsgebiets voraus. Auch hier geht Jesus nicht in die Stadt Caesarea selbst, sondern in die umliegenden Dörfer. Wenn die Jünger in Städte (πόλεις) geschickt werden, um dort zu verkündigen (QLk 10,10), wenn Marktplätze (ἀγοραί: QLk 7,32; 11,43), Straßen (πλατεῖαι: Mt 6,5; Lk 10,10; 13,26; 14,21), Bankgeschäfte und Schuldverhältnisse (QLk 19,23; Mt 6,12; 18,23-34; Lk 16,3-7), Kaufleute (Mt 13,45), Gerichte und Gefängnisse (QLk 12,57-59; Mt 18,30) genannt werden, dann deutet das auf die Kenntnis des sozialen Umfeldes Jesu seitens der Verfasser der Evangelien hin.

Schließlich ist deren Bewusstsein für die ethnischen und politischen Verhältnisse der Zeit Jesu zu erkennen. Wenn Jesus seine Wirksamkeit ohne Komplikationen auch auf die Dekapolis und die Küstenregion ausweitet, dann ist das für die zwanziger Jahre des ersten Jahrhunderts plausibel, für die Zeit der Entstehung der Evangelien, die unmittelbar vor bzw. nicht allzu lange nach dem jüdisch-römischen Krieg verfasst wurden, dagegen kaum mehr vorstellbar.[57] Jesus begegnet in der syrisch-phönizischen Küstenregion einer Heidin (Mk 7,24-30/Mt 15,21-28), und auch die Erwähnung einer Schweineherde in der Dekapolis in Mk 5,11-13 lässt die Unterscheidung zwischen jüdischen und heidnischen Gebieten erkennen.

---

[56] Matthäus zeigt allerdings mit der gemeinsamen Nennung beider und dem Auftreten auch der Sadduzäer in Galiläa, dass ihm die Spezifika beider Gruppen nicht mehr deutlich vor Augen stehen.

[57] Vgl. *S. Freyne*, Jesus and the Urban Culture, 187.

Nimmt man hinzu, dass auch außerhalb der jüdischen Gebiete – etwa in dem zur Dekapolis gehörenden Skythopolis – griechisch sprechende Juden lebten,[58] gewinnt die Annahme einer Wirksamkeit Jesu in diesen Gegenden zusätzlich an Plausibilität.

Die Evangelien ordnen das Wirken Jesu also in ein bestimmtes soziales und politisches Milieu ein und berücksichtigen dabei die für seine Zeit vorauszusetzenden Verhältnisse. Gleichzeitig ist deutlich, dass sie diese ihrer späteren Erzählperspektive einordnen. Eine entscheidende Modifikation ist dabei die Darstellung des Wirkens Jesu als Beginn der Heidenmission. Für Markus bildet sich in den Reisen Jesu in die Dekapolis und die Küstenregion die Hinwendung zu den Heiden ab. Matthäus greift auf ein Jesajazitat zurück, um bereits das Kommen Jesu nach Galiläa als Hinwendung zu den Heiden darzustellen.[59] Bei Lukas steht die Antrittspredigt in Nazaret (Lk 4,16-30) für die über Galiläa und Judäa hinaus zu den Heiden weisende Bedeutung der Botschaft Jesu. Trotz derartiger Deutungen bleibt die „historisierende Tendenz"[60] der Evangelien ein wichtiges Merkmal ihrer Erzählungen. Indem sie die Erinnerung an Orte, Personen sowie soziale und religiöse Konstellationen des Wirkens Jesu bewahren, ordnen sie es einer spezifischen historischen Situation zu. Sein Wirken wird also gerade nicht, wie im EvThom, aus seinen historischen Konkretionen gelöst und als zeitlose Lehre dargeboten. Das von den Evangelien geschilderte geographische und kulturelle Milieu ist deshalb eine wichtige Grundlage für die historische Beschreibung des Wirkens Jesu.

Wenn Jesus im Anschluss an seinen Aufenthalt bei Johannes in der Wüste nach Galiläa kommt, handelt es sich nicht einfach um eine Heimkehr.[61] Vielmehr lässt sich in analoger Weise wie bei Johannes auch bei Jesus eine Verbindung zwischen der Botschaft und dem Ort, an dem sie ausgerichtet wurde, feststellen. Für Johannes ist die Wüste ein bewusst gewählter symbolischer Ort für seine Umkehrpredigt. Die

---

[58] Auf einem Friedhof nördlich von Skythopolis wurden 30 jüdische Ossuare mit griechischen Inschriften entdeckt. In der Nähe von Jerusalem hat man zudem vier zweisprachige (griechisch-aramäische) Ossuarinschriften aus Skythopolis gefunden. Vgl. *Edwards*, Ethos, 70.

[59] Jes 8,23-9,1 in Mt 4,14.

[60] Vgl. *Freyne*, Jesus and the Urban Culture, 5.

[61] Vgl. *Freyne*, Jesus, a Jewish Galilean, 40-44.

Wüste ist Ort des Rückzugs und der Begegnung Gottes mit Israel; sie ist der Ort, an dem Gott sein Volk einst bewahrt hat und an dem er es gemäß prophetischer Ankündigung wieder treffen will, um sein Verhältnis zu ihm zu erneuern. Damit weist die Wüste auf die notwendige Umkehr Israels und die Restitution seines Verhältnisses zu Gott hin, die Johannes fordert.

Für den Johannesjünger Jesus stellt der Übergang von der Wüste zur Verkündigung der Gottesherrschaft in Galiläa und seiner Umgebung deshalb eine wichtige inhaltliche Facette seines Wirkens dar. Dabei handelt es sich allerdings nicht um ein Kontrastprogramm zum Wirken des Johannes. Auch in seinem selbständigen Wirken verbleibt Jesus vielmehr innerhalb des mit Johannes gemeinsamen Vorstellungshorizontes. Für diesen ist die Überzeugung leitend, dass das Gericht Gottes unmittelbar bevorsteht, die Zugehörigkeit zu Israel jedoch nicht ausreicht, um in diesem Gericht zu bestehen. Johannes wie Jesus stehen damit in einem breiteren Kontext jüdischer Erneuerungsbewegungen, zu der je auf ihre Weise auch die in einigen Qumranschriften erkennbar werdende Gemeinschaft, die Pharisäer und die bei Josephus genannten prophetischen bzw. messianischen Gestalten gehörten. Das Spezifikum der von Johannes wie Jesus vertretenen Sicht besteht dabei darin, dass sie vom unmittelbar bevorstehenden Gericht Gottes über Israel überzeugt sind. Angesichts dessen bieten beide eine je eigene exklusive Möglichkeit an, diesem Gericht zu entkommen: Johannes die durch das Untertauchen im Jordan symbolisch besiegelte Umkehr und das Sündenbekenntnis, Jesus den Eintritt in die an seine Person gebundene Aufrichtung der Gottesherrschaft. Jesus knüpft mit seinem Wirken also auf eigene Weise an dasjenige des Johannes an. Die Botschaften beider stehen sich demnach nicht als Gerichts- und Heilsverkündigung gegenüber.[62] Ein Unterschied besteht allerdings in der jeweiligen Vorstellung von der Wiederherstellung Israels: Johannes verweist auf die angesichts des kommenden Zornes Gottes notwendige Umkehr und das „Fruchtbringen“, Jesus versteht sein eigenes Wirken als Beginn des heilvollen Wirkens Gottes an seinem Volk und darüber hinaus.

---

[62] Vgl. *M. Wolter*, „Gericht“ und „Heil“ bei Jesus von Nazareth und Johannes dem Täufer, in: Der historische Jesus. Tendenzen und Perspektiven der gegenwärtigen Forschung (BZNW 114), hg. v. J. Schröter/R. Brucker, Berlin/New York 2002, 355-392.

Dass das Auftreten Jesu in Galiläa für das Verständnis seiner Wirksamkeit von erheblicher Bedeutung ist, zeigt sich dabei schon daran, dass er nicht, wie es zu erwarten gewesen wäre, in seinen Heimatort Nazaret zurückkehrt. Vielmehr ist auffällig, dass die Heimatstadt Jesu für seine Wirksamkeit keine zentrale Rolle mehr spielt, sondern nur noch einmal erwähnt wird – und zwar als Ort, an dem er auf Ablehnung stößt.[63] Stattdessen kommt Jesus, wie es in Mk 1,14 zutreffend heißt, nach Galiläa insgesamt, richtet sich mit seiner Botschaft vom nahe gekommenen Gottesreich also an die ganze Region.
Vor diesem Hintergrund ist auch die Vorstellung eines „Zentrums des Wirkens Jesu" in Kafarnaum zu relativieren. Zwar wird Kafarnaum in den synoptischen Evangelien des Öfteren als Aufenthaltsort Jesu genannt.[64] Charakteristisch für sein Auftreten ist jedoch eine Wanderexistenz ohne feste Wohnstatt. Das gilt auch für die Vorstellung eines „Umzugs" Jesu von Nazaret nach Kafarnaum, wie ihn Matthäus schildert: Mt 4,13 zufolge verlässt Jesus Nazaret, um fortan in Kafarnaum zu wohnen, das in Mt 9,1 sogar „seine Stadt" heißt. Matthäus bietet für diesen Ortswechsel eine heilsgeschichtliche Erklärung: Jesus habe sich in Kafarnaum angesiedelt, damit das Schriftwort aus Jes 8,23f. erfüllt würde, dem zufolge das Land Sebulon und das Land Naphtali ein großes Licht sehen werden (Mt 4,12-16). Matthäus stellt es also so dar, als ob Jesus mit dem Wechsel von Nazaret nach Kafarnaum in das Gebiet der israelitischen Stämme Sebulon und Naphtali und damit in das „Galiläa der Heiden" kommen würde. Tatsächlich lag jedoch Nazaret im Gebiet von Sebulon, Kafarnaum in Naphtali – und natürlich gehörten beide Orte zu Galiläa. Matthäus will mit dem Wechsel nach Kafarnaum also die Offenheit der Verkündigung Jesu für die Heiden illustrieren und sie mit einem Schriftwort begründen.
Die Darstellung des Matthäus lässt sich deshalb nur unter Berücksichtigung dieser Intention für die historischen Vorgänge auswerten. Das gilt in analoger Weise für die pro-

---

63 Mk 6,1-6/Mt 13,54-58, vgl. Lk 4,16-30.

64 Dabei hat er sich offenbar häufiger in dem Haus aufgehalten, das der Familie der Frau des Petrus gehörte und in dem auch Petrus selbst wohnte. Ob es sich dabei um das in Kafarnaum ausgegrabene, als „Haus des Petrus" bezeichnete Gebäude handelt – und ob dieses bereits im ersten Jahrhundert als Versammlungsort der christlichen Gemeinde genutzt wurde –, bleibt allerdings unsicher.

grammatische Episode in Lk 4,16-30. In dieser steht Nazaret symbolisch für Jerusalem und ganz Israel, die Jesus ablehnen und ihn sogar töten wollen. Beachtet man des Weiteren, dass Kafarnaum, gemeinsam mit den galiläischen Orten Chorazin und Bethsaida, Adressat von Gerichtsworten ist und das Wirken Jesu dem JohEv zufolge nicht in Kafarnaum, sondern in Kana beginnt, wird die herausgehobene Bedeutung Kafarnaums weiter relativiert. Vielleicht verdankt sich diese dem Umstand, dass an dem Wohnort des Petrus Episoden hafteten, die einen zentralen Platz innerhalb der synoptischen Überlieferung erhielten.

In historischer Hinsicht ertragreicher sind dagegen andere Stellen. So beschreibt etwa der Satz aus Q 9,58 „Die Füchse haben Höhlen, die Vögel haben Nester, aber der Menschensohn hat keinen Ort, um sein Haupt niederzulegen.“, der zum ältesten Bestand der Jesusüberlieferung gehört, Jesus als jemanden, der – anders als sogar die Tiere – keine Heimstatt hat. Das wirft ein Licht auf den zur Botschaft Jesu gehörigen Lebensstil: Seine Wirksamkeit ist nicht an einen Ort gebunden, sondern durch die Aufrichtung der Gottesherrschaft an verschiedenen Schauplätzen gekennzeichnet. Es handelt sich – anders als gelegentlich angenommen – natürlich auch nicht um ein Sprichwort, das eine allgemeine Einsicht formulieren würde, so dass man „Menschensohn“ hier im allgemeinen Sinn von „der Mensch an sich“ verstehen könnte. Dagegen spricht schon die Tatsache, dass für die Lebenswelt der Adressaten eines solchen Wortes die Behauptung, sie würden keine Wohnstatt besitzen, schlicht unzutreffend wäre. Das Wort formuliert vielmehr eine Aussage über Jesus: *Er* hat aufgrund seiner besonderen Existenz als derjenige, in dessen Wirken die Gottesherrschaft Gestalt gewinnt, keine feste Wohnstatt. „Menschensohn“ ist hier also eine Bezeichnung, mit der Jesus sein Auftreten und sein Selbstverständnis charakterisiert.[65]

Die spezifische Bedeutung des Wortes erschließt sich des Weiteren aus seiner Verwendung. Dem Kontext bei Matthäus und Lukas zufolge zielt es auf die Bedingungen der Nachfolge: Der Nachfolgewillige wird mit diesem Wort von Jesus darauf aufmerksam gemacht, dass die Zugehörigkeit zum engeren Kreis um seine Person die Aufgabe eines festen

---

[65] Vgl. *H. Moxnes*, Putting Jesus in His Place. A Radical Vision of Household and Kingdom, Louisville 2003, 49-51.

Wohnsitzes zur Folge hat. Zur von Jesus vertretenen Botschaft vom Gottesreich gehörte demnach, dass sie, im Gegensatz zu derjenigen des Johannes, gerade nicht an einen festen Ort gebunden war, was sich auch auf die Gestalt der von ihm gegründeten Gemeinschaft auswirkte.

Die Ortsungebundenheit Jesu zeigt demnach, dass sich sein Wirken an die Regionen seines Auftretens insgesamt richtete. Nicht zufällig wird bereits in Mk 1,39 „ganz Galiläa" als Raum seines Wirkens genannt. In Mk 3,7f. tritt sodann das Gebiet der zwölf Stämme Israels in den Blick: Die Menschen, die zu Jesus kommen, um ihn zu hören, stammen aus Galiläa und Judäa, Jerusalem, Idumäa, dem Gebiet jenseits des Jordans sowie der Region von Tyros und Sidon. Damit tritt der auf ganz Israel bezogene Horizont seines Wirkens in den Blick. Durch die Institution des symbolischen Zwölferkreises wird diese Ausrichtung ebenso verstärkt wie durch die ausdrückliche Beauftragung der Jünger zur Israelmission bei Matthäus und Lukas (Mt 10,5-16; Lk 9,1-6/10,1-16).

Jesu Wirken in Galiläa und den angrenzenden Gebieten lässt sich demnach als Aufnahme der Hoffnungen Israels auf Wiederherstellung des Volkes und Wiedererlangung des verheißenen Landes erklären. Dabei knüpft Jesus allerdings nicht an die Vorstellung der Makkabäer von einer militärischen Eroberung des Landes an. Ebenso wenig nimmt er die Idee aus den Psalmen Salomos auf, wo die Bestrafung der Sünder durch Gott und die Reinigung Jerusalems von den Heiden durch seinen Gesalbten die Voraussetzungen für die Errichtung von Gottes Königtum bilden.[66] Kennzeichnend für Jesu Vorstellung von der Gottesherrschaft ist stattdessen das an sein eigenes Wirken gebundene Heilshandeln Gottes im Israel verheißenen Land.

Es ist deshalb kein Zufall, dass Jesus, wie die Überlieferung einhellig zeigt, mit Antipas und seiner Politik nur indirekt in Berührung kam. Anknüpfend an die Botschaft Johannes des Täufers stellt er vielmehr die Notwendigkeit der Umkehr und den Eintritt in die von ihm selbst begründete Gemeinschaft in den Mittelpunkt. Der Anspruch des Antipas als eines von Rom abhängigen Herrschers auf Galiläa stand dabei natürlich im Kontrast zu derjenigen Sicht, die Jesus im Blick auf das Gebiet als Teil des verheißenen Landes vertrat. Jesus tritt Antipas jedoch nicht mit einem sozialpolitischen oder ökonomi-

---

[66] PsSal 17,5-46.

schen Programm, sondern mit einem anderen Wertesystem entgegen: Wenn er seine Botschaft in Galiläa und den angrenzenden Regionen verkündete, dann deshalb, weil Galiläa Teil des zu Israel gehörigen Territoriums war.[67]
Seine Konkurrenten waren dabei vor allem die Pharisäer, die sich auf andere Weise ebenfalls mit der Umsetzung des Willens Gottes in die Lebenswirklichkeit der jüdischen Bewohner Galiläas und Judäas befassten. Antipas und die πρῶτοι τῆς Γαλιλαίας (Mk 6,21) treten dagegen nur am Rand in den Blick. Die Tötungsabsicht des Antipas kontert Jesus mit dem Hinweis auf die eigentlichen Konfrontationen seines Wirkens: Ich treibe Dämonen aus und vollbringe Heilungen, vollenden wird sich mein Weg in Jerusalem (Lk 13,32). Die feindliche Herrschaft, gegen die er diejenige Gottes stellte, war die Herrschaft Satans, nicht diejenige des Antipas als eines unbedeutenden „Fuchses".[68] Sein Wirken in Galiläa, das er auch auf die angrenzenden Gebiete ausweitete und zu dem schließlich auch sein Auftreten in Jerusalem gehörte, war demnach eine zur Installation des Zwölferkreises komplementäre Symbolhandlung, mit der er denjenigen Raum markierte, in dem die Gottesherrschaft Gestalt gewinnen sollte.
Dass die politischen Implikationen dieses Auftretens auch anders verstanden werden konnten, zeigt sich nicht zuletzt in der Anwendung des Gesalbtenausdrucks auf Jesus, mit dem sich für seine Anhänger offenbar die Hoffnung auf soziale und politische Befreiung als Beginn der Aufrichtung von Gottes Herrschaft verband. Die eigentliche Provokation des Auftretens Jesu liegt dagegen in dem Anspruch, er selbst sei der entscheidende Repräsentant Gottes, der dessen Herrschaft ohne politische Macht und militärische Mittel durchsetzt. Vor diesem Hintergrund erschließt sich auch die Bedeutung seines Kommens nach Galiläa als substantieller Bestandteil seiner Wirksamkeit.

---

[67] *S. Freyne*, Herodian Economics in Galilee, in: ders., Galilee and Gospel, 86-113.

[68] Die Metapher des Fuchses kann für die Schläue (meist im negativen Sinn der Verschlagenheit) eines Menschen, aber auch für seine Unterwürfigkeit und Bedeutungslosigkeit stehen. An der vorliegenden Stelle dürfte die letztere Bedeutung im Vordergrund stehen: Jesus hält Antipas für eine unbedeutende Gestalt, die seinen Dämonenaustreibungen und Heilungen nicht ernsthaft im Wege stehen kann.

Roland Deines

Galiläa und Jesus

Anfragen zur Funktion der Herkunftsbezeichnung „Galiläa" in der neueren Jesusforschung

1. Einleitung

„Auch du warst mit Jesus dem Galiläer" (καὶ σὺ ἦσθα μετὰ Ἰησοῦ τοῦ Γαλιλαίου) – mit dieser Aussage wird Petrus im Hof des hohenpriesterlichen Palastes in Jerusalem konfrontiert, als er Jesus nach dessen Verhaftung heimlich folgte (Mt 26,69). In dem kleinen Satz spiegelt sich nicht nur das hauptstädtische Vorurteil gegen die galiläische Provinz mit ihrer langen Liste von Unruhestiftern seit den Tagen des „Räuberhauptmanns" (ἀρχιλῄστης) Hiskia um 47 v. Chr. wieder[1], sondern auch die wechselhafte Geschichte

[1] Vgl. Josephus, *Bell* 1,204 par. *Ant* 14,159 (vgl. 14,167-174). Zu diesem Hiskia, der seine Wurzeln möglicherweise in der judäischen Nobilität besaß und dem galiläischen Widerstand gegen Herodes s. *M. Hengel*, Die Zeloten (AGJU 1), Leiden/Köln ^{2}1976, 319-323. Nach dem Tod des Herodes war es Judas, der Sohn des genannten Hiskia, der in Galiläa den Widerstand gegen die Fortsetzung der herodianischen Herrschaft organisierte, was zur Zerstörung Sepphoris durch die Römer im Jahr 4 v. Chr. führte (*Bell* 2,56 par. *Ant* 17,271f., vgl. *M. Hengel*, ebd. 333f.336-340). Wohl derselbe Judas taucht im Jahr 6 n. Chr. wieder auf als Gründer der Zelotenpartei (der sog. „vierten Philosophie"), wobei er den Namen „Judas der Galiläer" (*Bell* 2,118: ἀνὴρ ὄνομα εἰς ἀπόστασιν ἐνῆγε ansonsten regelmäßig als Ἰούδας Γαλιλαῖος bezeichnet: *Ant* 18,23 u. ö.; Apg 5,37) trägt. Zwei Söhne dieses Judas werden unter der Prokuratur von Tiberias Alexander (45-48 n. Chr.) gekreuzigt, wobei Josephus ausdrücklich auf den Aufstand ihres Vaters verweist (*Ant* 20,102). Ein weiterer Sohn oder wohl eher Enkel war Menahem, der 66 n. Chr. Masada im Handstreich eroberte und als messianischer Prätendent in Jerusalem ermordert wurde (*Bell* 2,433-448). Johannes von Gischala (= Gush Halav) schließlich ist nach Josephus – dessen Darstellung allerdings sehr stark von persönlicher Rivalität und Feindschaft zu Johannes geprägt ist – der brutalste ‚warlord' unter den Aufstandsführern, der nach seinem Eindringen in Jerusalem für die dortige Bevölkerung zusammen mit seinen „Galiläern" eine furchtbare Plage bildete (*Bell* 2,585-589; 7,263f. u. ö.). Trotz dieser respektablen Tradition, die immer wieder dazu verführte, die Bezeichnung Galiläer mit Aufständischen gleichzusetzen, ist darauf zu achten, dass es auch in den Landesteilen Judäa, Peräa und Idumäa in diesen Zeiten Aufstandsbewegungen gab und es sich also keineswegs um ein ausschließlich galiläisches Phänomen handelte. Zudem fand die Mehrzahl der Aktionen

der Jesusrezeption seit seinem Wirken in Jerusalem bis in die Gegenwart. Und wie im Hof des Hohenpriesters so gilt bis heute vielfach, dass der Verweis auf Galiläa mehr ist als eine reine Herkunftsbezeichnung. Je nach Kontext verbirgt sich dahinter polemische Abwertung oder erwartungsvolle Zustimmung und es gibt derzeit wohl kein Element der ‚Biographie' Jesu, das intensiver herangezogen wird, um seine Botschaft, sein Auftreten, seine Wirkung und seinen ‚Erfolg' zu erklären. Dass dies der historische Hintergrund ist, von dem aus Jesu Leben und Werk zu verstehen ist, gehört zu den festen Bestandteilen gegenwärtiger neutestamentlicher Wissenschaft. Eine eindrucksvolle Liste von Büchern und Aufsätzen nimmt schon in der Titelformulierung auf seine galiläische Herkunft direkt oder indirekt Bezug[2] und kaum ein Jesusbuch, das nicht des längeren über

der hier Genannten außerhalb Galiläas statt. S. dazu: *U. Rappaport*, How Anti-Roman was the Galilee, in: *L. I. Levine* (Hg.), The Galilee in Late Antiquity, New York 1992, 95-101; gegen die Gleichsetzung der Bezeichnung „Galiläer" mit Aufständischen s. besonders *L. H. Feldman*, The Term "Galileans" in Josephus, JQR 72 (1981/82) 50-52; *S. Freyne*, The Galileans in the Light of Josephus' *Life*, NTS 26 (1980), 397-413 (= *ders.*, Galilee and Gospel. Collected Essays [WUNT 125], Tübingen 2000, 27-44); *ders.*, Behind the Names. Galileans, Samaritans, *Ioudaioi*, in: *E. M. Meyers* (Hg.), Galilee Through the Centuries. Confluence of Cultures (Duke Judaic Studies Series 1), Winona Lake, Ind. 1999, 39-55 (= *ders.*, Galilee and Gospel, 114-131); *F. Siegert/H. Schreckenberg/M. Vogel* (Hgg.), Flavius Josephus. Aus meinem Leben (*Vita*); Kritische Ausgabe, Übersetzung und Kommentar, Tübingen 2001, 164f. Anhang 4; als Überblick s. *M. Rapinchuk*, The Galilee and Jesus in Recent Research, Currents in Biblical Research 2 (2004), 197-222, hier 208-210.

[2] Das ist allerdings erst ein Phänomen der letzten Jahrzehnte. Schaut man die Literaturangaben bei *A. Schweitzer*, Geschichte der Leben-Jesu-Forschung, Tübingen [2]1913 (seither Nachdrucke), durch, dann gibt es zwar eine Reihe von Arbeiten, die Nazaret im Titel tragen, aber so weit ich sehe keine einzige, die schon im Titel ausdrücklich auf Galiläa Bezug nimmt (zu nennen ist lediglich „die galiläische Blüte" 357 Anm. 2 als Teil eines Untertitels). Auch im Text selbst spielt Galiläa mit Ausnahme von Renan (vgl. 181) keine Rolle (s. noch 433f. die lange Anm. 1 zu Mk 14,28; 16,7). Dasselbe Bild ergibt sich bei der Durchsicht des Literaturverzeichnisses von *W. Fenske*, Wie Jesus zum „Arier" wurde. Auswirkungen der Entjudaisierung Christi im 19. und zu Beginn des 20. Jahrhunderts, Darmstadt 2005, 265-288. Demnach war *Walter Bauer* der erste, der Jesus im Titel einer Arbeit ausdrücklich als „Galiläer" benannte: Jesus der Galiläer, in: Festgabe für Adolf Jülicher. Tübingen 1927, 16-34, jetzt in: *ders.*, Aufsätze und kleine Schriften, hg.

Galiläa berichtet. Die gegenwärtige „Third Quest for the Historical Jesus“ ist in nicht geringem Ausmaß eine Galiläa-Wissenschaft: wer etwas über den irdischen Jesus zu sagen hat, der tut dies unter Verweis auf Galiläa. Galiläa ist in der modernen Jesusforschung zu einem der wichtigsten Schlüssel für das Verständnis des Jesus von Nazaret geworden.[3] Das allerdings ist nicht neu. Die Geschichte der Jesusforschung zeigt, dass die Betonung der galiläischen Herkunft zu bestimmten Zeiten und in bestimmten Kontexten immer wieder eine wichtige Rolle spielte.[4] Schaut man genauer hin, dann zeigt sich, dass der betonte Verweis auf Galiläa entweder der

---

von G. Strecker, Tübingen 1967, 91-108. In seiner Einleitung schreibt Strecker, dass dieser Aufsatz „den vielbeachteten Versuch darstellt, auf dem Hintergrund der politischen und religiösen Situation Galiläas das Synkretistische der jüdischen Voraussetzungen Jesu zu erheben“ (Vorwort V). Darauf folgte *Ernst Lohmeyers* Studie: Galiläa und Jerusalem (FRLANT NF 34), Göttingen 1936, ehe *Walter Grundmann* dann 1940 sein berühmt-berüchtigtes Buch „Jesus der Galiläer“ veröffentlichte (s. u. Anm. 14). Im gleichen Jahr erschien auch die ungleich sachlichere Studie von *Rudolf Meyer*, Der Prophet aus Galiläa, Leipzig 1940 (Ndr. Darmstadt 1970). Durch den Bestseller von *G. Theißen*, Der Schatten des Galiläers. Historische Jesusforschung in erzählender Form, München 1986 (zahlreiche Neuauflagen), wurde die Aufmerksamkeit einer größeren Öffentlichkeit auf Galiläa gerichtet, und seit dieser Zeit mehren sich die ‚galiläischen‘ Jesusbücher. Als aktuelles Beispiel mag dienen *J. Schröter*, Jesus von Nazaret. Jude aus Galiläa – Retter der Welt (Biblische Gestalten 15), Leipzig 2006.

[3] Vgl. *H. Moxnes*, The Construction of Galilee as a Place for the Historical Jesus, BTB 31 (2001), 26-37 (Part I); 64-77 (Part II), vgl. a. *ders.*, Putting Jesus in His Place. A Radical Vision of Household and Kingdom, Louisville, Ky./London 2003, 19f.126-138.142-157; *M. Rapinchuk*, Galilee and Jesus; *B. Witherington III*, The Jesus Quest. The Third Quest for the Jew of Nazareth, Downers Grove, Ill., [2]1997, 14-41. Einen guten Überblick über die moderne Galiläaforschung bietet *S. Freyne*, Introduction. Galilean Studies: Problems and Prospects, in: *ders.*, Galilee and Gospel, 1-26 (20-25 zu „Galilee and the Jesus Movement“).

[4] Das Folgende ist die Zusammenfassung einer längeren Studie, s. *R. Deines*, Jesus der Galiläer. Traditionsgeschichte und Genese eines antisemitischen Konstrukts bei Walter Grundmann, in: *R. Deines/V. Leppin/K.-W. Niebuhr* (Hgg.), Walter Grundmann. Ein Neutestamentler im Dritten Reich (AKG 21), Leipzig 2007, 43-131; s. außerdem *V. Lubinetzki*, Von der Knechtsgestalt des Neuen Testaments. Beobachtungen zu seiner Verwendung und Auslegung in Deutschland vor dem sowie im Kontext des „Dritten Reichs“, Münster 2000, 382-393 („Jesus, der Galiläer, der Nichtjude, der Arier“); *H. Moxnes*, Construction, 27-36.

innerjüdischen *Qualifizierung* Jesu oder seiner *Distanzierung* von seiner jüdischen Mitwelt diente, wobei die Übergänge durchaus fließend sein konnten. Das erste Phänomen begegnet schon im Neuen Testament[5] und findet sich dann wieder ab dem 19. Jh. bevorzugt in der frühen jüdischen Auseinandersetzung mit Jesus.[6] Als Galiläer ist Jesus für diese auf Distanz bedachte Zugangsweise weder Jerusalemer noch Judäer und damit abseits der religiösen und gesellschaftlichen jüdischen Zentren (wobei ‚jüdisch' indirekt oft für ‚judäisch' steht). Als Galiläer kann er „unmöglich auf der Höhe der Gesetzeskunde"[7] gestanden haben und das erklärt dann auch die Konflikte mit den Pharisäern, die weniger mit seinem messianischen Anspruch als mit seiner Unkenntnis (und infolgedessen Geringachtung) der Halacha zu tun hatten. Gleichwohl verlangte der relative ‚Erfolg' Jesu bei seinen jüdischen Zeitgenossen eine Erklärung, die darin gefunden wurde, dass „das Gemüt" ersetzte, was ihm „an Kenntnissen abging." Mit seiner schwärmerisch gemütvollen Predigtweise konnte er dem ebenfalls wenig gebildeten, aber umso temperamentvoller agieren-

[5] Mk 14,70 par. Mt 26,69; Lk 23,6; Mt 26,73 (u. dazu bEruv 53b; bMeg 24b); Apg 2,7 (vgl. 4,13); Joh 7,48-52, vgl. *S. Freyne*, Galilee, Jesus and the Gospels. Literary Approaches and Historical Investigations, Philadelphia, Pa. 1988, 1.

[6] Vgl. Justin, Dialog mit dem Juden Tryphon 108. Demnach wurde schon zur Zeit Justins von jüdischer Seite aus vor der „gottlosen und gesetzlosen Sekte" gewarnt, die „von Jesus, einem gewissen galiläischen Verführer, hervorgebracht worden sei" (αἵρεσίς τις ἄθενος καὶ ἐγήγερται ἀπὸ Ἰησοῦ τινος Γαλιλαίου πλάνου).

[7] Vgl. *H. Graetz*, Geschichte der Juden von den ältesten Zeiten bis auf die Gegenwart. Aus den Quellen neu bearbeitet, Bd. III (in zwei Teilbänden, hg. u. bearb. von *M. Brann*), Leipzig ^{5}1906/07 (Ndr. Berlin 1996 u. ö.), III/1, 276-282. Zu Paulus s. III/2, 408-425; die Zitate stammen von Bd. III/1, 282. Bei Graetz und seinen Zeitgenossen wurde das ‚schwärmerische' Element im Wirken Jesu, wozu insbesondere seine Dämonenaustreibungen und sein prophetisches Auftreten gerechnet wurden, auf ‚essäische' Einflüsse zurückgeführt. Auch dahinter stand das Motiv, Jesus mit der schwärmerisch-exzentrischen Escheinungsform des zeitgenössischen Judentums zu verbinden und ihn von seiner ‚idealen' judäischen Gestalt zu isolieren. Inwieweit ‚galiläisch' *und* ‚essäisch' historisch überhaupt plausibel zu machen ist oder sich nicht gegenseitig auschließen, wurde nicht thematisiert. Man muss wohl an eine Art Zwei-Stufen-Beeinflussung denken: zuerst die Kindheit und Jugend in Galiläa, danach die Schülerschaft bei Johannes dem Täufer, der die ‚essäischen' Gedanken an Jesu vermittelte. So kamen in ihm gleichsam zwei Randjudentümer zur Auswirkung,

den galiläischen Landvolk imponieren und später den Heiden, die seine Botschaft in Gestalt der paulinischen Wendung ins Pagane angeboten bekamen – auf das eigentliche (‚wahre') Judentum wie es Hillel und Schammai in Jerusalem lehrten, blieb sein Eindruck jedoch gering.
Die zitierten Aussagen von Heinrich Graetz, der zu den ersten Vertretern der Wissenschaft des Judentums gehörte, die sich mit Jesus beschäftigten, repräsentieren einen großen Teil der jüdischen (und teilweise dann von Christen übernommenen) Beiträge zum Verständnis Jesu im 19. Jahrhundert und darüber hinaus.[8] Als Galiläer gehörte er zu einem ungebildeten, halbheidnischen Randjudentum, das mehr vom Gefühl (und darum sowohl von Sentimentalität wie von rasch aufbrausendem Zorn geprägt) als vom Verstand geleitet war. In diesem Milieu wuchs Jesus auf, hier (und nur hier!) hatte er Erfolg und waren die Menschen dumm genug, ihm nachzulaufen und ihn für etwas Besonderes zu halten.[9] Für Jerusalemer und Judäer gilt dagegen, „dass das Heil der Menschheit von Zion

[8] Vgl. etwa *J. Klausner*, Jesus von Nazareth. Seine Zeit, sein Leben und seine Lehre, Berlin 1930, 229f.: nach ihm beherrschten in Galiläa „zwei entgegengesetzte Typen das Feld", nämlich Zeloten und die „Stillen im Lande", worunter er „die verschiedensten Mystiker und Schwärmer" versteht (230). Darüber hinaus gab es nach seiner Beschreibung viele Nichtjuden, keine Toragelehrsamkeit und keine Städte vor der Zeit des Antipas. Ähnlich sieht das Bild von Galiläa aus, das Geza Vermes gezeichnet hat, s. u. S. 281-285.

[9] Vgl. *Graetz*, Geschichte III/1, 288ff.: S. E. beschränkte sich Jesus von vornherein auf die, „welche von der judäischen Gesellschaft ausgestoßen und als gebrandmarkt behandelt wurden" (288); nach dem anfänglichen Misserfolg in Nazaret sei er nach Kapernaum gezogen, wo es „wohl … mehr Verweichlichte, mehr in Laster Versunkene und wohl einen größeren Gegensatz von Reichtum und Armut" gab, so dass diese Stadt „seiner Wirksamkeit mehr Spielraum" bot (290). Übersetzt man diese Beschreibung in soziologische Termini dann ähnelt die Beschreibung manchen modernen Galiläabeschreibungen: ökonomische Konflikte einerseits und eine stärker hellenistisch-urbane Kultur andererseits bilden die bestimmenden Nährböden für Jesu Botschaft und Erfolg. Zur ‚Klientel' der Gemeinden nach Ostern vgl. die wenig schmeichelhafte Beschreibung in Geschichte III/2, 409f. Die durch Paulus und Barnabbas erfolgte Öffnung der urchristlichen Gemeinschaft für die „griechisch-redenden Judäer[]" und in deren Gefolge für die Heiden brachte dann erneut „neben Gemütsmenschen und Schwärmern auch Abenteurer, Neuerungssüchtige, Bettlergesinde" in die Gemeinden, wodurch rasch „die galiläischen, ebionitischen und essäischen Elemente in dieser Mischung von dem griechischen überwuchert" worden seien (410).

und Jerusalem und aus judäischem Blute hervorgehen müsse"[10]. Mit diesem Satz von Armand (Aaron) Kaminka erreichte die Distanzierung Jesu vom Judentum in der jüdischen Wissenschaft ihren äußersten Punkt: Als Galiläer gehörte Jesus zu einem „Mischvolk", das zu Judäa im Verhältnis des Auslandes stand. Damit war, wenn auch mit einiger Verklausulierung, die Zugehörigkeit Jesu zum jüdischen Volk aufgrund seiner galiläischen Herkunft bestritten.[11] Wiederaufgenommen wurde dieses Thema in Teilen der neutestamentlichen Wissenschaft[12], die sich dem Programm einer ‚völkischen' bzw. ‚deutschen' Theologie verschrieben hatte. An deren Ende steht ebenfalls die Behauptung einer nichtjüdischen Abstammung Jesu und ein „Instituts zur Erforschung des jüdischen Einflusses auf das deutsche kirchliche Leben", das sich zur Aufgabe gestellt hatte, die deutsche Kirche ‚judenfrei' zu machen.[13] Das wohl einflussreichste Buch aus den Veröffent-

---

[10] *Armand (Aaron) Kaminka*, Studien zur Geschichte Galiläas, Berlin 1889, 59 (Hervorhebung im Original; es sind die letzten Sätze des Buches, danach folgen nur noch einige „Noten"), vgl. Joh 7,42. Vgl. dagegen *S. Klein*, Galiläa von der Makkabäerzeit bis 67 (Palästina-Studien 4), Wien/Berlin 1928, 18, der darauf hinweist, dass „Galiläa … den in Judäa Wohnenden nie als Ausland" galt. Kleins kleine Studie enthält zahlreiche wichtige Beobachtungen, die es wert wären, aufgrund der aktuellen Forschungsergebnisse überprüft zu werden.

[11] Vgl. *Klausner*, Jesus von Nazareth, 129f. Klausner bezeichnet Kaminka als Vorläufer der Versuche von Ernst Haeckel und Houston Stewart Chamberlain, für Jesus eine nichtjüdische Genealogie nachzuweisen; zu Einzelnachweisen s. meinen in Anm. 4 genannten Beitrag.

[12] Die lange Reihe von mehr oder weniger geistreichen Philosophen, Schriftstellern, Propheten und Antisemiten, die aufgrund der galiläischer Herkunft Jesu diesen vom Judentum distanzieren wollten, bleibt hier außer Betracht. Es sei nur darauf hingewiesen, dass die überwiegende Mehrzahl der Theologen und Vertreter der Wissenschaft des Judentums in dieser Frage sehr viel besonnener urteilten als ihre publizistische Konkurrenz, die mit ihren teilweise aberwitzigen Thesen offenbar z. T. recht erfolgreich war. In dieser Hinsicht scheint sich wenig verändert zu haben. Einen ersten Einblick in diese Irrungen und Verwirrungen bietet *W. Fenske*, „Arier". Dem Buch fehlt leider ein Sachregister, so dass die zahlreichen Hinweise auf Galiläa nur mühsam zu finden sind, vgl. 15.17.21.40.59f.69f. u. ö. Zudem übersehen Fenske und viele andere die Bedeutung der Galiläa-Argumentation im Bereich der jüdischen Jesus-Forschung.

[13] Zur Geschichte des in Eisenach ansässigen Instituts s. die Beiträge in: *P. von der Osten-Sacken* (Hg.), Das mißbrauchte Evangelium. Studien zur Theologie und Praxis der Thüringer Deutschen Christen

lichungen dieses Instituts stammt von Walter Grundmann und trägt den bezeichnenden Titel: *Jesus der Galiläer und das Judentum*.[14]
Vor diesem Hintergrund mag es nicht unberechtigt erscheinen, nach der Funktion der Herkunftsbezeichnung „Galiläa" in der neueren Jesusforschung zu fragen, bei der kritische Anfragen immer wieder den Bezug zu Grundmann hergestellt haben.[15] Verbunden damit ist die parallel dazu prominent ins Blickfeld gerückte galiläische Herkunft der Redenquelle Q[16], die – bei

---

(SKI 20), Berlin 2002 (ergänzend dazu *O. Merk*, „Viele waren Neutestamentler." Zur Lage neutestamentlicher Wissenschaft 1933-1945 und ihrem zeitlichen Umfeld, ThLZ 130 [2005], 106-118), sowie in dem in Anm. 4 genannten Aufsatzband über Grundmann. Dort auch ausführliche Literaturangaben.

14 Veröffentlichungen des Instituts zur Erforschung des jüdischen Einflusses auf das deutsche kirchliche Leben, Leipzig: Verlag Friedrich Wiegand, 1940. Eine zweite, verb. Aufl. [3.-5. Tausend] erschien 1941.

15 *W. Arnal*, The Symbolic Jesus. Historical Scholarship, Judaism and the Construction of Contemporary Identity, London 2005, 16-29; *S. Freyne*, Galilean Questions to Crossan's Mediterranean Jesus, in: *W. E. Arnal/M. Desjardins* (Hgg.), Whose Historical Jesus (Studies in Christianity and Judaism 7), Waterloo (CDN) 1997, 63-91, hier 91 (= *ders.*, Galilee and Gospel, 208-229; die letzte Seite des ursprünglichen Aufsatzes mit dem Bezug auf Grundmann fehlt im Nachdruck); *P. M. Head*, The Nazi Quest for an Aryan Jesus, Journal for the Study of the Historical Jesus 2 (2004), 55-89, hier 60f. u. ö.; *Kloppenborg Verbin*, Excavating Q. The History and Setting of the Sayings Gospel, Minneapolis 2000, 434f.; *Moxnes*, Construction, 33f.68; *B. A. Pearson*, The Gospel According to the Jesus Seminar, Religion 25 (1995), 317-338, hier 338. S. a. unten Anm. 42.

16 Die Betonung der galiläischen Herkunft von Q ist – von Ausnahmen abgesehen – ein relativ junges Phänomen. Zwar war man zumeist von einer Entstehung in Palästina (oder dem südlichen Syrien) ausgegangen, ohne jedoch den Ort genauer anzugeben. *J. S. Kloppenborg* ging in seiner ersten großen Q-Monographie von 1987 auf die Frage der Herkunft bzw. auf das Verhältnis von Galiläa zu Q noch überhaupt nicht ein (The Formation of Q. Trajectories in Ancient Wisdom Collections [Studies in Antiquity and Christianity], Philadelphia, Pa. 1987); in „Excavating Q" von 2000 ist die galiläische Herkunft dagegen für das Verständnis fundamental, vgl. ebd. 170-175.214-261 („Reading Q in the Galilee"); dabei beruft sich Kloppenborg Verbin vor allem auf *J. L. Reed*, The Social Map of Q, in: *J. Kloppenborg* (Hg.), Conflict and Invention. Literary, Rhetorical, and Social Studies on the Sayings Gospel Q, Philadelphia 1995, 17-36, überarb. in *ders.*, Archaeology and the Galilean Jesus. A Re-examination of the Evidence, Harrisburg, Pa. 2000, 170-196 (für weitere Lit. s. 170 Anm. 1 u. unten Anm. 102).

allen offen Fragen der Q-Forschung[17] – unbestritten zu den wichtigsten Quellen zählt, wenn es darum geht, das Wirken des historischen Jesus zu rekonstruieren. Ziel der folgenden Überlegungen ist es nicht, die Bedeutung der Galiläaforschung an sich und in ihrem Wert für die historische Jesusforschung in Frage zu stellen, sondern lediglich auf die mit ihr verbundenen Gefährdungen und vielleicht auch auf ihre möglichen Grenzen im Hinblick auf das Verständnis Jesu hinzuweisen.

2. Galiläaforschung als Grundlage der Frage nach der historischen Jesus

Der Einsatzpunkt der modernen Galiläaforschung, als deren Anfang Sean Freynes erste Monographie zur Geschichte Galiläas gelten kann[18], steht zu der skizzierten Ausgrenzung Jesu aus dem Judentum in diametralem Gegensatz. Im Gegenteil, sie kann eher als Wegbereiter der gegenwärtigen („third") Frage nach dem historischen Jesus verstanden werden. Denn die von Freyne literarisch und von Eric Meyers archäologisch initiierte, moderne Galiläaforschung hat nicht unwesentlich Anteil daran, dass auch als Galiläer der *Jude* Jesus ganz neu ins Zentrum gerückt wurde. Während als Kennzeichen der vor allem mit Käsemann und Bornkamm zu verbindenden ‚zweiten' Phase der Jesusforschung[19] das Differenzkriterium gilt,

[17] Überblicke über den Forschungsstand geben u. a. *M. Casey*, An Aramaic Approach to Q. Sources for the Gospels of Matthew and Luke (SNTSMS 122), Cambridge 2002, 1-50; *P. M. Head*/*P. J. Williams*, Q Review, TynB 34 (2003), 119-144.

[18] Galilee from Alexander the Great to Hadrian. A Study of Second Temple Judaism. Wilmington, Del./Notre Dame, Ind. 1980; Freyne blieb diesem Thema treu, vgl. weiter (in Auswahl) *ders*., Galilee, Jesus and the Gospels; *ders*., Galilee and Gospel; *ders*., Jesus, a Jewish Galilean. A New Reading of the Jesus-Story. London 2004, sowie seine Presidential Address auf der SNTS-Tagung 2006 in Aberdeen: Galilee as Laboratory. Experiments for New Testament Historians and Theologians, NTS 53 (2007), 147-164. Vgl. außerdem seinen Beitrag in diesem Band.

[19] Die Zeit zwischen dem Ende der „first quest" und dem Beginn der „new quest" ist vor allem durch die existentialistische Interpretation Bultmanns geprägt, die am historischen Jesus kein Interesse hatte. Sie wird darum auch gelegentlich als „no quest"-Phase beschrieben. Der Einfluss Bultmanns bestimmt aber auch die „new quest" seiner Schüler, so dass gelegentlich ungenau die „second" oder „new quest" insgesamt

nach welchem echtes Jesusgut nur da vorliegt, wo es sich vom zeitgenössischen Judentum (und den Anliegen der werdenden Kirche) unterscheidet, gilt bei Vertretern des ‚Third Quest' mit dem Plausibilitäts- bzw. Ähnlichkeitskriterium geradezu das Gegenteil.[20] Anspruch auf Echtheit hat das, was Jesus mit dem zeitgenössischen Judentum verbindet. Doch hier stellt sich dann die Frage: Mit welchem Judentum? Denn parallel zur ‚Third Quest' veränderte sich auch die Forschungslage hinsichtlich des Judentums in der zweiten Tempelperiode im Vergleich zur Epoche des ‚Second Quest' geradezu dramatisch. Stand damals Jesus in den Augen der Forschung mehrheitlich einem pharisäisch-rabbinisch bestimmten ‚gesetzlichen' Judentum gegenüber[21], so werden nun die inhaltliche Pluralität und die geographischen Verschiedenheiten nicht nur im Hinblick auf das Verhältnis zwischen Land Israel und Diaspora, sondern auch innerhalb derselben betont. In der geographischen Differenzierung steht das galiläische Judentum neben dem judäischen und samaritanischen, wobei dann zu dieser regionalen Unterscheidung (die intern noch weiter präzisiert werden, wenn sich z. B. Ober- und Untergaliläa als kulturell unterschiedlich geprägte Regionen erweisen) noch soziologische (Gegensatz zwischen Stadt und Land bzw. [Fremd-]Herrschaft und Landbevölkerung) und kulturelle (Grad der Hellenisierung, Bildung, religiöse Bindungen) dazutreten. Diese Veränderungen in den *Jewish Studies* zwingen dazu, die Aussagen über Jesu Jüdischsein auf dieser inzwischen sehr kleinteiligen Landkarte der jüdischen Welt zu präzisieren.[22] Seine galiläische Herkunft bietet nun scheinbar

---

als Label für die von Bultmann bestimmte Phase der Jesusforschung gebraucht wird. Geprägt hat die Terminologie *James M. Robinson*, der mit seinem Buch: A New Quest for the Historical Jesus, Naperville, Ill., 1959, auf diesen Neuansatz der Jesusforschung im Schülerkreis Bultmanns aufmerksam machte. Als kurzer Überblick s. *J. C. Paget*, Quests for the Historical Jesus, in: *M. Bockmuehl* (Hg.), The Cambridge Companion to Jesus, Cambridge 2001, 138-155.

[20] Vgl. *J. D. G. Dunn*, Christianity in the Making. Bd. 1: Jesus Remembered, Grand Rapids, Mich./Cambridge, U.K. 2003, 73-92; *G. Theißen/D. Winter*, Die Kriterienfrage in der Jesusforschung. Vom Differenzkriterium zum Plausibilitätskriterium (NTOA 34), Freiburg (CH) u. Göttingen, 1997.

[21] Vgl. *E. P. Sanders*, Paulus und das palästinische Judentum (StUNT 17), Göttingen 1985, 27-54.

[22] Vgl. *Kloppenborg Verbin*, Excavating Q 437: Es reicht nicht aus zu sagen, dass Jesus Jude war, sondern es geht darum genauer einzugrenzen

einen festen Anknüpfungspunkt für eine solche präzisere Einordnung. Denn die Aussage „Jesus was a Galilean who preached and healed" gehört nach E. P. Sanders zu den acht Tatsachen und Aktivitäten Jesu, die den größten Anspruch auf historische Zuverlässigkeit erheben können.[23] Auch für die Mitglieder des Jesus-Seminars gehört es zu den gewissen Punkten unseres Wissens über Jesus, dass er „an itinerant teacher in Galilee" war und auch, etwas überraschend, dass er in den Synagogen Galiläas gepredigt habe.[24] Auf die Bedeutung der Galiläaforschung für die „Third Quest" wurde bereits hingewiesen (s. o. Anm. 3).

„what kind of Judaism Jesus (or Q) represents", vgl. ähnlich auch 434; zu dieser Aufgabe s. a. *Dunn*, Jesus Remembered, 255-311.

[23] Jesus and Judaism, London 1985, 11. Galiläa spielt in diesem Buch jedoch keine besondere Rolle (das Stichwort kommt nicht einmal im Index vor), da für Sanders „first-century Judaism" bzw. „Palestinian Judaism" den entscheidenden Verstehenskontext darstellt (17). Erst in späteren Arbeiten nimmt er auf die Galiläa-Diskussion ausdrücklich Bezug, vgl. *ders.*, Jesus' Galilee, in: *I. Dunderberg/C. Tuckett/K. Syreeni* (Hgg.), Fair Play. Diversity and Conflicts in Early Christianity (FS H. Raisänen; NT.S 103), Leiden 2002, 3-42; *ders.*, Jesus in Galilee, in: *D. Donnelly* (Hg.), Jesus. A Colloquium in the Holy Land with J. D. G. Dunn, Daniel J. Harrington, Elizabeth A. Johnson, John P. Meier and E. P. Sanders, New York, N.Y. 2000, 5-26, vgl. a. *H. Moxnes*, Construction, 34-36. Zu Galiläa als ‚sicherem' Element der Jesusbiographie s. a. *C. A. Evans*, Authenticating the Activities of Jesus, in: *B. Chilton/ders.* (Hgg.), Authenticating the Activities of Jesus (NTTS 28.2), Leiden 1999 (Ndr. Boston u. Leiden 2002), 3-29, hier 3f.9f.26f.

[24] *R. W. Funk* (Hg.), The Acts of Jesus. What Did Jesus Really Do? The Search for the Authentic Deeds of Jesus, San Francisco, Calif. 1998, 61.66f.171. Gegen die Behauptung, dass Jesus in galiläischen Synagogen gepredigt habe, s. vor allem *R. A. Horsley*, Archaeology, History and Society in Galilee. The Social Context of Jesus and the Rabbis, Valley Forge, Pa. 1996, 131-153. S. E. handelt es sich bei den neutestamentlichen Berichten um „assemblies of the local communities" und nicht um entsprechende Gebäude. Gegen diesen skeptischen Minimalismus s. u. a. *Sanders*, Jesus in Galilee, 18; *J. F. Strange*, Archaeology and Ancient Synagogues up to about 200 C.E., in: *B. Olsson/M. Zetterholm* (Hgg.), The Ancient Synagogue From Its Origins until 200 C.E. Papers Presented at an International Conference at Lund University, October 14-17, 2001 (CB.NT 39), Stockholm 2003, 37-62; *L. I. Levine*, The First-Century Synagogue. Critical Reassessments and Assessments of the Critical, in: *D. R. Edwards* (Hg.), Religion and Society in Roman Palestine. Old Questions, New Approaches, London u. New York, N.Y. 2004, 70-102.

Was also weiß man über Galiläa zur Zeit Jesu? Ein Blick in die aktuelle Literatur belehrt, dass sich hinter dieser schlichten Frage nicht nur eine, sondern ein ganzes Bündel von Fragen auftut: Was wissen wir über die Besiedlungs- und Bevölkerungsgeschichte Galiläa? Gab es ein spezifisches galiläisches Judentum? Oder etwa mehrere? Inwieweit unterscheidet sich die dörfliche Frömmigkeit Galiläas von der in den beiden Städten Sepphoris und Tiberias? Wie das jüdische Leben in Obergaliläa von dem in Untergaliläa? Wie ist das Verhältnis zu Judäa, wie zum Tempel? Gab es Pharisäer in Galiläa? Welche Stellung besaßen die Priester, welche Verfassung die Dörfer?[25] Und schließlich – wohin gehörte Jesus bzw. was hat ihn als Galiläer geprägt und bestimmt? Die Bandbreite der Antworten, die auf diese Frage gegeben wurde, ist weit gespannt und kann nur an einigen Beispielen verdeutlicht werden.

Der jüdische Historiker Geza Vermes war einer der ersten, der auf die „Second Quest" mit einem historischen Jesusbuch antwortete. Darin schildert er Jesus als „Teil des chassidischen Judentums im ersten Jahrhundert", da „die natürlich-ungekünstelte Umgebung Galiläas beste Voraussetzungen bot, heilige Männer vom Typus des Chassids hervorzubringen"[26]. Knapp zwanzig Jahre später kann man dagegen bei dem amerikanischen Neutestamentler John Dominic Crossan lesen, dass Jesu galiläische Heimat es erlaube, in ihm „ein[en] bäuerliche[n] jüdische[n] Kyniker" zu sehen, da sein Heimatort „der griechisch-römischen Stadt Sepphoris nahe genug" lag, um „die Annahme zu gestatten, daß ihm der Kynismus nicht unbekannt geblieben ist", auch wenn er „nicht die Marktplätze der Städte …, sondern die Weiler und Dörfer Untergaliläas"

[25] Die beste und umfassendste Darstellung stellen derzeit m. E. die beiden Bücher von *M. A. Chancey* dar, die auch hervorragende Einblicke in die Forschungsgeschichte geben: The Myth of a Gentile Galilee (MSSNTS 118), Cambridge 2002; Greco-Roman Culture and the Galilee of Jesus (MSSNTS 134), Cambridge 2005.

[26] *G. Vermes*, Jesus der Jude. Ein Historiker liest die Evangelien, Neukirchen-Vluyn 1993, 66f. Das englische Original erschien bereits 1973 (Jesus the Jew. A Historian's Reading of the Gospels, London 1973).

aufsuchte, um darin seine Botschaft „vom Reich Gottes durch *kostenloses Heilen* und *gemeinsames Essen* zu verbreiten.“[27]
Diese gegensätzlichen Positionen von Vermes und Crossan, die in gewisser Weise die Extreme der diskutierten Positionen markieren, stimmen doch in einem Punkt überein: sie setzen ein bestimmtes Bild von Galiläa voraus bzw. rekonstruieren ein solches, in das hinein sie Jesus setzen und vor dessen Hintergrund sie sein Wirken verstehen. Vermes betont dazu, dass die „kleine Gefolgschaft“, die Jesus auf seinen Reisen begleitete, „aus einfachen Galiläern bestand“ und das Jesus zwar „in der Bevölkerung Galiläas … ausgesprochen beliebt“ war, seine „Popularität … in Judäa und Jerusalem“ jedoch „nicht mit der in seiner Heimatprovinz vergleichbar war“ (16f). Für Vermes ist Galiläa aufgrund seiner Geschichte ein „Gebiet sui generis“, das erst im 1. Jh. v. Chr. durch seine Einbindung in das hasmonäische Reich „eine fast ausschließlich jüdische Einwohnerschaft“ bekam (31). Wie diese zusammengesetzt war, wird nur gestreift, aber offenbar geht auch Vermes davon aus, dass es vor allem judäische Siedler waren, eventuell zusammen mit den nach 1Makk 5,14-23 Evakuierten, die Galiläa als Kolonisten wieder neu in Besitz nahmen. Er erwähnt ferner die gegenüber Nichtjuden angewandten Gewaltmaßnahmen und Zwangsbeschneidungen (*Ant* 13,257f.318f), ohne dass klar wird, wie viele s. E. davon betroffen waren. Obwohl nach dieser Rekonstruktion der historischen Vorgänge das Gebiet Galiläas ab dem 1. Jh. v. Chr. weitgehend als von Judäern besiedelt zu gelten hat (s. dazu unten bei Anm. 103), hat sich doch sehr schnell „das Bewußtsein galiläischer Eigenständigkeit“ (31) entwickelt. Dieses wird u. a. durch die „Rebellen“ repräsentiert, war doch Galiläa seit Mitte des 1. Jh. v. Chr. nach Vermes „das unbändigste der jüdischen Gebiete“ (33). Mit Stellen aus Josephus und der rabbinischen Literatur (vgl. 39–44) wird der besondere Nationalismus der Galiläer belegt, der mit einem streitsüchtigen und aggressiven Charakter verbunden gewesen sei.
Die zugrunde liegende historische Skizze erklärt eine solche von Judäa verschiedene Eigenheit allerdings nur sehr bedingt, zumindest erklärt sie nicht ihr Entstehen. Es ist wohl eher das ‚Vorwissen‘ einer galiläischen Sonderkultur, das hier die Dar-

[27] *J. D. Crossan*, Der historische Jesus, München 1994, 554. Trotz aller Unterschiede ist der Einfluss von Vermes auf Crossan nicht unerheblich, vgl. ebd. 618 Register s.v. Vermes, G.

stellung bestimmt, zumal diese Sonderkultur für die Erklärung des Wirkens Jesu benötigt wird. Denn es ist dieser „Menschenschlag", in dem die Evangelien und Jesus platziert werden und vor dem sie verstanden werden müssen (35). Jesus, ein „echter Landmensch", war „bei den einfachen Leuten des ländlichen Galiläa" zu Hause, mit ihnen teilte er auch den „galiläischen Chauvinismus" gegenüber Nichtjuden. In Jerusalem dagegen muss sich Jesus „recht fremd gefühlt haben" (36), wie er umgekehrt als „Galiläer" dem hauptstädtischen *establishment* „politisch suspekt" war:

„Diese Herkunft machte ihn außerdem, wenn man der Einschätzung Galiläas als Gebiet niedriger Bildungsrate und mangelnder orthodoxer Ausrichtung seitens moderner jüdischer Historiker folgt, in religiösen Dingen verdächtig" (44).

Als Begründung für die „niedriger[e] Bildungsrate" in Galiläa dient das angebliche Fehlen von Pharisäern bzw. pharisäischem Einfluss, wofür hier und in anderen Publikationen das Diktum von Jochanan ben Zakkai, der 18 Jahre lang in Arav, unweit von Sepphoris, gewirkt haben soll, bemüht wird: „Galiläa, Galiläa, du hasst die Tora! Du wirst es zuletzt mit ‚Bedrückern' zu tun haben"[28]. Pharisäischer bzw. (proto-)rabbinischer Einfluss wird in der Regel da bestritten, wo eine von Judäa verschiedene galiläische Kultur vorausgesetzt wird (bzw. für die Erklärung anderer Zusammenhänge benötigt wird).[29] Zusammenfassend bedeutet dies für

---

[28] yShab 16,8/3 (15d). Zu der Stelle als Argument gegen pharisäisch(-rabbinisch)en Einfluss bzw. Präsenz in Galiläa s. u. a. *J. Klausner*, Jesus, 229; *S. Freyne*, The Charismatic, in: *G. W. E. Nickelsburg/J. J. Collins* (Hgg.), Ideal Figures in Ancient Judaism (SBL.SCSt 12), Chico, Calif. 1980, 223-258 (unter dem Titel: Hanina Ben Dosa, A Galilean Charismatic, in *ders.*, Galilee and Gospel, 132-159, hier 153; in späteren Arbeiten modifizierte Freyne seine damalige, stark von Geza Vermes abhängige Position, s. *ders.*, Galilee, Jesus, and the Gospels, 202.217) u. unten Anm. 31. Kritisch dazu *Sh. Safrai*, The Jewish Cultural Nature of Galilee in the First Century, in: *M. Lowe* (Hg.), The New Testament and Christian-Jewish Dialogue (FS David Flusser), Immanuel 24/25 (1990), 147-186, außerdem schon *Klein*, Galiläa, 21; *E. M. Meyers*, The Cultural Setting of Galilee. The Case of Regionalism and Early Judaism, ANRW II.19.1, Berlin/New York, N.Y. 1979, 686-702, hier 691.698.

[29] Zum viel verhandelten Problem der Pharisäer in Galiläa bzw. pharisäischem Einfluss in Galiläa s. *Dunn*, Jesus Remembered, 306-308; *Freyne*, Galilee, Jesus and the Gospels, 202-210; *ders.*, Jesus. A Jewish Galilean, 83; *Horsley*, Archaology, 151f.; *ders.*, The Pharisees and Jesus

einen Galiläer im 1. Jahrhundert (aus ‚judäischer' Perspektive betrachtet): politisch verdächtige Herkunft, fehlende Bildung, bäurisches Temperament und mangelnde Orthodoxie – und wenn ein solcher dann auch noch ein so provozierendes Verhalten an den Tag legt wie Jesus, dann ist seine Auslieferung an die Römer durch die judäischen Autoritäten nach Vermes zumindest nachvollziehbar (vgl. VIf).[30]

In diesem Galiläa-Porträt, das 1973 auf Englisch erschien, ist die Verwurzelung in der wissenschaftlichen Tradition des 19. Jh. noch deutlich erkennbar und Parallelen zu Renan, Graetz, Geiger u. a. ließen sich unschwer beibringen, nur dass an die Stelle der dortigen ‚essäischen' Einflüsse bei Vermes das „charismatische Judentum" zu stehen kommt (vgl. 45–68). Argumentativ ändert sich dabei wenig, weil auch hier die charismatische Frömmigkeit mit der galiläischen Emotionalität gegen die judäisch-rabbinische Rationalität verbunden[31] und Jesus als Heiler und Exorzist ausschließlich im Rahmen der ersteren verstanden wird. Damit wird der Grund gelegt für eine allzu einfache Dichotomie zwischen Galiläa und Judäa. Denn Jesus erfuhr auch in Galiläa Ablehnung bis hin zur tödlichen Bedrohung (Mk 3,6; Lk 4,28f)[32] und erlebte Freund-

---

in Galilee and Q, in: *A. J. Avery-Peck/D. Harrington/J. Neusner* (Hgg.), When Judaism and Christianity Began. Essays in Memory of Anthony J. Saldarini (JSJ.S 85), Leiden/Boston, Mass. 2004, I 117-145 (für Horsley ist der pharisäische Einfluss eine Folge des von ihm vorausgesetzten judäischen Imperialismus); *D. Lührmann*, Die Pharisäer und Schriftgelehrten im Markusevangelium, ZNW 78 (1987), 169-185; *B. L. Mack*, The Lost Gospel. The Book of Q and Christian Origins, San Francisco 1993, 60; *R. L. Mowery*, Pharisees and Scribes, Galilee and Jerusalem, ZNW 80 (1989), 266-268 (ergänzend zu Lührmann); *M. Rapinchuk*, Galilee and Jesus, 214-216; *A. J. Saldarini*, Pharisees, Scribes and Sadducees in Palestinian Society, Edinburgh 1988 (Reprint Grand Rapids 2001 mit einem Vorw. von J. C. VanderKam), 291-297.

[30] Zu seiner Sicht des Prozesses Jesu s. jetzt *G. Vermes*, Die Passion. Die wahre Geschichte der letzten Tage im Leben Jesu, Darmstadt 2006 (dt. Übersetzung von: The Passion, London 2006).

[31] Das gilt auch für das frühe Porträt Jochanan ben Zakkais durch *Jacob Neusner*, in dem die „spontaneous religion of Galilee, which looked for daily miracles, signs, and wonders" mit der nüchternen und sachlichen Jerusalemer Gesetzestreue kontrastiert wird (A Life of Rabban Yohanan ben Zakkai. Ca. 1-80 C.E. [StPB 6], Leiden 1962, 32, vgl. a. die Neubearbeitung 1970, 57 [zu Jochanan in Galiläa s. 47-58]).

[32] Was Vermes an anderer Stelle durchaus sieht, s. Jesus der Jude, 20f. Zu einer ähnlich schematischen Trennung zwischen Galiläa und Jerusalem s. *W. Bösen*, Galiläa als Lebensraum und Wirkungsfeld Jesu. Eine

schaft und Zustimmung in Judäa (Lazarus, Maria, Martha, Nikodemus, Josef von Arimathäa, Kleopas und der andere Emmausjünger, die Familie des Johannes Markus – das sind alles Personen, die nach Judäa verweisen).
Es ist nun interessant zu sehen, dass sich Crossan für seinen so völlig anderen Jesus, der zur sozial ausgebeuteten und um seine Existenz kämpfenden bäuerlichen Klasse Galiläas gehört, gleichwohl ausführlich und ausdrücklich auf Vermes beruft.[33] Denn wie dieser geht auch Crossan davon aus, dass Jesus durch seine subversive, weil kostenlose Magie und tempelsteuerfreie Gottesbeziehung „das religiöse Monopol der Priester“ (428) in solchen Konkurrenzdruck brachte, dass sie sich dieses Geschäfteverderbers so schnell wie möglich zu entledigen suchten. „Die Obrigkeit wird bei ihrer eigenen Theologie gepackt“ (429) – dahinter verbirgt sich wie bei Vermes ein fundamentaler Gegensatz zwischen Jesus und Jerusalem, zwischen dem umherziehenden Galiläer und dem ortsgebundenen Tempeldienst (470, vgl. 476). Das Verhältnis Jesu zum Tempel und der durch ihn vermittelten Tradition war nach Crossan im besten Fall ambivalent, wahrscheinlicher jedoch völlig indifferent. Als Kyniker stand er außerhalb aller solcher festgefügten Ordnungen und ihrer Hierarchien.

Noch einen Schritt weiter in der Ablehnung einer konstitutiven Verbindung des historischen Jesus mit den traditionellen, seit der hasmonäischen Zeit beobachtbaren jüdischen, an der Torah, Jerusalem und dem Tempel orientierten Identitätsmerkmalen geht Burton L. Mack in seinem 1993 erschienenen Buch über Q. Aufbauend auf der von Kloppenborg erarbeiteten Redaktionsgeschichte von Q, die von einem ältesten weisheitlichen Stratum ausgeht, das sekundär von einer apokalyptischen Schicht überformt wurde, rekonstruierte er den historischen Jesus und seine ersten Anhänger ausschließlich

---

zeitgeschichtliche und theologische Untersuchung, Freiburg i.Br. 1985, 262-274. In gewisser Weise ist diese Trennung zwischen Galiläa und Jerusalem eine Fortsetzung des von Ferdinand Christian Baurs postulierten Gegensatzes zwischen Paulus und den Jerusalemer Judaisten, wobei Galiläa nun die Rolle des paulinischen Hellenismus und der damit verbundenen ‚Offenheit‘ in Bezug auf die Torah und die nichtjüdische Welt zukommt.

[33] Der historische Jesus, 199-224. Gleichwohl hat bei Crossan *Galiläa* keine spezifische Bedeutung, vgl. *Freyne*, Galilean Questions, 65-70 (=Galilee and Gospel, 213-216).

auf Basis der angenommenen ältesten Überlieferung. Nicht weniger als eine Neuformulierung der Grundlagen des Christentums waren dabei das Ziel:

„If the shift from wisdom to apocalyptic could be explained, it would have tremendous consequences for the quest of the historical Jesus and a revision of Christian origins. As for Jesus, it would mean that he had probably been more the sage, less the prophet. And as for Christian origins, it would mean that something other than an apocalyptic message and motivation may have impelled the new movement and defined its fundamental attraction."[34]

Die Frage nach den „Christian Origins" führt Mack zu dem sozialen und kulturellen Umfeld der ursprünglichen „people of Q" (38), die noch keine ‚Christen' waren, sondern Vertreter einer galiläischen Jesusbewegung. Um der entdeckten historischen Gegebenheiten willen[35] ist es nach Mack nicht nur nötig, sich von einem traditionellen Jesusbild zu verabschieden, das in ihm den Messias sieht oder zumindest einen innerjüdischen Propheten oder Reformer, sondern auch von einem „image of Judaism in Palestine, based on the Christian gospels" (49). Darum sind, um durch Q den historischen Jesus zu verstehen, „some basic, up-to-date information about the social and cultural climate of first-century Galilee" (49) von Nöten, die Mack im folgenden Kapitel „Galilee Before the War" (51–68) dann auch zu geben vorgibt.[36] Schon der einleitende

---

[34] *Mack*, Lost Gospel, 37f. Zu dem von ihm angenommenen Wachstumsprozess, der zugleich eine geographische ‚Wanderung' von Q aus Galiläa über Nordpalästina, Süd- u. Nord-Syrien bis Kleinasien impliziert s. das Schaubild S. 259. Zu Grunde liegt *Kloppenborg*, Formation of Q, vgl. *ders.*, Excavating Q, 87-111.

[35] Vgl. die Verteidigung der Position von Mack durch *W. Arnal*, A Manufactured Controversy. Why the "Jewish Jesus" is a Red Herring, in: *ders.*, The Symbolic Jesus, 20-38, hier 24f. Es sind nach dieser Apologie eben allein die unausweichlichen historischen Fakten, nämlich die älteste Jesusüberlieferung und damit das Authentischste, das man über Jesus wissen kann, die ihn *nicht* in Verbindung mit „Israel's epic tradition" bringt (vgl. a. *Kloppenborg Verbin*, Excavating Q, 188f., ebenfalls in einer Verteidigung von Mack; zu der Bedeutung der „epic tradition" s. u. S. 295). Das führt dann notwendigerweise bei Mack, Kloppenborg und anderen zu einer völligen Neubewertung der Früh- bzw. Vorgeschichte des Christentums.

[36] In der „Select Bibliography" (Lost Gospel, 263-267) wird allerdings keine einzige der neueren Arbeiten zur galiläischen Geschichte und Archäologie genannt, was angesichts der Ankündigung einer „up-to-date

Satz macht klar, dass es Mack in erster Linie darum geht, Galiläa als eine von Judäa (und seinem Judentum) getrennte Welt zu sehen:

„In the world of the Christian imagination Galilee belonged to Palestine, the religion of Palestine was Judaism, so everyone in Galilee must have been Jewish. Since this picture is wrong, and since Q can make no sense as long as it prevails, the reader needs to have a truer picture in mind" (51).

Darauf folgen die spätestens seit Bauers Galiläa-Aufsatz bekannten und auch von Grundmann reichlich traktierten Informationen: „a land of mixed peoples" (53, vgl. 56), von internationalen Fernwegen durchzogen (vgl. 55), und in enger Nachbarschaft zu zahlreichen Herrschaftsgebieten unterschiedlicher ethnischer Prägung. Galiläa selbst ist ohne zentrale Mitte, ohne Hauptstadt, „a no-man's-land reserved for initial skirmishers in larger undertakings. It was a kind of beachhead where the surge of political crosscurrents constantly kept the people on their toes" (53). Darum gehört „loyalty to kings and their gods" nicht zu den galiläischen Tugenden (ebd.). Seit der Zeit Alexanders des Großen war Galiläa umgeben von griechischen Städten mit allen Kennzeichen hellenistisch-urbanen Lebens, aber: „Samaritans and Galileans did not resist. They did not generate a revolution like that of the Maccabees in Judea" (54). Der Widerstand gegen die hellenistische Überfremdung ist nach Mack auf Judäa beschränkt (ebd.). Galiläa wurde dem hasmonäischen Königtum um 100 einverleibt („annexed"), aber die Herrschaft über Galiläa währte nur von 100 bis 63 v. Chr. (55). Sie wurde von Pompeius abgelöst, was für Galiläa „yet another superimposition of military, political, economic, social, and cultural presence with which Galileans had to contend" (55) bedeutete.
In diesem Zusammenhang stellt Mack auch die Frage, ob die Galiläaer als eigener Ethnos beschrieben werden können wie „Jews (from Judea, the land of Judah, with its temple in Jerusalem), Idumeans, Samaritans, Phoenicians, and Syrians" (56). Das wird aufgrund der Geschichte mit ihren zahlreichen Eroberungen verneint, so dass Galiläa die Heimat eines bunten Völkergemischs und verschiedener Kulturen darstellt (ebd.). Mack betont ferner den hellenistischen Einfluss auf Galiläa, der s. E. von vielen Forschern heruntergespielt wird

---

information" dann doch bezeichnend ist. Zu Macks ‚veraltetem' Galiläabild s. a. *Moxnes*, Construction, 68f.

„in the interest of buttressing the picture of Jesus appearing in the midst of a thoroughly Jewish culture“ (57).[37] Gadara („just across the Jordan, a day's walk from Nazareth“) und Skythopolis mit ihren Bildungs- und Kultureinrichungen („theaters, sporting arenas [*gymnasia*], and schools“) werden erwähnt und natürlich Sepphoris („an hour's walk from Nazareth) als einer „thoroughly hellenized city“ (58). Das alles ist nicht völlig falsch, wenn auch extrem einseitig dargestellt. Problematisch wird es, wenn die Hellenisierung als Gegenpol zu „Jewish culture“ benützt wird, wie es bei Mack der Fall ist. Seine tendenziöse Beschreibung der gesellschaftlichen Umwälzungen im Prozess der Hellenisierung des Ostens leitet die rhetorische Frage ein, die zugleich sein eigentliches Ziel preisgibt:

„What if we let Galilee have its place in the Greco-Roman world? What if the people of Galilee were not isolated from the cultural mix that stimulated thought and produced social experimentation in response to the times? What if Galileans were fully aware of the cultural and intellectual forces surging through the Levant? What if we acknowledged that the compact and convoluted history of foreign conquests in Galilee had created disaffection for many Galileans, and a predisposition for social and cultural critique? … What if we thought that Galileans were capable of entertaining novel notions of social identity? What then? Why then we would be ready for the story of the people of Q.“[38]

---

[37] So auch *Kloppenborg Verbin*, Excavating Q, 437. Unterstützung erfährt diese Position durch *J. A. Overman*, Recent Advances in the Archaeology of the Galilee in the Roman Period, Currents in Research: Biblical Studies 1 (1993), 35-57, der die archäologischen Befunde äußerst tendentiell dahingehend interpretiert, dass „the presence and influence of so-called pagan culture is now widely recognized as a result of excavations in the Galilee“ (45). Ein angemessenes Jesusbild kann darum nicht gewonnen werden, wenn die „cultural, religious and socioeconomic issues and development that were part of the larger Greek East“ nicht ausreichend herangezogen werden (47). Und so bestätigt die Archäologie s. E. „the cultural and religious plurality“ in Galiläa mit der Folge, dass die „distinctions between Jews, non-Jews or Gentiles and so-called pagans“ nicht mehr länger tragfähig sind (49).

[38] *Mack*, Lost Gospel, 68. Trotz des rhetorisch-suggestiven Gewichts dieser „what if“-Fragen ist ihr Erkenntnisgewinn (am Ende des Kapitels) mehr als gering. Denn wohl die meisten müssten klar verneint werden, für eine positive Beantwortung fehlt jeder Hinweis in den zur Verfügung stehenden Quellen. Aber eigentlich müssen sie nicht einmal verneint werden, da sie schlicht nicht ihrem Gegenstand gemäß sind. Zu einem spezifischen galiläisch-hellenistischen Ethos in Abgrenzung gegen ein

Die Jesusbewegung, wie sie am Anfang der Redaktionsgeschichte von Q zu erkennen ist, entpuppt sich als eine gesellschaftskritische Avantgarde, die eine neue Identität jenseits von Ethnos und tradierter (auch jüdischer) Religiosität sucht[39] – das erinnert dann doch eher an elitäre postmoderne und postchristliche Zirkel in Kalifornien als an das Galiläa des ersten Jahrhunderts.

Verbunden ist mit dieser Q-Hypothese die – ebenfalls schon ältere und durchaus diskutable – Position, wonach das die gesellschaftlichen Normen sprengende Leben Jesu sowie das von ihm und seinen Anhängern praktizierte radikale Nachfolgeethos in Analogie zu kynischen Wanderphilosophen und ihrer Gesellschaftskritik verstanden werden kann.[40] Problematisch ist jedoch, worauf die Kritiker des ‚kynischen Jesus' auch immer wieder hingewiesen haben, dass der Verweis auf kynische Analogien häufig dazu dient, die basale Verwurzelung Jesu in der jüdischen Traditionsgeschichte zu lockern.[41]

„specifically Jewish sectarian milieu" s. *ders.*, A Myth of Innocence. Mark and Christian Origins, Philadelphia, Pa. 1988, 73. Zu einer ähnlichen Q-Utopie s. *W. E. Arnal*, Jesus and the Village Scribes. Galilean Conflicts and the Setting of Q, Minneapolis, Mass. 2001, 193-202 („The Social Project of the Q Tradents").

[39] Vgl. *Mack*, Lost Gospel, 213f.: Hinter der ursprünglichen Q-Bewegung stand demnach die Idee „that a mixed group of people could represent the best of the heritage of several ethnically exclusive cultural traditions and claim to be a new kind of community." S. weiter das letzte Kapitel „The Consequences" (245-258), das eindringlich belegt, dass es Mack mit seiner Q-Analyse um die Verankerung seiner „social vision" einer „multicultural world" (deren Gegner ein imperialistisches Amerika in Verbindung mit dem traditionellen Christentum ist) in der Botschaft Jesu geht, die zu diesem Zweck von allen störenden Elementen befreit werden muss.

[40] Vgl. u. a. *G. Theißen*, Wanderradikalismus, ZThK 70 (1973), 245-271, hier 255f. (= *ders.*, Studien zur Soziologie des Urchristentum [WUNT 19], Tübingen [3]1989, 79-105, hier 89f.); Theißen hebt jedoch hervor, dass die Analogie zwischen Kynismus und Jesusbewegung „auf strukturellen Ähnlichkeiten" und „nicht auf historischen Beziehungen" beruhe; auch *S. Freyne* hat in einer frühen Arbeit auf Ähnlichkeiten aufmerksam gemacht, s. Galilee, Jesus and the Gospels, 241.249; inzwischen ist seine Haltung deutlich distanzierter, vgl. *ders.*, Galilee and Gospel, 343, Index s. v. Cynics.

[41] Die Diskussion um den kynischen Jesus kann hier nicht im Detail dargestellt werden, vgl. als Überblicke: *F. G. Downing*, Christ and the Cynics. Jesus and Other Radical Preachers in First-Century Tradition (JSOT Manuals 4), Sheffield 1988; *ders.*, Cynics and Christian Origins, Edinburgh 1992; *ders.*, Deeper Reflections on the Jewish Cynic Jesus,

Zwar wird nirgends behauptet, dass Jesus kein Jude war. Aber dieses Judesein ist für das Verständnis Jesu (im Sinne eines *genitivus subjectivus* und *objectivus* zu lesen) nicht zentral.[42] Das Königreich Gottes, wie es Jesus gepredigt und es einzig die älteste Schicht von Q ‚rein' bewahrt habe, ist nicht verbunden mit „any particular tradition of religious thinking" (128), noch kann der ‚Gott' darin mit dem einer bestimmten ethnischen oder kulturellen Tradition gleichgesetzt werden. So etwas, so lernt man bei Mack, konnte nur in Galiläa entstehen:

> „The God in question is not identified in terms of any ethnic or cultural tradition. This fits nicely with Galilean provenance, and since the metaphors of God's rule are largely taken from the realm of nature, the conception of God in Q^1 is also compatible with the Cynic tone of the preaching."[43]

JBL 117 (1998), 97-104; *J. S. Kloppenborg Verbin*, A Dog Among the Pigeons. The ‚Cynic Hypothesis' as a Theological Problem, in: *J. Asgeirsson/K. de Troyer/M. W. Meyer* (Hgg.), From Quest to Quelle (FS J. M. Robinson; BEThL 146), Louvain 1999, 73-117; *B. L. Mack*, Q and a Cynic-Like Jesus, in: *W. E. Arnal/M. Desjardins* (Hgg.), Whose Historical Jesus (Studies in Christianity and Judaism 7), Waterloo (CDN) 1997, 25-36; *ders.*, The Case for a Cynic-Like Jesus, in: *ders.*, The Christian Myth. Origins, Logic, and Legacy, New York 2001, 41-58; *D. Seeley*, Jesus and the Cynics Revisited, JBL 116 (1997), 704-712; *L. Vaage*, Galilean Upstarts. Jesus' First Followers According to Q, Valley Forge, Pa. 1994; kritisch dazu: *H. D. Betz*, Jesus and the Cynics. Survey and Analysis of a Hypothesis, JR 74 (1994), 453-475; *P. R. Eddy*, Jesus as Diogenes? Reflections on the Cynic Jesus Thesis, JBL 115 (1996), 449-469; *J. W. Marshall,* The Gospel of Thomas and the Cynic Jesus, in: *W. E. Arnal/M. Desjardins* (Hgg.), Whose Historical Jesus (s.o.), 37-60; *Arnal*, Jesus and the Village Scribes, 52-64. Wichtig ist darauf hinzuweisen, dass das Verhältnis zwischen jüdisch und kynisch bei den einzelnen Autoren sehr verschieden ist, vgl. etwa *Freyne*, Galilean Questions, 71-74 (= Galilee and Gospels, 218-221) zur Position Downings.

[42] Zur Verteidigung dieser Position und zur Abgrenzung derselben gegen den Antijudaismusvorwurf s.o. Anm. 15, ferner: *Arnal*, Manufactured Controversy, 20-38.80-82; *ders.*, The Cipher ‚Judaism' in Contemporary Historical Jesus Scholarship, in: *J. S. Kloppenborg/J. W. Marshall* (Hgg.), Apocalypticism, Anti-Semitism and the Historical Jesus. Subtexts in Criticism (JSNT.S 275), London/New York, N.Y. 2005, 24-54 u. dazu die Rezension von *M. Casey*, JThS 57 (2006), 655-660.

[43] *Mack*, Lost Gospel, 127. Um das gewünschte Ergebnis zu erreichen, wird nicht nur die Q-Überlieferung postmodernen Vorstellungen angepasst, sondern auch der Kynismus: „The use of the term kingdom of God in Q^1 matches its use in the traditions of popular philosophy,

Es überkreuzen sich so in der argumentativen Verwendung der galiläischen Herkunft Jesu mehrere Forschungstraditionen. Für die Q-Forschung, wie sie maßgeblich durch Burton L. Mack und John S. Kloppenborg und ihre Schüler bestimmt ist, bildet Galiläa die Voraussetzung für eine ursprüngliche Jesusbewegung in Analogie zur kynischen Gesellschaftskritik. Aus dem galiläischen Requisitenarsenal wird dazu auf die starke Hellenisierung, Urbanisierung und Multiethnizität zurückgegriffen. Die Hinweise auf gesamtjüdische Beziehungen und Verhaltensweisen werden dagegen entweder völlig ignoriert (Mack) oder in ihrer Aussagekraft für das Verständnis galiläischer Identität erheblich reduziert.[44]

3. Jesus und „Israel's biblical epic"

Der Hinweis auf Galiläa dient also eindeutig einer innerjüdischen Differenzierung und Qualifizierung Jesu, indem eine ‚besondere' galiläische Form des Judentums einen ‚besonderen' Jesus ermöglicht. Die Kritiker sehen darin, wie erwähnt, eine generelle Distanzierung Jesu vom Judentum, die der von Grundmann zumindest nahe zu kommen scheint (s. o. Anm. 15). Darauf wird von den Advokaten dieser Position mit der Frage geantwortet: „What is a Jew?"[45] Die Antworten, die auf diese selbst gestellte Frage gegeben werden, machen die dahinter liegende Stoßrichtung deutlich, indem sie darauf ver-

especially in the Cynic tradition of performing social diagnostics in public by means of countercultural behavior. The aphoristic imperatives recommended a stance toward life in the world that could become the basis for an alternative community ethos and ethic among those willing to consider an alternative social vision" (126f.).

44 *Kloppenborg Verbin*, Excavating Q, 223-234: „The Galilee, the Temple, and the Torah". Die Übernahme judäischer Traditionen basiert s. E. vielfach auf ökonomischen Gründen, weil Handel mit Judäa nur mit koscheren und verzehnteten Produkten möglich war. Vgl. dagegen die Darstellung bei *A. M. Berlin*, Jewish Life Before the Revolt. The Archaeological Evidence, JSJ 36 (2005), 417-470, die aufgrund der archäologischen Befunden eine relativ einheitliche materielle Kultur für Judäa und Galiläa beschreibt, die spätestens im 1. Jh. v. Chr. Gestalt gewann (von ihr als ‚household-Judaism' bezeichnet). Ökonomische Gründe allein können diesen umfassenden Veränderungsprozess, der bis hinein in veränderte Formen von Haushaltskeramik reicht, nicht ausreichend erklären.

45 *Arnal*, Manufactured Controversy, 29-37.

weisen, dass es jüdische Identitäten auch unabhängig von Jerusalem und Tempel und den judäischen Traditionen gegeben habe. Und dies, man ahnt es, besonders in Galiläa:

„We may note, with Horsley (1996)[46] or Reed (2000)[47], that there are various evidences for Galilean cultural distinction from the practices

[46] Der Hinweis bezieht sich auf: *R. A. Horsley*, Archaeology (s. o. Anm. 24). Kennzeichen von Horsleys Position ist eine besondere galiläisch-israelitische Identität, die sich gegen die hasmonäische Eroberung und Einverleibung Galiläas in den judäischen Machtbereich richtete. Verbunden damit beschreibt er die judäischen Kolonisten, die im 1. Jh. v. Chr. nach Galiläa kamen, im Sinne von Kolonialherren, die die alteingesessene israelitische Bevölkerung im Verbund mit der judäischen Aristokratie und später den Römern unterdrückten und ausbeuteten. Für die Galiläer waren darum Jerusalem, Tempel und Priesterschaft sowie Herodes und seine Nachfolger (Antipas als Herrscher in Galiläa) nichts anderes als Chiffren für imperiale Fremdbestimmung unter dem Schutz und Schatten Roms, dessen einziges Bestreben eine ausbeuterische Besteuerung der ‚israelitischen' Bewohner war. Eine plakative Zusammenfassung seiner Position bietet sein kurzer Artikel: Jesus gegen die neue römische Ordnung, Welt und Umwelt der Bibel 7 (2002/Heft 24), 27-31; ausführlicher *ders.*, Archaeology, 25-42; *ders.*, What has Galilee to do with Jerusalem? Political Aspects of the Jesus Movement, HTS 52 (1996), 88-104; *ders.*, Jesus and Galilee. The Contingencies of a Renewal Movement, in: *E. M. Meyers* (Hg.), Galilee Through the Centuries. Confluence of Cultures (Duke Judaic Studies Series 1), Winona Lake, Ind. 1999, 57-74. Zu Grunde liegt dabei eine Modifikation der Darstellung Albrecht Alts (1883-1956) über die Entwicklung der Bevölkerung in Galiläa (s. *J. L. Reed*, Archaeology and the Galilean Jesus. A Re-Examination of the Evidence, Harrisburg, Pa. 2000, 25; *Chancey*, Myth, 25). Alts Aufsatzreihe (Galiläische Probleme, PJ 33 [1937], 52-88; 34 [1938], 80-93; 35 [1939], 64-82; 36 [1940], 78-92, auch in *ders.*, Kleine Schriften zur Geschichte des Volkes Israel II, München 1953, 363-435; *ders.*, Die Stätten des Wirkens Jesu in Galiläa territorialgeschichtlich betrachtet, ZDPV [= BBLAK] 68 [1949], 51-72, auch in: Kleine Schriften II, 436-455) ist im Kontext der nationalsozialistischen Herrschaft in Deutschland entstanden, als vielfach das „Galiläa der Heiden" dafür missbraucht wurde, den nichtjüdischen Charakter des ‚Galiläers' Jesus zu belegen (s. dazu den in Anm. 4 genannten Aufsatz). Alt ging es darum zu zeigen, dass es eine mehrheitlich nichtjüdische Bevölkerung in Galiläa zu keinem Zeitpunkt gegeben habe, sondern von einer durchgängigen israelitischen Einwohnerschaft auch über die assyrische Zeit hinaus auszugehen ist. Darauf beruft sich Horsley, der dann allerdings – ganz anders als Alt – einen tiefen Gegensatz zwischen dieser altisraelitischen Bevölkerung und den neujudäischen Kolonialisten annimmt. Zu Darstellung und Kritik an Horsleys Position (die auch bei Crossan im Hintergrund steht) s. u. a. *Moxnes*, Construction, 71;

of Judea; and so we may conclude that there need be nothing anomalous about a Jewish Jesus whose key ideas have much in common with aspects of the Greco-Roman world, or who was not obviously concerned with the Temple cultus, Torah, or purity issues.“[48]

Es ist kaum bestreitbar, dass es Juden gegeben hat, deren Bindung an die nationalen und religiösen Traditionen ihres Volkes gering war. Schwierig wird es, wenn Jesus in dieser Weise verstanden wird, was nur durch eine radikale Reduzierung der als authentisch akzeptierten Überlieferung möglich ist. Dieses Argument verfängt gegenüber Mitgliedern und Anhängern des Jesus Seminars bzw. einer Q-Stratigraphie natürlich nicht. Denn schließlich können diese nicht dafür verantwortlich gemacht werden, dass ihre kritische Analyse des Traditionsstoffes einschließlich der Dekonstruktion von Q (die ihres Erachtens jeder historisch Denkende und von religiösen Traditionen und Vorurteilen Freie als sachgemäß nachvollziehen kann und muss) zu eben dem Ergebnis führte, das sie der Öffentlichkeit präsentieren. Es ist diese betonte Inanspruchnahme der intellektuellen Redlichkeit, die alle anderen, insbesondere die Vertreter des „Third Quest“ ins Unrecht, weil von dogmatischen

---

Rapinchuk, Galilee and Jesus, 198-200.202f.208-218; *J. L. Reed*, Galileans, „Israelite Village Communities,“ and the Sayings Gospel Q, in: *E. M. Meyers* (Hg.), Galilee Through the Centuries. Confluence of Cultures (Duke Judaic Studies Series 1), Winona Lake, Ind. 1999, 87-108; *Sanders*, Jesus in Galilee, 17-19; *Dunn*, Jesus Remembered, 293-297.

[47] Der Hinweis bezieht sich auf *Reed*, Archaeology (s. o. Anm. 46). Allerdings stützt die Arbeit von Reed kaum die Behauptung Arnals. Zwar betont auch Reed Galiläa als „definable region“ mit ihren besonderen Charakteristika (215), aber diese Besonderheiten machen sich in erster Linie in Abgrenzung zu den umliegenden Gebieten bemerkbar („… Galilee as a whole – Upper Galilee, Lower Galilee, and even portions of the Golan – was homogenous against its neighbors…“), während „close parallels to the material culture of Judea“ bestehen (216). Daneben warnt er jedoch vor einem „pan-Palestinian Judaism“: „Even though Galilee was effectively integrated or incorporated into the Hasmonean Kingdom and under Herodian rule, and it and Judea shared many ties, Galilee had its own unique history and socio-economic, religious, and cultural developments“ (ebd.).

[48] *Arnal*, Manufactured Controversy, 30, vgl. *R. J. Miller*, The Jesus Seminar and its Critics, Santa Rosa, Calif. 1999, 75: „The Jewishness of Jesus is a phony issue. The accusation that the Jesus Seminar strips Jesus of his Judaism is a powerful attention-getter. But it is an accusation without specific content. Everyone in the historical debate agrees that Jesus was Jewish. *The real question is what kind of Jew he was*“ (Hhg.RD).

Vorurteilen befangen, setzt. So weist Kloppenborg Verbin zwar mit Recht darauf hin, dass die von Theologen betriebene historische Forschung oft von theologischen Prämissen mitbestimmt ist, die mit bestimmten historischen Ergebnissen Schwierigkeiten hat, wenn sie den theologischen Überzeugungen widersprechen. Aber auch eine ausschließlich sozialgeschichtliche Forschung entgeht dieser Prädisponierung nicht völlig, da auch sie ihren Sitz im Leben in gegenwärtigen Fragestellungen hat, zu der man durch die Analyse der Geschichte etwas beizutragen erhofft. So verwahrt sich Kloppenborg Verbin gegen den Antisemitismus-Vorwurf, der insbesondere gegen die These von Jesus als einer „cynic-like" Gestalt erhoben wurde, indem er schreibt:

> „Nothing in the cynic hypothesis entails a non- or anti-Jewish posture. It only *sounds* anti-Semitic if one makes the false collateral assumption that Judaism and Cynicism are polar opposites, and the equally false assumption that the culture of Jewish Palestine was monolithic. Conjecturing a Jesus movement that simultaneously reflected multiple cultural discourses – some critical, some constructive, some conventional – in fact is part of the rigorous contextualization characteristic of social-historical approaches. It is not social and historical contextualization that is to blame for anti-Semitism."[49]

Wenn etwas allerdings nur darum nicht antisemitisch sein kann, weil die Methodik „social and historical contextualization" ist, dann erscheint hier das Vertrauen in die Objektivität der eigenen Methode zu groß. Zudem erweckt die Beschreibung der Jesus-Bewegung und ihrer „multiple cultural discourses" doch den Eindruck, dass hier – wie bei den kritisierten „theological subtexts" – nun eben ein soziologischer „subtext" die Fragestellung und das Ergebnis prädisponiert.
Gleichwohl ist Kloppenborg Verbin darin m. E. Recht zu geben, dass der Antisemitismus-Verdacht gegen den kynischen Jesus an der Sache vorbeigeht. Das gilt auch für die Interpretation von Mack, die zwar in vielem an Grundmann erinnert (dessen redaktionsgeschichtliche Analyse von Matthäus zu ganz ähnlichen Ergebnissen kam[50]), im Gegensatz zu ihm

---

49 *Kloppenborg Verbin*, Excavating Q, 436, vgl. a. 412-420.

50 *W. Grundmann*, Die Arbeit des ersten Evangelisten am Bilde Jesu, in: *ders.* (Hg.), Christentum und Judentum. Studien zur Erforschung ihres gegenseitigen Verhältnisses. Sitzungsberichte der ersten Arbeitstagung des Institutes zur Erforschung des jüdischen Einflusses auf das deutsche kirchliche Leben vom 1. bis 3. März 1940 in Wittenberg, Leipzig 1940, 55-77 (auch in: *J. Lange* [Hg.], Das Matthäus-Evangelium

aber keine antijüdische Intention besitzt. Sie ist jedoch, was m. E. kaum beachtet wird, im postmodernen Sinne ,*anti-episch*', d. h. sie wendet sich gegen die ,grand narratives' bzw. ,master stories' der westlichen Welt, zu denen auch Judentum und Christentum gehören.[51] Legitimierender ,Text' des Christentums ist die „gospel story", die als „cornerstone of the Christian's mythic world" gilt (Lost Gospel 238). Die „gospel story", das sind die kanonischen Evangelien bzw. die Schriften des Neuen Testaments, die für Mack durch die Verknüpfung und Domestizierung der ältesten (kynisch geprägten) Jesusüberlieferung mit dem „biblical epic" entstanden sind.[52] Jesus selbst und seine ersten Nachfolger dagegen waren dieser jüdischen Großerzählung gegenüber noch indifferent, d. h. auch wenn sie selbst mehrheitlich Juden waren, bestand unter ihnen doch keine Loyalität gegenüber der „epic tradition" des Judentums (das durch Torah, Tempel und Reinheit bestimmt ist). Das Jüdische ist dadurch inhaltlich in dieser

---

[WdF 525], Darmstadt 1980, 73-102). Als Echtheitskriterium dient dabei der aus dem Gegensatz zum (judäischen) Judentum rekonstruierte Galiläer Jesus, so dass alle dezidiert ,jüdischen' Elemente des ersten Evangeliums, nämlich die Messianität Jesu, seine Davidssohnschaft, die Rede von Verheißung und Erfüllung, der Schriftbeweis sowie die Beschränkung seines Wirkens auf „die Schafe des Hauses Israel" auf den Evangelisten zurückgeführt werden. Dessen „Arbeit … am Bilde Jesu" aber gilt es zu überwinden, wenn man zur ursprünglichen Jesusbotschaft durchdringen will, vgl. *Deines*, Jesus der Galiläer (s. o. Anm. 4); *Lubinetzki*, Knechtsgestalt, 353f.

[51] Der Verdacht gegen die großen Erzählungen bzw. Meta-Erzählungen gehört zu den Grundlagen der philosophischen Postmodernediskussion. Er wurde durch *J.-F. Lyotard*, La condition postmoderne. Rapport sur le savoir, Paris 1979 (dt. Das postmoderne Wissen. Ein Bericht, Edition Passagen 7, hg. v. P. Engelmann, Wien [4]1999) geprägt und richtet sich in erster Linie gegen die kulturstabilisierende und herrschaftslegitimierende Funktion dieser Großerzählungen. Postmodernes Denken und Handeln versteht sich demgegenüber als kulturkritische und herrschaftsdekonstruierende Befreiungs- und Emanzipationsbewegung.

[52] *Mack*, Lost Gospel, 143 u. ö. (143-147.173.184f.212.234.241f.). Dieser Prozess der Verschmelzung der ursprünglichen Jesustradition mit dem „biblical epic of Israel" (146) ist als „mythmaking" beschrieben. Erst in diesem Prozess, der sich in den verschiedenen Q-Stadien und den unterschiedlichen Einarbeitungen von Q in die Evangelien von Markus, Matthäus und Lukas nachverfolgen lässt, wird Jesus zum Messias und Gottessohn (vgl. 207-225: „Mythmaking and the Christ"). Zur Kritik s. u. a. *L. W. Hurtado*, Lord Jesus Christ. Devotion to Jesus in Earliest Christianity, Grand Rapids, Mich./Cambridge, U.K. 2003, 217-244.

Gruppe nicht mehr beschreibbar und die Aussage „Jesus war Jude" wird in gewisser Weise sinnlos. Der ‚Sündenfall' dieser ersten ‚reinen' Q-Gruppe erfolgte mit dem zuerst nur losen Anknüpfen der Jesusüberlieferung an die epische Tradition des Judentums (131–147). Doch auf das freie Spiel mit der *master story* des Judentums wie es in Q^2 noch der Fall war, folgte die Domestizierung des ursprünglichen kritischen Potenzials des kynischen Jesus durch dieselbe (149–170). Deren Herrschaftsstreben besiegte oder zähmte ihren kritisch-subversiven Unterwanderer.
Will man darum das kritische Potenzial der ursprünglichen Botschaft Jesu wiedergewinnen, dann muss man hinter diese ‚Judaisierung' (vgl. 183–185) zurückgehen. Der kritische Forscher muss dabei um der intellektuellen Redlichkeit willen den christlichen und den jüdischen Mythos überwinden. In diesem Sinn ist die Interpretation bzw. der Rekurs auf *diesen* historischen Jesus, der ihn als galiläischen Kyniker versteht, antichristlich und antijüdisch zugleich, sofern Christentum und Judentum in ihrer herkömmlichen, auf der biblischen *master story* beruhenden Gestalt verstanden werden. Galiläa als Ort eines „multiethnic, multicultural mix" (214) wird zur retrospektiven Utopie einer besseren, prämodernen, multiethnischen, solidarischen und in gewisser Weise religionslosen Gesellschaft, die im kritischen Diskurs bestehende Herrschaftsformen („These include gender, ethnicity, social position, economic status, national loyalty, cultural tradition, religion, ideology, and life-style" [253]) aufbricht und überwindet.[53] Der Galiläer Jesus und seine ersten Anhänger haben dazu den Weg gewiesen, der nun nach einem Prozess der Dekonstruktion und Entmythologisierung wieder gehbar ist. Die prächtigen Tore von Synagogen und Kirchen sind dabei jedoch tunlichst zu vermeiden.
Klärungsbedürftig ist also in Auseinandersetzung mit der geschilderten Position, welche religiösen Traditionen für eine jüdische Identität in der Zeit des zweiten Tempels konstitutiv sind. Hier scheint mir eine Verständigung zwischen den ein-

[53] *Mack*, Lost Gospel, 213f. Die Ideale der Q-Gruppe gleichen auffallend bestimmten Lösungsansätzen für die gesellschaftlichen Probleme der Gegenwart. Und so ist der Leser dann auf S. 243 auch eingeladen, „Q's chances for making a difference in the modern world" zu entdecken und sich davon anstecken zu lassen. Was folgt ist die Einladung zu einer neuen postmodernen Religiosität, die sich auf die ‚wahre', weil ‚ursprüngliche' Botschaft Jesus stützen kann (253f.).

zelnen Parteien derzeit nicht möglich zu sein. Zugleich verweist dieser Dissens auf die Bedeutung des „common“ innerhalb der unterschiedlichen jüdischen Identitäten. Darauf aufmerksam gemacht zu haben und auch in der Diskussion um den galiläischen Jesus darauf zu insistieren ist das Verdienst von E. P. Sanders, selbst wenn man der inhaltlichen Beschreibung dieses gemeinsamen Bestandes nicht in allem zuzustimmen vermag.[54]

4. Die Archäologie und das jüdische Galiläa

Die im voranstehenden Abschnitt erkennbare Verschiebung der Wahrnehmung Galiläas weg von einer ländlich abgeschiedenen Landschaft und hin zu einer stärkeren urbanen, ‚kosmopolitisch‘ geprägten Landschaft, ist der intensiven archäologischen Erforschung Galiläas sowie der Aufnahme dieser Ergebnisse in die historische und exegetische Literatur zu verdanken. Die Galiläawissenschaften können so als gelungenes Beispiel für eine fruchtbare und gegenseitig anregende Kooperation von Archäologie und Textwissenschaften gelten. Ohne die Beiträge anderer Forscher zu verkleinern sind es in erster Linie zwei Namen, Eric Meyers und Sean Freyne, die es verdienen, in diesem Zusammenhang genannt zu werden.
Am Anfang der Neuentdeckung und Neubewertung Galiläas steht der epochemachende Aufsatz von Eric M. Meyers „Galilean Regionalism as a Factor In Historical Reconstruction“, der 1976 im *Bulletin of the American Schools of Oriental Research* erschien.[55] Aufgrund seiner archäologischen Untersu-

---

[54] S. o. Anm. 23 u. weiter: *E. P. Sanders*, Judaism. Practice and Belief 63 BCE–66 CE, London/Philadelphia, Pa. 1992 u. dazu *R. Deines/M. Hengel*, E. P. Sanders' *Common Judaism*, Jesus und die Pharisäer, in: *M. Hengel*, Judaica et Hellenistica I. Studien zum antiken Judentum und seiner griechischen Umwelt, WUNT I/90, Tübingen 1996, 392-479 (erw. Fassung von: E. P. Sanders' ‚Common Judaism‘, Jesus, and the Pharisees. A Review Article, JThS 46 [1995], 1-70); *R. Deines*, The Pharisees Between “Judaisms” and “Common Judaism”, in: *D. A. Carson/P. T. O'Brien/M. Seifrid* (Hgg.), Justification and Variegated Nomism. A Fresh Appraisal of Paul and Second Temple Judaism, Bd. 1: The Complexities of Second Temple Judaism (WUNT 2/140), Tübingen 2001, 443-504.

[55] Für eine erweiterte Fassung s. *ders.*, Cultural Setting. Zur Bedeutung Meyers für die Galiläa-Wissenschaft s. *Moxnes*, Construction, 69f.

chungen seit Beginn der Siebziger Jahre in Obergaliläa[56] kam Meyers zu dem Ergebnis, dass Obergaliläa (das Gebiet um den Mt. Meiron) kulturell unterschieden werden muss von Untergaliläa (weitgehend identisch mit dem Hauptwirkungsgebiet Jesu [95]). Die Charakterisierung Galiläas als eines abgelegenen und weltabgewandten Hinterlandes, wie sie viele Darstellungen von Renan bis Vermes prägten[57], trifft nach Meyers nur auf Obergaliläa zu, das sich sprachlich, im Hinblick auf die Keramik und den Architekturstil deutlich von Untergaliläa unterscheide. Obergaliläa „was less Hellenized and more conservative“ (100). Jesus dagegen war in der „more cosmopolitan atmosphere of the great southern Galilean urban centers“ zu Hause, die entlang der Haupthandelswege lagen und zu denen auch Sepphoris gehörte (95).
In diesem kurzen Abschnitt sind die Stichworte enthalten, die von da an die Diskussion bestimmten: kosmopolitische Prägung (Unter-)Galiläas, Urbanität, Anbindung an ein transnationales und transkulturelles Verkehrsnetz, und all das präsent in Sepphoris als Inbegriff der galiläischen Moderne. Dazu die Vermutung, dass das sprachliche Profil dieser Gegend „a substantial Greek component“ haben müsse, was dann auch immer wieder nachgewiesen wurde, allerdings oftmals gerade ohne eine genaue geographische und chronologische Diffe-

---

56 *E. M. Meyers/J. F. Strange/D. E. Groh*, The Meiron Excavation Project. Archaeological Survey in Galilee and Golan, 1976, BASOR 230 (1978) 1-24; *E. M. Meyers/A. T. Kraabel/J. F. Strange*, Ancient Synagogue Excavations at Khirbet Shema‘, Upper Galilee, Israel 1970-1972 (AASOR 42), Durham, N.C., 1976; *E. M. Meyers/J. F. Strange/ C. L. Meyers*, Excavations at Ancient Meiron, Upper Galilee, Israel 1971-72, 1974-75, 1977 (Meiron Excavation Project 3), Cambridge 1981; *dies.*, Preliminary Report on the 1980 Excavations at en-Nabratein, Israel, BASOR 244 (1981), 1-25; *dies.*, Second Preliminary Report on the 1981 Excavations at en-Nabratein, Israel, BASOR 246 (1982), 35-54; *dies.*, Excavations at the Ancient Synagogue of Gush Halav (Meiron Excavation Project 5), Winona Lake, Ind. 1990. Zusammenfassend s. *E. M. Meyers*, The Current State of Galilean Synagogue Studies, in: *L. I. Levine* (Hg.), The Synagogue in Late Antiquity. Philadelphia, Pa. 1987, 127-137. S. a. unten Anm. 59.

57 Allerdings auch in dieser Zeit schon mit beträchtlichen Ausnahmen bei den Autoren, die Jesus stärker in einen griechisch-hellenistischen (und verbunden damit gelegentlich: arischen) Kontext eingebunden sahen bzw. sehen wollten.

renzierung.[58] Worum es Meyers in diesem Aufsatz jedoch in erster Linie ging war der Einspruch gegen die Gleichsetzung von Galiläa mit einem besonderen ‚hinterwäldlerischen' Nationalcharakter: „The isolation that one often associates with the Galilean personality, then, can hardly be supported by the evidence from Lower Galilee" (95). Zudem betonte Meyers, dass diese ‚entwickelten' Gebiete Galiläas sich in ihrer religiösen Kultur nicht wesentlich von Judäa und Jerusalem unterschieden. Dieses anfängliche Bild wurde im Laufe der weiteren Ausgrabungen zwar verfeinert und in einzelnen Punkten, insbesondere bezüglich der relativen Isolierung Obergaliläas auch korrigiert, in seinen Grundzügen jedoch bestätigt.[59]

---

[58] Vgl. die Materialbasis bei *Meyers*, Regionalism, 97, mit dem Überblick bei *Chancey*, Galilee and Greco-Roman Culture, 122-165. Der Titel dieses Kapitels ist „The Use of Greek in Jesus's Galilee" und Chancey macht deutlich, dass es aus dieser konkreten Zeitspanne für Galiläa nur sehr wenige Zeugnisse gibt. Gegenüber der gelegentlich antreffenden Übertreibung des Einflusses des Griechischen tendiert Chancey eher dazu, die Befunde allzu sehr einzuengen. Gleichwohl ist sein Insistieren auf Geographie und Chronologie ernst zu nehmen, vgl. a. *ders.*, Galilee and Greco-Roman Culture in the Time of Jesus. The Neglected Significance of Chronology, in: SBL Seminar Papers Atlanta 2003 (SBL Seminar Paper Series 42), Atlanta, Ga. 2003, 173-188. Die Maximalposition in Bezug auf Griechischkenntnisse in Galiläa vertritt *S. E. Porter*, Jesus and the Use of Greek in Galilee, in: *B. Chilton/C. A. Evans* (Hgg.), Studying the Historical Jesus. Evaluations of the State of Current Research (NTTS 19), Leiden 1994, 123-154. Die kulturellen Veränderungen, die das zweite nachchristliche Jahrhundert für Galiläa mit sich brachte, sind in ihrem Ausmaß noch immer unterschätzt und zu häufig werden Befunde aus dem zweiten bis fünften Jahrhundert ins erste zurückprojiziert, vgl. dazu auch *Sanders*, Jesus' Galilee 39.

[59] Vgl. außer der in Anm. 54 genannten Literatur noch: *E. M. Meyers/ J. F. Strange*, Archaeology, the Rabbis, and Early Christianity, Nashville, Tenn. 1981, 31-47 („The Cultural Setting of Galilee. The Case of Regionalism and Early Palestinian Judaism"); *E. M. Meyers*, Galilean Regionalism. A Reappraisal, in: *W. S. Green* (Hg.), Studies in Judaism and its Greco-Roman Context (Approaches to Ancient Judaism 5/BJSt 32), Atlanta, Ga. 1985, 115-131. Kritisch dazu *R. A. Horsley*, Archaeology and the Villages of Upper Galilee. A Dialogue with Archaeologists, BASOR 297 (1995), 5-16; zur Reaktion s. *E. M. Meyers*, An Archaeological Response to a New Testament Scholar, BASOR 297 (1995), 17-26, u. noch einmal *R. A. Horsley*, Response, BASOR 297 (1995), 27f. Unterstützung erfuhr Horsley u. a. durch *P. F. Craffert*, Digging up *Common Judaism* in Galilee. *Miqva'ot* at Sepphoris as a Test Case, Neotestamentica 34 (2000), 39-56, der den archäologischen Befund zu entkräften versucht, um plurale jüdische Identitäten für

Auch die Grenzen zwischen jüdischer und nichtjüdischer Besiedlung lassen sich aufgrund differierender materialer Hinterlassenschaften relativ genau bestimmen, wobei die archäologisch erkennbaren Grenzen mit denen der antiken Quellen weitgehend übereinstimmen.[60]
Parallel zu den Beiträgen Meyers war es vor allem Sean Freyne, der Galiläa für die neutestamentliche Wissenschaft prominent in den Mittelpunkt rückte. 1980 erschien seine Geschichte Galiläas von Alexander dem Großen bis zum Bar Kochba-Krieg, ohne dass darin Jesus als Galiläer zu einem eigenen Thema gemacht worden wäre.[61] Ausführlich geht er dagegen auf die Frage der Urbanisierung Galiläas ein (101–154), wobei er eine erste Phase, die Galiläa nur am Rande berührte (mit Ptolemais/Akko, Skythopolis/Bet Shean, Philoteria, Antiochia, Seleukia, Tyrus) von einer zweiten unterscheidet, in der es um jüdische Städtegründungen geht (Sepphoris, Tiberias). Er sieht aber für beide Epochen keinen nachhaltigen Einfluss der Städte über ihre unmittelbare Nachbarschaft hinaus:

„Yet our survey has shown that the cities had only a limited sphere of influence and no one of them seems to have dominated the cultural life in either phase of urbanization. Sepphoris is the most obvious case in point. It can hardly be said to have been a threat to the basic beliefs and value system of the Jewish inhabitants of the province, yet it never became the center despite its geographic location and its administrative role."[62]

Galiläa behaupten zu können (s. a. oben Anm. 37). Zur Kritik an Horsleys These einer besonderen galiläisch-israelitischen Identität s. a. *Sanders*, Jesus in Galilee, 6f.17-19; *ders.*, Jesus' Galilee, 11f. u. ö.

[60] *Meyers*, Archaeological Response, 23; *M. Aviam*, First Century Jewish Galilee. An Archaeological Perspective, in: *D. R. Edwards* (Hg.), Religion and Society in Roman Palestine. Old Questions, New Approaches, London/New York, N.Y. 2004, 7-27; *ders.*, Borders Between Jews and Gentiles in the Galilee, in: *ders.*, Jews, Pagans and Christians in the Galilee (Land of Galilee 1), Rochester, N.Y. 2004, 9-21; *I. Shaked*/*D. Avshalom-Gorni*, Jewish Settlement in the Southeastern Hula Valley in the First Century CE, in: *Edwards* (Hg.), ebd., 28-36.

[61] Vgl. jedoch a. a. O. 373f. u. ö.

[62] *Freyne*, Galilee, 138f. Inzwischen ist deutlich, dass auch das Umland von den Stadtgründungen profitierte und Galiläa insgesamt einen wirtschaftlichen Aufschwung erlebte, s. *M. H. Jensen*, Herod Antipas in Galilee. Friend or Foe of the Historical Jesus, Journal for the Study of the Historical Jesus 5 (2007), 7-32, hier 24f. Siehe auch Jensens Beitrag in diesem Band.

Freyne anerkennt zwar eine graduelle Hellenisierung insbesondere was das Griechische anbelangt, gleichwohl sieht er Galiläa und seine Bevölkerung in einer weitgehend ungebrochenen Tradition mit ihren israelitischen Wurzeln[63], was s. E. auch die gemeinsame Kultur und engen Beziehungen zu Judäa und Jerusalem erklärt. Bei aller Betonung der Besonderheiten Galiläas blieb es doch ein durch und durch jüdisches Land mit engem Kontakt zu den Entwicklungen in Judäa.[64] Ausführlich schildert er weiter die ökonomischen Verhältnisse, die er – im Gegensatz zu anderen – nicht allzu düster für die mehrheitliche Landbevölkerung beurteilte. Kleine und mittlere Bauern mit ihren Familien bestimmten s. E. das Bild, die ihre Ortschaften und Angelegenheiten weitgehend selbstständig verwalten konnten, auch wenn sie unter hohen Steuern litten. Großgrundbesitz, der von Tagelöhnern und Sklaven betrieben wurde und die kleineren Bauern in die Verschuldung und dann in Schuldknechtschaft trieb, betrachtet er eher als Ausnahme denn als Regel.[65]

---

63 Vgl. den historischen Überblick: *Freyne*, Galilee, 23-26, wo er noch weitgehend der Darstellung von Albrecht Alt folgte (s. o. Anm. 46; zum Einfluss Alts s. Index 459 s. v.). In seinen neueren Arbeiten vertritt er dagegen das von *Zvi Gal* beschriebene Bevölkerungsmodell, das eine weitgehende Entvölkerung nach der assyrischen Eroberung konstatiert und von einer Neubesiedlung Galiläas in hasmonäischer Zeit ausgeht (s. u. Anm. 103).

64 Vgl. besonders Kapitel 7: „The Galileans and the Temple“ (259-304) und 8.I: „Galilee and the Halakha Prior to 70 C.E.“ (309-323); *ders.*, Galilee-Jerusalem Relations According to Josephus's *Life*, NTS 33 (1987), 600-609 (= ders., Galilee and Gospel, 73-85); *ders.*, The Geography of Restoration. Galilee-Jerusalem in Early Jewish and Christian Experience, NTS 47 (2001), 289-311; kritisch dazu *Horsley*, Archaeology, 33f.94f.; *ders.*, What has Galilee to do with Jerusalem (s. a. oben Anm. 59); *Kloppenborg Verbin*, Excavating Q, 256-258. Nach Freyne waren es nicht zuletzt die Pharisäer, die das religiöse und halachische Gepräge Galiläas nachhaltig bestimmten (s. o. Anm. 29). Als Überblick s. *Rapinchuk*, Galilee and Jesus, 211f.

65 *Freyne*, Galilee, 155-207, vgl. *ders.*, Jesus, Galilee and the Gospels, 135-175 („The Social World of First-Century Galilee“); *ders.*, The Geography, Politics, and Economics of Galilee and the Quest for the Historical Jesus, in: *B. Chilton/C. A. Evans* (Hgg.), Studying the Historical Jesus. Evaluations of the State of Current Research (NTTS 19), Leiden 1994, 75-121. Unterstützung erhält er dafür u. a. von *E. P. Sanders*, Jesus in Galilee, 19-22; *F. G. Downing*, In Quest of First-Century C.E. Galilee, CBQ 66 (2004), 78-97, hier besonders 95; *Karl-Heinrich Ostmeyer*, Armenhaus und Räuberhöhle? Galiläa zur Zeit Jesu.

Verbunden mit den wirtschaftlichen Fragen ist die der sozialen Schichtung Galiläas, die ebenfalls spätestens seit Freyne die Galiläa-Forschung prägt. Entsprechend beantwortet er auch die Frage „How Revolutionary was Galilee?“ S. E. war die ökonomische Situation der Landbevölkerung nicht in dem Maße dramatisch, dass daraus ein sozial motivierter Aufstand entzündet werden konnte, zumal gerade Galiläa eine lange Tradition besaß, unter fremder Herrschaft weitgehend autonom zu leben. Gegenüber dem Bild eines durch und durch aufrührerischen und von sozialen Wirren erschütterten Landstrichs betont er die relative Freiheit und Unabhängigkeit gerade Galiläas, deren Beteiligung am Aufstand eher ihrer Loyalität zu Jerusalem als ihrem besonders kriegerischen (vgl. *Bell* 3,41f) oder schwärmerisch-apokalyptischen ‚Nationalcharakter‘ geschuldet ist.[66] Die im Titel gestellte Frage „how revolutionary was Galilee“ ist darum s. E. „a religious rather than a purely social question.“[67] Damit grenzte sich Freyne von einflussreichen älteren Arbeiten ab, die einen engeren Zusammenhang zwischen Galiläa bzw. Jesus und den vorwiegend ökonomisch motivierten Sozialrevolutionären vertraten bzw. noch immer vertreten.[68] In der Erforschung der jüdischen Aufstandsbewegung bestimmen diese beiden Pole, soziales Banditentum oder religiöse, messianisch-apokalyptisch Motivation, bis heute die Diskussion.[69] Die Argumente für Galiläa

---

ZNW 96 (2005), 147-170. Nach *Jensen*, Herod Antipas in Galilee, 8f.32, ist Freynes soziales Porträt Galiläas jedoch immer noch zu stark von wirtschaftlicher Not gekennzeichnet.

66 S. o. Anm. 1.

67 Galilee, 245 (vgl. das ganze Kapitel 208-255), außerdem *ders.*, Bandits in Galilee. A Contribution to the Study of Social Conditions in First-Century Palestine, in: *J. Neusner* (Hg.), The Social World of Formative Christianity and Judaism (FS Howard Clark Kee), Philadelphia, Pa. 1988, 50-68; *ders.*, Galilee, Jesus and the Gospels (163-167: Auseinandersetzung mit R. A. Horsley, s. u. Anm. 69).

68 *W. R. Farmer*, Maccabees, Zealots, and Josephus. An Inquiry into Jewish Nationalism in the Greco-Roman Period, New York, N.Y. 1956 (^{2}1958); *S. G. F. Brandon*, Jesus and the Zealots. A Study of the Political Factor in Primitive Christianity, Manchester 1967; *D. M. Rhoads*, Israel in Revolution 6-74 C.E. A Political History Based on the Life of Josephus, Philadelphia, Pa. 1976 (vgl. a. *ders.*, Art. Zealots, AncBD 6 [1992] 1043-1054).

69 Für die erste Position vgl. besonders die Arbeiten von *R. A. Horsley*, The Sicarii. Ancient Jewish ‚Terrorists‘, JR 59 (1979), 435-458; *ders.*, The Zealots. Their Origin, Relationship and Importance in the Jewish

als ausgebeutetes Armenhaus zur Zeit Jesu sind jedoch nicht überzeugend und werden durch neue Funde, die auf relative Wohlhabenheit schließen lassen, weiter widerlegt. Das hat auch Konsequenzen für die Auslegung der Jesusüberlieferung, etwa der Gleichnisse, indem deren erzählte Wirklichkeit nicht einfach als Abbild der sozialen Realität genommen werden kann. Zudem ist einem Hinweis nachzugehen, den Mordechai Aviam in einem seiner Aufsätze gegeben hat. Demnach reduzierte sich (bzw. wurde administrativ reduziert) das jüdisch besiedelte Gebiet Galiläas nach der Verbannung von Herodes Antipas. Der dadurch entstandene Druck durch Vertriebene auf die verbliebenen jüdischen Gebiete ist m. E. als Auslöser für soziale Unruhen und Spannungen sowohl innerjüdisch als auch mit der nichtjüdischen Bevölkerung noch überhaupt nicht zur Kenntnis genommen worden. Denn das würde bedeuten, dass die sozialen Verhältnisse zur Zeit Jesu von denen wenige Jahre nach seinem Tod grundlegend verschieden waren.

Revolt, NT 28 (1986), 159-192; *ders.*, Menahem in Jerusalem. A Brief Messianic Episode among the Sicarii – Not ‚Zelot Messianism', NT 27 (1985), 334-348; *ders.*, Jesus and the Spiral of Violence. Popular Jewish Resistance in Roman Palestine, San Francisco, Calif. 1987; *ders.*, Bandits, Prophets, and Messiahs. Popular Movements in the Time of Jesus (New Voices in Biblical Studies), San Francisco, Calif. 1988 (zus. mit *J. S. Hanson*); außerdem *T. L. Donaldson*, Rural Bandits, City Mobs and the Zealots, JSJ 21 (1990), 19-40; *J. D. Crossan*, Der historische Jesus, 237-284 („Bandit oder Messias"). Interessant ist in diesem Zusammenhang *P. A. Brunt*, Josephus on Social Conflicts in Roman Judaea, Klio 59 (1977), 149-153, jetzt in: *ders.*, Roman Imperial Themes, Oxford 1990, 282-287 m. Addenda 517-531: In den umfangreichen Addenda revidiert Brunt seine in dem ursprünglichen Aufsatz geäußerte Meinung völlig. Nicht länger stehen für ihn die sozialen Gründe im Vordergrund, sondern religiöse. So auch *T. Grünewald*, Räuber, Rebellen, Rivalen, Rächer. Studien zu Latrones im Römischen Reich (FASk 31), Stuttgart 1999, besonders 130-156 zu „ΛΗΣΤΑΙ in Judäa: Antike Sozialbanditen?" Das Ergebnis von Grünewald ist eindeutig: „Sozialbanditen sind die jüdischen λῃσταί keinesfalls gewesen." (156). Vgl. außerdem: *W. Klassen*, Jesus and the Zealot Option, in: *St. Hauerwas u. a.* (Hgg.), The Wisdom of the Cross (FS J. H. Yoder), Grand Rapids, Mich. 1999, 131-149; *R. Deines*, Art. Zeloten, TRE 36 (2004), 626-630.

5. Die Grenzen des Wissens über Galiläa

Die hier nur skizzierte moderne Galiläaforschung hat eine reiche Fülle von Einsichten hervorgebracht, hinter die eine seriöse Forschung nicht mehr zurückgehen wird. Der Boden und die Geschichte Galiläas und seiner Bewohner im Altertum ist mit allen Möglichkeiten der historischen Wissenschaften durch- und umgepflügt worden (obwohl immer noch viele Ortslagen ihrer gründlichen Erforschung harren). Kein Stein, der nicht umgedreht wurde, ob er nicht eine Inschrift enthielte, keine Zeile bei noch so entlegenen Autoren, die nicht im Detail untersucht worden wäre, wenn sie einen Bezug zu Galiläa erkennen ließ. Selbst die galiläische Küchenkeramik wird mit modernsten naturwissenschaftlichen Methoden untersucht, um Herkunft, Verbreitung und Handelswege zu erforschen.[70] Und doch zeigt gerade dieses immense Ausmaß an wissenschaftlichem Aufwand, der auf dieses an sich recht unbedeutende Gebiet angewandt wurde, wie gering im Grunde genommen unser Wissen über den *individuellen* Alltag und das Denken der Menschen in einer bestimmten Zeit ist. Darum lohnt es sich auch darüber nachzudenken, was wir von Galiläa und seiner Bevölkerung in der Zeit Jesu *nicht* wissen.[71]

Zwar lässt sich die Haushaltskeramik eines galiläischen Dorfes im 1. Jahrhundert recht genau rekonstruieren, und auch über das Aussehen der Häuser, Dörfer und Städte kann man recht Zuverlässiges sagen. Aber schon bei der Beschreibung des Alltags stellen sich Schwierigkeiten ein. Welche Rolle besaßen die Jahreszeiten auf den Alltag, wobei diese Frage wieder differenziert werden muss nach Re-

---

[70] Vgl. besonders die Arbeiten von *D. Adan-Bayewitz*, u. a.: Common Pottery in Roman Galilee. A Study of Local Trade, Ramat Gan 1993; *ders. et al.*, Pottery Manufacture in Roman Galilee. Distinguishing Similar Provenance Groups Using High-Precision X-Ray Fluorescence and Instrumental Neutron Activation Analysis, in: *V. Kilikoglou/A. Hein/Y. Maniatis* (Hgg.), Modern Trends in Scientific Studies on Ancient Ceramics. Papers presented at the 5th European Meeting on Ancient Ceramics, Athens 1999 (BAR International Series 1011), Oxford 2002, 361-370.

[71] Vgl. dazu auch *F. G. Downing*, In Quest of First-Century C.E. Galilee, CBQ 66 (2004), 78-97, hier 97: „We should for now admit, then, that we know enough only to know how little we know, how much we may only conjecture.“

gionen, Berufen, sozialen Schichten, politischen und religiösen Loyalitäten. Inwieweit bestimmte der jüdische Festkalender (oder der judäische bzw. Jerusalemer?) das berufliche Leben zumindest der jüdischen Bauern, Handwerker, Fischer und ihrer Familien? Nimmt man die insgesamt nur wenigen Hinweise im Neuen Testament und bei Josephus zusammen und erlaubt eine gewisse Generalisierung, dann lässt sich eine geographische Orientierung an Jerusalem mit den Wallfahrtsfesten erkennen und ebenso eine chronologische mit Sabbat, Festen und Sabbatjahr. Die archäologischen Funde können dieses Bild in beschränktem Maß stützen, indem u. a. Steingefäße und Miqwaot als Indizien für eine halachisch orientierte Frömmigkeitspraxis gewertet werden können, die ebenfalls an Jerusalem orientiert bzw. der dortigen judäischen Praxis zumindest in ihrer materialen Ausprägung identisch ist. Weniger eindeutig ist hingegen, ob aus der Abwesenheit dieser Indizien auf das Fehlen entsprechender religiöser Orientierung geschlossen werden kann.[72]

Die Analyse der materialen Hinterlassenschaft der Alltagswelt vermag viele wichtige Einsichten in das ‚Innenleben' einer Gesellschaft zu geben. So ist es diesen Studien zu verdanken, dass der dominant jüdische Charakter von Sepphoris und Galiläa insgesamt für das 1. Jh. nicht mehr ernsthaft bestritten werden kann.[73] Strittig geblieben ist jedoch, inwieweit die materiale Übereinstimmung zwischen Judäa und Galiläa auch eine ‚innere' Zusammengehörigkeit impliziert, wie sie u. a. von Sean Freyne vorausgesetzt, von Richard A. Horsley jedoch vehement bestritten wird, indem für ihn das israelitische Galiläa und das imperialistische Judäa gegensätzliche Gesellschaftsmodelle repräsentieren.[74]

---

[72] S. o. Anm. 64 u. den wichtigen Aufsatz von *A. Berlin*, Jewish Life Before the Revolt. Zu den Miqwaot s. ebd. 451-453 u. *S. Hoss*, Die Mikwen der späthellenistischen bis byzantinischen Zeit in Palästina, ZDPV 123 (2007), 49-79.

[73] *J. F. Strange*, Recent Discoveries at Sepphoris and Their Relevance for Biblical Research, Neotestamentica 34 (2000), 125-141, hier 127f.137-139 u. besonders *Chancey*, Myth. Anders *Overman*, Recent Advances, 45f.49-51.

[74] Zu Horsley s. o. Anm. 46 u. 69. Horsleys Agenda ist antiimperialistisch bzw. postkolonialistisch. Dazu dient ihm die jüdische Aufstandsbewegung, die judäische Kolonisierung Galiläas und der galiläische Widerstand dagegen, wie er sich bei Jesus, Paulus, in Q und im Markus-

Weiter wird in der einschlägigen Galiläa-orientierten Jesusforschung viel und intensiv darüber diskutiert, in welchem Verhältnis Jesus zu Sepphoris stand.[75] Von Herodes Antipas am Beginn seiner Herrschaft zur Hauptstadt Galiläas erhoben (um 20 n. Chr. abgelöst in dieser Funktion von Tiberias), liegt der Stadthügel nur etwa 6 km nördlich von Nazaret entfernt. Mit der Erhebung zur Hauptstadt gingen größere Baumaßnahmen einher, die, so wird immer wieder angenommen, auch den Handwerkern der benachbarten Orte Arbeit bot. Und so findet sich mit einer gewissen Regelmäßigkeit der Hinweis in den Jesusbüchern, dass dieser wohl seinen Vater Josef nach Sepphoris begleitet, dort mit ihm gearbeitet und so dann auch das Leben in einer hellenistisch geprägten Stadt mit ihrer reichhaltigen Kultur kennen gelernt habe.[76] Das ist durchaus

---

Evangelium niedergeschlagen hat. Vgl. dazu *R. H. Gundry*, Richard A. Horsley's *Hearing the Whole Story*. A Critical Review of its Postcolonial Slant, JSNT 26 (2003), 131-149.

[75] Ein knapper Überblick über diese Frage bei *Reed*, Archaeology, 103-108. Die mögliche Beeinflussung Jesu durch das „halbheidnische[] Sepphoris" diente 1927 bei Walter Bauer dazu, Jesus vom Pharisäismus und der „quälende[n] Angst, daß die Nähe des Heiden beflecken müsse", abzurücken (Jesus der Galiläer, 102, vgl. dazu meinen in Anm. 4 genannten Aufsatz). Bei *Shirley Jackson Case* diente die „cosmopolitan atmosphere of Sepphoris", deren Bevölkerung „in Jesus's days … included both Jews and foreigners" dazu, den freundlichen, weltoffenen und heidenfreundlichen Charakter Jesu zu erklären. „The unconventionality of Jesus in mingling freely with the common people, his generosity toward the stranger and the outcast, and his conviction of the equality of all classes before God" – das alles verdankte sich „in no slight degree to the proximity of Nazareth to Sepphoris" (Jesus and Sepphoris, JBL 45 [1926], 14-22, hier 17.19). Denn wäre Jesus „in a remote village and strictly Jewish surroundings" aufgewachsen, dann wäre die Wahrscheinlichkeit sehr viel geringer gewesen „to aquire these generous attitudes which later charakterized his public career". Auch bei Case ist es, wenngleich weniger deutlich als bei Bauer, ein verzerrtes Bild des damaligen Judentums (zumindest dessen in einem „remote village"), das als Kontrastfolie für den urbanen und darum zugleich humanen und gebildeten Kosmopolitismus einer Stadt wie Sepphoris herhalten musste.

[76] Vgl. *Case*, Sepphoris, 17f.: Jesus habe als ältester Sohn und verantwortlich für seine verwitwete Mutter und mindestens sechs jüngere Geschwister sich wohl kaum die Chance entgehen lassen, im benachbarten Sepphoris für deren Unterhalt zu sorgen, so dass er in Kontakt kam „with the many-sided life in a commercial and political center ranking in importance second only to Jerusalem." Ganz ähnlich klingen auch noch in der aktuellen Literatur die Beeinflussungen, die

möglich, aber mehr auch nicht. Nur hat er dann in Sepphoris keine ‚halbheidnische' Stadt kennen gelernt, sondern eine jüdische Stadt wie es sie zumal in Judäa nicht wenige gab – und die dennoch allesamt hinter Jerusalem zurückblieben, das auch dem heranwachsenden Jesus, nimmt man für einmal Lk 2,41–50 als historische Angabe, nicht unbekannt war. Was hätte das zur Zeit Jesu erst im Aufbau begriffene Sepphoris dem Auge bieten können, was Jerusalem (und möglicherweise auch Jericho und andere Städte auf dem Weg von Galiläa nach Jerusalem) nicht auch und reicher gehabt hätte?[77] So wenig Sepphoris und Tiberias für die Zeit Jesu als jüdische Städte mit den judäischen konkurrieren können, so wenig vermögen sie einem Vergleich mit den Galiläa umgebenden Städten

---

angeblich von Sepphoris aus auf Jesus bzw. Galiläa im allgemeinen ausgingen, vgl. etwa *R. Batey*, Is this not the Carpenter?, NTS 30 (1984), 249-258; *ders.*, Jesus and the Theater, NTS 30 (1984), 563-574; *ders.*, Jesus and the Forgotten City. New Light on Sepphoris and the Urban World of Jesus, Grand Rapids, Mich., 1991; *ders.*, Sepphoris and the Jesus Movement, NTS 46 (2001), 402-409; *F. G. Downing*, The Social Contexts of Jesus the Teacher. Construction or Reconstruction, NTS 33 (1987), 439-451; *Horsley*, Archaeology, 51-53; *Mack*, Lost Gospel, 57f.; *Crossan*, Der historische Jesus, 57.

[77] Wobei über das Aussehen von Sepphoris und das kulturell-religiöse Gepräge in der Zeit bis zum Jahr 28/29 n. Chr. relativ wenig bekannt ist; die archäologischen wie literarischen Funde widersprechen jedoch der Annahme einer religiös (und damit auch ethnisch) gemischten Bevölkerung; in der weit überwiegenden Mehrheit lebten Juden in Sepphoris, dessen ‚hellenistischer' Charakter nicht über den des herodianischen Jerusalem oder Jericho hinausreichte, was Glanz und Ausstattung anbelangt sogar deutlich dahinter zurückblieb, vgl. dazu die präzisen, weil chronologisch differenzierten Angaben bei *Chancey*, Gentile Galilee, 69-83; *ders.*, Graeco-Roman Culture, 82-86.221f. Viel verhandelt ist etwa die Frage, ob das 1931 bei Ausgrabungen entdeckte Theater (wobei die Ausgrabungen im direkten Zusammenhang zu der neu entdeckten bzw. vorgegebenen Bedeutung von Sepphoris für die Jesusforschung stand, vgl. *Reed*, Archaeology, 105) schon zu Lebzeiten Jesu bestand, vgl. dazu *Chancey*, Graeco-Roman Culture, 84f., der die Frage offen lässt und *Reed*, Archaeology, 119f., der sie definitiv verneint. Für *J. F. Strange* ist dagegen das Theater in die Zeit des Antipas wenn nicht sogar in die seines Vaters Herodes zu datieren, vgl. Recent Discoveries, 128.132; *ders.*, Eine Stadt des Herodes Antipas: Sepphoris, in: Welt und Umwelt der Bibel 7 (2002/H. 24), 22-25. Nach *R. L. Batey*, Did Antipas Build the Sepphoris Theater?, in: *J. H. Charlesworth* (Hg.), Jesus and Archaeology, Grand Rapids, Mich. 2006, 111-119, müssen zwei Bauphasen des Theaters unterschieden werden, von denen die ältere auf Antipas zurückgehe.

(Hippos, Gadara, Skythopolis, Caesarea) standhalten, in der die ‚normale' religiöse und philosophische Kultur des östlichen Mittelmeerraumes unter römischer Herrschaft zu Hause war. Morten Jensen macht mit Recht darauf aufmerksam, dass Sepphoris und Tiberias im Unterschied zu diesen als „small-scale cities" anzusehen sind, die nur ein begrenztes Maß an Urbanität in die Gegend gebracht haben.[78] Ohne sichere Datenbasis ist bis jetzt, ob und gegebenenfalls welchen Einfluss diese hellenistischen Städte auf die jüdische Bevölkerung Galiläas hatten.

Ist so die jüdische religiös-kulturelle Prägung Galiläas zur Zeit Jesu nicht zu bestreiten, so bleiben doch in den Bereichen des Lebens, die sich nicht materialisieren, weiterhin viele Fragen offen. Zwar stehen hier literarische Texte zur Verfügung, die aus dieser Zeit stammen und über Galiläa berichten. Aber diesen Texten haften alle Auslegungs- und Deutungsprobleme an, die nun einmal mit Texten, insbesondere literarischen, verbunden sind. Sie sind nicht einfach Abbild der Wirklichkeit, sondern sie zielen auf eine bestimmte Wirkung. Sie wollen in der Regel nicht Galiläa und das Leben in Galiläa oder gar der Galiläer beschreiben, sondern nehmen auf galiläische Fragen nur insofern Bezug, wie es der Erzählablauf des Gesamtwerkes fordert, dessen geographischer Fixpunkt immer außerhalb Galiläas und zumeist in Jerusalem liegt.[79] Das gilt neben den Evangelien auch für die zahlreichen Galiläanachrichten im Werk des Josephus. Keine Galiläabeschreibung, die nicht auf seinen ausführlichen Exkurs im dritten Buch seines Jüdischen Krieges hinweisen würde (*Bell* 3,35–44, vgl. 2,572–575; 3,516–520 u. Vita 235: 204 Städte und Dörfer gehören zum jüdischen Galiläa[80]). Aber auch da ist zu beachten, dass sich dieser Abschnitt in einem Werk über den jüdischen Aufstand gegen Rom befindet, das sich für Galiläa nur insofern interessiert, als es Kriegsschauplatz war, und Teile der galiläischen Bevölkerung in diesen Krieg in ganz unterschiedlicher Weise verwickelt waren. Und der, der diesen Bericht liefert,

[78] *M. H. Jensen*, Herod Antipas in Galilee. The Literary and Archaeological Sources on the Reign of Herod Antipas and ist Socio-Economic Impact on Galilee (WUNT 2/215), Tübingen 2006, 26. Anders *Moxnes*, Construction, 74f.

[79] Vgl. *R. Vale*, Literary Sources in Archaeological Description. The Case of Galilee, Galilees and Galileans, JSJ 18 (1987), 209-226.

[80] Zu dieser Zahlenangabe s. *Siegert/Schreckenberg/Vogel*, Vita 101, Anm. 219. Vgl. dazu auch den Beitrag von *S. Freyne* in diesem Band.

gehörte in diesem Krieg, zumindest solange er in Galiläa tobte, zu den Hauptakteuren. Das mindert gewiss nicht den Wert der Schilderungen, die Josephus hinterlassen hat, ohne den unser Galiläabild um viele Farben und Details ärmer wäre. Aber es zeigt, wie zufällig die tradierte Überlieferung in Bezug auf Galiläa ist.

Eine weitere Lücke besteht in der *Institutionengeschichte* Galiläas, die von der Dorf- bis zur Stadtebene weitgehend unbekannt ist, auch wenn in einzelnen Arbeiten immer wieder ein gegenteiliger Eindruck erweckt wird.[81] Details wie sie die Papyri etwa für Ägypten liefern, fehlen völlig, so dass man aus vereinzelten Hinweisen, die Galiläa selbst betreffen, nur unter Zuhilfenahme von vergleichbaren Texten aus anderen Kontexten das Bild ergänzen kann.[82] Das gewonnene Bild ist dann aber nicht mehr ‚typisch' für Galiläa allein, sondern für das gesamte jüdische Gebiet bzw. den östlichen Mittelmeerraum.

Auch über *Erziehung und Schulausbildung in Galiläa* ist im Grunde genommen sehr wenig bekannt. Weder einzelne Schulen und noch viel weniger individuelle Lernwege lassen sich galiläaspezifisch beschreiben. Aus *Ant* 13,322, wonach Johannes Hyrkanus seinen Sohn Alexander Jannai in Galiläa – weil er nicht wollte, dass dieser den älteren Brüdern die Herr-

---

[81] *R. A. Horsley* geht davon aus, dass vor der judäischen ‚Kolonisierung' die Dorfgemeinschaften mit den Familienoberhäuptern an der Spitze autonom und auf sozialen Ausgleich bedacht ihre Angelegenheiten regelten; dieses ausgewogene soziale Verhältnis sei dann von den Hasmonäern, Römern und Herodianern nach und nach marginalisiert worden; das Ethos von Jesus und Q sieht er auf Seiten dieser sozialen und lokalen Kleinverbände, das sich gegen die mit Jerusalem verbundenen Funktionäre (die er mit den Pharisäern und Schriftgelehrten verbindet) richtete, s. *ders.*, Sociology and the Jesus Movement, New York [2]1994, 76-80.134-137; *ders.*, The Pharisees and Jesus, 123f.131-135; *ders.*, Jesus gegen die neue römische Ordnung, 28; nach *Arnal*, Village Scribes, 151f. u. ö., wurden die dörflichen Repräsentanten und Schreiber durch die Urbanisierung unter Herodes Antipas zurückgedrängt (146-155), indem sie Einfluss und Autorität an die Städte abgeben mussten. Bei Horsley und Arnal ist der konstruierte Konflikt zwischen Stadt und Land zugleich ein ideologischer zwischen Basisdemokratie und Imperialismus.

[82] Vgl. *S. Freyne*, Town and Country Once More. The Case of Roman Galilee, in: *D. R. Edwards/C. T. McCollough* (Hgg.), Archaeology and the Galilee. Texts and Contexts in the Graeco-Roman and Byzantine Period (SFSHJ 143), Atlanta, Ga. 1997, 49-56 (= *ders.*, Galilee and Gospel, 59-72, hier 65f.).

schaft streitig machte – erziehen ließ (ἐν τῇ Γαλιλαίᾳ τρέφεσθαι), schloss Samuel Klein, „dass es zur Zeit Joh. Hyrkan's Männer in Galiläa gab, denen er die Erziehung seines Sohnes anvertrauen konnte."[83] Aber ein galiläisches Schulwesen lässt sich aus solchen Einzelbemerkungen nicht ableiten, obwohl gerade ihr zufälliger Charakter daran erinnert, wie bruchstückhaft und eben ‚zufällig' das diesbezügliche Wissen ist. Über die *jüdische* Schule in der Zeit Jesu ist dagegen viel geforscht und geschrieben worden.[84] Aber ob es eine in Nazaret gab und ob Jesus diese besucht hat – das bleibt letztlich nicht mehr als eine plausible Vermutung, die sich darauf stützen kann, dass Jesus in den Evangelien als lese- und schreibkundig sowie als vertraut mit den biblischen und religiösen Traditionen seines Volkes dargestellt wird.[85] Auch über Schu-

---

[83] *Klein*, Galiläa, 15, vgl. 18.

[84] Vgl. besonders *R. Riesner*, Jesus als Lehrer (WUNT 2/7), Tübingen ^{2}1984, 182-245 (s. a. 97-102). Dieser Maximalposition im Hinblick auf das zu wissen Mögliche steht die Arbeit von *Catherine Hezser* gegenüber, die die Annahme einer weit verbreiteten jüdischen Elementar-Schulbildung schon in der Zeit vor 70 zu widerlegen versucht. Eine solche setzte ihres Erachtens erst im 3. Jh. n. Chr. ein, während bis dahin der Unterricht noch weitgehend Aufgabe der Familie war, s. *C. Hezser*, Jewish Literacy in Roman Palestine (TSAJ 81), Tübingen 2001, 39-109. Die wenigen rabbinischen Informationen für die Periode des zweiten Tempels hält sie für „anachronistic and idealistic depictions" und damit für die historische Rekonstruktion der Zeit vor 70 unbrauchbar. Zur Kritik an dieser Minimalposition s. meine Rez. in JETh 16 (2002), 276-281. Zu neuen Funden, die für eine stärkere Literarizität und die Bedeutung des Aramäischen als *lingua franca* in Galiläa sprechen s. *E. Eshel*/*D. R. Edwards*, Language and Writing in Early Roman Galilee. Social Location of a Potter's Abecedary from Khirbet Qana, in: *D. R. Edwards* (Hg.), Religion and Society in Roman Palestine. Old Questions, New Approaches, London/New York N.Y. 2004, 49-55.

[85] Zusammenfassend *C. A. Evans*, Context, Family and Formation, in: *M. Bockmuehl* (Hg.), The Cambridge Companion to Jesus, Cambridge 2001, 11-24. Die Position von *J. D. Crossan*, wonach Jesus Analphabet war, ist die Folge seiner Fixierung auf ein bestimmtes soziologisches Modell (von *Strange*, Recent Discoveries, 136, zu Recht als „a deterministic understanding of models" bezeichnet), wonach Angehörige der „bäuerlichen Klasse" (zu der er Jesus zählt), Analphabeten zu sein haben, vgl. *Crossan*, Der historische Jesus, 489; *ders.*, Jesus. A Revolutionary Biography, New York 1994, 25f. Vgl. dagegen die ausgewogene Darstellung bei *Dunn*, Jesus Remembered, 312-315, außerdem *A. R. Millard*, Pergament und Papyrus, Tafeln und Ton. Lesen und Schreiben zur Zeit Jesu (Biblische Archäologie und Zeitgeschichte

len in Sepphoris in der Zeit Jesu weiß man nichts. Sicher zu sein scheint lediglich, dass Gymnasien als die typischen hellenistischen Bildungsanstalten weder hier noch in Tiberias nachzuweisen sind.[86] Über den Inhalt des Lernstoffes oder die Art des Lehrens und des Unterrichts wissen wir nichts, wenn Jesus ausschließlich in einem galiläischen, von Judäa verschiedenen Kontext, verstanden wird. Denn das, was über die Schulen bekannt ist, stammt zu einem erheblichen Teil aus der Überlieferung der rabbinischen Literatur.[87] Diese ist zwar in Galiläa entstanden, aber ihre Träger waren Judäer, die durch die antirömischen Aufstände und die damit verbundenen Wirren nach Galiläa gebracht wurden.[88] Dass einer der ihren den Beinamen „der Galiläer" erhalten konnte, zeigt, wie wenig die Rabbinen sich selbst als „Galiläer" verstanden, obwohl doch die späteren Generationen in Galiläa geboren waren.[89] Die anderen Quellen, die für die Schule zur Zeit Jesu herangezogen werden, sind ebenfalls nicht einfach mit Galiläa zu verbinden. Ben Sira, der Schriftgelehrte und Betreiber eines Lehrhauses, ist in Jerusalem zu suchen, und auch die Wurzeln der Qumranbewegung sind dort und in Judäa zu finden. Für Galiläa zur Zeit Jesu ist damit nichts Sicheres gewonnen.

---

9), Gießen/Basel 2000, 182-184.233-236 (zu Galiläa, zu Jesus s. 158. 193).

[86] Vgl. *Chancey*, Myth, 83; *Reed*, Archaeology, 135; *Sanders*, Jesus' Galilee, 29-34. Im Unterschied dazu ist der Hellenisierungsversuch unter Antiochus IV. Epiphanes mit der Einrichtung eines Gymnasiums verbunden (1Makk 1,15).

[87] Einzelne Hinweise bei Josephus und Philo sowie den Qumrantexten sind ebenfalls nicht spezifisch ‚galiläisch'. Für eine gute Zusammenfassung s. *P. Foster*, Educating Jesus. The Search for a Plausible Context, Journal for the Study of the Historical Jesus 4 (2006), 7-33.

[88] Darauf verweist u. a. *G. Vermes* mit Nachdruck: „Denn die rabbinischen Positionen bezogen, obwohl sie in Galiläa formuliert wurden, ihre wahre Inspiration aus der judäischen Tradition. Genauer gesagt: Der Ursprung des rabbinischen Judentums liegt in Jerusalem" (Jesus der Jude 30).

[89] Zu „Rabbi Jose der Galiläer", der zur Generation Rabbi Aqibas gehört, s. *G. Stemberger*, Einleitung in Talmud und Midrasch, München [8]1992, 82; *Vermes*, Jesus der Jude 44. Zu erinnern ist jedoch an *A. Büchler*, Der galiläische 'Am-Ha'areṣ des zweiten Jahrhunderts. Beiträge zur innern Geschichte des palästinischen Judentums in den ersten zwei Jahrhunderten, Wien 1906 (Ndr. Hildesheim 1968), 274-338, der den Nachweis zu bringen versuchte, dass es auch schon vor 70 und besonders in der Zeit zwischen 70 und 135 etliche rabbinische Lehrer galiläischer Herkunft gab; vgl. a. *Klein*, Galiläa, 39-48.

Geht man auf die Ebene des *Individuellen*, sind die Erkenntnismöglichkeiten noch stärker eingeschränkt: Wie einzelne Personen, etwa Josef und Jesus, wie die Menschen in Nazaret über Sepphoris gedacht haben, sofern das für sie überhaupt von Belang war, lässt sich aus den vorhandenen Quellen nicht erkennen. Dass geographische Nähe nicht notwendigerweise auch persönliche Vertrautheit oder auch nur Interesse voraussetzt, hat Sanders noch einmal deutlich hervorgehoben.[90] Beides lässt sich aber auch nicht ausschließen. Was in den Familien besprochen wurde, welche Themen für sie wichtig waren, was einzelne dachten und empfanden und wie sie selbst ihr Leben und ihre soziale, religiöse oder wirtschaftliche Stellung einschätzten – das alles bleibt weitgehend dem historischen Zugriff verschlossen, auch wenn es solide Forschungsansätze gibt, die mit den Methoden der historischen Soziologie, Ethnologie und Kulturanthropologie die Lebensumstände ein Stück weit zugänglich machen. Doch auch dadurch lässt sich am ehesten das Typische erkennen, das, was sich in gewissen Gesetzmäßigkeiten über Raum und Zeit hinweg beschreiben lässt. Individuelle Charaktere und Biographien dagegen sperren sich diesem Zugriff, sofern sie keine schriftlichen Spuren hinterlassen haben.

6. Die judäischen Elemente der Jesusüberlieferung

Aber nicht nur die Grenzen für die Verifizierung galiläischer Spezifika aufgrund der literarischen und archäologischen Überlieferung sind hinsichtlich des ‚Galiläers' Jesus im Auge zu behalten, sondern auch die Tatsache, dass Jesus, lässt man sich nicht auf die Reduktion der Überlieferung auf das hypothetisch älteste Q-Stratum ein, keinesfalls so selbstverständlich als Galiläer verstanden werden kann, wie dies oft vorausgesetzt wird. Er ist zwar in Galiläa aufgewachsen und dort ist auch der Schauplatz des größten Teils seines öffentlichen Auftretens, aber macht ihn dies allein schon zum Galiläer in der Weise, dass dadurch die Motive und Umstände seines Handelns erklärt werden können? Immerhin verweisen große Teile der neutestamentlichen Texte auf basale *judäische* Traditionen, die nicht einfach nur als spätere Anpassungen an eine populäre, mit dem

[90] *Sanders*, Jesus in Galilee, 16; *ders.*, Jesus' Galilee, 38.

Haus Davids verbundene Messiaserwartung erklärt werden können.
Gerade für Matthäus, der als einziger Evangelist Jesus ausdrücklich (wenngleich im Munde einer Außenstehenden) als „Galiläer" bezeichnen lässt (27,69), ist klar, dass er Jesus als Judäer verstanden wissen will: Sein Stammbaum verbindet ihn mit David, seine Eltern waren in „Bethlehem in Judäa" daheim (vgl. 2,1: ἐν Βηθλέεμ τῆς Ἰουδαίας) und hier wurde dann auch Jesus als Judäer geboren. Er ist der neugeborene „König der Juden" (2,2: βασιλεὺς τῶν Ἰουδαίων), wobei das davidische Kolorit dieser Verse hier sowohl an „Juden" als auch „Judäer" denken lässt.[91] Vom Fluchtort Ägypten führt der Weg dann zurück „ins Land Israel" (2,20.21), womit auf die Judäa übergreifende Ausdehnung der davidischen Herrschaft verwiesen wird. Das bereitet den Weiterzug der Familie Jesu von Judäa (2,22) nach Galiläa vor, womit sich prophetische Erwartungen erfüllen (2,23; 4,13–16). Diese Ausweichbewegung von Judäa nach Galiläa wiederholt sich zu Beginn des Wirkens noch einmal (4,12, vgl. Mk 1,14), denn die Taufe durch Johannes und die Versuchungsgeschichte sind von Matthäus deutlich wieder in Judäa lokalisiert. Auch wenn sich dann die Wirksamkeit Jesu auf Galiläa konzentriert (vgl. 4,18.23), ist der Horizont doch „ganz Syrien" (4,24), dessen geographischen Bestandteile in 4,25 genannt werden (vgl. Mk 1,28, wo sich die Ausbreitung der „Kunde von Jesus" zunächst auf Galiläa beschränkt und erst in 3,7f das gesamte Gebiet in den Blick gerät). Die judäische Perspektive zeigt sich auch in Mt 8,4 (par. Mk 1,44), wo Jesus dem Geheilten den Auftrag gibt, nach Jerusalem zu gehen und dort nach dem Gebot des Mose zu opfern (vgl. a. Mt 6,23f).[92] Wenn Jesus den besonderen Glauben des Hauptmanns in Kapernaum rühmt, dann ist der Vergleichspunkt „Israel", d. h. eine umfassende (heils-) geschichtliche Größe (8,10, vgl. 9,33; 15,24). Auch das Summarium von Jesu Wirken in 9,35–38 weist über Galiläa hinaus und besitzt ebenso wie die Aussendung der Jünger in Kap. 10 (nicht zu den Heiden und nicht nach Sama-

---

[91] Da Jesus in Mt 2,2 mit Herodes als „König der Juden" kontrastiert wird, ist eine Übersetzung mit „Judäer" gleichwohl abzulehnen, da sich die Königswürde des Herodes nicht auf Judäa eingrenzen lässt. Auch im Bezug auf den Kreuzestitulus ist klar, dass Ἰουδαῖοι in 27,11.29.37 nicht „Judäer" meinen kann (vgl. 27,42, wo Jesus von den Umstehenden als βασιλεὺς Ἰσραήλ verspottet wird).
[92] Zur galiläischen Orientierung nach Jerusalem s. o. Anm. 64.

ria, sondern zum „Haus Israel“, V. 5f.23) eine gesamtisraelitische Perspektive, wobei in diesem Aussendungstext auch die geographische Komponente mitgemeint ist. Nach Matthäus war so Galiläa zwar das Hauptwirkungsgebiet Jesu (vgl. 11,20–24), aber er wirkt dort als einer, dessen Wurzeln und dessen Bestimmung in Judäa liegen.[93]
In der mk Fassung der Aussendungsrede (6,6b–13) ist durch den Rahmen 6,1–6a.14ff der galiläische Kontext stärker impliziert.[94] Dem zweimaligen Vorkommen von „Israel“ bei Mk (12,29; 15,32) stehen zwölf bei Mt und Lk gegenüber, doch sind sie bei Mt gleichmäßiger über das ganze Evangelium verteilt und besitzen insgesamt ein stärkeres Gewicht. In der neutestamentlichen Exegese war es darum in erster Linie die Markusforschung, die auf die Bedeutung Galiläas für die Wirksamkeit Jesu aufmerksam wurde. Insbesondere die redaktionsgeschichtliche Frage nach dem Sitz im Leben der in Galiläa verankerten Erzählungen wirkte sich stimulierend aus, doch weist Sean Freyne zu Recht darauf hin, dass die Geographie der erzählten Welt nicht notwendig Rückschlüsse auf die Herkunft der Erzähler bzw. der Adressaten eines Textes zulässt.[95] Aber selbst im MkEv ist der Zielpunkt von Jesu Wirken Jerusalem, und die erste geographische Angabe des Evangeliums nennt Judäa (1,5, vgl. die Rückkehr dahin in 10,5). Zudem strahlt auch hier das Wirken Jesu in Galiläa über dieses Gebiet hinaus nach Jerusalem (3,8.22; 7,1). Ferner sollte beachtet werden, dass in dem großen Galiläa-Block Mk 1,14–9,50 etliche wichtige Episoden enthalten sind, die nicht in Galiläa lokalisiert sind. Galiläa dient als Ausgangspunkt, aber nicht – trotz 16,7 – als Zielpunkt.[96]

---

[93] Vgl. Mt 16,21 parr. Mk 8,31; Lk 9,22: nur Mt nennt bei der ersten Leidensankündigung Jerusalem als Ort des Geschehens; zur Hervorhebung Jerusalems im ersten Evangelium s. a. *R. Deines*, Die Gerechtigkeit der Tora im Reich des Messias (WUNT 177), Tübingen 2004, 235 Anm. 396. Es ist die ablehnende Haltung der Hauptstadt Israels, die Jesus nach Galiläa gehen lässt.

[94] Wobei in 6,14ff. der Bezug zu Galiläa einzig über die Erwähnung des Landesherrn Herodes Antipas hergestellt wird. Die Hinrichtung des Täufers fand dagegen nach Josephus in der Palastfestung von Machärus in Peräa statt (*Ant* 18,119).

[95] *Freyne*, Introduction, 24f. (s. ebd. 20f.), vgl. a. *Hurtado*, Lord Jesus Christ, 222 Anm. 18.

[96] Vgl. *K. Scholtissek*, Von Galiläa nach Jerusalem und zurück. Zur theologischen Topographie im Markusevangelium, in: *A. Haendler-Kläsener/G. Brüske* (Hgg.), Oleum laetitia (FS P. Benedikt Schwank

Im Lukas- und Johannes-Evangelium ist eine noch stärkere Einbeziehung von Judäa in das Wirken Jesu erkennbar. Zwar ist nach Lk 1,26; 2,4.39.51 Nazaret in Galiläa die Heimat von Maria und Josef, aber auch er betont gleichzeitig und in Verbindung damit die enge Beziehung der Familien mit Judäa und dem Haus David (1,27.32f; 2,4.11, vgl. a. die Verwandtschaft mit der judäischen Priesterfamilie[97] des Täufers 1,36.39f). Die jährliche Wallfahrt der Familie nach Jerusalem am Passafest (Lk 2,41: κατ' ἔτος) verweist ebenfalls auf starke Bindungen an Jerusalem und damit nach Judäa. In 4,44 werden die Synagogen Judäas ausdrücklich als Ort der Verkündigung Jesu genannt. Hier steht mit dem Tempel auch sein eigentliches Vaterhaus (2,49), wenngleich er in Nazaret erzogen wurde (4,16). Das letzte Ziel Jesu ist Jerusalem (13,31, vgl. 9,51). Das JohEv berichtet darüber hinaus in einiger Ausführlichkeit von Jesu Wirken in Judäa (4,1–3; 7,1ff; 11,1ff) und in 4,9 kann in der Anrede der samaritanischen Frau (σὺ Ἰουδαῖος ὢν) Jesus durchaus als „Judäer" angesprochen worden sein (schließlich kam er von Jerusalem).[98]

OSB), (Jerusalemer Theologisches Forum 5), Münster 2003, 56-77; zu Mk 16,7 vgl. bes. 74-76, außerdem *Z. Studenovský*, „Dort werdet ihr ihn sehen" (Mk 16,7). Der Weg Jesu nach Galiläa bei Johannes und bei Markus, in: *J. Frey/U. Schnelle* (Hgg.), Kontexte des Johannesevangeliums. Das vierte Evangelium in religions- und traditionsgeschichtlicher Perspektive (WUNT 175), Tübingen 2004, 517-559.

[97] Vgl. dazu *W. Adler*, The Suda and the „Priesthood of Jesus", in: *R. A. Argall/B. A. Bow/R. A. Werline* (Hgg.), For a Later Generation. The Transformation of Tradition in Israel, Early Judaism and Early Christianity (FS G. W. E. Nickelsburg), Harrisburg, Pa. 2000, 1-12. Für ein priesterlich-messianisches Selbstverständnis Jesu, das nicht genealogisch determiniert ist, s. *C. H. T. Fletcher-Louis*, Jesus as the High Priestly Messiah, Journal for the Study of the Historical Jesus 4 (2006), 155-175 (Tl. I); 5 (2007), 57-79 (Tl. II).

[98] Auch Joh 4,43-45 bleibt mehrdeutig und lässt zumindest die Möglichkeit offen, dass Jesus stärker im Hinblick auf seine judäischen Wurzeln beschrieben ist. Zwar ist seine Herkunft aus Nazaret in 1,45 benannt, aber doch in einer Weise, dass es Anlass zu einem kreativen Missverständnis gibt (1,46-49), an dessen Auflösung das Bekenntnis zu Jesus als dem „König Israels" steht. Damit ist der Bogen zur davidischen Erwartung geschlagen, die auch bei Joh mit Betlehem verbunden ist (7,42). Der vierte Evangelist spielt mit dem Widerspruch zwischen scheinbar galiläischer Herkunft, Betlehem als notwendigem Geburtsort für den Messias und der himmlischen Herkunft Jesu, vgl. *C. K. Barrett*, Das Evangelium nach Johannes (KEK Sonderband), Göttingen 1990, 337 (s. a. 303). *Julius Wellhausen* hatte diese Texte (Joh 4,1-3,43-54)

Mit diesen Hinweisen soll nun nicht einfach die Geburt Jesu in Betlehem für historisch erklärt werden[99], sondern lediglich daran erinnert werden, dass zumindest für die späteren Evangelien das Wirken Jesu nicht ohne tiefe Verwurzelung in der *judäischen* Tradition erklärt werden kann.[100] Darüber hinaus lassen weder Q noch Markus ein Interesse an der *Herkunft* Jesu erkennen (sieht man von Mk 6,1–4 ab[101]), d. h. auch in diesen Werken, die eine stärker galiläische Färbung aufwei-

---

einer Bearbeitung zugeschrieben, in der „Jerusalem und Judäa … als seine (= Jesu) Heimat" galten, vgl. Das Evangelium Johannis, Berlin 1908, 20.23 (= *ders*., Evangelienkommentare. Mit einer Einleitung von Martin Hengel, Berlin/New York 1987, 620.623); zur Stelle s. a. *J. Ramsey Michaels*, The Itinerant Jesus and His Home Town, in: *B. Chilton/C. A. Evans* (Hgg.), Authenticating the Activities of Jesus, (NTTS 28.2), Leiden 1999 (Ndr. Boston, Mich./Leiden 2002), 177-193, hier 179f.

99 Vgl. dazu *R. E. Brown*, The Birth of the Messiah. A Commentary on the Infancy Narratives in the Gospels of Matthew and Luke. New updated edition (ABRL), New York, N.Y. 1993, 513-516. Für eine Herkunft aus Bethlehem s. *D. Moody Smith*, Of Jesus and Quirinius, CBQ 62 (2000), 278-293; *M. Bockmuehl*, This Jesus. Martyr, Lord, Messiah, Edinburgh 2004, 24-34. Immerhin haben dokumentarische Papyri die Plausibilität des lk Berichts (wenngleich das Problem der Datierung und der geographischen Dimension damit nach wie vor offen sind) inzwischen gestärkt. Die persönliche Anwesenheit Marias war dann nötig gewesen, wenn auch sie eigenen Grundbesitz in Bethlehem zu deklarieren hatte. Vgl. dazu *K. Rosen*, Jesu Geburtsdatum, der Census des Quirinius und eine jüdische Steuererklärung aus dem Jahr 127nC., JAC 38 (1995), 5-15; *H. M. Cotton*, The Roman Census in the Papyri from the Judaean Desert and the Egyptian κατ' οἰκίαν ἀπογραφή, in: *L. H. Schiffman* (Hg.), Semitic Papyrology in Context. A Climate of Creativity. Papers from a New York University Conference Marking the Retirement of Baruch A. Levine, Leiden 2003, 105-122.

100 Das kommt etwa bei *Schröter*, Jesus von Nazaret, 69-77, zu kurz.

101 Mk 6,2f. bedeutet nicht, dass der Evangelist Nazaret als Jesu *Geburtsort* voraussetzt, sondern lediglich als Ort, wo er aufgewachsen ist. Das zeigt die Parallele Mt 13,54-56, wo Nazaret unbeschadet von der betlehemitischen Herkunft Jesu und seiner Eltern wie in Mk 6,1 als seine πάτρις bezeichnet wird (V. 54). Man kann sogar noch einen Schritt weitergehen und überlegen, ob dieser betonte Hinweis auf seine Brüder und die nicht weniger auffallende Bekräftigung, dass „seine Schwestern hier bei uns sind" nicht gerade darauf verweist, dass diese Familie ‚Zugezogene' sind und der Rest der Familie sich sozusagen den örtlichen Gegebenheiten gemäß verhält. Zudem verweist die auch bei Mk vorausgesetzte Davidssohnschaft (10,47f.; 12,35-37, vgl. 11,10) Jesu auf Judäa als Heimat der Davididen.

sen, wird Jesus *genealogisch* nicht mit Galiläa verbunden.[102] Es ist beschrieben als Ort seines Wirkens, aber nicht als der seiner Herkunft. Zudem besitzen sowohl Q als auch Mk eine auf Gesamtisrael bezogene Perspektive. Die Bezeichnung „Galiläer" für Jesus ist damit in gewisser Weise reduktionistisch, indem sie zu eindeutig zu wissen vorgibt, in welchem Kontext Jesus zu verstehen sei. Es scheint mir darum für die zukünftige Forschung nötig zu sein, neben dem galiläischen Kontext stärker als bisher auch auf die judäischen Traditionen zu achten, die zur Person und zum Wirken Jesu gehören.

Diese hier nur angedeuteten judäischen Wurzeln Jesu werden durch die Ergebnisse der aktuellen Galiläaforschung bestätigt. Siedlungsarchäologische Untersuchungen haben gezeigt, dass Untergaliläa, d. h. das nördliche Gebiet des alten Nordreichs Israel und Hauptwirkungsgebiet Jesu, seit der assyrischen Eroberung und Deportation der Bevölkerung in starkem Maße entvölkert war. Erst die Eroberung Galiläas durch Aristobul I. um 104 v. Chr. brachte eine Neubesiedelung mit sich, die ganz offenbar von Judäa aus erfolgt ist und damit wohl auch mehrheitlich durch Judäer.[103] Deren politisches, soziales und

---

[102] S. o. Anm. 16. Zwar wird aufgrund von Lk 10,13-15 par. Mt 11,20-24 vielfach eine galiläische Herkunft von Q bzw. der postulierten Grundschicht von Q angenommen (vgl. die Liste in: *P. Hoffmann/C. Heil* [Hg.], Die Spruchquelle Q, Darmstadt 2002, 22 Anm. 45; *B. A. Pearson*, A Q Community in Galilee?, NTS 50 [2004], 476-494, hier 489f.; *N. H. Taylor*, Q and Galilee?, Neotestamentica 37 [2003], 283-311, hier 284; s. außerdem *Arnal*, Village Scribes, 159-164), aber auch dieser Weheruf über die galiläischen Städte besagt nur etwas über einen bestimmten geographischen Schwerpunkt seines Wirkens, dem mit gutem Recht Lk 13,34f. par. Mt 23,37-39 (vgl. Mk 11,9f.) entgegen gestellt und so für eine Herkunft von Q aus Jerusalem plädiert werden kann, vgl. dazu Spruchquelle Q 22 Anm. 46; *Pearson*, Q Community, 492f. u. besonders nachdrücklich *M. Frenschkowski*, Galiläa oder Jerusalem? Die topographischen und politischen Hintergründe der Logienquelle, in: *A. Lindemann* (Hg.), The Sayings Source Q and the Historical Jesus (BEThL 158), Leuven 2001, 535-559, vgl. a. *ders.*, Welche biographischen Kenntnisse von Jesus setzt die Logienquelle voraus? Beobachtungen zur Gattung von Q im Kontext antiker Spruchsammlungen, in: *J. Asgeirsson/K. De Troyer/M. Meyer* (Hgg.), From Quest to Q (FS James M. Robinson; BEThL 146), Leuven 2000, 3-42.

[103] Grundlegend dazu die Studie von *Zvi Gal*, Lower Galilee during the Iron Age, American Schools of Oriental Research. Dissertation Series 8, Winona Lake, Ind. 1992, vgl. außerdem *M. Aviam*, The Hasmonean Dynasty's Activities in the Galilee, in: *ders.*, Jews, Pagans and

religiöses Profil hat bisher noch kaum Interesse geweckt[104], doch könnten die Eigenheiten der galiläischen Judäer mit dieser Kolonistengeneration zusammenhängen. Denkbar ist, dass sich unter diesen judäischen Siedlern nicht wenige befanden, die mit der jeweils herrschenden Politik in Jerusalem nicht einverstanden waren und darum so gut als möglich versuchten, sich den dortigen Konflikten und Spannungen zu entziehen. Josephus berichtet von den Vielen, die zur Zeit Alexander Jannais nach Ägypten flohen, weil sie in Jerusalem um ihr Leben fürchten mussten. Mit der Übernahme der Macht durch Salome Alexandra setzten sich die innerjüdischen Proskriptionen mit verändertem Vorzeichen fort und dasselbe gilt bis in die Zeit des Herodes. Bot da das aufstrebende Galiläa nicht die Möglichkeit einer ‚Flucht aufs Land' und weg vom gefährlichen, weil stetig schwankenden Machtzentrum in Jerusalem? Das aber würde bedeuten, dass zumindest ein Teil der neu eingewanderten Bevölkerung Galiläas starke, wenngleich spannungsvolle judäische Wurzeln und Interessen besaß. Hier müsste m. E. die Frage nach der ‚galiläischen' Identität ansetzen. Zugleich vermag diese Überlegung sowohl die religiöse und kulturelle Nähe Galiläas zu Judäa als auch die erkennbaren politischen und religiösen Spannungen zu erklären.

Genauer als bisher sollte darum unterschieden werden zwischen der in den Evangelien erkennbaren theologischen Irrelevanz des Galiläer*seins* und Jesu Wirken *in* Galiläa, das sehr wohl eine auch geotheologische Bedeutung besitzt.[105] Als basale Kennzeichnung für Jesus ist die Bezeichnung „Galiläer" dem neutestamentlichen Zeugnis nicht angemessen, was im Übrigen auch für das reduktionistische Jesusbild eines stratifizierten Q-Evangeliums gilt. Denn auch darin ist Jesus nicht als Galiläer bezeichnet oder verstanden worden. Vielmehr wird sein Wirken in Galiläa geschildert, und dieses Galiläa war in weiten Teilen eben doch ein jüdisches Land. Es er-

---

Christians, 41-50 (urspr. Hebr. 1995). Zu dieser judäischen Besiedlung in hasmonäischer Zeit (die auch eine Neubewertung der Zwangsbeschneidungen, wie sie Josephus in *Ant* 13,318f. aus zweiter bzw. dritter Hand beschreibt, nach sich zieht), s. *Reed*, Archaeology, 28-43; *Chancey*, Myth, 30-47; *ders.*, Greco-Roman Culture, 26-42; *Pearson*, Q Community, 491.

104 Sieht man von der kolonialistischen Deutung Horsleys (oben Anm. 46 u. 74) einmal ab.

105 Vgl. u. a. *Freyne*, Galilee, Jesus and the Gospels, 33-68 (mit Hinweisen auf ältere Literatur) u. oben Anm. 96.

scheint mir darum angemessener, Jesus in der traditionellen Weise als Juden zu bezeichnen, wenn es darum geht, seine Zugehörigkeit zum jüdischen Volk auszudrücken. Voraussetzung dafür ist jedoch, dass man eine kulturell-religiöse Einheit dieses Volkes akzeptiert, die über den regionalen Unterschieden bestand. Je stärker also die *Einheit* des jüdischen Volkes gewichtet wird (und hier kann und sollte dann auch eine neue Debatte ansetzen), desto marginaler werden die regionalen Differenzierungen.

7. Resümee

Zusammenfassend lässt sich nach diesen Streifzügen durch die moderne Galiläaforschung festhalten: Die religiöse und kulturelle Sonderstellung Galiläas ist nach wie vor im Fokus der Jesusforschung und dient dazu, bestimmte Elemente seines Wirkens bzw. der ältesten Überlieferung über ihn zu begründen. Dabei bestehen durchaus Ähnlichkeiten zu Albert Schweitzers klassischer Zusammenfassung der ersten Phase der historischen Jesusforschung: „jeder einzelne schuf ihn nach seiner eigenen Persönlichkeit. Es gibt kein persönlicheres historisches Unternehmen, als ein Leben-Jesu zu schreiben."[106] Auch die scheinbar zweifelsfreie galiläische *Herkunft* Jesu (bzw. Q) steht in der Gefahr, dass jeder sich sein eigenes Bild von Galiläa erschafft, in das hinein Jesus und seine Botschaft projiziert wird. In Galiläa ist zu verorten, was man bei Jesus finden will. Daraus ergibt sich die bleibende Aufgabe, die argumentative Funktion der Herkunftsbezeichnung „Galiläa" jeweils auf ihre heuristische Funktion zu befragen. Das gilt besonders wenn Jesu galiläische Herkunft dazu gebraucht wird, ihn innerjüdisch in Abgrenzung zu anderen Formen des Jüdischseins zu positionieren, konkret, wo der Kontext einer besonderen (was in der Regel heißt: einer von Judäa verschiedenen) galiläischen Kultur dazu dient, ein Jesusporträt zu be-

---

106 *Schweitzer*, Geschichte der Leben-Jesu-Forschung, 4. Ganz ähnlich urteilt *Klaus Berger* über die Jesusforschung zu Beginn des 21. Jahrhunderts, die er als „Verkleinerung [Jesu, R.D.] durch die historische Kritik" charakterisiert: „Die Folge der Verkleinerung Jesu war, dass man das, was da noch übrig blieb, nach Herzenslust frisieren und trendy zurechtstutzen konnte" (Jesus, München 2004, 13f.). Dass in diesem Jesusbuch im Sach- und Namenregister der Eintrag „Galiläa" fehlt, ist bezeichnend.

gründen, das diesen von Jerusalem und Judäa und dem von diesen Chiffren vertretenen Judentum absondert. Denn ein solches besonderes galiläisches Judentum gab es, nach allem was die literarischen und archäologischen Quellen über Galiläa berichten, nicht. Das schließt regionale Besonderheiten selbstverständlich nicht aus, sehr wohl aber grundlegende Differenzen etwa in Bezug auf die Haltung zur Torah, zu Nichtjuden und zur Verankerung in den biblischen Schriften. Auch in Galiläa war „Israel's biblical epic" die grundlegende *master story*.

Wo dennoch eine galiläische Sonderkultur vertreten wird, sind die Gründe dafür meist jenseits der galiläischen Geschichte zu finden. Das zeigen die Beispiele von Richard Horsley und Burton L. Mack eindrücklich. Besonders bei Letzterem ist eine argumentative Verwendung Galiläas erkennbar, die Analogien zu der Walter Grundmanns aufweist. Auch bei ihm geht es darum, eine zeitgenössische kulturelle Strömung (mit durchaus starken politischen Implikationen) mit dem Hinweis auf die Anfänge der Jesusbewegung in Galiläa zu motivieren.[107]

Es sind allesamt historische Gründe, die es geraten sein lassen, Jesu Judesein nicht losgelöst von den ‚großen Erzählungen' seines Volkes und ihren irdischen Manifestationen, etwa am Tempel von Jerusalem, zu verstehen. Dass diese historischen Gründe auch theologisch sachgerecht sind, sollte dagegen nicht von vornherein gegen ihre Angemessenheit eingewandt werden.

---

[107] Vgl. *Mack*, Lost Gospel, 245-258.

Register

1. Orte

2. Antike Namen